投资的王道

[日]新井邦宏　著

汤志华　译

地震出版社
Seismological Press

图书在版编目(CIP)数据
投资的王道/(日)新井邦宏著；汤志华译.—北京：地震出版社，2015.6
ISBN 978-7-5028-4220-8
Ⅰ.①投… Ⅱ.①新… ②汤… Ⅲ.①股票投资—研究—日本 Ⅳ.①F833.135
中国版本图书馆CIP数据核字(2013)第051799号

地震版 XM2370

著作权合同登记 图字：01-2011-5289

投资的王道

[日]新井邦宏 著
汤志华 译
责任编辑：刘素剑
责任校对：孔景宽

出版发行：地震出版社
北京市海淀区民族大学南路9号　邮编：100081
发行部：68423031 68467993　传真：88421706
门市部：68467991　传真：68467991
总编室：68462709 68423029　传真：68455221
证券图书事业部：68426052 68470332
http://www.dzpress.com.cn
E-mail：zqbj68426052@163.com
经销：全国各地新华书店
印刷：三河市嵩川印刷有限公司

版(印)次：2015年6月第一版 2015年6月第一次印刷
开本：787×1092 1/16
字数：407千字
印张：23.5
书号：ISBN 978-7-5028-4220-8/F(4910)
定价：58.00元

前　言

在网络和网上交易日益普及的今天，即便是个人投资者也能拥有不逊于职业股票交易员的投资环境了。我们现在不但能够获取到实时的股市行情波动的信息，而且分析这些信息的技术指标也已多达数十种。以至于我们舒舒服服地待在家里也能以便宜的手续费通过简单的操作进行下单了，而且这种委托服务是24小时全天候的。

技术发展所产生的效果就是，个人投资者的炒股手法有了较大提升，并且有稳健盈利表现的投资者不断增加成为事实。然而反观其负面效果，在没有正确的炒股知识体系作为依托的前提下，由于网上交易简单易操作而盲目地进行交易，结果造成了重大经济损失的个人投资者不在少数也是不争的事实。

日本的投资教育和欧美相比非常落后。过去日本人和欧美人对于投资的认识是完全不同的，这种认识的差异使二者在炒股方法上也表现得大相径庭。

如果把日本人的思考方式比喻成春天播种然后等待秋天收获的农耕民族的话，那么欧美人的思考方式则可以比喻成甘冒风险亲自出击追捕猎物的狩猎民族，日本投资者和欧美投资者在炒股方式上的差异可见一斑。这其实就是将种子种下并坚信必定有一天能够收获的希望且乐观的思考方式和哪里发现猎物就去哪里围捕的现实的思考方式的差异。

如果将种子种下并能够在适当时候收获当然很好，但是在收获之前恰巧碰到台风或者洪水而导致颗粒无收的可能性也不小。相比之下，不能不说捕杀猎物时如若没有成功就立刻放弃然后进行下一次追捕的方式来的更切实而且稳健。在实际的投资过程中，前者被称为“高抛低吸”，后者被称为“趋势跟随”。

不仅个股，整个市场的行情也会在一定时期表现出朝着一定方向变动的趋势。通过正确判断市场行情的趋势，并根据这种趋势进行交易实现收益的做法被称为趋势跟随(Trend Follow)。

欧美股市的大多数投资者会根据市场行情的变化将自己的头寸(仓位)调整至

有利的方向，也就是趋势跟随。因为这是能将自己资产的损失降至最低并能够实现收益的合理做法。

然而，日本投资者一般不太理会这种股市行情的方向性，而是倾向于采用股价上涨后卖出下跌后买入的高抛低吸式思考方式。我个人认为，这种高抛低吸式的投资方式正是日本投资者重蹈亏损覆辙的最大原因之所在。

当然，并不见得说欧美投资者必然能盈利，日本投资者必然会亏损，只不过在我个人看来，日本投资者中有很多是因为投资方式不正确而导致亏损的。这大概也能看出日本投资者欠缺正确的投资知识和对股市的正确认知吧。

本书正是为这些处在亏损状态的日本投资者所写的一本关于如何炒股的书。为了能让真正投身于股市的投资者朋友不做无谓的思考，我在本书中收集了所有能够想到的、所有能够运用于日本股市投资的内容。

虽然已经有很多不同的作者写了很多关于炒股方面的书籍，但那些书的内容大多重在知识本身的归纳和整理，而站在投资者的立场上写的专门针对股市操作入门的指南实际上却屈指可数。这些书当中还有一些甚至是没有炒股经验的人写的，但是本书并非如此。

本书中的所有内容均基于我个人的实际操作经验写成。最关键的是，这是一本站在“不知道市场将怎样变化”这一前提下，探求作为我本人股市哲学的“行情的涨跌是科学的”、“科学必须以客观指标为基准”的合理性的股市入门指南。

在此后的说明中，即便是在炒股领域被奉为经典的常识性思考方法也有被完全否定的情况发生，但这些否定均是基于我个人的实际经验和股市哲学。同时，本书中也会出现一些我自以为是的见解和解释，敬请谅解。

贯穿本书的唯一的中心思想就是上面所说的趋势跟随的思考方法。本书的第一个目的就是彻底地、完全地对这种非常自然和合理的思考方法进行刨根问底式的研究，从而达到把原有的基于市场行情变动的、以抑制损失获取收益为目的的操盘方法根植于日本投资者心中的效果。

如果站在趋势跟随的立场上的话，自然而然就能总结出可以使用的技术指标了。同时必须排除用于高抛低吸的指标以及落后于时代的技术指标。也就是说，本书的第二个目的就是对这种技术指标进行归纳和整理。

接下来第三个目的也是最重要的，就是在使用这些技术指标进行实际操作之前，必须养成的"不成文的思维定式"。当然，从字面上理解这些话是有些困难的，非得在实际操作中加以体会和感觉不可。因此在本书中，重点的思考方法只能通过暗示的方式进行阐述。

综上所述，第四个目的就是解决投资者应该怎么做才能在股票投资中获得收益的问题。

所谓的投资，原本就是应该自己去思考和琢磨的事情。市场行情也是基于每个投资者各自的想法和思路才得以呈现出来的，让所有的人进行同样的操作本来就是没有任何可能的，更不用说百分之百能够赚钱的方法是不存在的，而且后面我所介绍的技术指标分析的方法也不是万能的。

我在本书中并不想论述一些晦涩难懂的技术分析理论，更不想介绍一些疯狂的操作手法，虽然基于这样的理论和方法，一部分极端聪明的炒股人士通过自己的判断和行动确实获得了收益。但即便是作为职业的交易员，能够在市场中生存下去的也仅限少数而已。

模仿他们的做法是非常困难的，也是不切实际的。股市中，只有傻瓜才会把自己成功的炒股经验向广大投资者公开。而且，从美国的商品交易顾问公司(CTA)的常识来看，公开自己的经验就等于承认了自己的市场表现不好。

因此，即便是通过本书理解了技术分析的基本原理，并在实际的操作中使用这些技术指标进行操作，其投资表现也会因人而异。可能会有人因参照本书指导进行投资而获得收益，当然也会有人因此出现亏损。由于市场行情本身即是如此，所以，所谓的“对市场的研究到此为止了”的情况是永远不会发生的。自己的操作方法无论如何都要自己进行思考。

当然，即便是没有完全搞懂这些指标到底是怎么一回事，而是忠实地通过贯彻本书中讲解的内容进行操作，获益也并非如想象中那样困难。在一波市场行情中，一定会出现一些容易理解以及较容易获取收益的局面，牢牢地抓住这种机会进行合理操作，也是不难获得收益的。这并不需要什么高难度的技术指标分析，仅使用一些任何人都能使用的最基本的技术指标就能实现。因此可以说，并非只有长期从事股票交易的投资者才能获得收益。

实际上，在这种基本的操盘方法中，最为重要的且应该被坚定不移地贯彻执行的一项被称为“stop order”，也就是通常所说的“止损”。关于这一点本书将再三重申，所谓“止损”，是指在投资过程中，当局面变得危险时，什么都别想立刻清仓，及时止损以避免损失进一步扩大。能够进行及时止损的投资者和不能进行及时止损的投资者，其市场表现会出现天壤之别。在最近的一项以融资交易的业绩考核为对象的调查中，总是进行止损的散户投资者的表现与市场整体平均表现相比，在整体上具有压倒性优势的结果也证明了这一点。

在本书的附录中特别介绍了给本书写作以大力支持的 Seven Data System 公司的股价分析软件“炒股达人”(Windows 版，试用版)，该软件是受很多投资者喜爱的必备股价分析软件。我在每天的股市分析以及各种研讨会中也总是会用到这个软件，甚至可以说没有这个软件我就不能对股市进行各种研究。

需要重申的是，如果炒股的目的是让自己的资产增值，那么所有的思考方法和行动就必须围绕这个目的的实现进行合理化和高效化的改善，站在这个根本立场上再进行思考，自然而然就能决定自己应该如何行动了。时刻牢记这个最终目标，并将本书的内容活用于你的炒股事业将是我莫大的荣幸。

2003 年 3 月吉日

新井邦宏

目　录

第 1 章

技术分析的理论

Chapter 1

技术分析的原理和原则

在第 1 章，我们首先要说明的是最基本的技术分析理论。关于股市的基本理论目前大多数都已形成定论了，因此任何一本炒股方面的书中写的关于这方面的内容大体上也都是相同的。股市的基本理论其实是比较简单易懂的。因此，在本章的说明中将不会加入任何我个人的见解。关于我个人的一些想法将在第 3 章以后的内容中详细说明，但也都是以这些基本理论为前提进行论述的，在此之前，请首先切实把握股市的基本原理原则。

1. “最高价”和“最低价”

把握股市行情时最为重要的依据就是作为行情参与者投资意愿的“最高价”和“最低价”所表现出来的“行情趋势”。关于股市投资的所有理论和方法，均源自这种基于“最高价”和“最低价”概念得出的对于“行情变动趋势”的判断。在第 2 章介绍的各种技术指标[①]只不过是为了将这个基本原则补充完整的工具而已。

因此，即使把判断股市行情的工作说成是确认“最高价”和“最低价”的工作也不为过。冲破“最高价”和跌破“最低价”等趋势本质上都是市场参与者交易意愿的表达。即便已经看过了各种各样的技术指标，冲破含有“最高价”技术点[②]或者跌破含有“最低价”的技术点均为买卖交易的判断依据。

① K 线、移动平均线等分析市场行情动向的各种工具。详细内容请参考第 2 章。

② 在各种技术指标分析方法中，类似于交易节点行情的关键点位。

根据在这里说明的股市的基本原则，投资者的行动自然地被引导至某个方向。由此可见，只有顺应了股市参与者整体的交易动向，顺势而为才能在股市的涨跌中赚取收益；只要违背股市参与者整体的交易动向逆势而为就会造成亏损。

如图 1-1 所示。可以看出，尽管大部分市场参与者表现出了“卖出”的意愿，但也有一部分市场参与者选择了与其他大多数投资者相反的“买入”操作。其结果当然是不言而喻的。

1999 年 12 月 30 日～2002 年 11 月 5 日　周 K 线　(6702) 富士通

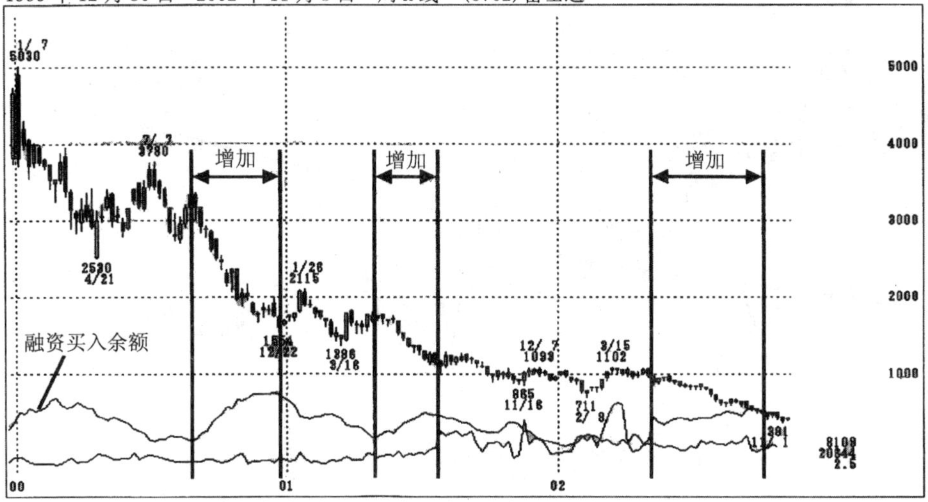

下跌局面下，融资买入余额有所增加，因此每次交易都会使亏损扩大。所以该行为是不合理的。

图 1-1　股市行情的下跌趋势

2. 基本面分析与技术分析

股市行情的分析方法大致上可以分为基本面分析①与技术分析两种。

基本面分析是分析引发股市行情变动的原因，并根据得出的结论预测股市未来走势的分析方法；而技术分析是分析市场行情变动本身，并据此判断未来股价走势的一种分析方法。

① 股票投资过程中，股价走势大方向受到企业业绩和总体经济景气程度的影响。在股市中这些因素被统称为“基本面”。

两者的区别在于，在进行基本面分析时，必须了解引起股市行情变动的原因，而进行技术分析时，却没有必要必须知道市场行情变动的原因。

虽然股市大致是受到基本面的影响而变动的，但正如图 1-2 中所示的丰田股价的变动那样，也有很多个股的变动与基本面没有直接关联。市场行情的波动先于基本面的变化的情况也时有发生。

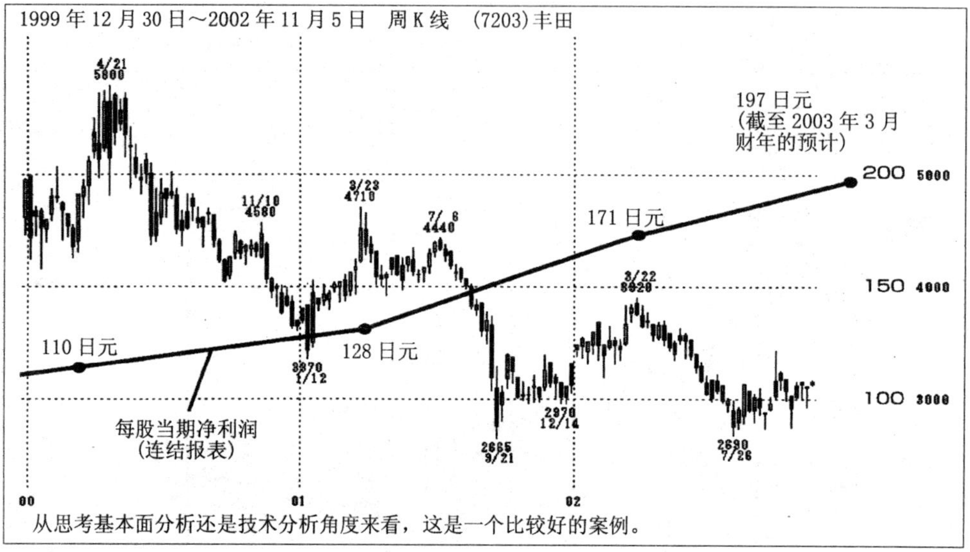

图 1-2　业绩向好的丰田公司和其不断下跌的股价

所有影响股市行情变动的原因均会反映在股价变动上

市场中的信息传播不可能像经济学原理中的理想化假设所表现的那样是在一瞬间完成的。信息的传播总是伴随着一定的延迟和滞后效应，这种滞后效应使得信息和行情变动之间产生了一定的时间差。因此，有很多投资者认为先一步比别人获得有效信息并提前布局是在一波市场行情中获利的有效方法。

但是就技术分析来讲，由于认为所有市场行情变动的原因均体现在股价变动中了，也就是说，股价变动本身同时包含了基本面的变化，因此我们认为对价格变动本身进行分析才是最有效的市场行情分析方法。

虽说如此，但基本面分析与技术分析之间却并不存在冲突，只是分析的切入点有所不同而已。这并非是选择这种分析而不选择另一种分析的问题，如果想在市场行情变动中获得收益，两者都是必要的分析手段。据说在过去的年代里，优秀的基金经理要求必须同时精通基本面分析和技术分析两种技能。

3. 技术分析的概念

技术分析是指通过使用过去的股价数据来分析股市行情波动本身的一种分析方法。其目的是判断股价未来走势的方向。

要想通过分析过去的股价数据来预测将来的股价变动趋势，必须具备相应的前提条件。所谓技术分析的前提是指以下三点：

(1)影响股市行情的所有因素(不管是宏观的或是微观的)都已全部反映在股价的变动上。

(2)股市行情变动会形成一定的趋势。

(3)股市行情未来的走势会重复过去的走势。

引发股市行情变动的原因有很多。如世界经济的动向、汇率、利率水平、国内的经济景气指数、企业业绩和财务报表、融资融券交易等内部因素以及新材料、市场整体情况、投资者的行为等，不胜枚举。然而，所有这些因素的影响均体现在了股价的变动上。

技术分析就是趋势分析

在进行技术分析时，应站在不论引起股市行情变动的原因是什么以及有多少个，由此所引发的结果均已通过投资者的股票交易行为体现在股价当中的立场上。我认为，分析代表投资者意向的变动结果的股价本身的变动是预测未来股价变化最为准确和高效的途径。

如果股价变动是随机的，也就是说，如果完全无法把握股价接下来将会上涨还是下跌的话，就没有办法预测将来股价走势了。但是，由于股市行情必然会反映投资者的交易行为，所以行情变动一定不是随机的。在实际操作过程中可以看到，很多时候市场行情都具有会在一定时期内朝着一定方向变动的特征。

其变动的实质被认为是受到了上述我们所讲到的基本面的影响。例如，如果某企业的业绩在每个财年都能不断攀升的话，股市行情就会反映其收益水平，由于投资者会关注到这个因素，所以买该公司股票的人就会增多，股价就会随之上涨。经济景气程度的变动也是如此，如果经济持续景气的话，股价就很有可能因此而出现持续的上涨。相反，在过去 10 年间，由于日本经济状况出现了持续的恶化，经济极其不景气，导致股价出现持续下跌。

总而言之，由于股价反映了企业业绩、经济景气情况等一系列内在或外在的基本面因素，导致了市场具备在一定期间内其行情朝着一定的方向变动的特征。从我们投资者的立场上来看，正是由于股价在一定期间内朝着一定方向变动这一特征的存在，因此可以说，通过把握这种趋势就能在股市行情的变动中获得收益。

反过来讲，市场行情中存在的这种在一定时期朝着一定的方向变动的“趋势”，就成为了能通过行情波动获得收益的前提条件。因此，在股市行情分析时，分析股市行情变动的趋势就成了本书的主题。

市场行情波动通常反映的是行情参与者的心理

股价中交织了所有的因素，因此即使明白市场行情中存在趋势，也不一定能在股市行情变动中获得收益。一旦形成了一个趋势，其持续的时间，结束时的价格也都是无从得知的。

然而，在市场行情的变化过程中，与过去的股市行情走势相同的走势会反复出现，历史会重演。正因如此，我们才可以根据过去股价波动的形态对未来的股价的涨跌进行判断，并能够从中获取收益。正因为股市行情的变动形式是会反复出现的，因此技术分析才变得有意义。

那么，为什么股市行情的波动会反反复复地出现呢？这是因为，股市行情是基于投资者的行动而变动的，股市行情波动的实质是人们存在各种各样的心理活动。

虽然不同时期的股市行情变动主要原因会有所不同，但是投资者作为人，其心理和行动是不会出现骤然变化的。人是基于自己的经验进行学习和进步的。即所谓“那个时候发生了什么”的经验左右了其今后的方法论。学习历史是为了学习人们过去的行为，学过历史的人，都会以史为鉴来决定将来采取何种行动。

当然在现实当中，股市行情的变动并非总是会照搬过去的形式。如果说股市行情会发生和过去形态相似的变动的话，那么也会发生和过去形态相反的新变动。将过去的行情变动清晰地记在大脑里是非常重要的，但如果只是遵循过往经验，则仍然是无法实现收益的。在参考过往行情变动形态的同时，根据当前一瞬间中基于人与人的交易而形成的股市行情这一基本事实考虑下一步应采取何种行动也是极其重要的。

4. 如何进行技术分析

投资者所寻求的技术分析主要是指股票交易的时机和交易的意愿两个方面。在一波市场行情中，可以分为“上涨趋势”、“下跌趋势”、“平稳趋势”三种趋势。在上涨趋势中持有买入头寸，在下跌趋势中持有卖出头寸①，而在平稳趋势中不持有任何头寸是股票交易的基本战略思想。在市场行情判断中使用技术分析就是为了将这种交易的意愿切实贯彻下去。

此外，在持有买入头寸和卖出头寸的情况下，技术分析还可以向我们表明应该在什么时机、什么价位持有比较合适，以及股价接下来在何时向何种价位偏离。也就是说，技术分析的方法主要解决的是交易时机的问题。

技术分析并非预测，而是对趋势的观测和把握

股市行情的趋势有在一定时期会朝着一定的方向变动的特性。根据表现这样趋势的技术指标进行交易，在一定程度上就是以预测有效性作为前提的。

我们投资者在根据技术指标决定买入还是卖出之后，如果趋势比较强，则可

---

① 股票交易中投资者持有的仓位(也被称为“头寸”)。通过融资买入的超过自有账户资金所能买入的股票的数量(金额)，或者卖出的超过自有账户资金所能卖出的股票的数量(金额)。新交易成交之后被称“建仓”或“持仓”。

以期待这个趋势能够长期持续。但是，在实际操盘中我们难以预测趋势在此之后会持续到何时。因为一波行情有时会持续很长时间，有时也会在很短的时间内结束。因此，我们在跟随一波市场行情趋势进行交易时，在某种意义上需要认为趋势将会一直持续直至其发生变化为止(图 1-3)。

在统计和计量领域里，在进行预测时通常是计算预测结果发生的概率。预测的时间越长，概率的预测精度就会越差，并且不得不考虑误差的影响。尽管如此，这个概率仍然能够用明确的数值表示。

然而，我们却不能赋予技术分析结果一个明确的数值。从这个意义上说，技术分析并非“预测”，而是针对市场行情动向进行的“定点观测”，或者说是“现状把握”。

我们投资者希望通过对技术指标进行分析，解决“现时点行情处于什么状态”的问题。而且，在确认短期内比如明天或者下周这种状况又会发生什么样的变化时，也会用到技术分析的方法。换言之，是不是可以这样说呢？技术分析方法是作为不同时段观测和把握股市行情状态的工具而存在的。

1994年8月31日～2002年11月5日　月K线　(6278)佑能工具

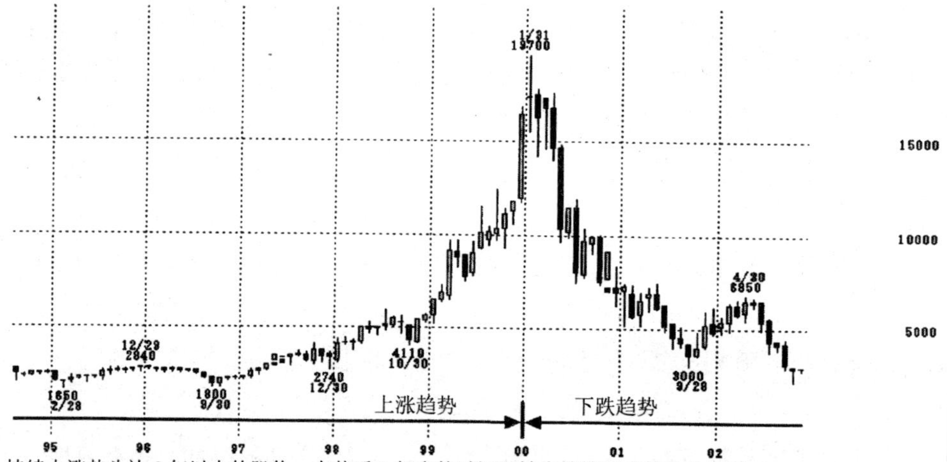

持续上涨势头达6年以上的股价，在其后2年多的时间里转为持续下跌趋势的案例。

图 1-3　趋势长期持续

5. 技术性交易与系统运用

接下来对技术分析进行阐述，为了不引起误读，需要先谈及一下股票买入和卖出的相关内容。

技术指标分析是指使用某种技术分析方法，在一波股市行情中对卖出和买入进行判断的方法。这里只是单纯地对买入和卖出的判断进行说明，不会涉及投资者各自的资金总量以及用于投资的资金量、交易金额(交易量)的概念。因此，不可能将适合每位投资者的交易方法进行一一说明。

不同投资者能够支配的资金量各不相同，有人可能只有 30 万日元，而有的人却在运作 300 万日元、1000 万日元、1 亿日元，甚至 10 亿日元也是有可能的。而且由于投资者的年龄等相关因素也不尽相同，所以其资产运作的风格和目的也会大相径庭。

使用什么样的技术指标取决于投资者本人

为了能够更好地把握股市行情，不仅仅是判断卖出与买入时机的问题，在资金量的调度也就是能够运作的所有资金中应该使用多少比例进行交易，也是一个不得不考虑的问题。

将所有用来炒股的资金全部投放到一只股票上的风险很大，是不用说大家也都明白的事情。而在购买不同股票时，正确把握投入每只股票品种的资金比例也是很有必要的。而且，这个判断也会因为目前的投资处于亏损还是获利等状况的不同而有所差异。

另外，是通过技术指标分析得出的结论而进行交易还是通过自己的筛选进行交易呢？在这二者之间进行选择也是非常重要的。因此，作为状况发生时判断自己持仓仓位是否合适的依据之一，使用技术指标也是一种比较好的方法。

当然，在没有交易行情，也就是在趋势的变动方向不能明确的情况下，不管技术指标分析结论如何，空仓观望也是出现概率比较高的一种投资表现①。

也有根据股市行情和炒股的资金量，从战略上决定自己持仓头寸的方法。这是从单纯依据技术指标进行交易，也就是技术型交易②又向前进了一步，是一种谋求通盘考虑资金量、行情状况、平衡风险回报等因素的系统考量的尝试。

---

① 在一定期间内，相对最初用来炒股的本金来讲的收益率(或者亏损率)大体上和投资收益率是一个意思。

② 根据技术指标显示出的卖出信号以及买入信号进行交易的行为。

在接下来思考技术指标分析时，通常思考在该局面下是否应该交易、如果进行交易应该进行多大比例资金量的交易，以及止损[①]应该设定在什么水平合适等问题的同时，在市场行情的变动中寻找机会。

并不能说在技术指标交易和交易系统中就一定能够找到相关的答案。可以说，投资者在追求更好的炒股方法方面总是不遗余力的。

6. 技术指标是投资者行为的表现

虽然技术指标分析看起来像随意地对变动中的股价进行分析，但是不能忘了其实质上是投资者行动的集中体现。

由于不可能在很短的时间内对成千上万的众多投资者中的每一个人今后如何进行操作进行访谈调查，以获得相应的调查结果来指导我们的交易，因此通过各种各样的指标对其交易意愿和行为进行确认就是技术分析的目的。

犯错的一定是投资者本人

股市行情的变动一定是正确的。因此，这种能够反映行情变动的正确的技术指标，也总是能引导我们做出教科书式的正确决策。也就是说，出错的一定是投资者自身。如果没有坦诚地认识到这个问题，那么就不能融会贯通地使用技术指标进行趋势和行情的分析。

当股市行情处在变动的高潮时，市场参与者都会变得在徘徊迟疑的心态下采取相应的行动。大家最想明确的是股价上涨、下跌的趋势会在什么时候反转。

尽管如此，决定趋势在什么价位扭转在某种意义上取决于投资者自身。因为投资者会在股价下跌到什么价位的时候买入，或者说股价在超过多少的时候会卖出，其均衡点就成为了该时点的股价。

这是当我们在行情变动中思考如何获取收益时立刻就能理解的事情。

---

① 设定亏损的幅度。如果亏损的幅度不断扩大，到达该价位时进行清盘操作，被称为止损单、止蚀单等。

例如，在某只股票股价下跌的局面下，何时买入最能够获得收益呢？这个时机就是所谓的下跌趋势反转为上涨趋势的“最低价”，如图 1-4 所示。

那么，这个时机会在什么时候来到呢？预测这个时机何时出现是非常困难的。但是有一点是可以肯定的，所谓的最低价，就是指没有投资者想以比该价格更便宜的价格卖出自己手中的股票，或者在该价格以下买入的投资者要比卖出的投资者多的点。这就是卖出量和买入量的均衡点，在股市中通常被称为“最低价”。

但是，这个最低价在其出现的时间点上是不能够被判断出来的。股市从某一个被认为是最低价的价位开始上涨，行情发展以后再回过头来看，才能够确认该点是一个最低价。

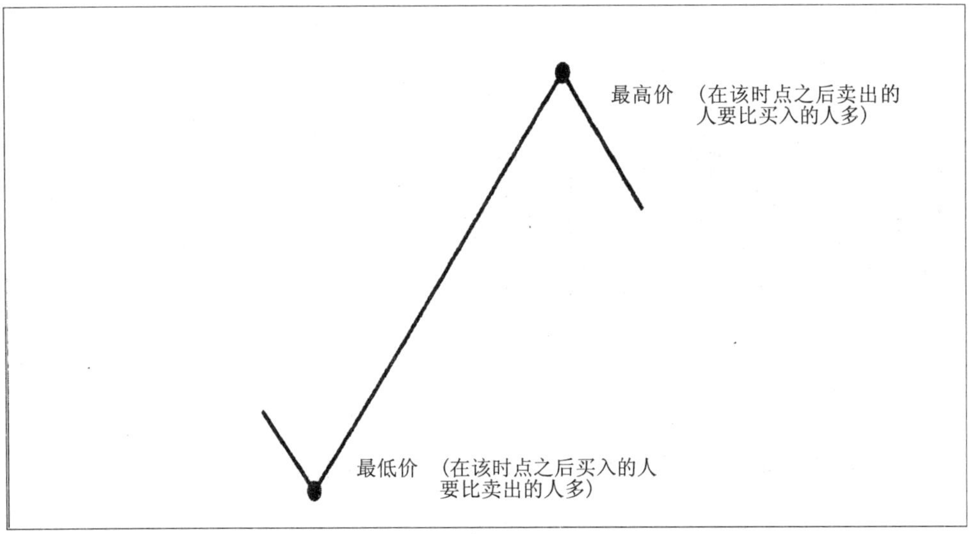

图 1–4　最高价与最低价

最低价得到确认之后，认为股价应该不会继续下跌的投资者就会进行买入操作。如果股价不继续下跌，在该价位买入，获益的可能性比较大。

之后，股价持续上涨，一直涨到了从长期来看是“最高价”的点。要想在股市中获得收益必须是以自己在某一价位买入之后其他投资者在更高的价位买入作为前提的，因此，如果能够事先判断出这个价位是最高价的话，那么就不会有人再去买入了。可以说没有收益只是亏损的交易是不合理交易行为的体现。

也就是说，最高价就是指没有投资者会在超过该价格以上的价位买入，或者说是在此价位以上卖出操作的投资者要比买入操作的投资者多的点。

不管是最低价还是最高价，其出现的时点都是无从得知的，然而投资者为了能够进行正确而合理的操作通常希望能够确认股价的拐点。

判定股市走向时，与其去确认作为投资者行动均衡点的最高价和最低价，还不如确认股市行情的走向。所以，用对股市行情方向性的判断指导自己的交易并使其更加合理和有效，是技术指标分析的根本宗旨。具体见图 1-5 所示的案例。

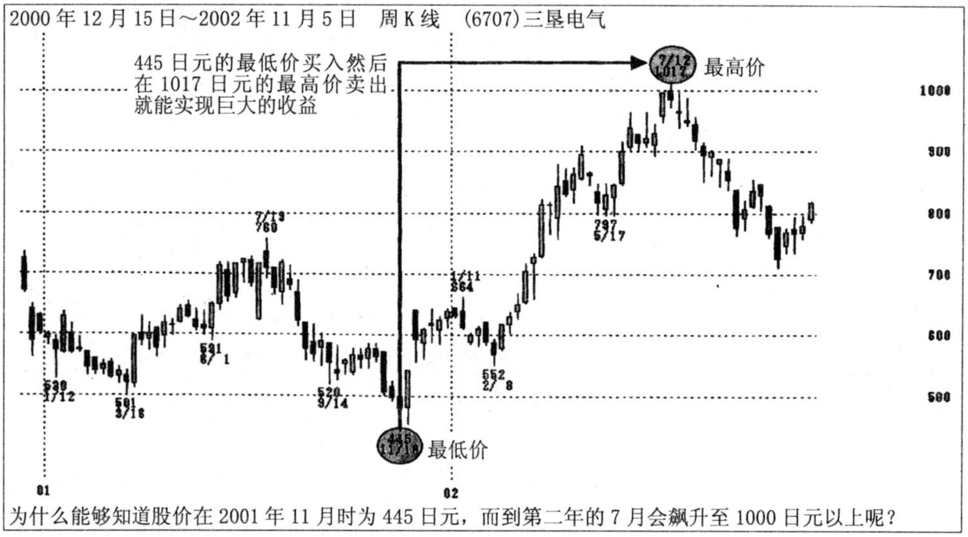

图 1-5　在最低价买入并在最高价卖出就能获取巨大收益

趋势的思考方式

1. 趋势的定义与道氏理论

前面所讲的“最高价”和“最低价”，仅是在该时点出现的暂时的价位点，不能持续。在这个时点之后，上涨和下跌的情况都有可能出现。

结果，当出现第一个最高价之后，如果有想以超过该价位的价格买入的投资者，那么就会出现“持续买入”操作，导致股价继续冲高。相反，第一个最低价出现之后，如果股价进一步跌破最低价，那么也可能会出现意见一致的“持续卖出”操作，导致股价持续探底。

在股市中，这个“最低价”被称为“支撑点”，这个“最高价”被称为“阻力点”。

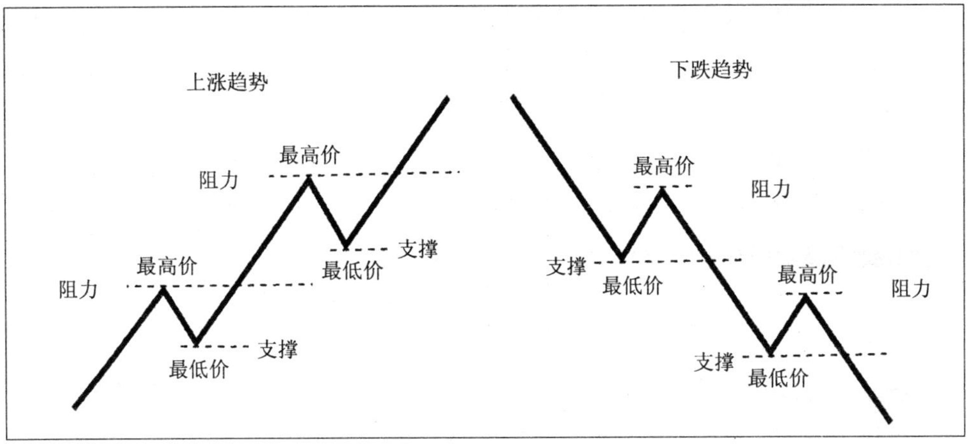

图 1–6　道氏理论中的趋势定义

技术分析就是一项连续对这些点位进行确认的工作。也就是说，根据支撑点和阻力点的出现方式，来判断和明确股市行情的趋势。因此，进行这种趋势定义的就是“道氏理论”[①](图 1–6)。

趋势定义 = 道氏理论

“道氏理论”定义了上涨趋势和下跌趋势。

上涨趋势 = 下一个主要的最高价比前一个最高价还要高或者下一个主要的最

① 因提出道氏平均指数等理论而闻名于世的查尔斯•道，在 1880 年设计的理论。对市场行情的趋势进行了定义，构筑了技术分析发展的基石。

低价比前一个主要的低价还要高

下跌趋势＝下一个主要的最低价比前一个最低价还要低或者下一个主要的最高价比前一个主要的高价还要低

“上涨趋势”是投资者正在持续买入股票的投资意愿的表达。也就是说，在曾经是最高价以上价位买入，或者在之前的最低价之上的价位买入。

也就是说，在上涨趋势的局面下，技术分析变成了确认当前股价是否突破了之前的最高价或者是否跌破之前最低价的工作。

如果股价最终没能超过之前最高价，那么投资者会开始认为现在上涨趋势可能已经基本结束了。接下来通过股价跌破之前的最低价可以最终确定上涨行情结束。也就是说，没有超过最高价，或者跌破了最低价，股市就会产生不会再有投资者在最高价买入的共识(图 1-7 和图 1-8)。

如果在最高价下已经不存在仍然买入的投资者，那么如果不及早将在最低价时买入的股票卖出清仓的话，就会导致收益减少。此外，如果不及时将在高价区间买入的股票卖出平仓止损的话，损失就会扩大。明白该原理的投资者，会更早地下单卖出。股市行情因此发生大跌或导致上涨趋势终结的可能性也很高。

相反的“下跌趋势”是指投资者持续卖出股票的投资意愿的表达。也就是说，该趋势可以理解为即使股价在曾经被认为是最低价以下的价位或者在之前的最高价以下的价位时，投资者也会卖出手中的股票。

在下跌趋势的局面下，技术分析变成了确认当前股价是否跌破了之前的最低价或者是否没有冲破之前最高价的工作。

如果股价没能跌破之前的最低价，那么投资者会开始认为下跌趋势可能已经基本结束。当股价超过了之前的最高价时，就可以最终确定下跌趋势已经结束。也就是说，如果没有跌破最低价或者超过了最高价，股市就会形成没有投资者会以比当前更便宜的股价卖出自己手中股票的共识了。

1999 年 12 月 30 日～2002 年 11 月 5 日　周 K 线　(8168)KEIYO

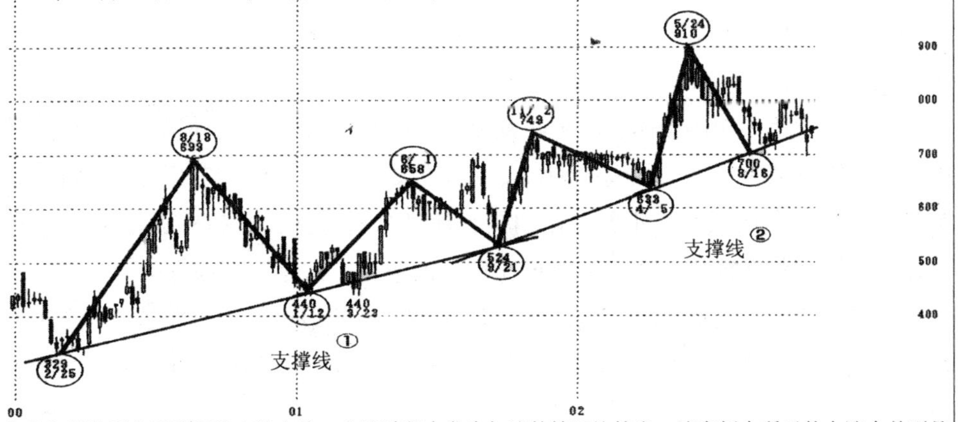

高价和低价两方面都呈现上涨态势。上涨过程中发生加速的情况比较多，该案例中所示的上涨力并不是很强。

图 1-7 上涨趋势的案例(1)

1999 年 12 月 30 日～2002 年 11 月 5 日　周 K 线　(9008)京王电铁

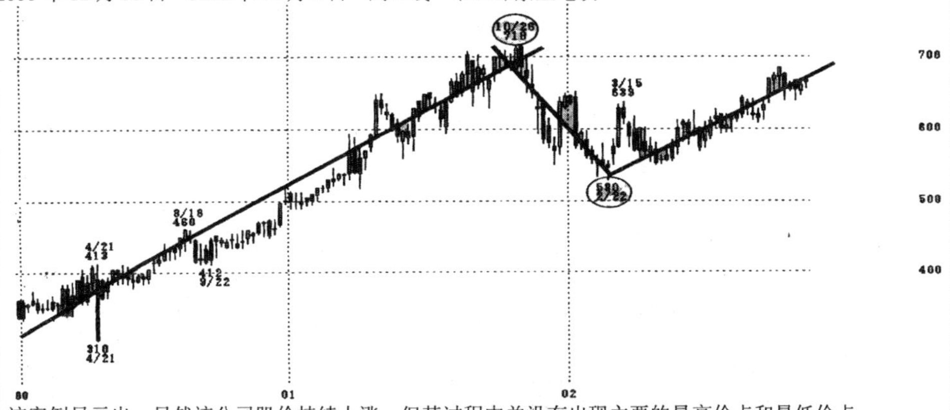

该案例显示出，虽然该公司股价持续上涨，但其过程中并没有出现主要的最高价点和最低价点。

图 1-8　上涨趋势的案例(2)

在没有想以更低的价位卖出手中股票的投资者存在的情况下，如果不尽快将在最高价卖空的股票(卖空：日本股市允许融资交易)进行买入平仓的话，收益将会被摊薄。同时，如果不将在最低价区间卖出的股票回购平仓的话，损失将会进一步扩大。了解这个原理的投资者，会在其他投资者之前进行下单平仓。因此会造成股市行情急剧上涨，下跌趋势在此时中止的可能性增大。

阻力与支撑的反转

接下来我所说明的技术指标分析均基于我们所熟知的道氏理论。由于我们不能直接判断行情中出现的最高价和最低价，但是，如果我们能够用某个技术指标来代替最高价和最低价，不就可以间接地通过分析这种技术指标进行交易了吗。因此，不管用什么样的技术指标，道氏理论的思考方法是不可或缺的。

例如，假设最高价(阻力点)被确认，并且之后的最低价没有跌破之前的最低价。在这种情况下，虽然到目前为止该最高价一直被认为是一个阻力点，但是，由于市场刷新了最高价，因此，现在可以认为即便是在这个最高价(之前的阻力点)之上买入也是合理的。

一旦股价刷新了最高价之后，即便仍然有投资者在执行卖出操作，但是由于之前的阻力点位已经成为比较好的买入点位，因此一般来讲在这个点位还是会有买盘介入。也就是说，之前的最高价阻力点位在此时变成了支撑点(Support Point)。这个支撑点被称为“S 点”，如图 1-9 所示。

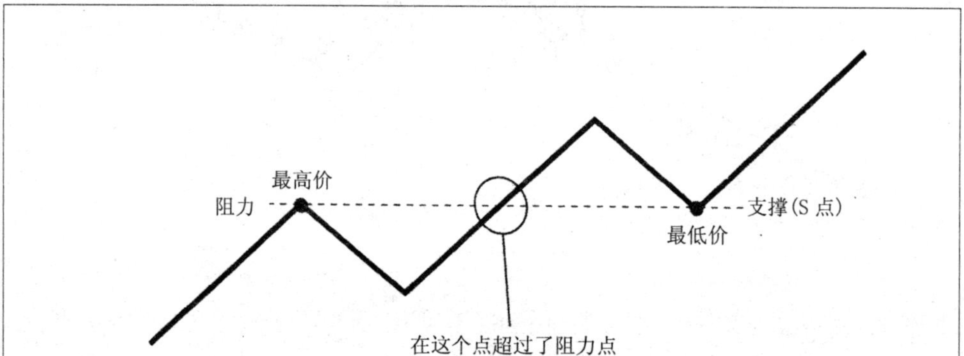

图 1-9　向上涨趋势的扭转

如果股价在之前最高价所形成的阻力点水平上还没有停止下跌，可以认为是趋势的上涨力比较弱或者是出现了趋势反转(继续下跌)的可能性。这种情况将成为最终判断是否将跌破之前最低价的依据。

也有和上面的案例正相反的走势形态。假设最低价(支撑点)被确认后，在其之后的最高价没有超过之前的最高价。在这种情况下，虽然到目前为止该最低价一直被当作是支撑点，但是由于市场行情在接下来跌破了这个最低价，因此，到目前为止被看作是支撑点的这个最低价，现在会被看成是可以执行卖出操作的点位。

一旦股价刷新了最低价之后，即便仍然有投资者执行买入操作，但是由于之前的阻力点位已经变为了一个比较好的卖出点位，因此，一般来说，在这个点位上会有卖盘出现。因此，之前的支撑点位现在变成了最高价(阻力点)。这个最高价通常被称作“B 点”，即表示继续下跌的点(图 1-10)。

如果股价的上涨超过了之前的支撑点位水平，可以认为是趋势的下跌动力比较弱，或者局中出现了趋势反转(趋势由下跌转变为上涨)的可能性。这种情况变成了判断股价能否超过之前最高价的依据。

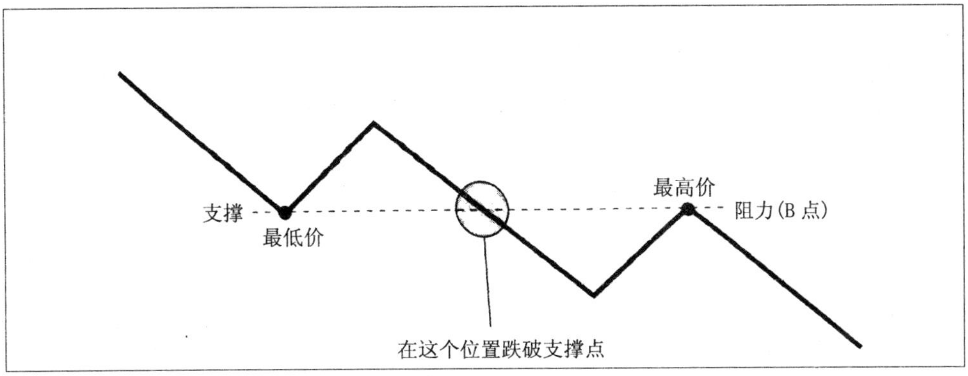

图 1-10　下跌趋势的转换

最高价的确认

接下来的说明是我们到目前为止介绍的所有理论的实际运用。在这节，我们的讲解将仅限于高价构成形态与低价构成形态中的基本形态。只要理解了最高价和最低价的重要性，就没必要记住其形态，在其出现的时候根据 K 线走势的变动就能够立刻判断出来。我们所要面对的唯一问题就是，在实际的股市行情涨跌中，如何捕捉到这种变化和出现的点位，以及用何种方法进行交易呢？或许这就是投资者朋友面临的最大的问题。

一般来讲，到达一个最高价之后，必须通过之后的股市行情的推移才能看得出来这个价位到底是不是一个最高价。除了到达最高价之后明显的下跌的情况之外，仅到达 1 次最高价无法被看作该最高价就是主要最高价的确切证据。因此，市场参与者会对这个最高价进行测试，以确认接下来的股价会不会突破这个最高价。

前面讲过没有必要记住这些走势的形态，是因为如果时刻记住突破最高价、跌破最低价的概念，那么之前的涨至最高价或跌至最低价的过程就能通过之前的 K 线走势图显示出来，所以说没有记住的必要。

在图 1-11(A)的形态中，在①处涨至最高价，并②处跌至一个最低价之后，可以认为股市行情会继续上涨。在这种情况下，如果接下来股价超过①的最高价的话，就能够确认是一波上涨行情了。但是，如③所示，如果下一次的最高价仅上涨到了与前一次最高价相同价格时(该情况被称为“最高价重叠”)，可以判断之后和买入的力量相比卖出的力量要更强。

当然，在③上涨到与①相同的价位之后的接下来的最高价突破③价位的可能性也是有的。如果想完全确定趋势由上涨扭转为下跌的话，就必须确认股价在④的价位跌破②的最低价。

与在④时跌破②的最低价相比，由于在之前的最高价③时卖出的人比较多，会导致行情参与者认为即便是在之前的最低价②以下卖出的人也会比较多，因此将不会进行买入交易了。

也就是说，在④位置跌破②的最低价之前，在③时点没有超过①的最高价时，必须考虑“该形态说明这里有可能是高价构成[①]”。

在图 1-11(B)当中，⑦的最高价没有超过⑤的最高价，之后股价如果在⑧处跌破⑥的最低价的话，就会形成高价构成。在这种情况下，在⑦时点冲高回落的过程中，市场就会传达给我们在⑤价位以上不要买入的明确信号。

有时，如图 1-11(C)所示，⑪的最高价超过⑨的最高价 1 日元或者是 10 日元的状况也有可能出现。这是因为在极个别的情况下，买入者的卖出订单在这时恰好已经挂入系统，在之后这些订单会被成交，之后如果股价在⑫的位置跌破⑩的价格水平的话，形成高价构成的情况会比较多。

---

① 指股价从上涨趋势向下跌趋势转换时顶部附近的市场行情动向。与顶部构成意思相同。头肩顶形态(P20 注①也是顶部构成，或者底部构成)的一种。

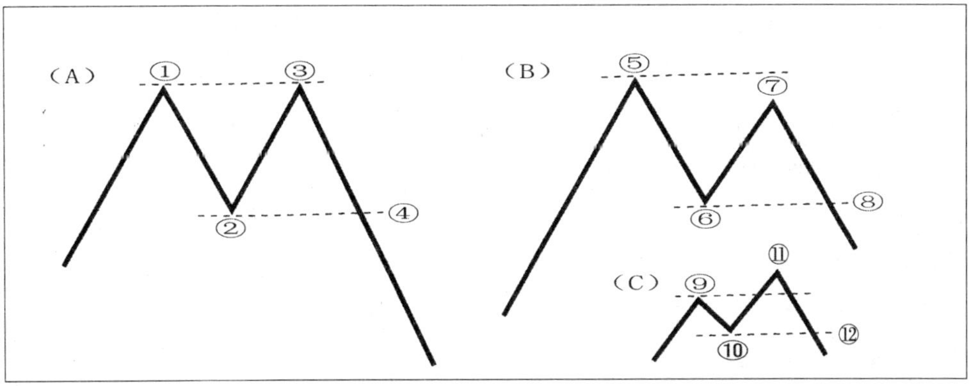

图 1-11　最高价的确认

在实际操作过程中，经常会出现和教科书的内容不一致的情况，如果通过实际的股价变动能够明确判定股市行情由上涨趋势转变为下跌趋势的话，那么投资者就不难采取相应的行动了。

最低价的确认

底部构成①和顶部构成的理解方法是相同的。最低价是指股价在该价位之上时将会执行买入操作的投资者的意愿的表达。如果投资者达成股价不会跌破这个价格的共识，那么该点位就变成了最低价。

如图 1-12(A)所示的类型，我们可以看到，该形态所示的局面为：在①处最低价得到确认后，接下来上涨至②处的最高价，在此之后股价朝着③的方向下跌。如果股价在③处没有跌破①的低价并出现了探底回升，就能够确认形成了底部构成。在这里，由于③位置的最低价降至与之前①位置的最低价的同一水准(被称为“最低价重叠”)，没有跌破之前①位置的最低价，因此之后股价将会在④位置超过②的最高价。

也就是说，达成在①时点的低价以上买入也可以的共识之后，市场会表现出即使在之前的高价②以上也考虑买入的投资者增多。

① 指处于大底附近的由下跌趋势转变为上涨趋势的股市行情的变动。三尊构成(P20 注①也是底部构成，或者顶部构成)的一种。

在图1-12(B)中，到达了⑤的最低价，然后探底回升至⑥的价位之后，如果在⑦时点没有跌破⑤时点的最低价，可以判定在该时点时，即便股价在⑤时点的最低价之上也会考虑买入的投资者比较多。并且，当股价在⑧时点上超过⑥的最高价后，该判断得以最终确认。

通常来说，如图1-12(C)所示，当股价到达⑨时点的最低价，并返回⑩之后，在⑪位置跌破最低价的情况也是有可能出现的。但是，由于之后股价上涨并冲破了⑨的价格水平，并在⑫时点继续冲破⑩的最高价，并且即便是在这之后的最低价也仍然没有跌破⑨的价格水平的话，形成底部构成形态情况就比较多。

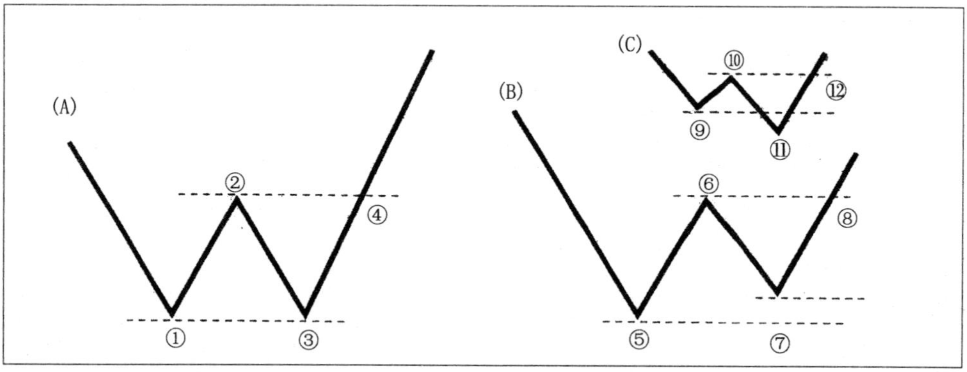

图1-12　最低价的确认

头肩顶形态

下面我们再介绍一种典型的顶部构成的形态。这被称为“三尊构成[①]”(head and shoulder)。

请看图1-13。①的最高价之后被②的最低价得到确认，接着在冲高至③的最高价之后，又回落到④的最低价。虽说如果按照这个势头发展并超过③时点的高价，将会继续上涨趋势，但是如果在⑤的位置没有超过③的话趋势就会转变为下跌趋势。

① 典型的顶部状态。由于该股价走势的形态和三尊并排一起的佛像类似，因此被称为“三尊构成”。有时也被称为(Head and Shoulders Top)头肩顶。

这里的关键就是⑤时点价位的判断。在判断⑤的高价是否能够超过前一个高价③之前，当股价还没有突破更加之前的高价①时，重要的是应该有一种“可能无法再超过③的高价了吧”的感觉。如果⑥的股价跌破④的最低价，这种感觉就会转变为明确的依据，如果股价继续下跌，并在⑦时点突破②时点的主要最低价，那么下跌趋势就变得明确了。

由于在这种形态的股价走势中，图 1-13 右边⑤的高价比相对左边的①的高价低，因此被称为“右肩较低头肩顶”。如果在较大的行情[①]之后出现这种形态的股价走势，那么出现顶部构成[②]的可能性非常大，买方会急于清仓。结果，在⑥或是⑦位置上开始暴跌的可能性也较大。

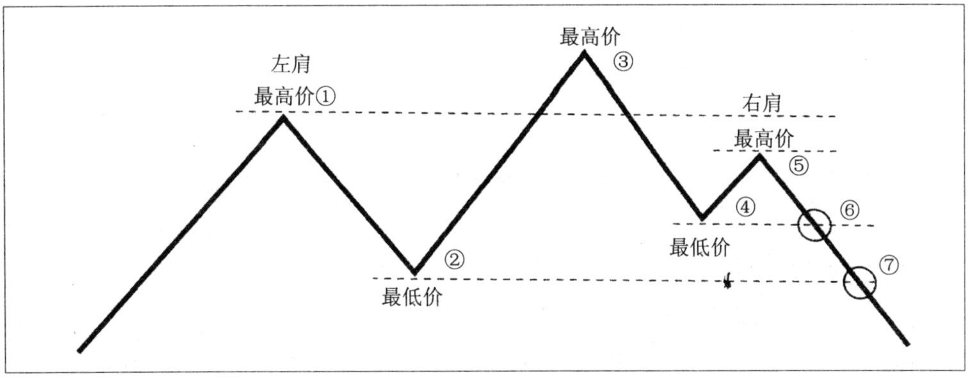

图 1-13　顶部的三尊构成

底部区间也存在三尊构成，其思考方法和顶部的三尊构成大体相同，但在这里也进行简单的说明。

请参考图 1-14。在①点位触底反弹之后，股价冲高至②时点的最高价并回落，接着在③时点跌破之前①的最低价，创出新低。之后并未在④时点超过②时点的最高价创出新高。

在这里，重点也是要看⑤时点的价位。如果⑤的价位在比①价格高的点位上探底回升，那么市场当中投资者的“已经不太可能跌破③的低价”的筑底反弹情

① 强劲的上涨趋势长期持续，且市场快速上涨的行情。

② 指从上涨趋势转换为下降趋势的天井附近的行情动向。与顶部构成意思相同。

绪[①]会高涨，从而达成一种即便是在之前的①时点最低价之上购买也可以的共识。如果在⑥位置超过了④的高价，并在⑦位置超过了②的高价，那么这种共识就会更加明确。如果股价超过了⑦的价位，那么在底部卖出或者空仓的投资者就会急于建仓，从而导致股价暴涨的情况非常多。

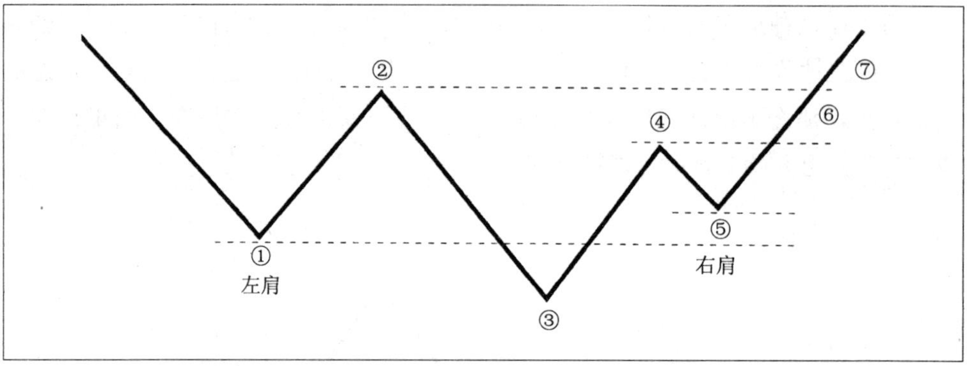

图 1-14　底部的三尊构成

以上就是趋势的定义和道氏理论，以及二者结合的思考方式。虽然在这里已经向大家介绍了几种比较典型的形态，当然在实际行情中也会出现一些与之不同的形态。但是，不论出现什么样的行情，都只不过是最高价与最低价相互组合而成的形态而已。

基本上来说，就是确认市场参与者意向的“最高价”与“最低价”。因此，到那时为止的“超过最高价的情况”和“跌破最低价的情况”就成了判断交易时机方面非常重要的关键点了。

2. 趋势的强度

为了从行情的变动中实现收益，除了确认趋势的方向之外，确认“趋势的强度”也是重要的一环。

① 市场下跌趋势的结束，行情触底（P30 注①）并开始反弹的推测。

在思考从低价到达高价所需时间的情况下，上涨力较弱的行情所需要的时间比较多，而上涨力较强的市场行情持续的时间却又比较短(图 1-15)。

如果行情上涨的趋势比较强，上涨的幅度就会更加容易全部转化为收益了。上涨趋势比较强的情况下，虽然有新的买单，但是上涨之前卖空[①]又在此时买入平仓的投资者要占大多数。这种行情被称为“强化行情”。

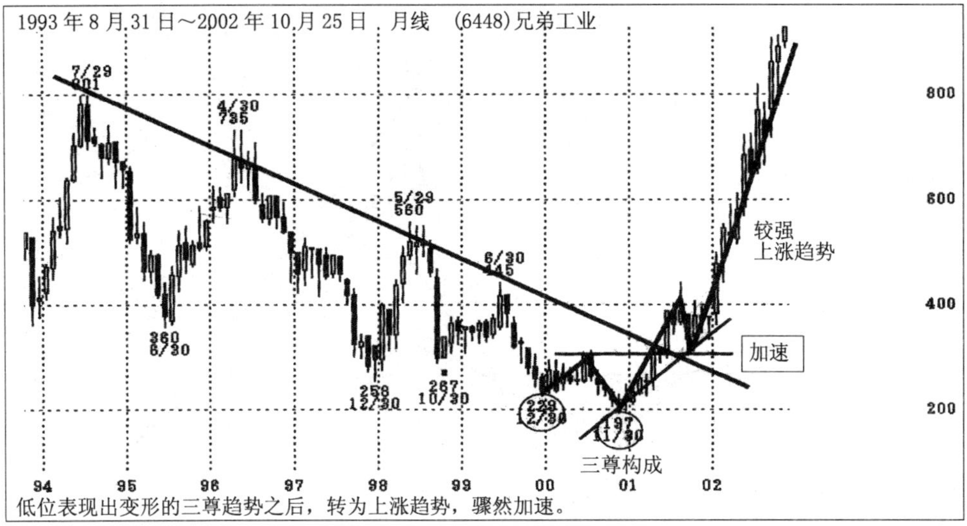

图 1-15　较强上涨趋势的示例

相反，如果趋势并不是很强，即便有可以通过技术指标买入的信号，也只能持续较短的时间，有时由于突然出现了卖出的信号，就没有时间进行比较精确的下单了(图 1-16)。

也就是说，容易出现趋势变动方向一瞬间改变的情况。这种变动在股市中被称为“骗线”[②]。如果趋势的变动出现犹豫(力量不强)，就容易因为一瞬间出现的骗线而导致没有跟上趋势错失赚取收益的机会。

特别是上涨行情之所以被称为“买入行情”，是因为一般伴随着股价的上涨，

① 利用融资交易，将自己并不持有的股票从证券金融公司借出来在市场上卖出的行为。在股市下跌时，再在最低价买入进行平仓，从而获得收益。

② 技术分析中容易诱发投资者判断失误的行情，其变动与行情原本的变动方向相反。

在此价位以下买入的投资者获利回吐而将事先买入的股票卖出从而获得切实的收益。也就是说，在消化一个接一个出现的卖单的同时股价仍然在继续上涨的行情称为上涨行情。由于是在卖单的抛压下上涨，所以会花费很多的时间，在这个过程中就会出现很多骗线。

当然，遇没遇到骗线实属幸与不幸的范畴，确实无从分辨其真伪。

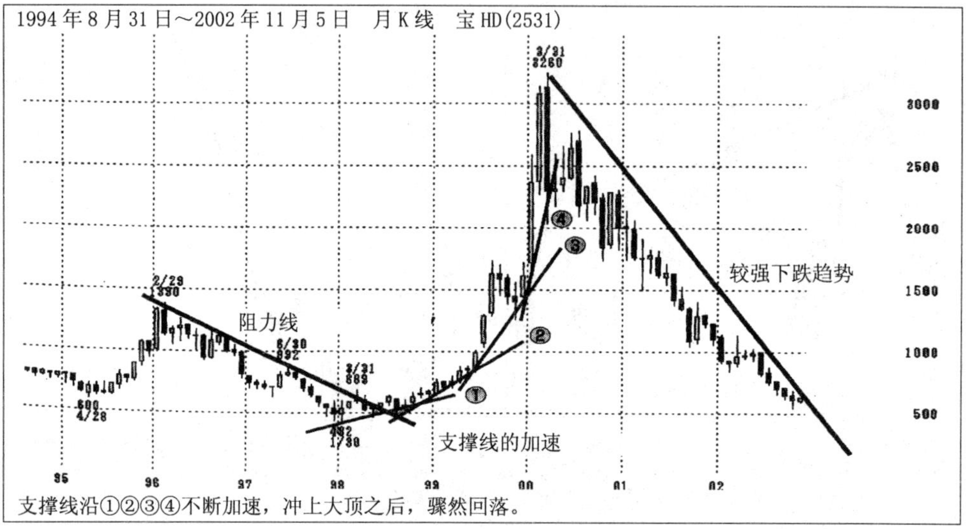

图 1-16　较强的下跌趋势

要注意走势图中趋势线的斜率

虽然这种趋势的强弱可以通过K线走势图来进行判断，但是不得不注意的是维度的选取方法。

一般来讲，K线走势图为了让投资者能更加便于观看，采用纵轴(价格)与横轴(时间)的维度进行调整的。换言之，只要对维度进行相应的调整，走势图就有可能展现给我们是否应该买入的特征，或者由于纵轴和横轴比例不同而展现出行情有没有变化的迹象。

因此，在使用K线图的时候，一般将主要的价格单位和时间单位的比率设定为1∶1。

比较有名的是威廉•D•江恩(William D. Gann)[①]发明的几何角度，就是简略化之后的 K 线图。如图 1-17 所示。如果解释为“主要的价格的单位与时间的单位之间的比率是 1∶1”在理解上存在困难的话，可以将其类比为 1 日元和 1 天、10 美元与 10 个月，即主要单位的纵横比率为 1:1 的意思，但并非如此严格。

在该理论中，正方形的对角线，如③所示的 45° 角上涨的趋势被认为是最为稳定的趋势；如①所示的倾斜度上涨的行情，是短期的急剧地上涨，而且多数情况下其持续时间比较短，并且之后会出现急剧地下跌；相反，⑤所示的倾斜度上涨的行情，不管持续时间长短，价格波动幅度却不是很大。并且，在使用技术指标的同时进行交易的情况下，按照从①到⑤的顺序，骗线出现的概率会相应增加。

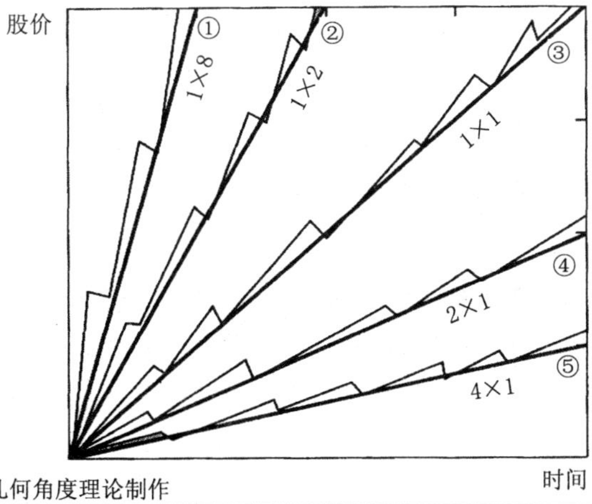

根据威廉•D•江恩的几何角度理论制作

图 1-17　上涨行情的强度

下跌行情也基本相同。如图 1-18 所示，①表示的是最强的下跌趋势，从①到⑤下跌趋势逐渐变弱。

下跌行情与上涨行情不同，是行情的崩盘。在没有人买入的同时，几乎所有的人都在卖出手中的股票导致股价急剧下跌。因此，在短线操作中，与上涨行情相比，下跌行情当中反而容易获利。

---

① 20 世纪前半叶活跃一时的股票与现货的交易员。运用数学和几何学的原则，开发了江恩角度线、波动法则等独特的股市理论。

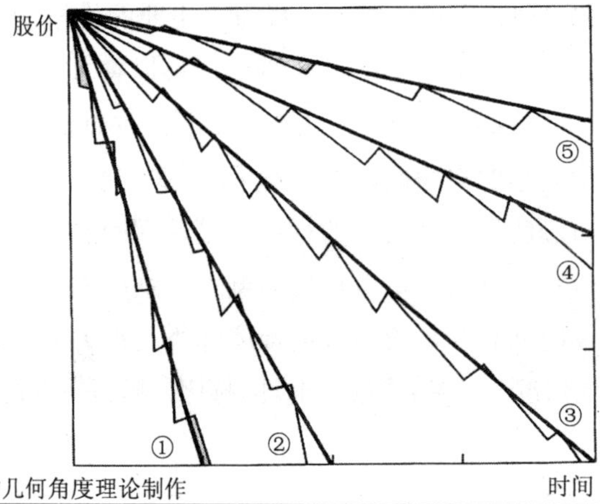

图 1-18　下跌行情的强度

上涨行情的加速与下跌行情的收敛

作为道氏理论发展模型的“艾略特(Elliott)波浪理论”相关的内容我们在后面会讲到，如果能记住在行情波动中的 3 个阶段就会非常便利。

如图 1-19 所示，首先趋势比较平缓，但经过一段较长的时间之后，行情的上涨开始了(①)。能够看到在该时期当中认为股市进入上涨行情的投资者开始进行初期的买入。根据图 1-17 所示，这个趋势和图 1-17 中⑤或④相当。

经过一段时间，以某一时期为分界线，上涨的趋势开始增强。这时，在②所示的局面下，看到①时间段内行情不断上涨的投资者开始挂出买单。这和图 1-17 中的③相当。

由于在②时期的上涨过程中，卖空的数量也在增多，因此，以某个时期为分界，实现了借力(赎回平仓)。这种赎回平仓与市场行情持续上涨所带来的新买单，更进一步激发了趋势上涨的势头，使行情进入了第③波段。

然后，经过盘整，前期卖空的投资者大部分开始止损平仓[①]，趋势在③的尾

① 卖空的投资者在前期市场行情上涨的局面中为了及时止损而进行买入平仓，从一定程度上支撑了上涨趋势被称为“踏空”。在急剧的上涨行情中大多数前期卖出清仓的投资者踏空的状态被称为“空头踏空”

声处站上了最高点。这与图 1-17 中的②或①相当。这种趋势的上涨形态，与之前所述的内容类似。

在①波段的局面下，基本不会获得收益，而只是在消耗时间。即使使用了技术指标，由于上涨的趋势不是很强，出现对交易的判断非常困难的局面。

但是，随着从②到③的阶段的过渡，行情不断增强导致骗线减少。在这里，即使只把握趋势的方向性也能很容易地获得收益。

相对从图中所示的卖空方面的买入平仓比较多的情形来看，必须注意的是，如果误判该局面趋势的方向性，而按照与行情相反的方向增加头寸，就会造成显著的损失。

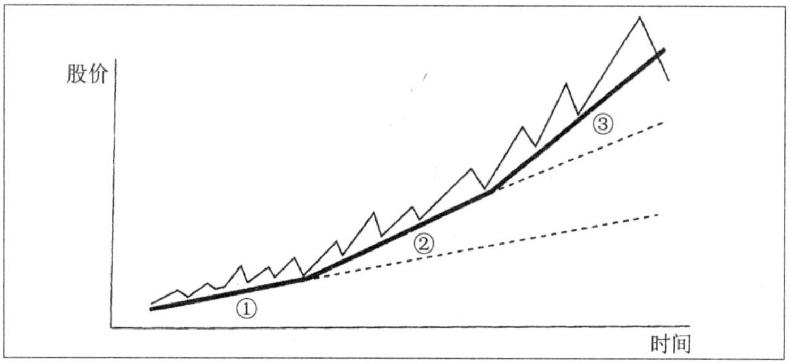

图 1-19　上涨行情的加速

股市在上涨行情局面之后，紧接着会出现下跌行情。

下跌开始的非常突然，而且下跌幅度非常大。这是因为股市已经涨到了一个比较高的高位，除了赎回平仓的下单之外，新买单变得越来越不容易出现，因此会越来越强烈地感受到顶部正在构成，买入将不能持续。因此，在这种局面下，卖单骤然汇聚，通常以较大的跌幅急剧地下跌。这种急剧下跌导致顶部范围内买入的股票的浮亏面不断扩大，不断出现的卖单会导致更多卖单的出现。请参考图 1-20 中①所示的阶段。

股价以这种方式下跌到一定价位之后，新的买入会开始介入，导致股价下跌的速度比最初要缓慢一些。但是，由于在高价套牢的股票①并没有完全平仓，如

① 由于针对市场行情预期之外的变动导致自身浮亏而被套牢的头寸。

果出现回调的局面，就会开始继续卖出，当股价继续下行的话，有一些不能忍受进一步浮亏的投资者就开始挂出卖单①卖出手中的股票。因此，在②的局面下，虽然和①相比其下跌的趋势有所缓和，但仍然以卖出为主。

聪明的投资者在这样的局面下并不会进行买入，因为买入之后为了能够获得收益，就必须有其他的投资者能在更高的价格上接盘才行。但是在实际操作当中，如果行情出现回落的话，希望卖出的投资者的量和股市上涨的情况相比有压倒性多数。因此，在②的局面下希望通过买入而获得收益基本上来讲是不可能的事情。

在这种局面下买入，要么是不认为行情处于长期下跌趋势中并能够经短期下跌而进行交易的投资者，要么是在市场行情的高位买入，没有进行止损，而直接通过补仓降低持仓成本坚持持股的投资者②。通常来说，在这种局面下，可以看到较强买盘的。

最后，即便是持续地买入，在这种下跌的行情中，利空趋于出尽，从而在较低位置范围内形成了横向胶着的底部形态。所有的买盘均在该阶段重整旗鼓准备介入，到大底③被确认为止，市场行情始终处于下跌的趋势。也就是说，③的位置变成了买入和卖出均难以获得收益的局面。

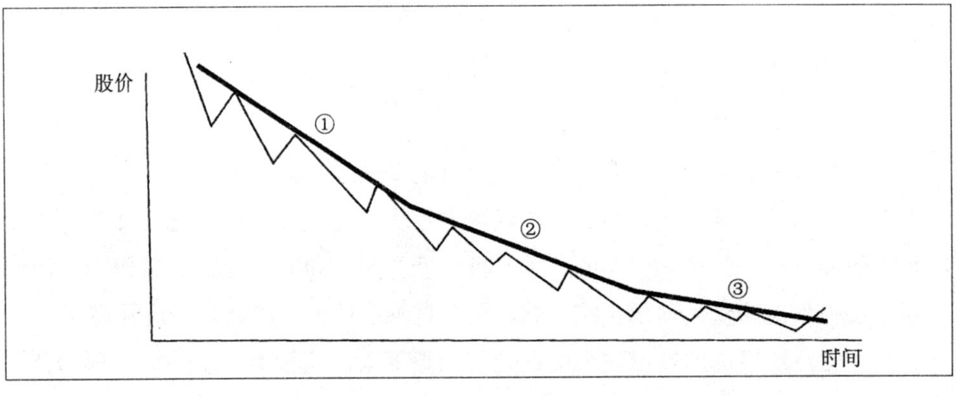

图 1-20　下跌市场行情的收敛

① 断定自己持有的头寸损失扩大，承担损失而清仓止损。

② 在购入的股票的股价下跌的局面下，通过追加买入而让自己的持仓成本下降的操作。卖空的股票在上涨的局面下，追加卖出被称为“摊平追加卖空、升摊平”。原本是指，根据交易时机分开多次卖出，使持仓成本为一系列股价的平均股价而非单一时点股价的一种交易操作方法。

③ 指在市场行情下跌的局面下的最低价。如果市场行情下跌至底部区间的话，在接下来会向上涨趋势反转。

3. 趋势线

炒股的基本内容，就是根据道氏理论中定义的最高价与最低价的变动来判断行情发展的趋势。技术指标分析就是通过在 K 线图上画出相关的辅助线来判断市场行情接下来的变动趋势。这个辅助线就被称为“趋势线”（图 1-21）。例如，将一个最高价和下一个最高价，或者一个最低价与另一个最低价通过趋势线连接在一起，从而发现其中的趋势，并通过观察之后的股价是超过还是跌破趋势线的征兆信号，来判断接下来的股价走势。

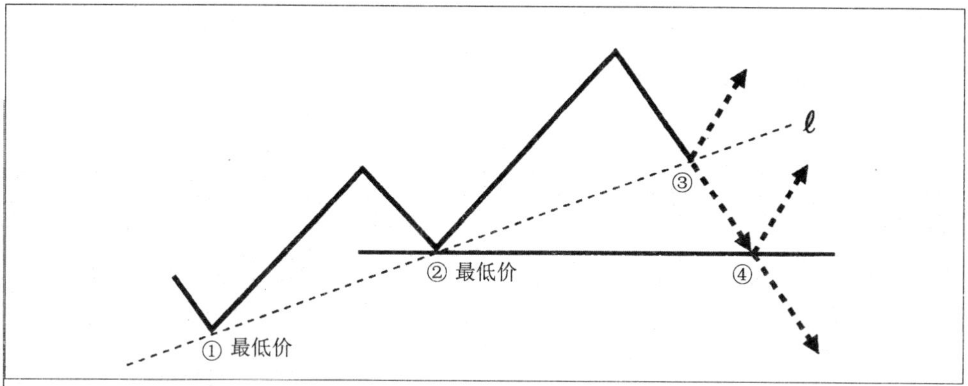

图 1-21　趋势线

趋势线是支配股市行情的基准

如图 1-21 所示。在确定①和②的最低价的过程中，按照到目前为止所做的说明，我们可以认为股价如果没有跌破②的最低价，行情就会一直维持上涨的态势。但在实际的市场行情中，在④位置跌破②的最低价之前可以观察到有买盘出现。是否可以这样认为，这并非是因为市场参与者意识到②的股价并非是最低价，而是他们意识到了其他的因素导致的。

在这个示例当中，连接①与②最低价的线 *e* 实际上支配着市场行情的走势。因为市场参与者会通过①和②来观察股价再创新低的倾向是否会在③位置得到支撑。在这个市场行情下如果持续买入的话，在 *e* 线以上买盘介入的倾向变强的想法有可能会达成一致。因此，当股价到达了③点位时，如果买盘入场导致股价随之上涨的话，有可能该点仅是微跌回升[1]。

那么，如果在③的位置没有买盘进入而跌破 e 线的话，那么接下来会朝哪个方向发展呢？在这种情况下，会确认接下来的④位置是否会在②时点的最低价上止跌，由于已经跌破了趋势线上的③的价位，因此可以判断买盘会相当弱，导致股价无法维持在④价位的情况时有发生。

不管是卖出还是买入的情况，实际上市场参与者会在股价超过前面的高价之前或者是跌破前面的低价之前进行交易。因为市场参与者的大部分会使用这种趋势线进行交易。因此，在高价和低价概念的基础上，趋势线成为支配市场行情变动的重要基准。

上涨趋势线与下跌趋势线

如图 1-22 所示，在市场行情上涨的局面下，如果股价在①与③时点走出最低价的话，就可以画一条辅助线将这两个最低价串联起来。但是，连接①与③的线仍然是一条暂定的线而并不能说明股价涨跌的倾向。这条线之所以变得有效，是因为能够确认⑤时点的低价会在这条线上止跌回升。

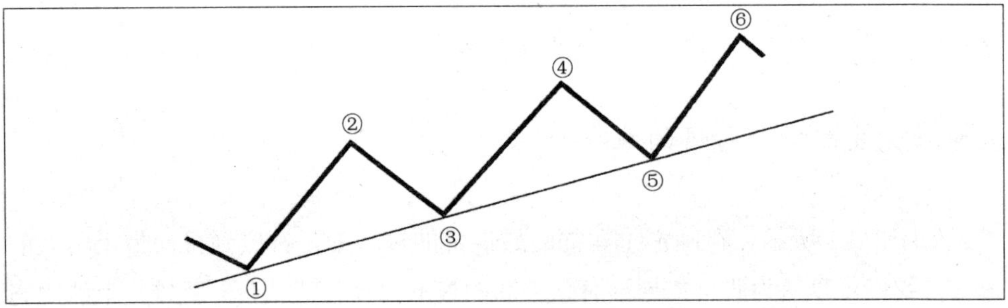

图 1-22　上涨趋势线

这就像前面所讲的那样，因为在从④开始的下跌局面下，在③的最低价得到确认之前，由于在⑤时点的股价水平上有买盘介入，因此，到这时我们就能够明确投资者维持上涨趋势的意愿了。

因此，上涨趋势线是在维持①—③—⑤的最低价时确认的。当然，只要之后

① 在市场行情上涨的局面下，股价在一时的下跌之后会出现买盘。被称为“微跌回升”。

的最低价都维持在该趋势线上，市场就会维持之前的上涨趋势。

如图 1-23 所示。在行情下跌的局面下，如果股价走出①和③的两个最高价的话，也能够画一条连接这两个点的辅助线。将①点和③点连接起来的辅助线仅是一条直线而已，并不能由此明确股价接下来的走势。

这条将①和③连接起来的辅助线仍然仅为一条暂定线，这条线之所以变得有效，是因为在⑤时点的最高价没有冲破这条暂定线就回落的走势得到了确认。这是因为在③的高价得到确认之前，在维持到目前为止的股市行情下跌趋势的⑤时点上，投资者的卖出意向得到了明确而已。

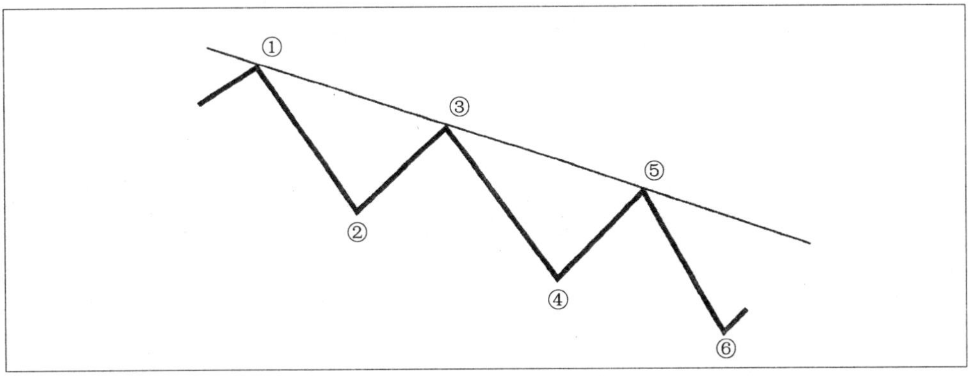

图 1-23　下跌趋势线

与上述内容类似的，下跌趋势线是在①—③—⑤所示的股价不断冲高而又卖出回撤的过程中而得到确定的。因此，只要今后出现的冲高被维持在该趋势线下，那么下跌的行情趋势就会一直持续。

趋势线的突破

对这种上涨、下跌趋势线的说明，包含了在考虑今后市场行情时最为重要的理论依据。彻底贯彻执行这种理论就是本书的目的之一。

在实际操作中，应以趋势的发生为前提周全考虑。因此，可以这样认为，一旦发生某种趋势，该趋势就不会立刻终止，而是会持续一段时间。

如前所述，在出现上涨趋势时，将低价用直线串联起来。因为可以认定只要股价没有跌破这条趋势线，上涨的趋势就会持续；相反，在出现下跌趋势时，就将高价用趋势线串联起来，并可以认为只要股价没有涨破这条趋势线，下跌趋势就会持续。

换言之，就是上涨行情下，并不考虑市场会上涨到什么程度。同样，下跌行情下也不要考虑股价会下跌到什么程度。但不管出现何种情况，不管这种趋势会变为何种状态，都要谨慎对待，全面分析。

也就是说，为了确认上涨行情，就有必要进行低价的确认，而为了确认下跌行情，就有必要进行高价的确认。除此之外的减少损失追求利益的投资方法均不予考虑。

在后面我们也会提到，最初的技术分析方法的诞生，与其说是为了追求收益，不如说是为了将损失降到最低的一种科学合理的分析方法。

如图 1-24 所示。上面的趋势线是由上涨趋势转为下跌趋势的形态。虽然在确认了①的最高价与②的最低价之后，首先在③的最高价还没有超过①的最高价时，会出现趋势扭转的前兆，但是这个前兆是在④位置上股价跌破了上涨趋势线时得到确认的。因此，最终而言，行情是通过跌破②时点的最低价来确认趋势出现反转的。

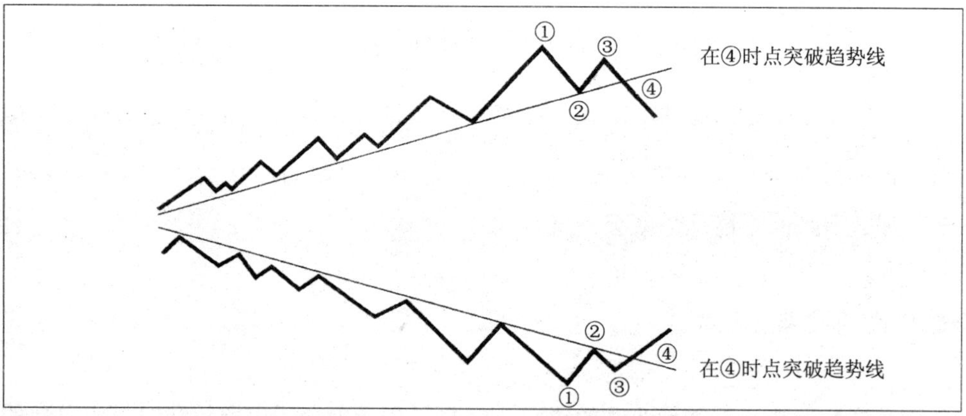

图 1-24　趋势线的突破

下面的趋势线也是相同的道理，一旦下跌趋势得到确认，在超过走势图中画出来的下跌趋势线之前，可以认为趋势会一直持续下去。

正如图 1-24 中下面趋势线所示，在市场趋势反转之前，当股价到达了①时点的最低价与②时点的最高价之后，会出现③时点的最低价没有跌破①时点的最低价的情况作为趋势反转的前兆。因此，在④时点，股价会突破下跌趋势线，从而增加了趋势反转为上涨趋势的可能性。最终来看，行情的反转会进一步通过突破②时点的最高价得到确认。

实际的市场行情中，趋势的反转并不会只出现在一个峰值上，而是会在到达几个峰值之后出现(图 1-25)。

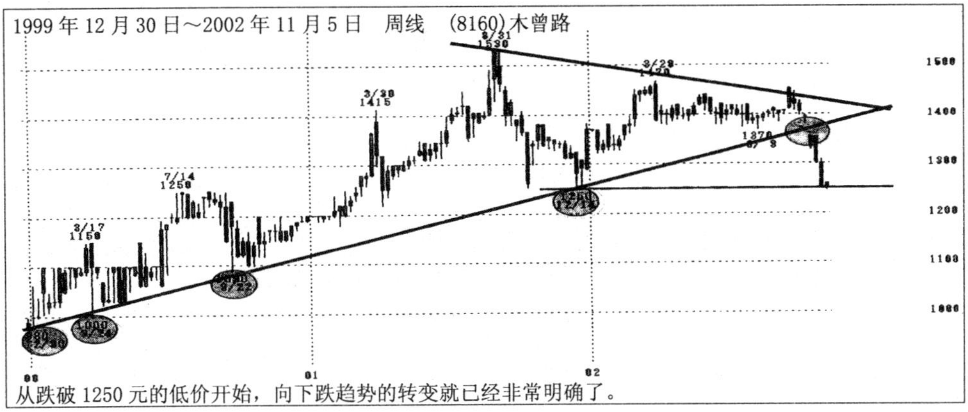

图 1-25　上涨趋势线与突破

例如图 1-26 中，从①位置开始的最初的趋势以 a 趋势线为基准进行变动。在进行了调整之后，从②时点的最低价开始又进入了另一个上涨趋势中。这个波段支持上涨趋势的趋势线为 b 线，在以 b 为基准盘整之后，股价下跌到了③时点的最低价，这次又以 c 为趋势线进行变动了。

因此，a、b、c 这 3 条上涨趋势线，将①—②—③连接起来，形成了更大的市场行情的趋势。其中，由于③时点的最低价落在了由①时点最低价与②时点最低价形成的上涨趋势线上，可以认为是市场行情的基本的上涨趋势线。

接下来的股市波动通过短期趋势线 c 维持一个阶段之后，直到④时点明确跌破基本的上涨趋势线为止，这个比较大的上涨行情将会一直持续下去。

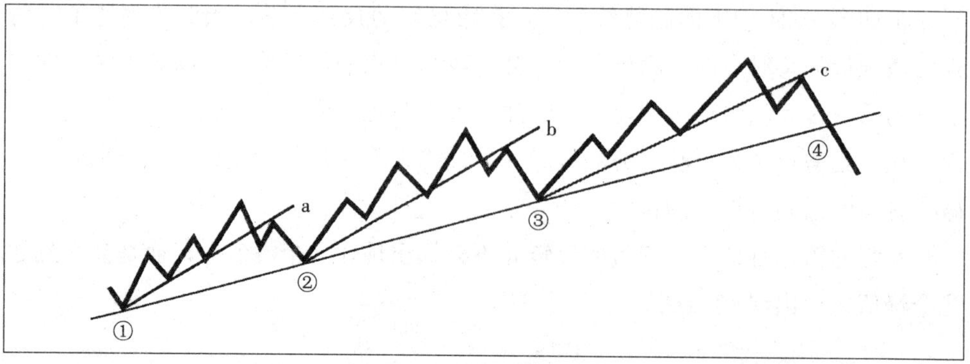

图 1-26　基本的上涨趋势线

行情的加速与趋势线

但是，如前所述，市场行情并非在同一直线上推移，而是会呈现出一定的加速。因此，趋势线会随着时间的推移其增长的斜率也会不断发生变化。

请看图 1-27。虽然通过最初的 a 线支撑了最低价，但是以②时点的最低价为契机，上涨的趋势线出现了一定的斜率增大，并通过 b 趋势线进行了支撑。从③时点的低价开始，上涨的斜率进一步变大，这次通过 c 线对最低价进行了支撑。

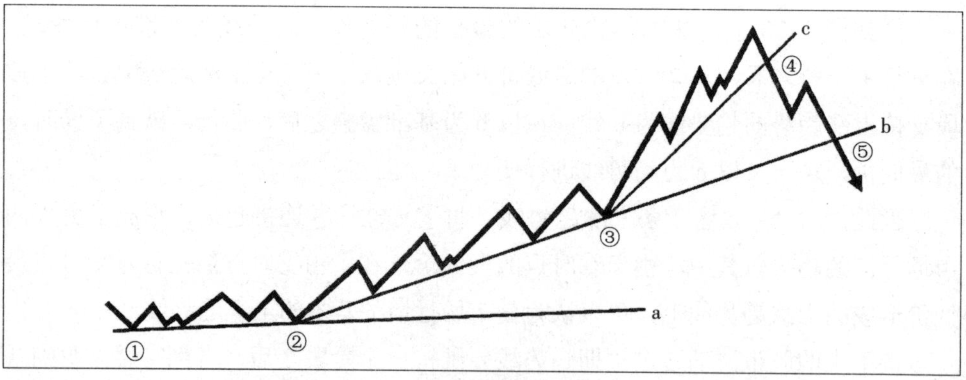

图 1-27　行情的加速与趋势线

因此，当上涨趋势一直加速直到 c 趋势线之后行情转向下跌为止，如果按照常理推断，那么市场在接下来的下跌趋势中，会按照 c、b、a 的顺序形成与上涨趋势线对应的下跌趋势线，从而对行情进行支持，缓慢下跌，但是实际上，接下来的走势大多数情况下不会这样发展。向这个案例中所示的那样，在加速上涨行情崩溃的局面下，在④时点上，市场行情一旦跌破了 c 趋势线的支撑，鲜有在 b 趋势线上中止的，通常都是在⑤时点上一鼓作气跌破 b 线的支撑并出现急速下跌的态势。

因此，恐怕除了市场行情的急剧下跌之外，基本不会出现其他形态了。好不容易开始了一波斜率较大的稳定上涨行情，但在接下来希望获得收益心理作用影响的局面下，在冲高[①]之后除了获利回吐之外，不会再有其他情况发生了。可以说，在关注支撑线与最低价水平的同时，将市场行情的加速模式牢固地置于头脑当中，准确地把握每一次的趋势才是高明的战术。

如果认为上涨行情下就必然会有趋势的加速，并照此操作的话，当然就比较危险了，作为技术分析的前提，正如前面所讲的那样，历史行情会反复上演。如果认真分析研究实际的行情，那么一定能够切身体会到这样的事情绝不少见。

通道

在市场当中，会有在受到一定制约的同时持续变动的局面发生。具有代表性的就是“通道”。

如图 1-28 所示。如果④落在了连接①与③股价的趋势线平行移动的平行线(点线)上，就将成为形成通道的有力依据。

这种理论，一般在③位置市场行情上涨，而在④位置市场行情的方向转变为下跌时，将已获得收益的股票变现回吐的情况下使用。图 1-28 是上涨趋势(左)与下跌趋势(右)的通道的示例，其思考方式都是相同的。

① 如果股价变动到一定水平以上(以下)，交易双方会对已经委托的下单进行重新下单。在日本，一般指的是“多少钱以上就执行卖出”、“多少钱以下就执行买入”的限价委托下单。

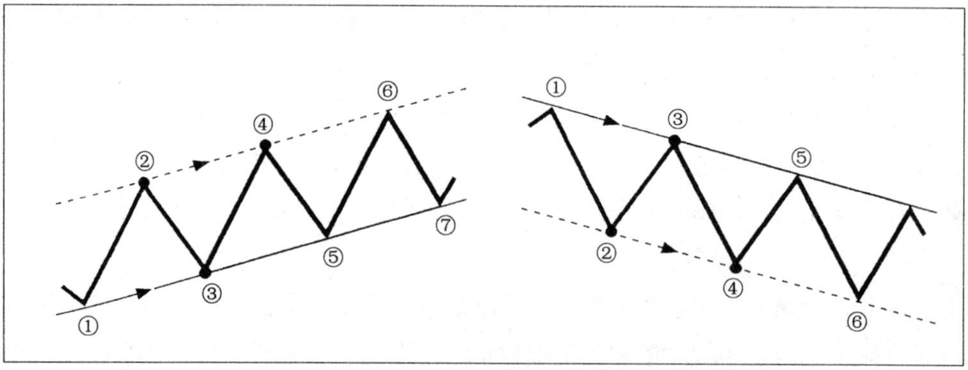

图 1-28　通道(基本形态)

如图 1-29 所示。最低价与最高价按照①—②—③—④的形态被确认为通道之后，本来接下来的短期波动有望达到通道的上通道线，但也有可能存在⑥时点发生趋势反转的情况。在这种情况下，可以判断为上涨的力量比较弱，从而有可能在之后⑦时点跌破通道的下通道线之前抓住这个征兆。

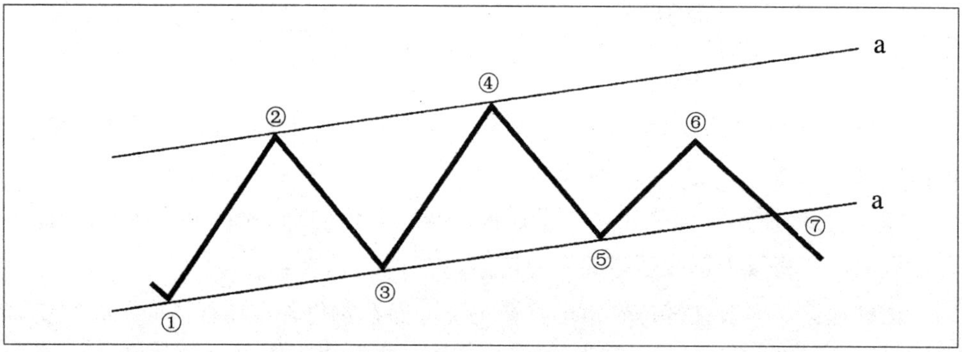

图 1-29　通道(上涨力钝化的情况)

如图 1-30 所示，从⑤的低价开始的波动本应该在通道的上通道线上中止，但是如果突破了上通道线，就说明从这时开始市场行情有加速的可能性。在这种情况下，如果把⑤和⑦连接起来将会形成新的上涨趋势线 b，将⑤和⑦的上涨趋势线平行移动至⑥的最高价的到的平行线可以看作是新形成的通道的上通道线。

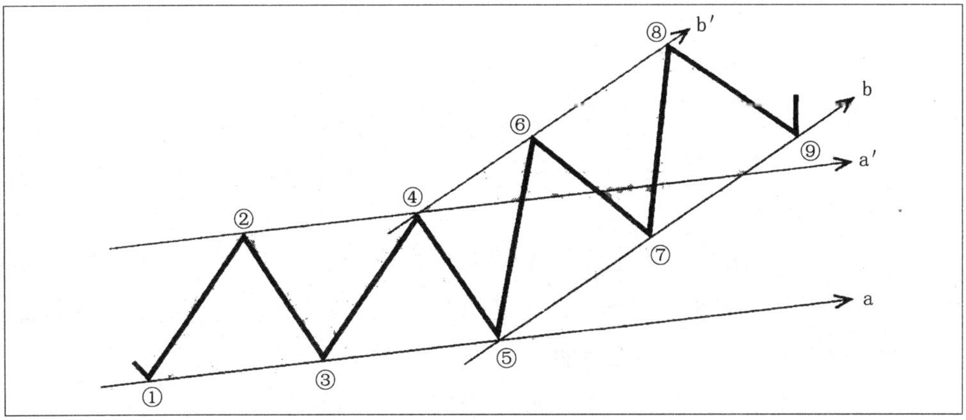

图 1-30　通道(上涨力加速的情况)

除此之外，关于通道还有各种各样的变化和使用方法，但大致都是相同的，请在今后的实际操作中在积累经验的同时尝试对其进行研究。

图 1-31 是趋势线与通道在一具体实例中的体显。

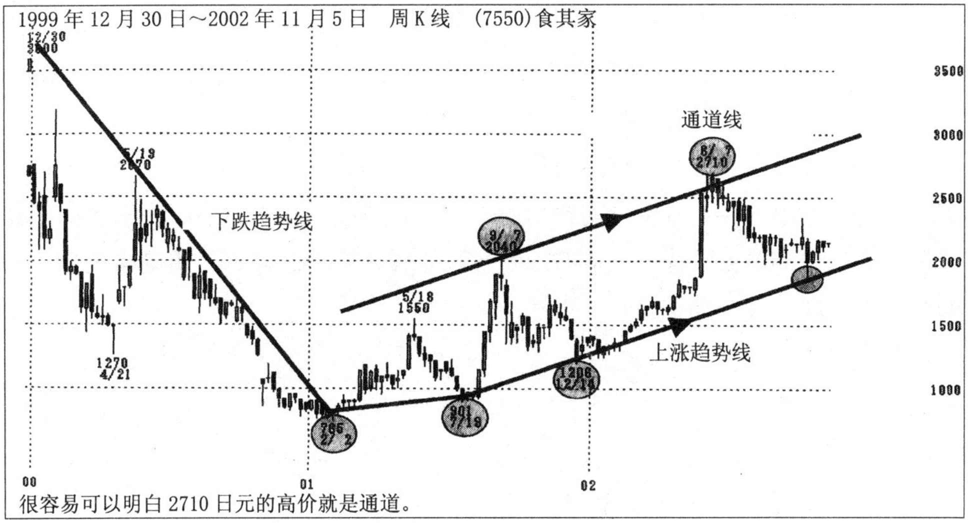

图 1-31　趋势线与通道

各种形态与应对方法

由于本章是第 1 章，为了首先让大家知道技术分析到底是怎么一回事，我以一般化的理论为中心进行了说明。拿来作为案例的趋势形态也尽量为大家选择了一些简单且典型的。

但是，在实际操作过程中投入自有资金进行交易的情况下，请时刻牢记如果只是单纯基于形态来考虑市场行情的变动的话，通常会比较危险的。也就是说，死板和教条的运用理论是行不通的。

因为市场是不断发展的，我们无法预估到接下来会发生什么样的状况。所以在实际操作过程中，只能遵循最基本的定义，并根据市场行情的发展随机应变，除此之外，别无他法。

虽然大家一般都探讨哪个月市场上涨、哪个月下跌，并探讨接下来上涨或者下跌的概率是多少，但决不能以此为基准投入重要的资金。我认为，应该在接下来的技术指标分析探讨中摒除所有关于这种连带“有风险成分的管理”都算不上的分析方法。正是这种依赖感觉的投资方法把日本的投资者们给毁了。

从这种意义上说，在写这本书的时候，我坚持认为没有一一列举各种形态的趋势动向是必要的。但是，从基本没有股票投资知识的读者角度来看，由于是刚开始学习技术指标分析，因此将趋势动向形态化进行说明能够促进理论的理解，所以我们会在接下来的说明中对基本的形态进行介绍。

但是，即便是在这里介绍的趋势线，也不要单纯只记住类型，而是应该谨记在操作时尽量思考股市行情变动背后所隐含的投资者的投资意愿。在实际的操作过程中，需要知道哪条线对行情的影响最大才行，换言之，尽早明确市场参与者最重视哪条线比什么都重要。

最后的卖盘与买盘

以图 1-32 为例，在从上涨趋势到下跌趋势反转的局面下，请尝试考虑应该如何判断卖盘呢？假设到②时点为止通过 a 线支撑最低价的上涨行情中，在③时点上没有超过①的最高价。

那么在这里，尝试将连接①与③的线平行移动到②时点的低价上。这是因为，如果在③以后，行情跌破 a 线，并进一步跌穿②时点的最低价水平后，持续下跌到④价位，接下来市场将有可能涨回到②引出的平行线上的⑤点。如果行情发展到这一步的话，那么可以认为之后连接③与⑤的最高价形成的 c 趋势线成为了新一轮趋势的趋势线。

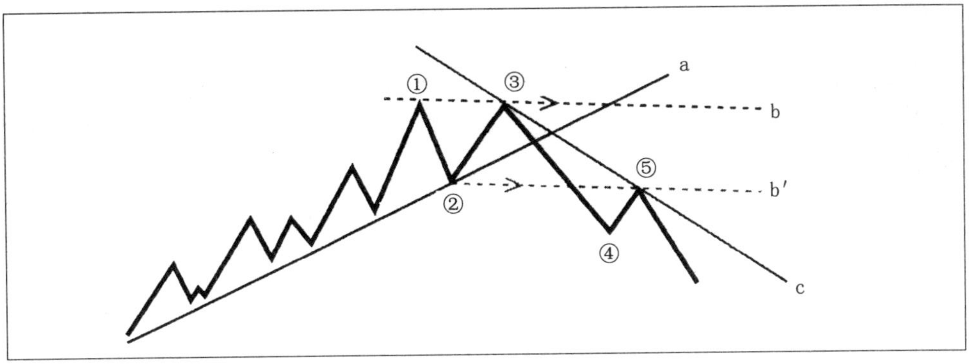

图 1-32　最后的卖盘

下跌行情下发生反转的情况也是一样的。如图 1-33 所示。到②时点为止，在基于 a 趋势线的下跌过程中，如果在③时点没有跌破①的最低价，那么考虑将①与③连接而成的线平行移动到②的最高价形成一条平行辅助线。此时，如果在③以后市场行情超过 a 线，并进一步超过②的最高价上涨至④，那么行情会微跌到从②引出的平行线上。如果行情发展到这一步，可以认为连接③与⑤的最低价形成的 c 趋势线成为了新一轮趋势的趋势线。

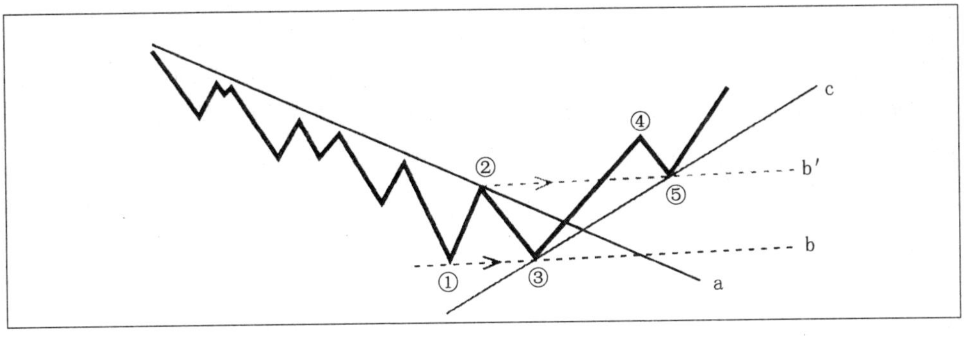

图 1-33　最后的买盘

通过上述两个例子可以看出，在⑤时点从上涨转变为下跌时，或者下跌趋势转变为上涨趋势时，是当前这波行情的最后卖盘与买盘。当然，市场行情变弱或者变强的情况下，也会有⑤时点不会出现的可能性。请切记这一点。

如何应对“骗线”

在实际操盘过程当中，如前所述的“骗线”形态也经常出现。即便出现了这种情况，只要根据基本定义而不是形态来分析这种状态，就能够发现解决应对的方法。

我们以图 1-34 为例进行说明。即便在④时点超过了②的高价，但如果之后股价跌破了 a 趋势线，那么行情就会反转为下跌趋势。这种趋势的反转，在⑤时点跌破③的最低价之后得到确认。这个例子是说，即便是没有出现“最高价重叠”和刷新最高价的形态，如果跌破低价位阻力点，那么行情也将转换为下跌的趋势。

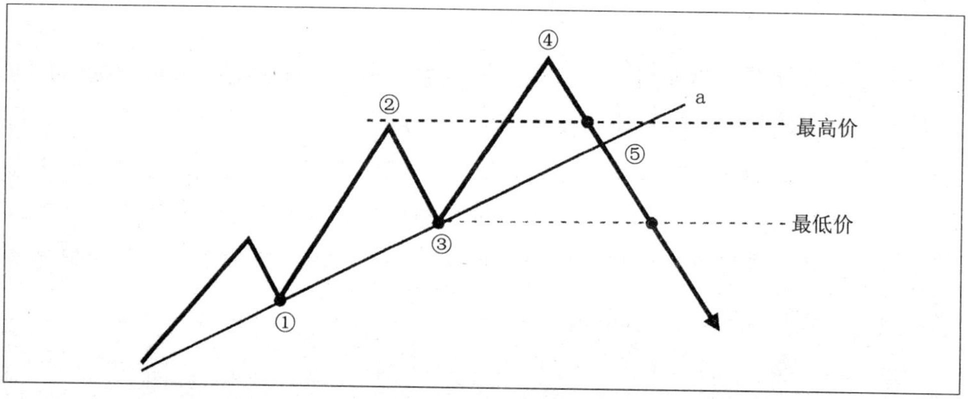

图 1-34　骗线的形态(1)

如图 1-35 所示。即便是在②与④上形成最高价重叠的局面，如果在之后⑤时点上通过 a 线支撑了最低价，并通过第三次尝试冲破了②-④的最高价，那么在接下来的市场行情极有可能站上新高。这说明，即便是最高价重叠和双顶[①]的形态出现，如果在这之后不满足趋势反转为下跌的条件，只根据这个形态就断定会下跌其实是存在一定危险性的。

① 从上涨趋势到下跌趋势反转的局面下出现的高价构成的形态。

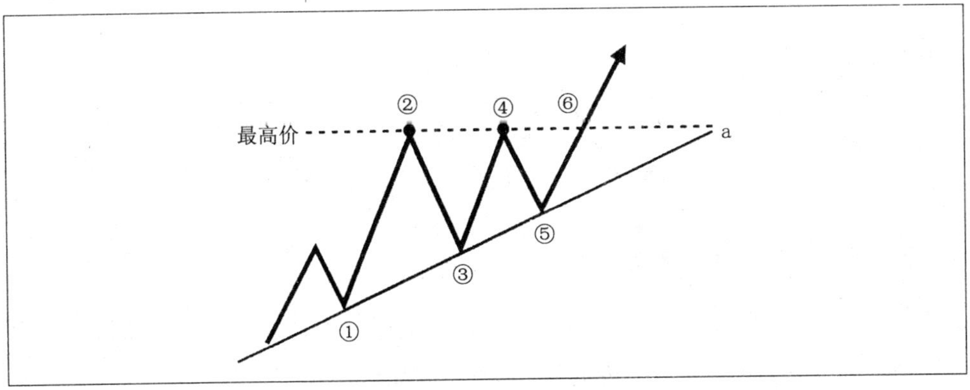

图 1-35　骗线的形态(2)

如图 1-36 所示的下跌行情也是一样的。即便②与④的位置出现了最低价重叠，如果在⑤时点被阻挡在 a 线以下，并在⑥的位置跌破②—④的低价连接线，行情仍然会持续下跌趋势。

图 1-35 与图 1-36 的两个案例，与其说是骗线，不如说是对于趋势转换认识不足。

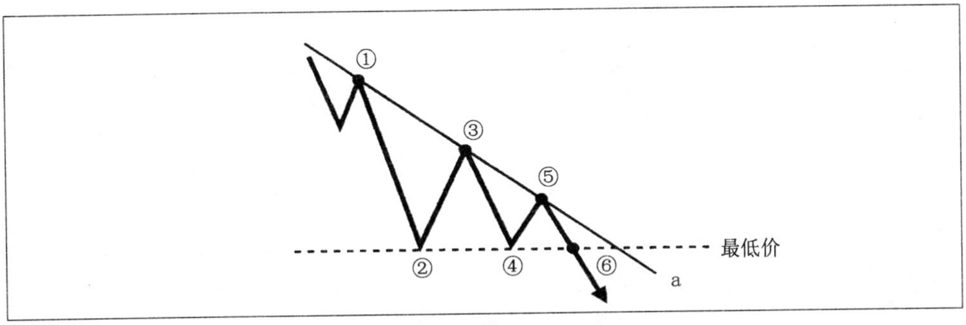

图 1-36　骗线的形态(3)

接下来我们针对“楔形”进行说明。作为经常会出现楔形，我们列举两个典型的例子进行说明。

图 1-37 显示的是虽然开始为上涨行情，但在之后的走势中在中间位置上下平稳波动①的例子。在这种情况下，该楔形(Wedge)一般是朝下的，但是中间位置的上下平稳波动的释放方向可以说是向上的。

① 市场行情基本不动的状态，以及在一定范围内小幅上下波动的状态。

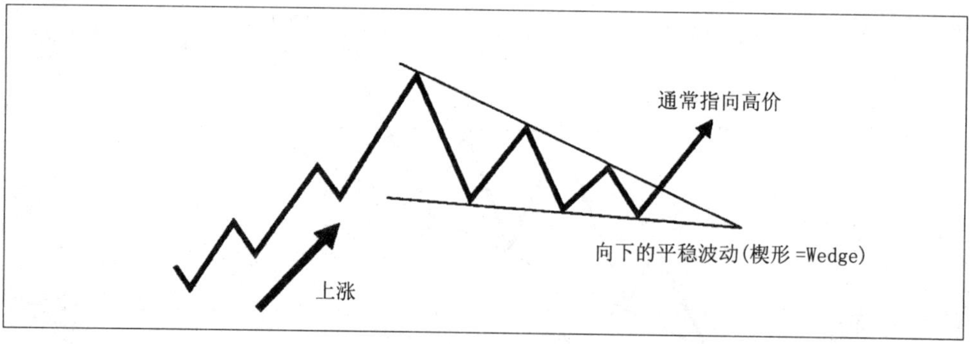

图 1-37　楔形(上涨局面)

而图 1-38 所示的是与图 1-37 相反的，即在刚开始的下跌行情之后的走势中在中间位置上下平稳波动的例子。在这种情况下，可以知道该楔形是向上的。因此，这种情况的释放方向是向下的。

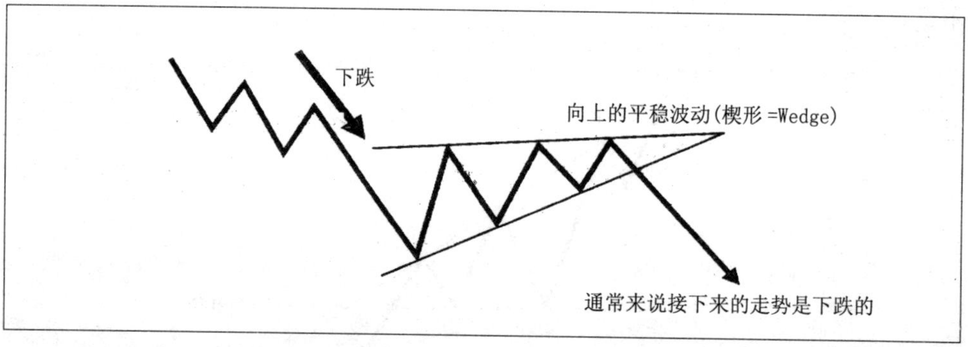

图 1-38　楔形(下跌局面)

在技术指标当中，虽然有时能指出楔形平稳波动的释放方向，但实际上可以知道很多时候行情也许不会朝想象的方向发展。

虽然有些反复，但通过遵循最基本的原理，并在之后确认该时点的行情动向的基础上来管理自己的头寸比什么都重要。总而言之，在实际的操盘过程中，除此方法之外，别无他法。

4. 艾略特波浪理论

在最后这部分，我们简单的涉及艾略特波浪理论[①]。绝大多数的技术指标是无法描述未来行情走势的，因此，该波浪理论就未来市场行情是何种形态给了投资者一些暗示。关于该波浪理论的详细内容，我需要事先说明的地方是，我认为有必要在参考普莱切特(Robert Rougelot Prechter, Jr.)和弗罗斯特(Alfred John Frost)的翻译著作[②]等书籍的同时，结合道氏理论，来思考市场行情的趋势。

艾略特波浪原理的基本形态可以表示为如图 1-39 所示的 1-2-3-4-5-a-b-c 的波浪的循环。该循环最终通过 144 个波构成了一个系列的波浪的基本形态。

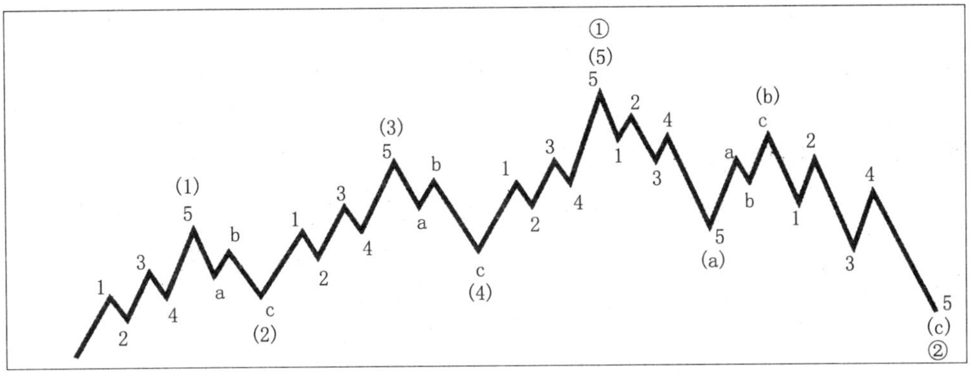

图 1-39　艾略特波——8 个波的循环

在这个基本形态中，“1”“3”“5”被称为推动波，而“2”“4”“a”“b”“c”是被称为调整波(图 1-40)。大致而言，从下跌到上涨的转换阶段中，如果将整个过程认为是投资者在迟疑徘徊中上升的第 1 波，确信上涨的第 3 波，以及因为高价警戒感而获利回吐的第 5 波，那么就能够很容易地抓住这种形态了吧。

读者之中，肯定有人会有这样的疑问，就是在实际的市场行情中，真的会遵循和这个一模一样的波浪形态吗？但在这里论述的关于波浪理论，是为了在考虑市场行情的基础上，使波浪构成形态的概略以及之后的市场行情变得通俗易懂而设定的。并且，现实当中的投资者会被该波浪理论所束缚。

① 美国拉尔夫·纳尔逊·艾略特(R. N. Elliott)在大恐慌之后的 20 世纪 30 年代开发出的股市理论。

② 《股票·债券·外汇分析中的艾略特波浪理论》(尾形守、松本幸笃译，东洋经济新报社，1990 年)。

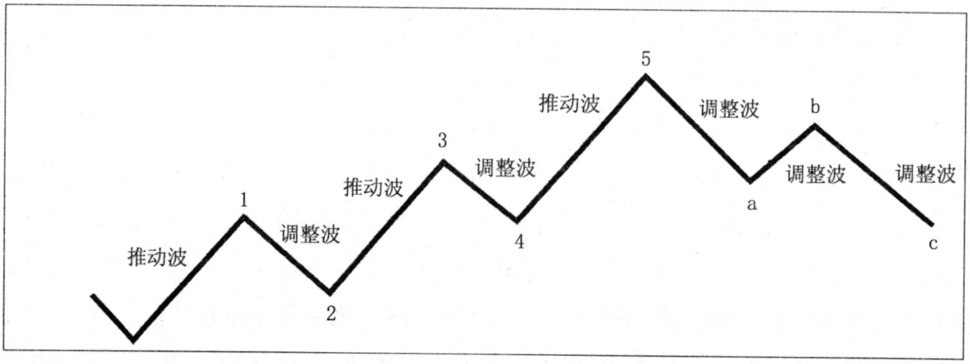

图 1-40 上涨波的基本形态

在技术分析过程中，投资者的行动在一定程度上被技术分析规律化了。例如，如果从某个低价开始被认为是第 1 波，那么投资者下意识地都会认为在之后必将会出现第 3 波和第 5 波。因此，如果和预期的一样出现了第 5 波，则会被认为之后将进入调整。

大多数投资者有时会基于各种不成文的思维定势决定下一步的行动，特别是在实际的操作当中，会有很大一部分投资者会根据这样的思维定势向同一方向采取行动。因此，熟知该行为理论是非常有好处的事情。

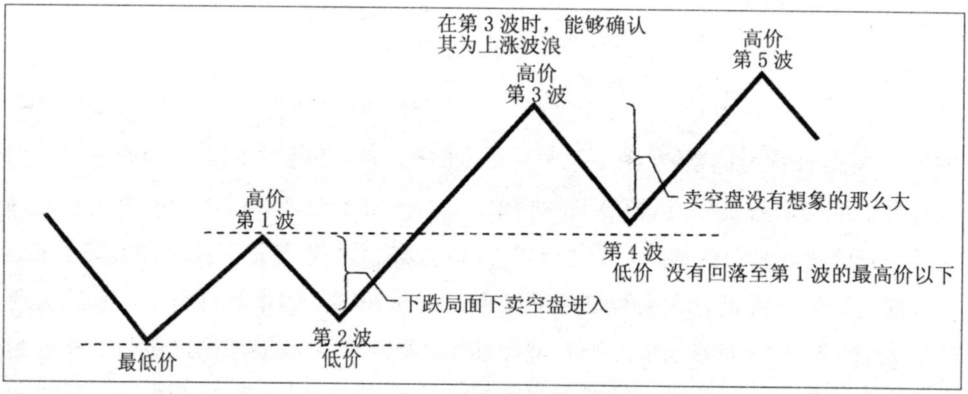

图 1-41 艾略特波浪的特征

下面就每个波的特征进行说明(图 1-41)。

第 1 波

第 1 波发生在股价下跌到最低价之后，下跌中止点的确认与重复的时点。在该时点上，极易将其与止跌回升的反弹局面发生混淆。由于存在从最初的最低价开始进一步卖出撤离从而导致再一次的最低价确认局面下的波动，因此如果不看接下来的盘面走势的话，将难以判断到底是市场行情的趋势发生了变化还是出现了触底反弹。

在这个波段下，由于仍然没有获得下跌中止的确切证据，因此会出现反弹后卖出或者根据情况进行卖出补仓的操作，该波段的行情通常不会有很大幅度的涨跌。其明显特点就是在最初的 5 个波浪中是最短的。但与之相对的，也会有从低价区间急剧上涨形成一个非常大的波浪的情况。

第 2 波

是触底反弹的第 1 波之后的调整波段。根据第 2 波的触底方式，其成为市场筑底的确切证据的概率就会增大。通常来说，第 2 波其下跌幅度会比第 1 波的上涨幅度要大一些。然而，如果在最初的低价水平以上止跌，就能够成为明确触底的确切证据。当在低价区间形成三尊构成时，也会有触底的感觉。

在这种局面下，认为下跌将持续的投资者将会进行卖空操作的情况也时有发生。当然，如果在这里卖空，根据之后第 3 波的出现方式，就不得不被迫进行赎回平仓了。反之，正因为在这里有最后的卖空盘介入，才会使得接下来第 3 波的上涨幅度比较大。

第 3 波

在最初的 5 个波当中最长，是充满信心的强有力的上涨。

这是因为在从最低价—第 1 波的最高价—第 2 波的最低价推移过程中，观察到止跌出现的过程中，超过第 1 波的高价出现的话，上涨行情就能得到确认。更进一步来讲，由于从第 1 波的高价开始的调整波上，卖空等不断增加的缘故，导致赎回平仓推升了市场行情。

第 4 波

是第 3 波的调整。由于第 3 波中上涨局面已经得到确认，因此第 4 波的低价没有跌破第1波形成的高价。

第5波

通常来说，第5波表现得没有第3波那么强。虽然在第3波之前的第2波的阶段中，卖空盘的进入积蓄了上涨的能量，但是由于在第4波段整个市场行情已经被认为上涨趋势，因此就不会有太多的卖空盘介入。因此，受此影响的第5波，就不会比第3波上升的幅度大。此外，由于受到高价警戒感的影响容易出现获利回吐盘，也被认为是造成上涨乏力的原因。

a波

刚开始股价从最高价开始下跌的阶段中，仍然不能明确是否已经进入了a波的调整阶段。能够明确行情已经进入a波调整阶段是因为a波与前面比较小的5个波有明显的区别，在其波动的过程中没有超过高价的形态出现。因此，通常情况下，将a波与上涨局面下的突然下跌混淆的情况也比较常见。

b波

在a波调整之后，止跌反弹。但是，通常会在不超过第5波的最高价的位置终结。虽然在走势形成之后才会明确，但由于b波不能持续刷新高价，导致进入下跌的可能性变高。在这里，根据情况的不同，会演变成最后的买入头寸的逃离位置。如果确认进入了c波，则新的买盘就会出现。

c波

c波是在b波的上涨过程中，从不能更新第5波高价的局面开始产生的。这波下跌，在跌破了a波的最低价之后，下跌的态势得到确认，并开始不断诱发卖空盘的介入。由于如果跌破a波的最低价的话会有较大的卖盘出现，因此，在b波没能刷新最高价的情况下，其可能性也必将受到质疑。

图1-42与图1-43是在索尼的股价变动过程中出现了比较明确的艾略特波浪的案例。当然，在实际市场行情中，也有无法发现这些各种波动情况的。也就是说，由于存在能够数出波浪的局面与不能数出波浪的局面，因此就像前面所讲到的那样，不能生搬硬套地运用整套形态。

1990 年 6 月 29 日～2002 年 11 月 25 日　周 K 线　(6758)索尼

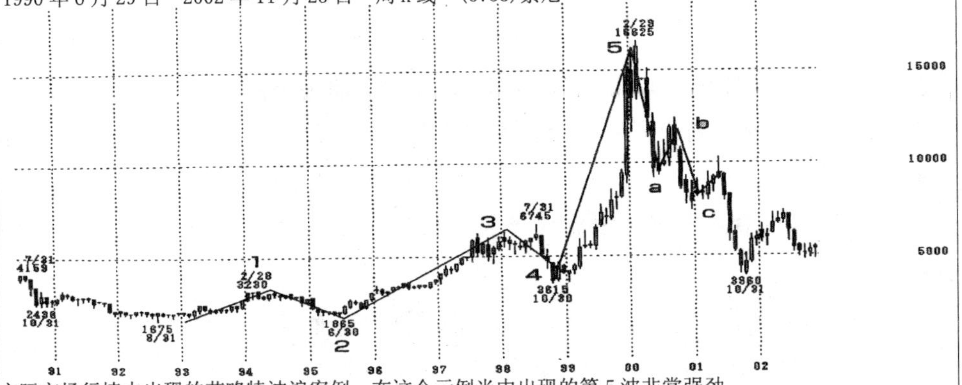

实际市场行情中出现的艾略特波浪案例。在这个示例当中出现的第 5 波非常强劲。

图 1-42　艾略特波浪的示例(月 K 线)

1999 年 2 月 5 日～2002 年 11 月 25 日　周 K 线　(6758)索尼

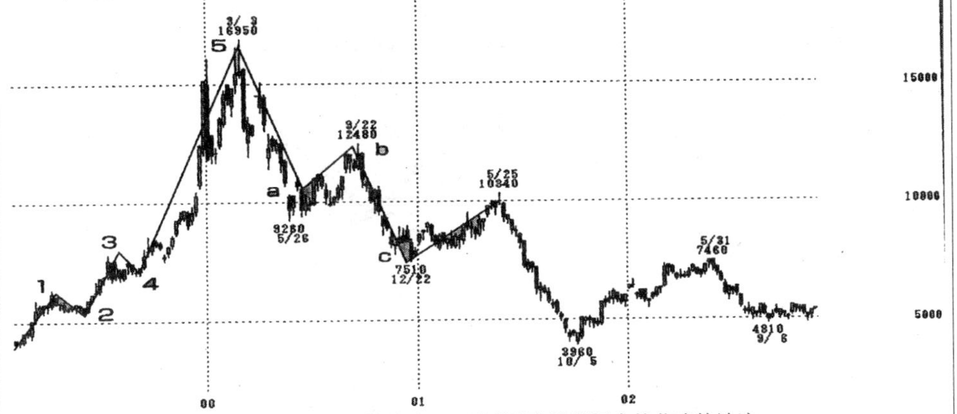

以周 K 线图的形式看大约过去 3 年的股价波动，可以明确在该期间内的艾略特波浪。

图 1-43　艾略特波浪的示例(周 K 线)

斐波纳契数列

在艾略特波浪理论中会用到 1、2、3、5、8、13、21、55、89、144 这些数字。而斐波纳契数列指的是这样一个数列：1、1、2、3、5、8、13、21、34……以上就是著名的斐波纳契数列①的一部分。

① 13 世纪的数学家莱昂纳多•斐波纳契发现的数列，是艾略特波浪理论的理论依据。

斐波纳契数列是根据相邻两个数相加，1+1=2、1+2=3、2+3=5、3+5=8……这样永远地持续下去。其特征就是，一个数对于下一个数的比例，缓慢地接近0.618。例如，具体地可以看到5÷8=0.625、8÷13=0.615、13÷21=0.619。这个0.618的比例就是被人们所广泛熟知的黄金分割比例，并被使用于金字塔和帕台农神庙等建筑。

在实际操作中，会用到根据这个关系得出的“1.618”“0.618”“0.328”三个比例。

如图1-44所示，在从低价到高价上涨趋势的局面下，我们把该上涨幅度看作1。市场行情的上涨趋势如果比较强的话，可以认为将从高价下跌了0.382的幅度的微跌然后止跌回升。在这里，如果上升趋势较弱，就会下跌到0.618的水平为止然后止跌反弹。因此，如果市场行情完全进入下跌趋势，那么就会跌破最初的低价然后继续下行。

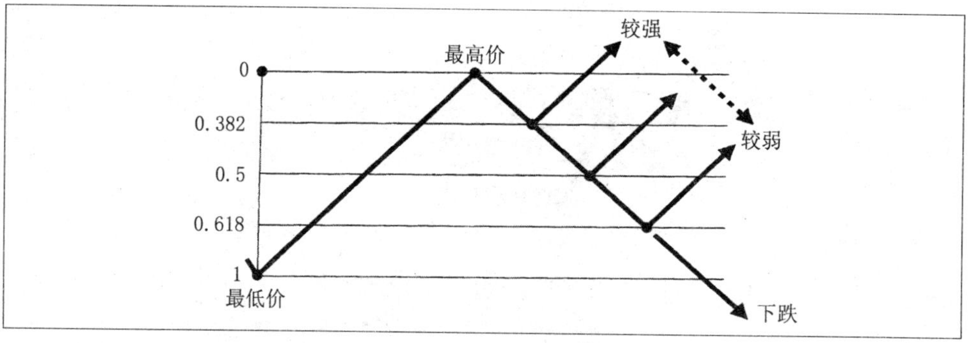

图1-44　调整与市场的强弱感

如图1-45所示，按照该比例上升趋势的示例当中，最初的上涨幅度为1的话，之后的波浪将上涨约为原先幅度的1.618倍的幅度。虽然这归根结底仅是一个典型示例，但即便是在实际的市场行情中，渐渐地就能够确认同样的动向了。

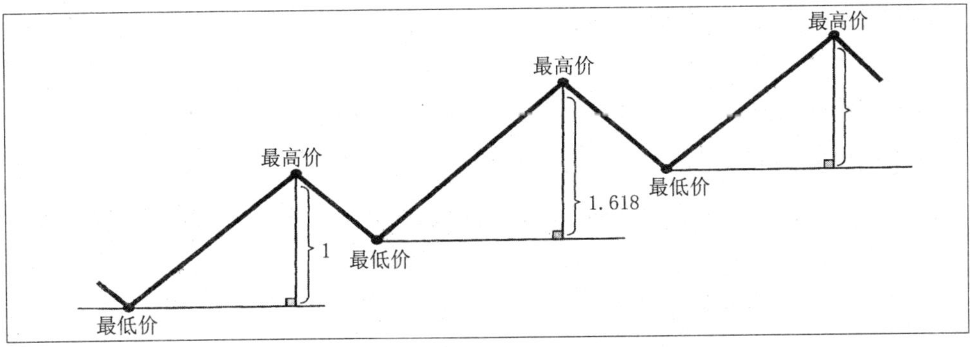

图 1-45　波浪上升幅度的示例(1:1.618:1)

5. 市场行情的思考方法——总结

到目前为止所说明的是分析市场行情过程中必要的基本理论原理。

股价会根据最高价与最低价的出现方式，展现出市场参与者的投资意愿。道琼斯理论根据最高价与最低价的出现方式定义了上升趋势与下跌趋势。而且，趋势线展示了将来趋势变化的可能性。更进一步来讲，为了对这些变动进行补充说明，艾略特波浪理论为我们提供了对于市场波动的启示。

在这里比较重要的事情就是，通过确认趋势的方向性，获得与其方向性一致的头寸。例如，如果确认行情处于上升趋势，则应该建立买入头寸。如果是上升趋势，那么通过再创新高，最低价也会随之提升，因此获取收益的概率会相对增加。反之，如果在上升趋势中持有卖出头寸，那么亏损的概率就会变得非常高。

如果是下跌趋势，那么应该持有卖出头寸。下跌趋势中最低价会不断创下新低，而最高价也会不断下行，因此持有买入头寸的人的亏损的概率就会增加，持有卖出头寸的投资者获取收益的可能性就会提升。

也就是说，通过确认市场行情的方向性确认一个趋势并结合自己持有头寸的方向性来进行操作是基本手法。正如到目前为止所说明的那样，即便是到了市场的方向性发生变化的时点，通过确认在这个时点上的市场参与者的意愿，通常就能追上市场投资者的意愿。如果这样考虑，就能更容易地理解市场方向性发生变化的点才是值得交易的点这句话的意义了。

市场行情会根据“不成文的思维定式”而变动

在实际的操盘中，和第2章以后章节说明的各种技术指标的知识相比，人们会优先利用这种不成文的思维定式对股市进行把握。如果大家不知道在想些什么而进行交易，或者心里有数但却不闻不问而进行交易，那么就会增加亏损的可能性，这无异于是自杀行为。

如前所述，在本书中，关于形态的说明会保留到最小限度。为什么这么说呢？因为所有的市场变动，是根据基本的思考方式才得以理解的。

如果自己随随便便地将市场的变动形态化，并盲从的话，那么就比较危险了。通常来说，在实际操作过程中，股市会发展到哪个点，有必要通过思考和理解目前市场参与者会重视哪一点的同时思考市场动向，来采取自己下一步的行动。

不成文的思维定式自身驱动了投资者自身的投资行为。将这些内容作为知识储存在头脑中，在市场中出现这个形态时人们就会下意识地遵从相关的知识采取行动。

换言之，正是由于市场参与者会根据不成文的思维定式采取行动，市场当中才会出现能够确保收益的机会。相反，如果我们违背了这些不成文的思维定式逆势操作建立头寸的话，那么就会受到市场的惩罚。

如果说投资者有能做的抑制损失的唯一的方法的话，那就是在每天的实际操作当中结合这些不成文的思维定式反复思考自己现在安全吗。这绝不是什么难事。若想在实际操作中获得收益，慎重地根据基本原理进行操作，忠实于基本原理进行买卖是绝对有必要的。

第 2 章

能够利用的指标
和不能利用的指标

Chapter2

应该如何选择技术指标呢？

在实际操盘中，行情参与者是通过解读表达投资者投资意向的“最高价”和“最低价”来研究“接下来大家都会采取何种行动”的。投资者在把握市场走势过程中，有时坚定明确，有时却在徘徊迟疑。

按理说，如果能够按照我在第 1 章中说明的市场变动的原理原则采取行动的话，在实际操作中应该就够用了。在现实当中，仅靠技术分析而获得收益的投资者并不少见。但是，对于大多数投资者来说，切实把握市场行情的变动，并忠实地按照技术分析的原理原则判断行情从而进行交易，并非轻轻松松就能办到的事情。因此，为了协助这些投资者进行交易，可以考虑使用技术指标分析法对行情进行研判和把握。

技术指标是类似于汽车导航的东西

技术指标比较类似于最近火起来的汽车导航仪系统。虽然我们不清楚其内部到底是什么东西，但这种设备总是能够切实地引导我们顺利到达目的地，确实是一种非常便捷的出行辅助工具。

我也认为在实际操作过程中应该尽可能地使用让操作变得更便利的工具，从而达到追求更高的投资表现的目的。炒股的目的是通过市场行情的变动达到获得收益的目的，让自己的人生变得丰富。

就像根据汽车导航仪的指引安全地到达目的地一样，按照技术指标进行交易的话，大多数情况下都不会导致较大亏损。那些导致投资者出现重大亏损的往往都是违背技术指标依靠自己的个人感觉而随便交易的行为。

这就类似于导航仪提示前面应该右转，可有人却自以为是地认为左转能够更快地到达目的地一样。即便是自己熟知的路段，也极有可能因为大拥堵而被卡在路上。

如果目的地是到目前为止一次都没去过的地方仍然凭自己的判断的话，那就更危险了。如果不使用导航仪的话，那迷路的概率就会大大增加。股市就是一个像这样没有任何人踏足的地域。所谓道路，只能凭自己去开创。

在这个过程中，正如通过接收漂浮在遥远宇宙中的人造卫星的信号来确定自己的位置一样，通过观察技术指标就能够从大局上判断目前自己的头寸是安全还是危险，以及短期会如何变化。

最终，由于不知道接下来将要发生的事情，如果不在之后的操作过程中彻底依靠作为市场行情导航仪的技术指标，那将会处在危险之中。

不能使用落后于时代的导航仪

经过几年之后，实际路况和之前导航仪中的路况地图相比会产生较大变化。导航仪也会根据这种变化进行修正和进化。但是，如果仍然根据 10 年前的地图制作的导航仪行驶，即便想走正确的道路，那也是不太可能的。

因此，必须抛弃不能用的工具。不管我们对这个工具有多么眷恋，不管多么习惯于使用这个工具，如果它不能跟上时代的要求，那就是多余而无用的。技术指标也是如此，就像扔掉老旧的导航仪一样，应该尽快抛弃不能使用的已经过时的技术工具。

例如，某只股票在长期下跌趋势中，会有考虑“已经不能再便宜了吧，在这个价位上下买入应该没有问题吧”的投资者存在。大多数波动体系指标也显示出买入迹象了吧。然而，由于这样的交易是逆趋势而为，因此多半会遭受损失。正如艾略特波动理论所阐述的那样，相对于推动波而言，调整波仅是个插曲而已。

如果以导航仪举例的话，这就类似于由于高速公路比较拥堵而导航仪单纯地指示“最好下高速公路”一样。于是我们就在没有提示这个拥堵是长达 50 公里的大拥堵，还是仅有 2 公里的小拥堵，以及进一步来讲下高速公路之后的一般道路是否混乱的信息的情况下，稀里糊涂地下了高速公路。

根据设置，即便是在下跌行情下超买超卖类理论指标也会给出买入信号，或是在上涨行情下给出卖出信号。但是，在给出这样的信号时，我们无法判断行情是处于上涨的趋势中还是处于下跌的趋势中。如果我们依赖的是这样一个不明确的导航仪的话，必然会迷路。也就是说，在实际操作中必然会蒙受巨大的损失。

我之所以首先在第1章中讲明趋势的定义，是因为我们必须根据市场行情在接下来会朝着哪个方向变动而改变在接下来将要说明的技术指标的使用方法。如果非要类比的话，那么暂且可以把它看成是在没有导航仪的情况下不得不继续行驶时的信号灯或者是道路标识吧。

在这点上，最近的汽车导航仪即便是在驾驶员走错了路的情况下也能瞬间显示修正后的路径。在股市中，由于只有买与卖的头寸，因此修正是不起作用的。但是即便如此，如果了解到了自己持有买入头寸是错误的情况下，那么不管怎么样先不要管对错，只要重新明确和把握市场行情的方向就行。就像即便已经下了高速公路，只要在下一个高速入口处上高速也是可以的。

如前所述，交易手续费和以前相比已经下降了很多，如果判断自己选错了方向，即便立刻向相反的方向操作，那么这个过程所产生的交易成本也是在容许的范围之内的。也就是说，应该不断检查适合顺势而为型的交易环境。

我认为，投资者应该经常根据趋势考虑市场行情的变动，因此我基本不使用超买超卖类的指标。确切地讲，我总是建议投资者在判断行情趋势时不要使用这方面的指标。能够正确使用固然好，但是如果按照错误的方式使用就会招致损失扩大。因此，如果是这样，我认为还是从一开始就不要用为好。这和请不要让小孩子拿着对他们有危险的刀具的意思是一样的。如果让刀具用得其所，那当然是有益的事情。

可以认为，不能实施基于数值的头寸风险管理的技术指标是没有意义的。并且存在通过像“感觉这个价值范围股价比较便宜”这样不着边际的指标进行风险管理的事例吗？怎么能根据自己的心理价位来判断股价偏高或者偏低进行交易呢？风险管理应该如何做才是正确的呢？至少我是做不到的。指数已经发生了1%的变动时仍然不能判断自己的损益具体朝哪个方向变动的指标，是不能拿来使用的。

工具的选择方法、使用方法取决于你自己

在实际操作当中，在进行交易之前有必要明确区分哪些是能够使用的指标以及哪些是不能够使用的指标。

已经使用技术指标的投资者，也不要一直使用数十年以前的过时的不断招致损失的指标，而是应该根据现在的股市选择能够正确分析股市的指标。使用工具的目的是为了便利地达成目的，而非让你因使用它而误入歧途。

然而在现实当中，不假思索地下意识地使用已经定式化的技术指标的投资者仍不在少数。这些投资者会在上涨趋势下根据波浪理论的指标进行卖出操作，而在下跌趋势下进行所谓抄底的买入操作。由于在下跌趋势下并不存在所谓抄底的买入，因此“现在已经进入抄底区间了吧”等振振有词地进行解说的专家仍然没有绝迹。

在第 2 章当中，包含能够使用的以及不能使用的内容，并大致列举了主要的技术指标，并对其本质原理进行了剖析。不论谁写这本书，关于这一块的内容大致都会重复提到，因此希望大家能够给予理解。

此外，在本章中援引的一部分走势图是获得了 SEVEN SYSTEM 株式会社的同意，并基于该公司的数据制作而成的。在各个指标的解说过程中，也有基于该公司的协助让我刊载的部分。

虽然各个指标上都附上了我个人的评价，但说到底那是我自以为是的观点。由于我的操作方法已经作为我自己的流派固定下来，因此通常会有和一般性的常识相违背的情况发生。如前所述，在能够进行自我管理的投资者当中，我认为只要能够做到熟练运用就可以了。

评价在市场行情的发展过程中必须要考虑的指标上标注“A”，在没有必要考虑的指标上标注“E”。关于 A 和 E 之间的指标，按照重要程度分别标注“B”“C”“D”，以划分这些指标的重要性和可用性等级。

在目前的股市中被使用到的技术指标当中，其在种类上已经远远超过了在这本书中所列举的内容。如果还要考虑结合使用这些指标的方法的话，那将会列举出不下数亿种组合的方式吧。

当然，认为大量的技术指标进行组合，并认为当各种各样的指标同时显示出“买入”或者“卖出”的分析结果是比较可靠的人虽然存在，但是如果进行实际模拟的话，单纯地使用 2～3 个指标的投资者的表现会更好。对几个指标进行多种组合进行分析是没有意义的。

只看σ带与一目均衡表就足够了

虽然艾略特波浪原理告诉我们与推动波相比调整波仅是一个很短暂的过程，但是无视趋势的方向性的超买超卖类指标却给出了欲将短暂的调整波利益化的信号。结果，买卖下单操作慢半拍的一般投资者蒙受损失的风险就会增大。

这就是我为什么很少用超买超卖类指标的原因。假设使用的是超买超卖类指标，有必要在遵守上升趋势中的突然下跌情况下抄底买入，而在下跌趋势中触底反弹过程中卖出的铁律的基础上使用。

不仅限于超买超卖类指标，在使用各种技术指标的过程中，与是否符合该技术指标相比，更加重要的是确认行情中是否有趋势发生。如果有趋势发生，需要把握该趋势是强还是弱。在行情趋势不强的情况下，不管使用什么样的技术指标，都无法为投资者带来收益。

同样，在日经平均股价超过3万日元的牛市局面和跌破1万日元的熊市局面时，交易的操作方法是有所不同的。但应该务必牢记的是，我们绝不能单纯根据技术指标所展现出来的卖出信号和买入信号进行交易。

进一步讲，在进行实际操作的投资者当中，有多少人在观察该技术指标并使用这个技术指标是非常重要的。我们必须重视在进行投资活动时大家都会关注的指标，而那些大多数投资者都不用的指标可以不用管它。

结果，确认在目前的行情中买入(上涨趋势)还是卖出(下跌趋势)的基础上，如果能够明确在什么位置会出现行情的转折点(交易的点位)，那它就是能够在实际操作中使用的技术指标了。从这个意义上讲，我认为仅靠“σ带”和“一目均衡表”这两个指标就已经足够了。

此外，如果你使用本书附录“试用版股市达人 for Windows”炒股软件，那你就能够制作在本书中介绍的36种指标(表2-1)当中除了“HL带”“点线图”“DMI/ADX”“估波指标”“3日平均线”之外的其他指标的走势图了。

表 2-1 主要技术指标的解说与评价

类别	重要程度	指标名称	类别	重要程度	指标名称
基本	A	K 线 88	趋势跟随类	A	枢轴点 144
趋势跟随类	C	阴阳 K 线 99	趋势跟随类	D	DMI/ADX(趋向指标)146
其他	C	3 日平均线 100	趋势跟随类	B	线性回归趋势 150
趋势跟随类	A	股价移动平均线 102	非时间系列类	C	矢量图 152
超买超卖类	E	股价移动平均背离率 112	非时间系列类	A	点线图 154
超买超卖类	D	股价移动平均 2 线背离率 114	非时间系列类	B	时间系列新值线 156
趋势跟随类	E	MACD(指数平滑异同移动平均线)116	超买超卖类	B	时间系列钥匙线 158
基本	B	成交量 118	超买超卖类	B	RCI162
其他	D	成交量移动平均线 119	超买超卖类	B	SRV－K•D164
其他	D	交易额移动平均线 120	超买超卖类	B	KDJ 指标 166
其他	A	融资交易余额 121	超买超卖类	B	RSI(相对强弱指标)168
其他	E	价格带率 122	超买超卖类	E	动量指标 170
其他	D	OBV(能量潮)124	超买超卖类	E	心理线 172
其他	D	成交率(V-R)126	超买超卖类	E	R%波浪 174
趋势跟随类	A	布林带 / σ 带 128	超买超卖类	E	估波指标 176
趋势跟随类	A	一目均衡表132	超买超卖类	D	筱原比率 178
趋势跟随类	A	HL 带 138	其他	D	涨跌率 183
趋势跟随类	A	停损点抛物转向 140	其他	E	比率指标 184

基本：分析股市时必不可少的技术指标数据。

超买超卖类：适用于持有与行情趋势相反的头寸的高抛低吸的技术指标。

其他：不属于基本、趋势跟随类、超买超卖类、非时间系列类的任何一种。

趋势跟随类：适用于根据行情趋势的高抛低吸(趋势跟随)的数据。

非时间系列类：与时间没有关系而是重视股价变动的方向与幅度的技术指标。

重要程度 A～E：作者对指标重要程度的评定。A 是最重要的指标。以此类推，E 是最不重要的指标。

K线　基本　A

K 线是日本股市图中最具代表性的图形，即便认为其为世界上最精美的线条也不为过。

K 线是由 4 个值(开盘价、最高价、最低价、收盘价)组成的，并表现为烛台形状的走势图。开盘价比收盘价高的被称为“阳线”，用反白(之前为红色)表示，开盘价比收盘价低的被称为“阴线”，涂黑表示。最低价与最高价，用上下突出的被称为“胡须”(影线)的线表示。K 线图有日 K 线、周 K 线、月 K 线、年 K 线等几种类型。这几种 K 线的区别仅为显示的行情期间不同，而观察方法并无不同(图 2-1)。

【制作方法】

①表示开盘价比收盘价高的所谓“阳线”，画成一个用反白的方块(长方形)，方块下面的一条边表示开盘价，而上面的一条边表示收盘价。

②表示开盘价低于收盘价的所谓“阴线”，画成一个涂黑的方块。方块上面的一条边表示开盘价，而下面的一条边表示收盘价。

③最高价或者最低价超出方块表示的范围(开盘价与收盘价的范围)的情况下，从方块上边或者下边画出一条线至表示最高价和最低价的价位上。方块上面一条边开始到最高价位置的线被称为“上影线”，而从方块下面一条边到最低价的线被称为“下影线”。

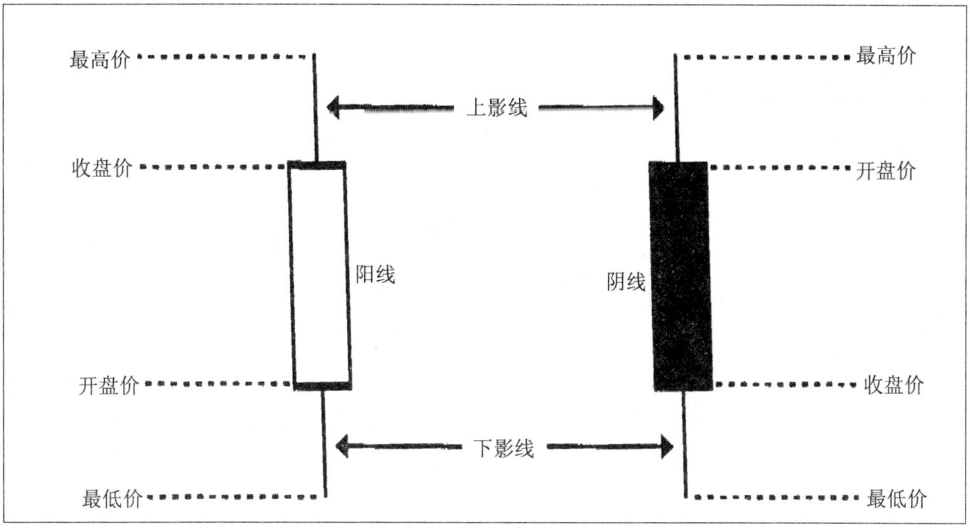

图 2-1　K 线图

【K 线的分析方法】

根据组合的方式，K 线分为很多种形态。活跃于江户时代米市的本间宗久的“酒田五法”等形态非常有名。

在第 1 章的道氏理论中，我们已经针对体现股市参与者投资意愿的最高价和最低价进行了说明。这种 K 线也是表达股市参与者投资意愿的指标。在本章中，我们将会介绍单根 K 线各种各样的类型以及几种由多条 K 线组合成的类型。但是，我在把握 K 线时，并不考虑股市的现状与我所介绍的哪种类型相吻合。

在前面的列举当中，我们将作为技术指标的 K 线标记为“A”级，可见其重要性。我在接下来的阐述中所援引的日经平均股价的 K 线图分别有日 K 线、周 K 线、月 K 线的 K 线图的示例(图 2-2 至图 2-4)，我们其实是只看这些 K 线图也能够对股市行情的强弱以及趋势进行判断。即便是说不需要再用其他指标也不为过，K 线图就是最实用的技术指标。

2002 年 8 月 6 日～2002 年 10 月 31 日　日 K 线　(101) 日经平均

表示每一天的股市行情变动的 K 线图。能够明确每天市场行情的强弱以及短期的行情趋势变动情况。

图 2–2　K 线图(日 K 线)的示例

几乎所有的其他技术指标与 K 线图并用的情况非常多是不争的事实。其他技术指标补充了 K 线图，可以说是为了能够更加有效地利用 K 线图的工具。

在把握 K 线时，就像把握道氏理论时一样，重要的是要了解在某个价位上，市场参与者是如何思考以及如何反应的。虽然之前在这个价位上买入过，但是这次却在卖出，等等，应该关注的是随着时间的推移，股市参与者的态度也在不断变化中，这一点与道氏理论何其相同。

道氏理论中，虽然我们无法明确每时每刻的市场行情的强弱，但是在这种 K 线中，通过方块的长度以及上影线和下影线的长度就能够读出市场参与者的意图。

1999 年 11 月 19 日～2002 年 10 月 31 日　周 K 线　(101) 日经平均

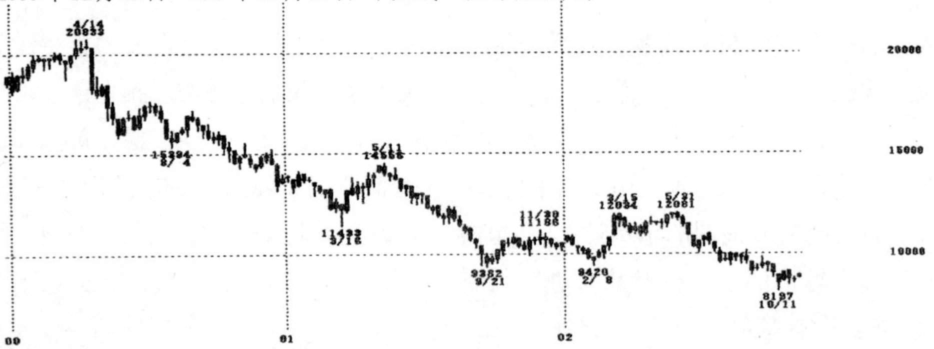

以周 (开盘价和收盘价通常为每周第一个交易日的开盘价与最后一个交易日的收盘价) 为单位表示股市行情变动的 K 线图。

图 2–3　K 线(周 K 线)的示例

虽说如此，就像“这次是早晨发出底部买入信号”等那样，没有必要将 K 线的形状与不同情况的类型进行比对考虑。根据威尔德法则，如果能够学会前天的“收盘价”与昨天的“最高价与最低价”的思考方法，那么自然而然地就能够理解在应该买入的时候买入，应该卖出的情况下卖出的方法了。

K 线，是确认随着时间的推移而不断变化的市场参与者的投资意向的指标。在思考其他指标之前，重要的是明确该指标有没有被言及。K 线图自身并不能说明什么，能够说明行情趋势的是解读 K 线指标的指标。

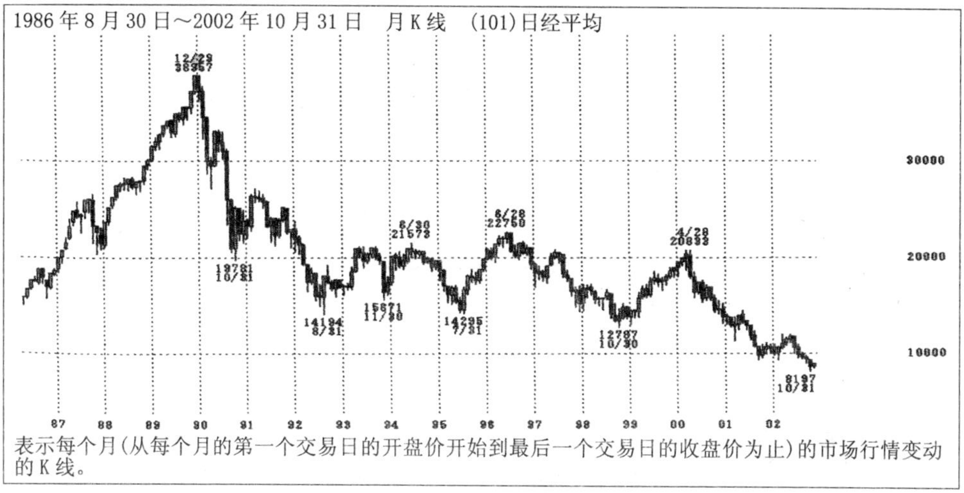

图 2–4　K 线图(月 K 线)的示例

【K 线的形态】

K 线根据市场行情的变动，其形态会有较大的变化。首先看到的是方块是白色(阳线)还是黑色(阴线)的区别，按照方块的长短不同以及上影线、下影线的长短不同，会变化出多种不同的形状。如果最高价、最低价包含在了开盘价和收盘价之间的话，那么将没有影线，它仅仅显示为一个长方形(光头阳线、光头阴线)的形状；如果开盘价与收盘价的价格是相同的话，就会显示出一个连方块都没有的图形(十字线)。以下是 K 线图的各种形态与一般性的形态及特点的说明，如图 2-5 至图 2-7 所示。

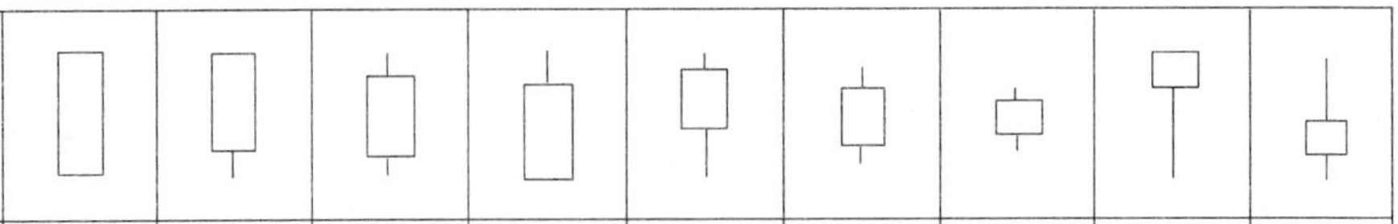

阳线									
名称	大阳线	大阳线	大阳线	大阳线	下影阳线	小阳线	小阳线	下影阳线	上影阳线
俗称	光头阳线	收盘光头阳线		开盘光头阳线			星线（极阳线）	下影阳线（吊顶线）	
性质	持续上涨	持续上涨	持续上涨	持续上涨	持续上涨	持续上涨	趋势盘整暗示	持续上涨。如果当即反转，则暗示趋势反转	持续上涨。如果当即反转，则暗示趋势反转

图 2–5　阳线的形态

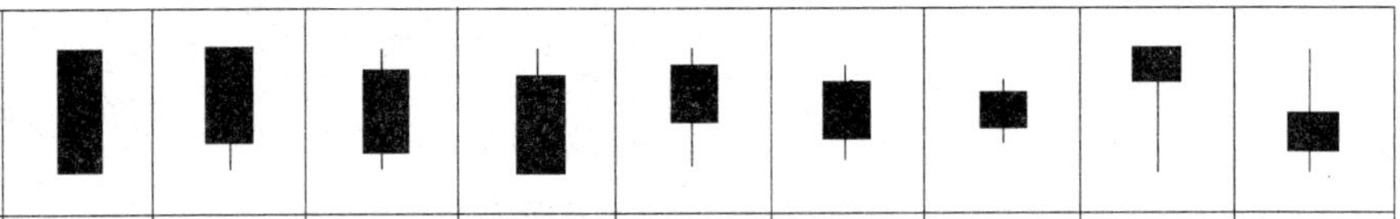

阴线									
名称	大阴线	大阴线	大阴线	大阴线	上影阴线	小阴线	小阴线	下影阴线	上影阴线
俗称	光头阴线	开盘光头阴线		收盘光头阴线			星线（极阴线）	下影阴线（吊顶线）	
性质	持续下跌	持续下跌	持续下跌	持续下跌	持续下跌	持续下跌	趋势盘整暗示	持续下跌。如果当即反转，则暗示趋势反转	持续下跌。如果当即反转，则暗示趋势反转

图 2–6　阴线的形态

十字线	十	十	T	⊥	一	十	十
名称	十字同时线	长十字同时线	T字线	倒T字线	一字同时线	上十字线	下十字线
俗称	十字线	长十字线（靠近线）	蜻蜓	塔婆（卒塔婆）	四值同时线（同时）	上十字	下十字
性质	暗示趋势反转	暗示多空对决比较激烈，僵持不下	通过在上位和下位出现暗示行情反转	通过在上位和下位出现暗示行情反转	暗示趋势的强度。如果当即反转，则暗示趋势反转	如果在上涨过程中，暗示上涨的力量的强弱	如果在上涨过程中，暗示上涨的力量的强弱

图 2-7　十字同时线的形态

【组合的类型：买入信号】

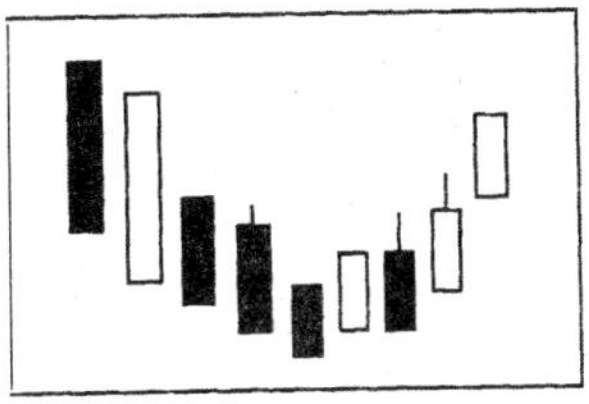

图 2-8　圆底

圆底

经过 1～3 个月时间多空胶着频繁地小幅度波动之后，彻底摆脱低价位区间的似锅底形的圆底的趋势反转。反转后，出现持续 1～3 个月连续上涨的情况比较多。在底部，买卖双方进行多次博弈，放量上涨得到确认之后，买入开始变得活跃起来(图 2–8)。

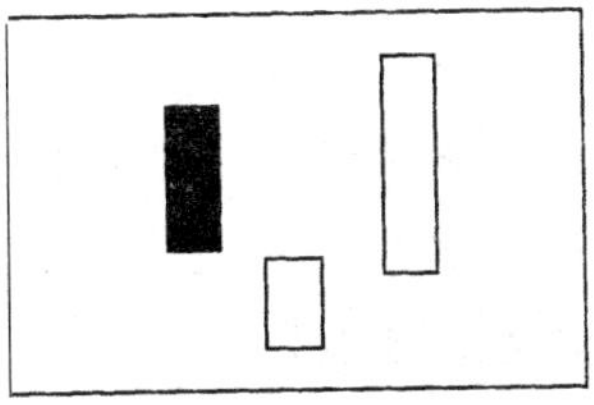

图 2–9　早晨之星

早晨之星(希望之星)

下跌局面中一根长阴线和一条舍子线(小阳线)筑底之后，出现了一根长阳线的形态(图 2–9)。

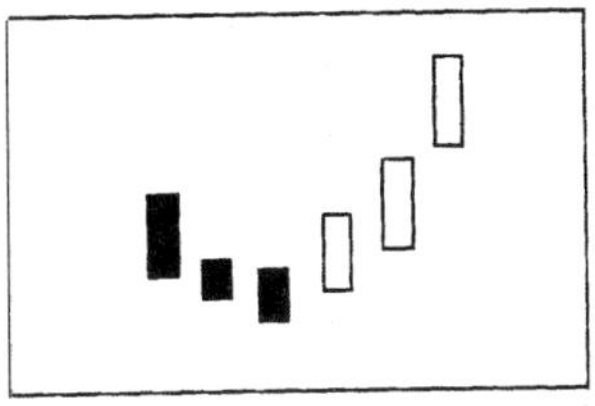

图 2–10　红三兵

红三兵

三连阴(3 根阴线，也被称为“黑三鸦”)的局面之后出现三连阳(3 根阳线，也被称为“红三兵”)形成，显示出 V 形反弹的形态。伴随有成交量放大是重要的确认点(图 2–10)。

锤头底

在底部区间出现一连串的下影线较短的阴线(光头阴线)，预示着行情反转。如果是下影线较短的阳线(光头阳线)，一般被称为蓄势线，同样预示着行情反转(图 2–11)。

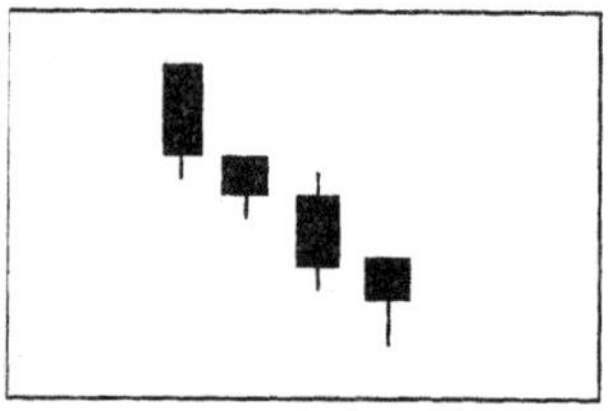

图 2–11 锤头底

连续跳空三阴线

下跌局面下连续 3 次跳空(2 根阳线或者阴线之间不连续而出现空当。也被称为跳空)的形态预示着行情反转(图 2–12)。

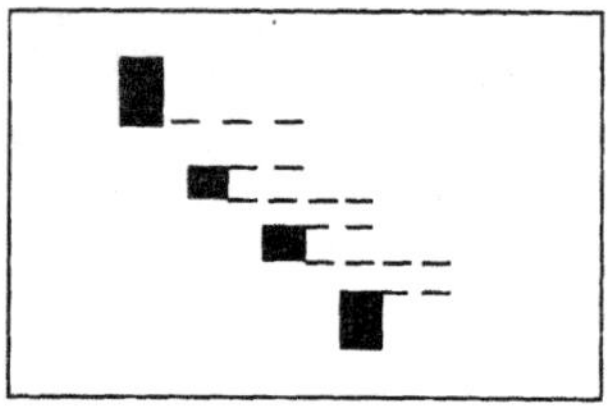

图 2–12 连续跳空三阴线

阴线孕育阴线

最初阴线的较长的影线和第二个交易日的阴线的下影线的最低价没有跌破首日阴线下影线，最后较短的阴线收于最低价并且处于前一日阴线之中，预示着行情将要反转(图 2–13)。

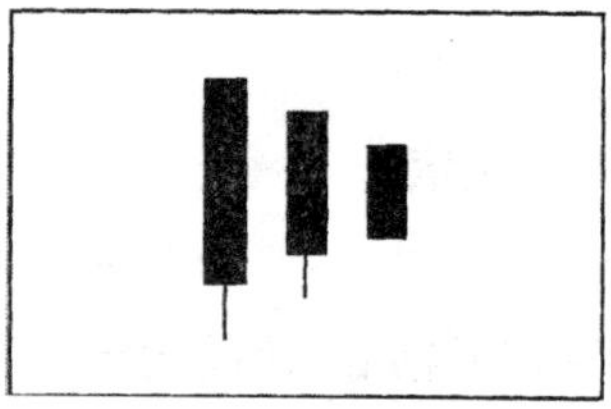

图 2–13 阴线孕育阴线

【组合形态：卖出信号】

头肩顶部

指释迦、文珠、普贤的三尊佛像并列的形态，表示顶部。在收出一根较大的阴线之后明确了下跌趋势(图 2–14)。

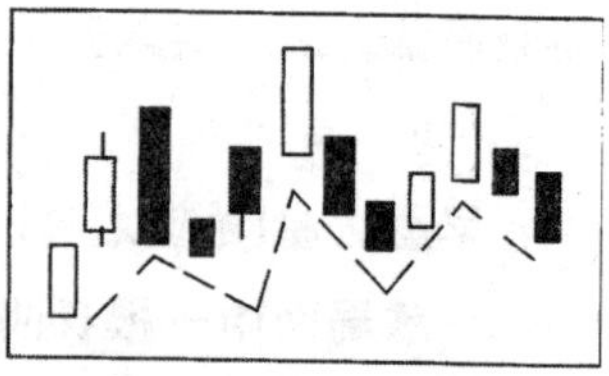

图 2–14 头肩顶部

黄昏之星

在上涨局面下出现的较长的阳线的第二个交易日的上影线较短的阳线或阴线预示着顶部的形成。如果这里出现十字同时线，则被称为“黄昏十字星”(图 2–15)。

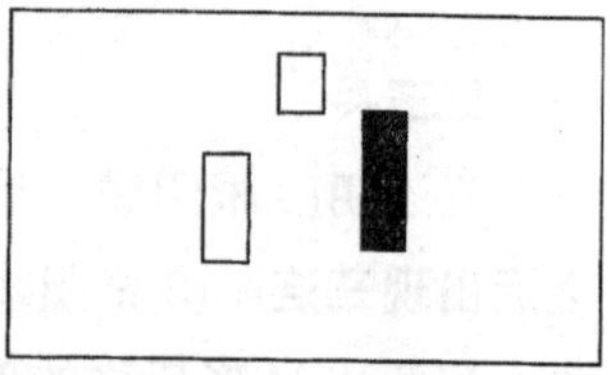

图 2–15 黄昏之星

三黑鸦

第三根放量阳线仍然包含在阴线，并收盘于最高价，并通过三连阴(也被成为“三黑鸦”)确认了顶部(图 2–16)。

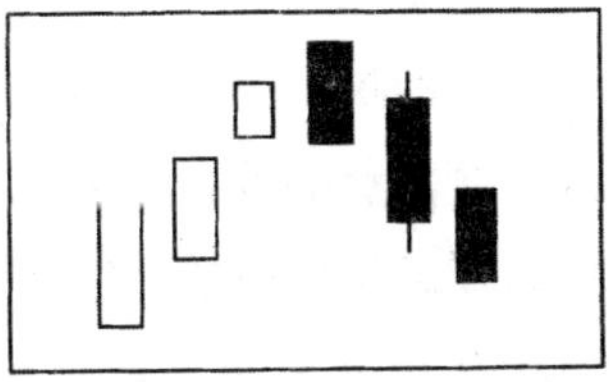

图 2–16　三黑鸦

绞刑线

顶部高位开盘，然后盘面不断刷新低点，并在高出开盘价的价位收盘于当日最高价，形成一个有较长下影线的长阳线(光头阳线)，如果开始下跌，那么盘面将变得不堪一击。如果在这个位置买入，则意味着被实施了绞刑(图 2–17)。

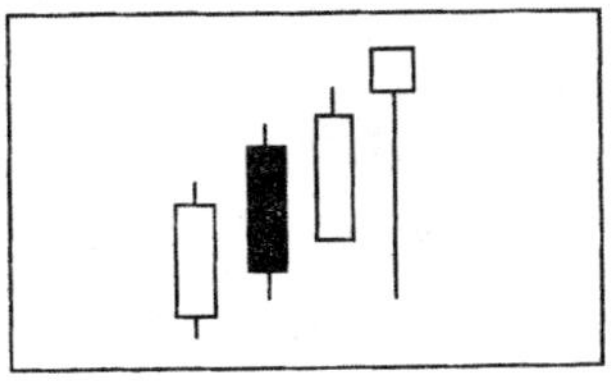

图 2–17　绞刑线

连续跳空三连阳

在上升时出现 3 次连续打开空档(跳空)的形态表示行情将向下跌行情反转(图 2–18)。

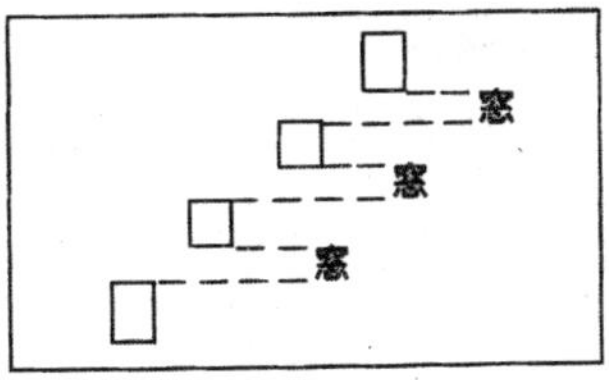

图 2–18　连续跳空三连阳

阳线孕育阳线

卖盘比较集中，虽然出现了比前一交易日更高的开盘价，但是并没有明确上涨，收盘价比前一交易日低的形态，被称为“包含”。预示着行情向下跌趋势反转(图 2–19)。

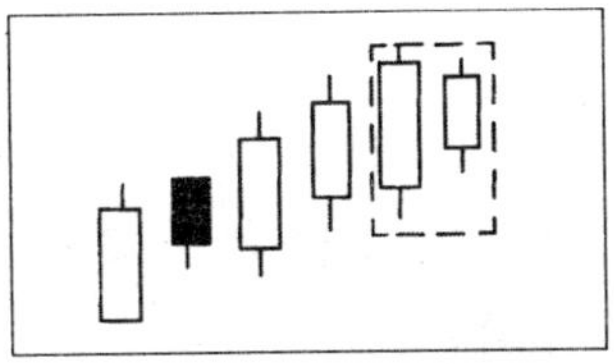

图 2–19　阳线孕育阳线

【组合形态：底部区间出现较多的 K 线形态】

二连阳上行法则

在低价区间拉出一根阳线的第二个交易日，继续拉出一根更高的阳线的形态(图 2–20)，是强烈的买入信号。出现第三根阳线时，被称为“红三兵”。

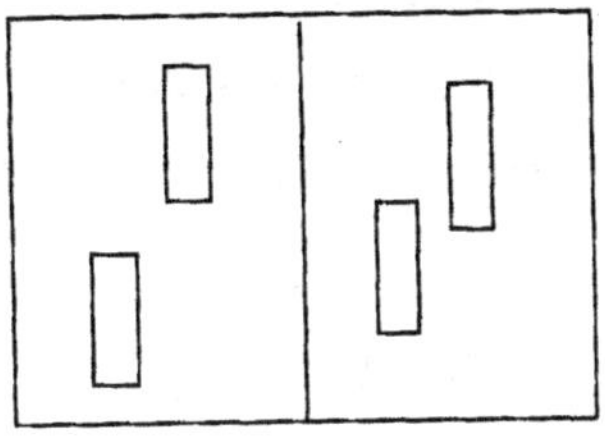

图 2–20　二连阳上行

旭日东升

底部拉出一根阴线的第二个交易日的开盘价比前一个交易日的开盘价要低，但是收盘价比前一个交易日的开盘价要高的阳线的形态(图 2–21)。特别是，如果从几个交易日之前连续的股价变动中出现该类形态，那就能彻底清除趋势反转的不确定性而立刻进行买入操作。

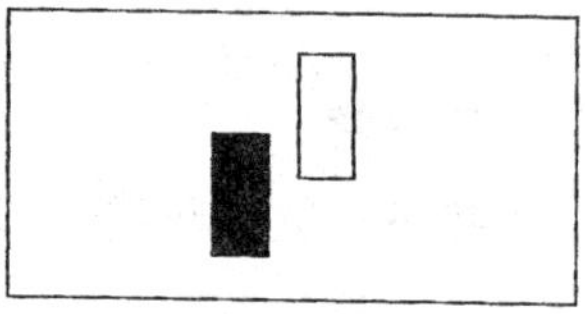

图 2–21　旭日东升

看涨吞没

在底部拉出一根阴线之后的下一个交易日，出现一根将这条阴线完全包裹住的大阳线(图 2–22)。被称为“包裹的金鸡独立”，是立刻买入的信号。

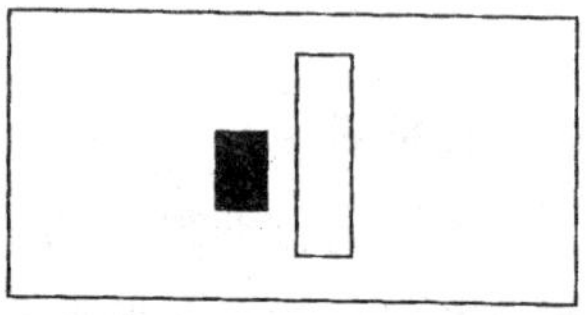

图 2–22　看涨吞没

曙光初现

在底部拉出一根阴线的下一个交易日的开盘价比前一个交易日的收盘价低，但是收盘价比前一个交易日高的阳线(图 2–23)。

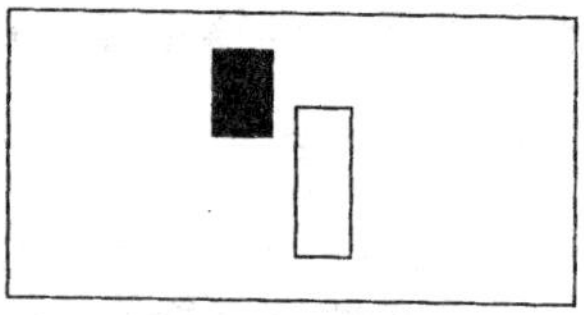

图 2–23　曙光初现

早晨十字星

在底部拉出一根阴线的第二个交易日比前一个交易日的开盘价低的位置出现十字星，或者幅度约为 1 ~ 2 日元左右的小阳线。被称为“早晨十字星”(图 2–24)。

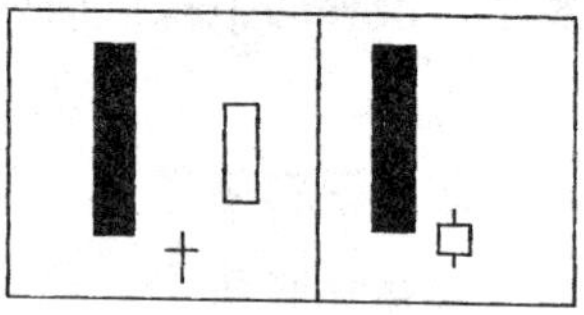

图 2–24　早晨十字星

极星并列

在底部出现多根小阳线和小阴线的形态(图 2–25)。是接近于向上涨趋势反转的暗示。

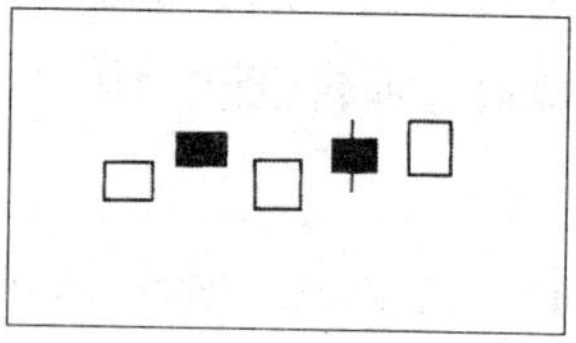

图 2–25　极星并列

掩埋跳空

在底部引出一根阴线的第二个交易日，股价跳空开盘，并收出一根下跌的阴线，但是在下一个交易日

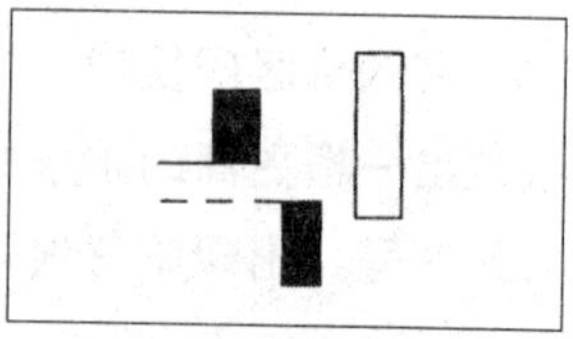

图 2–26　掩埋跳空

收出一根阳线将窗口填补的形态(图 2–26)。

【组合形态：顶部区间出现比较多的 K 线形态】

淡友反攻(或乌云盖顶)

在顶部拉出一根阳线的第二个交易日，形成一根开盘价比前一个交易日的收盘价还高的阴线(图 2–27)。

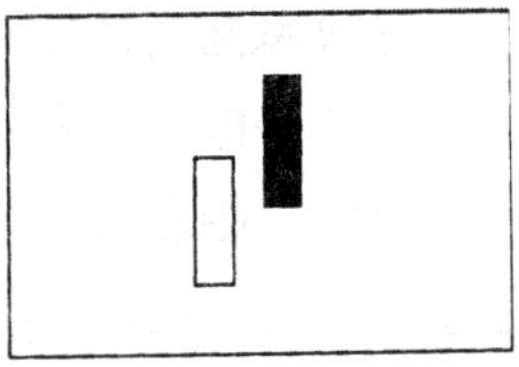

图 2–27　淡友反攻

舍子线

在顶部拉出一根阳线的第二个交易日，出现一个十字星同时线或者是涨幅 1～2 日元左右的小阳线(图 2–28)。

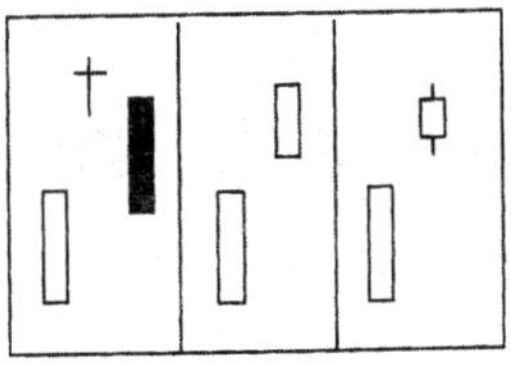

图 2–28　舍子线

倾盆大雨

在顶部拉出一根阳线的第二天，出现了一根收盘价比前一个交易日的开盘价还低的阴线(图 2–29)。

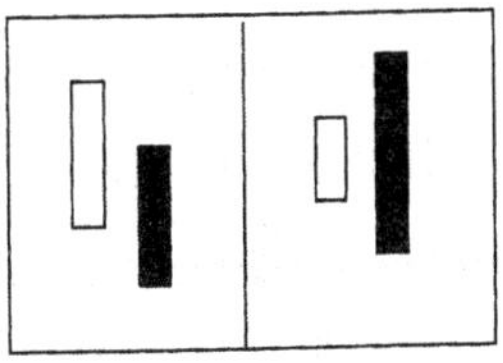

图 2–29　倾盆大雨

身怀六甲

在顶部拉出一根阳线的第二天，出现了一根开盘价比前一交易日高，并且出现收盘价比前一交易日低的情况(图 2–30)。

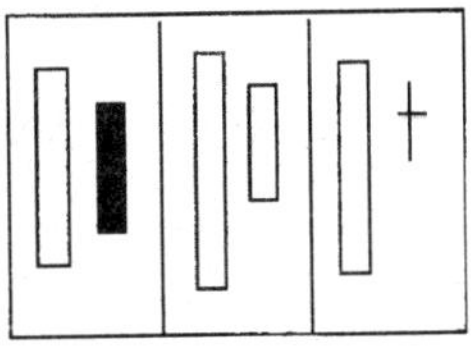

图 2–30　身怀六甲

二连阴下行法则

在高价区间拉出一根阴线的第二个交易日，继续拉出一根在此基础上进一步下跌的阴线形态(图 2–31)。如果接下来继续收出阴线，则被称为“黑三鸦”(3 只乌鸦)。

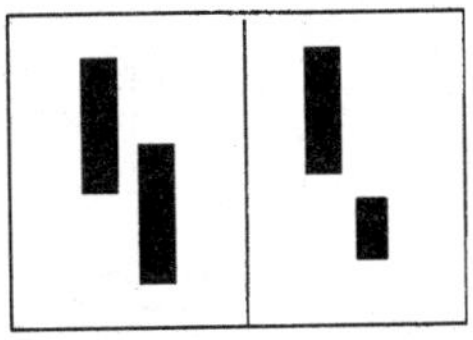

图 2–31　二连阴下行

黑圆顶

在高价区间收出阴线之后的下一个交易日，拉出一根小阴线，接着在下一个交易日收出一根收盘价比前天的收盘价更低的阴线形态(图 2–32)。

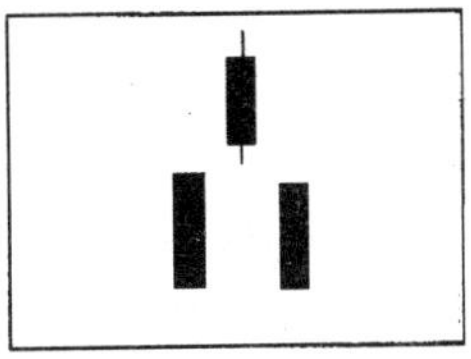

图 2–32　黑圆顶

填补跳涨的窗口

在高价区间拉出一根阳线的第二个工作日，跳空开盘并收出阳线后，在接下来的交易日中出现阴线覆盖跳涨窗口的情况(图 2-33)。

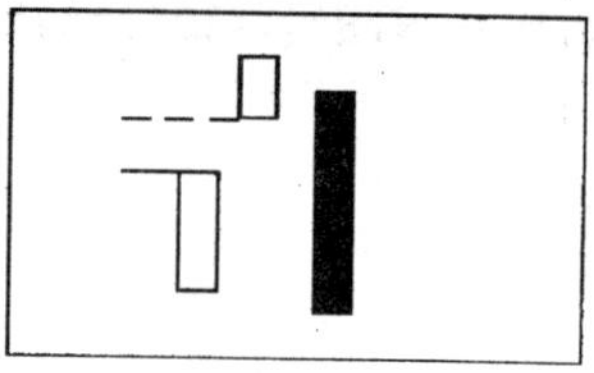

图 2-33　填补跳涨的窗口

阴阳 K 线　趋势跟随类　C

使用收盘价的平均价制作的 K 线，用来观察行情的趋势与其强弱。将使用天数设为 n，“截至当前交易日为止的 n 个连续交易日的收盘价平均”与“截至前一个交易日的连续 n 个交易日的收盘价平均”进行比较，如果截至当日的 n 天的收盘价平均值比截至前一个交易日的 n 天的收盘价平均值高，则为阳线，低则为阴线。主要使用的天数在日 K 线上一般都采用 3 天、25 天、75 天表示，而周 K 线一般都采用 5 周(图 2-34)、13 周、26 周表示，月 K 线一般都采用 3 个月、12 个月、24 个月表示。

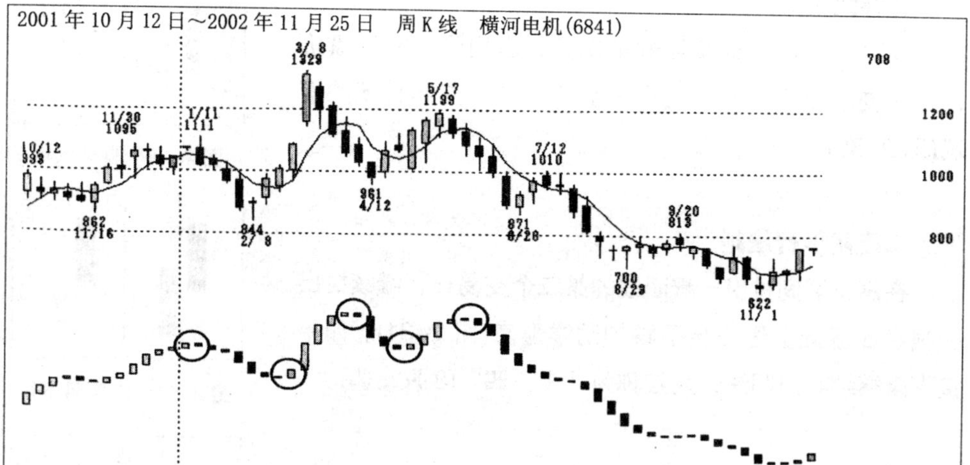

图 2-34　阳转与阴转的时间点(5 周 K 线)

3 日平均线　其他　C

K 线的一种，基于连续 3 个交易日或者连续 3 个交易周(或 5 周)的股价变动的平均价制作而成(图 2-35)。首先，K 线的 4 个值的计算方法为：①开盘价 = 连续 3 个交易日的开盘价的平均值；②最高价 = 连续 3 个交易日的最高价的平均价；③最低价 = 连续 3 个交易日的最低价的平均价；④收盘价 = 连续 3 个交易日的收盘价的平均价；3 日平均线就是用①②③④4 个平均后的值制作而成的 K 线。一般会用红色表示阳线，而用反白色表示阴线。这时，上影线在实体方块的(中间的长方形)的左端，而下影线在长方形的右端。同时，可以进一步在制作而成的 K 线上找出当天的收盘价。如果当天收盘价在实体线的中心以上为红色圆点，则之下为黑色圆点。如果收盘价格露出实体线，则通过虚线(或者实线)将收盘价与实体线相连接。

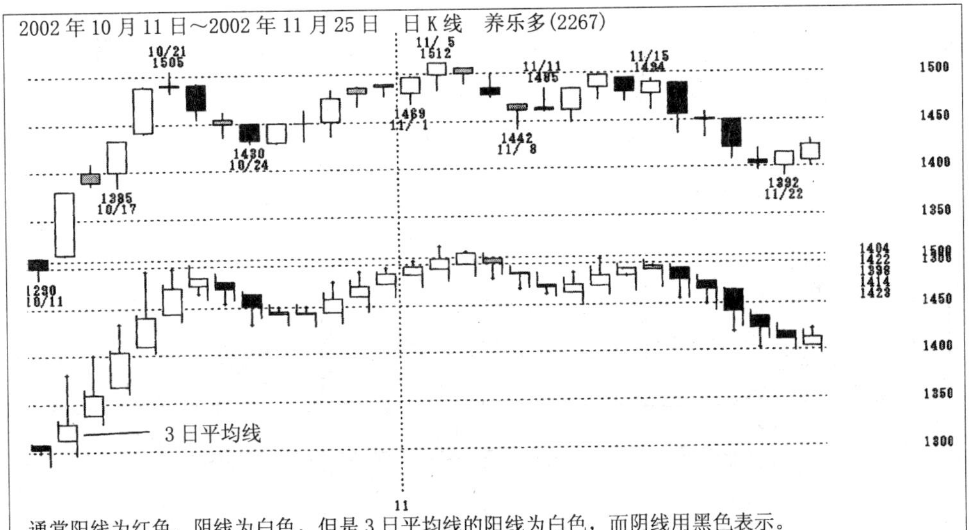

通常阳线为红色，阴线为白色，但是 3 日平均线的阳线为白色，而阴线用黑色表示。

图 2-35　K 线与 3 日平均线

【3日平均线的分析方法】

上涨趋势的连续阳线，或者下跌的连续阴线中，在出现“变化接近”“顶部和最低价”“顶部和最低价的前兆”“行情的变化”等时可以看作是比较强烈的信号(图 2-36)。

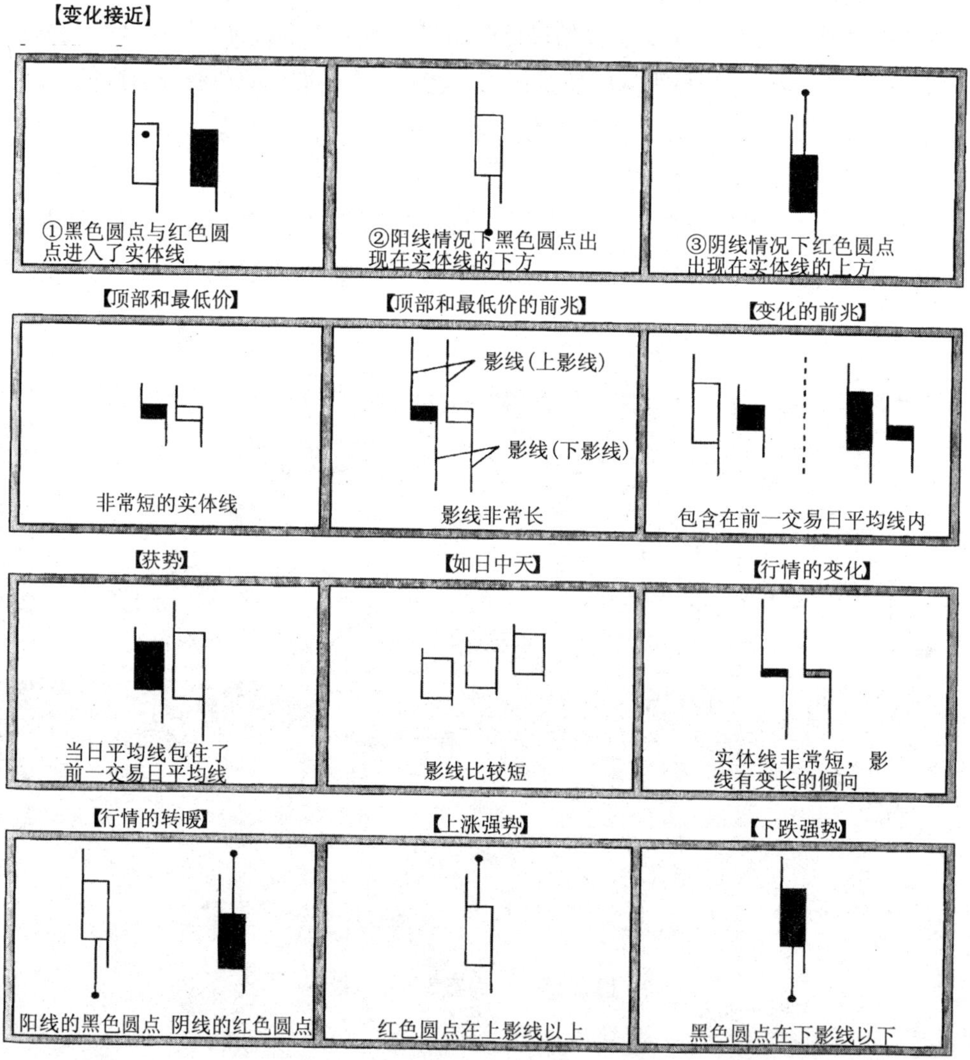

图 2-36 主要形态

股价移动平均线　趋势跟随类　A

股价移动平均线，是指将从当前交易日向前追溯一定时期的各交易日的收盘价的平均价，通过叠加到当天的走势图中绘制成的图形。通常通过观察其与 K 线收盘价的关系用于决定买入还是卖出的时机

我们可以根据移动平均线的方向性把握行情的中长期趋势，以及根据相对移动平均线的股价的背离判断目前行情的过度感；或者是通过超短期的移动平均线把握市场行情的波动，以及通过与中长期的移动平均线的交叉决定买入还是卖出，诸如此类，使用方法相当多。

该指标通常也用于表示除股价的收盘价之外，诸如成交量与成交金额，以及其他各种各样的指标的变化。

移动平均中有单纯移动平均、修正移动平均、加重移动平均，以及指数平滑移动平均等。一般我们使用的是单纯移动平均。

平均的天数越少，移动平均线的变动就表现得越敏感；相反天数越多，其反应就越迟钝。这是因为移动平均线的平均天数越短，表现出的交易时机就会越提前，因此也就更加容易碰到“骗线”。另一方面，如果天数增加，虽然能够更加精确地把握行情的趋势，但是若判定出一个明确的趋势则需要较长的时间。

如果市场形成了一定的趋势，那么中长期的股价移动平均线会比较有效，如果趋势处于不明确的多空胶着状态或者正在发生反转的过程中，那么对于价格变化比较敏感的短期股价移动平均线会比较有效。

因此，可以尝试基于中长期移动平均线把握趋势，而通过短期移动平均线判断交易的时机。在后面我们将会涉及到移动平均线理论主要有的“格兰维尔法则”和“十字交叉法”。

【制作方法】

①进行平均的天数设置(日、周、月的单位以及以哪种单位为基准)。具有代表性的天数如下：

日 K 线：5 日、10 日、25 日、75 日、100 日、200 日；

周 K 线：5 周、13 周、26 周、52 周；

月 K 线：12 个月、24 个月、60 个月。

②从当前交易日(或者周、月)开始向前追溯①中设置的天数，并求出该天数(或者周数、月数)的收盘价的平均价(单纯移动平均线的情况下求算数平均)。

③将②中求出的平均值作为当天(或者当周、当月)的值标注在 K 线走势图的相应位置上。

【计算示例】

将每个交易日的收盘价设为 A，制作 5 个交易日的移动平均线(图 2-37)：

5 日移动平均

$$N1=\frac{A1+A2+A3+A4+A5}{5}$$

5 日移动平均线的制作示例

日	收盘价	移动平均
1	A1 500	
2	A2 510	
3	A3 520	
4	A4 530	
5	A5 540	N1 520
6	A6 550	N2 530
7	A7 560	N3 540

N1＝(500+510+520+530+540)÷5=520

↑

(A1+A2+A3+A4+A5)

N2 为 A2～A6；
N3 为 A3～A7，以此类推。

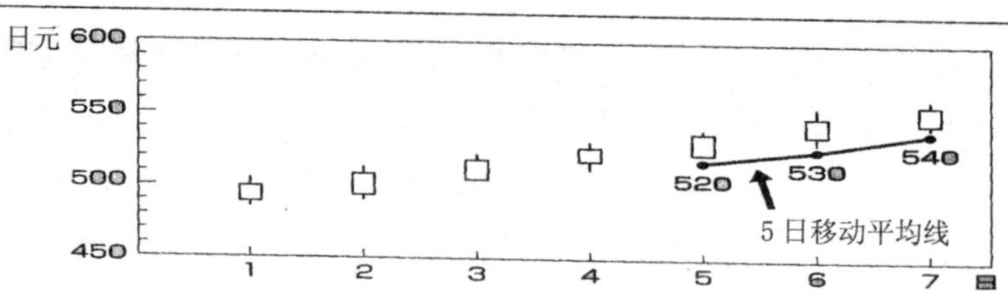

K 线图(日 K 线)与 5 日移动平均线组合的示例。收盘价在移动平均线的上方出现的表示上升趋势。

图 2-37　5 日移动平均线示例

【股价移动平均线的分析方法】

一般来讲，在求出几个交易日的算数平均之后并将其标注在图上时，会在作为对象的平均值范围的正中间叠加平均值，但是在移动平均线图中，会将该平均值标注在与该平均值相同的时点上。这样做，我们就能直观地明确 K 线上表现出的最新数据(例如某日的收盘价)是在移动平均线的上面还是下面了，因此也能够更加容易地判断行情的趋势是上涨还是下跌。大致来讲，最近的数据在移动平均线以上为上升趋势，而最近的数据在移动平均线以下为下跌趋势。

日 K 线等短期数据的情况下，由于收盘价是该交易日的评估报价，因此移动平均线就是评估该期间的评估价。换言之，就是近似于在该期间交易的投资者的平均持股成本(图 2-38)。

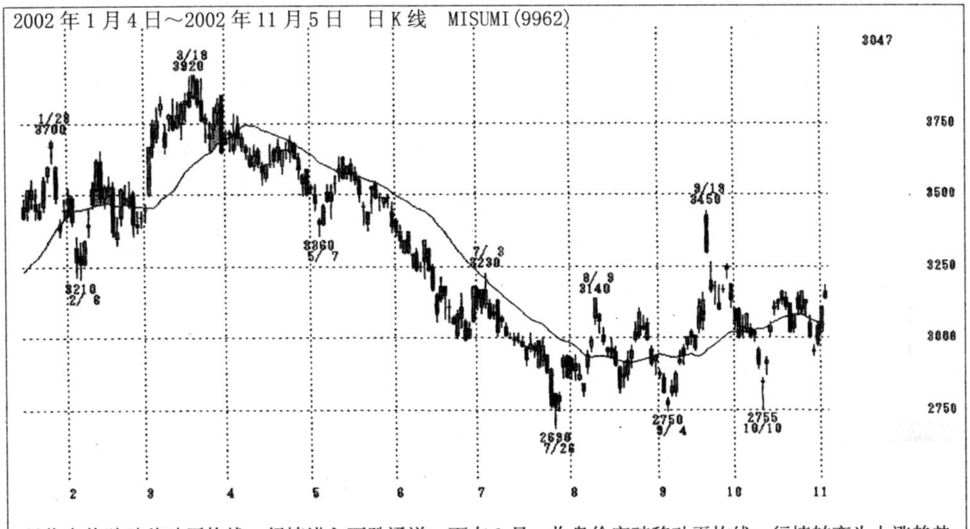

4 月收盘价跌破移动平均线，行情进入下跌通道。而在 9 月，收盘价突破移动平均线，行情转变为上涨趋势。

图 2-38　25 日移动平均线的示例

因此，如果最近期的收盘价在移动平均线之上，那么从全局来看，买入会获得收益，而卖出就会蒙受亏损；买入方会持续买入，而卖出方买入平仓会导致行情维持上涨的势头。

反之，最近的收盘价落在移动平均线之下时，从全局来看，卖出就会获益，而买入就会蒙受亏损；卖出方会持续卖出，买入方卖出平仓会导致市场进一步下行。

也就是说，通过观察该时点的收盘价落在移动平均线以上或者以下，就能比较容易地把握之后市场行情的方向性。

图 2-39 和图 2-40 是时间较长的移动平均线示例图。

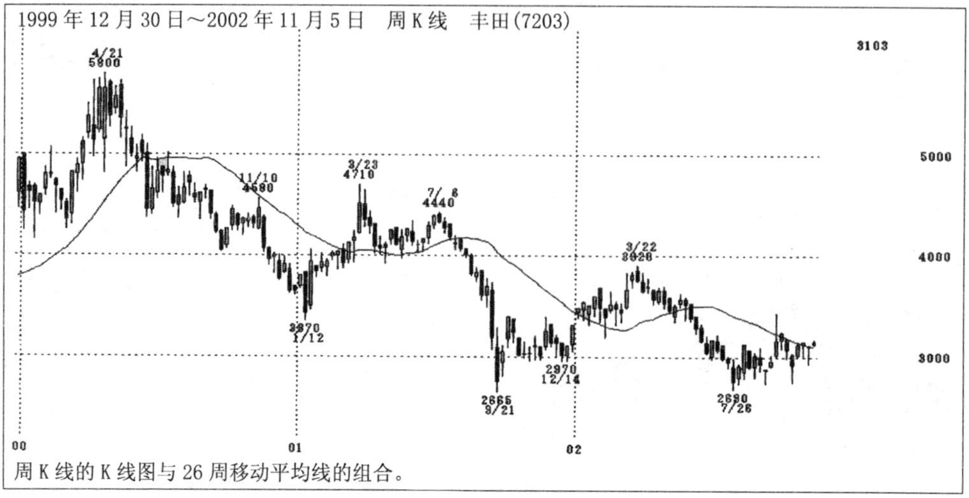

图 2-39　26 周移动平均线的示例

这种移动平均线的理论就是很多技术指标分析理论的基础。并且，与基于K线以及道氏理论的行情判断相同的是，这种使用移动平均线进行的交易也成为投资者的基本技能。从这种意义上说，明确理解移动平均线的理论的同时，学会使用移动平均线进行交易的技术比什么都重要。我认为，既然已经能够熟练使用移动平均线这个技术指标，也就一定能够熟练掌握其他技术指标。当然，移动平均线是“A”级指标。

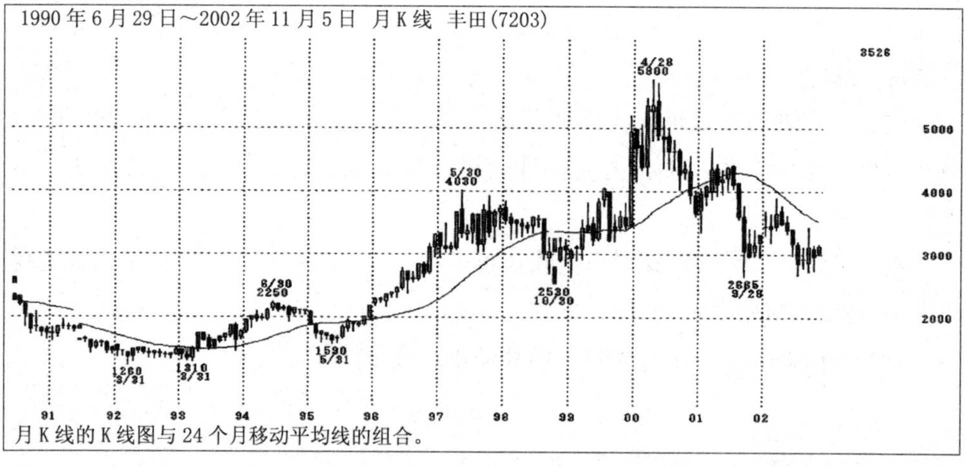

图 2-40　24 个月的移动平均线的示例

【格兰维尔法则】

作为移动平均线的使用方法之一，美国著名技术分析师格兰维尔(Joseph Granville)发明的“格兰维尔法则”非常有名。这是一种根据股价变动与移动平均线(中长期股价移动平均线)交叉的形态，来读取“买入信号”与“卖出信号”的方法。格兰维尔法则的买入信号与卖出信号各有 4 种类型，总共 8 种类型(图 2-41 和图 2-42)。下面我们来一一说明。

买入 1——移动平均线从下跌转为走平或者上升，而股价从平均线的下方突破平均线时。

买入 2——在移动平均线上升的局面下，股价跌破移动平均线之后。

买入 3——股价处在上升过程中的移动平均线之上，虽然股价下跌，但是并没有跌破移动平均线，重新上涨时。

买入 4——在移动平均线下行局面下，移动平均线之下的股价急剧下跌之后。

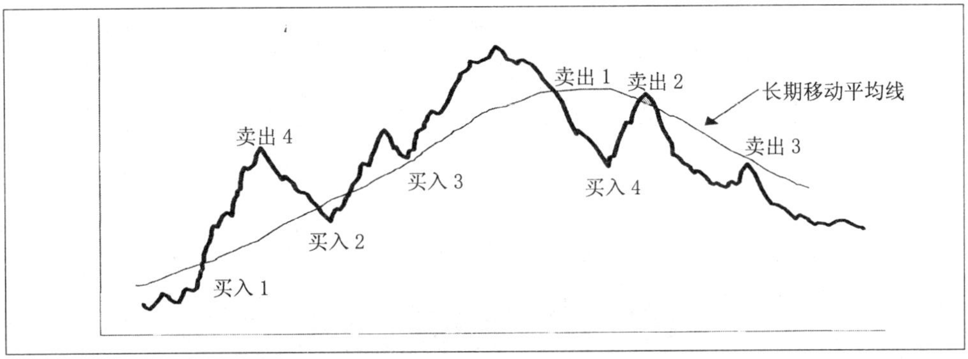

图 2-41　格兰维尔法则

卖出 1——长期持续上升的移动平均线转为平缓并继续转为下行的局面下，股价从移动平均线上方落到下方时。

卖出 2——移动平均线持续下行的局面下，股价反弹突破移动平均线之后。

卖出 3——移动平均线持续下行的局面下，虽然股价向移动平均线弹升，但未突破移动平均线即受到阻力回落时。

卖出 4——移动平均线持续上行的局面下，位于移动平均线之上的股价出现急速上涨之后。

格兰维尔法则具体实例详见图 2-43 和图 2-44。

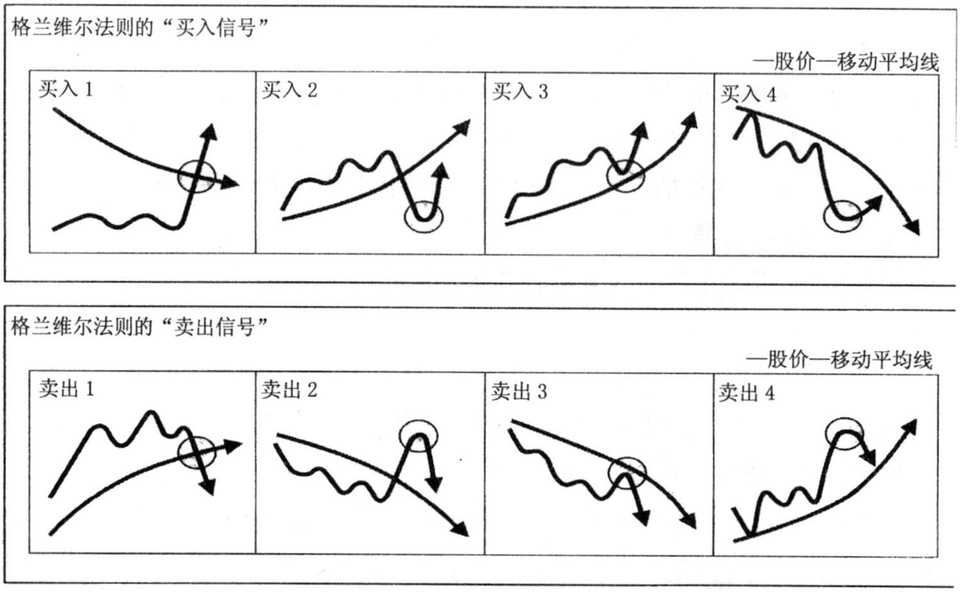

图 2-42 格兰维尔法则“买入”和“卖出”信号类型

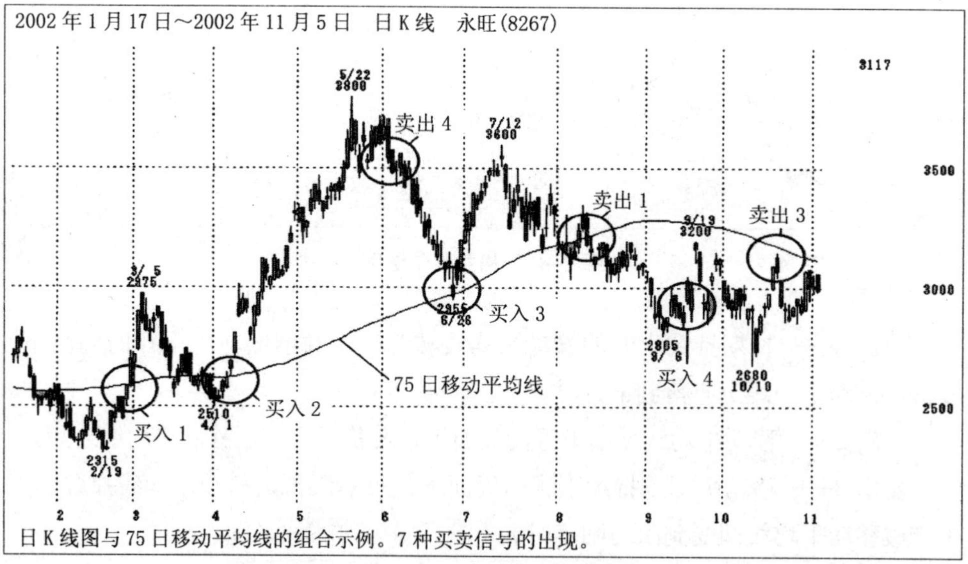

图 2-43 格兰维尔法则(实践示例 1)

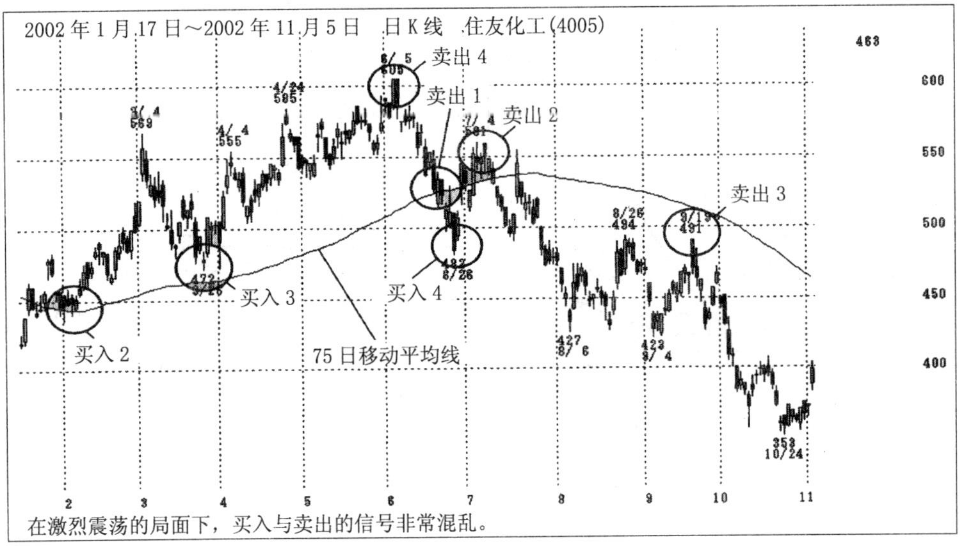

图 2-44　格兰维尔法则(实践示例 2)

【十字交叉法】

以把握股市行情基调变化为目的，同时使用短期、中期、长期多条移动平均线，并利用这几条移动平均线的交叉点进行交易时机的判断。这就被称作十字交叉法。

一般来讲，不同种类移动平均线的交叉时机分别被称为“黄金交叉点”与“死亡交叉点”(图 2-45)。

黄金交叉点是指股价在交叉的移动平均线的上方，同时短期移动平均线从下向上突破中期、长期移动平均线，或者是中期移动平均线从下向上突破长期移动平均线的状态。这就暗示行情将向上涨行情反转。

与此相对的，死亡交叉点是指股价在移动平均线的下方，而且短期移动平均线从上往下跌破中期及长期移动平均线，或者中期移动平均线从上向下跌破长期移动平均线的状态。这就暗示行情将向下跌行情反转。

具体实例详见图 2-46 和图 2-47。

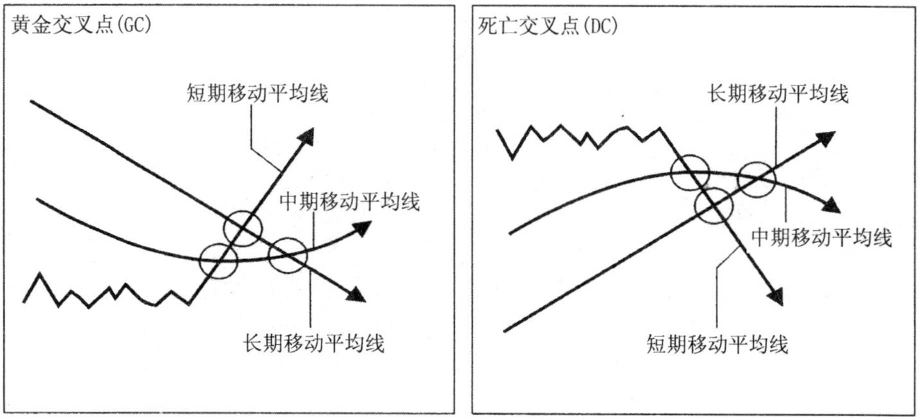

图 2-45　黄金交叉点与死亡交叉点

图 2-46　黄金交叉点与死亡交叉点(实践示例 1)

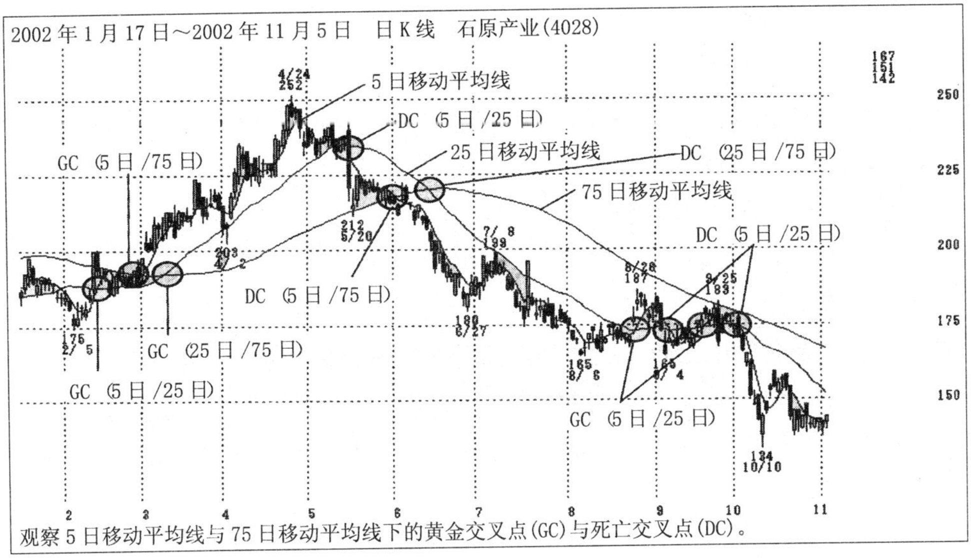

图 2-47　黄金交叉点与死亡交叉点(实践示例 2)

股价移动平均背离率　超买超卖类　E

股价移动平均背离率，是将股价偏离移动平均值的幅度通过一个具体的数值表现出来的指标。该指标完全不考虑移动平均值是上升还是在下降，而只考虑股价与移动平均值的背离。该指标是基于移动平均对于出现大幅的背离现象不久后必将得到修正的经验而言的。

该移动平均背离率在针对行情趋势做逆势操作的把握时有用。也就是说，该指标与趋势的方向性没有多大关系，是一种认为如果行情出现了较大的背离，这种背离必然会得到修正。该指标存在较大的问题就是当一波较大的行情到来时，如果按照这种思考方式持有头寸，恐怕将会蒙受无法挽回的损失。通常我们可以通过下止损单来应对这种风险，但是如果一直考虑“异常的背离一定会得到修正吧”而持续买入(卖出)对持股成本进行摊薄，那就会变成致命伤。我认为，应该将这种以逆势交易作为前提的技术指标排除。

并且，如果使用这个技术指标，在一波大行情来临时，明明出现了能够确保获得较大收益的机会，但是往往会比较容易出现获利出清而导致利益损失的情况。在市场的趋势非常强的情况下，背离在加大的状态下推移的行情比比皆是。从这点上来说，我认为这不是应该使用的指标。

虽然它不能用来作为交易指标，但是从“大致是处于高价区间”“大致处于被低估的区间了”的意义上来讲，将该指标作为把握目前市场走势的尺度，也是可以作为参考的(图 2-48)。

【制作方法】

“当前交易日的收盘价”减去“到当前交易日为止的移动平均线”的值除以“到当前交易日为止的移动平均线”得到的值就是“股价移动平均背离率”。

通常使用 25 日、75 日、13 周、26 周、12 个月、24 个月的移动平均线。

$$股价移动平均背离率=\frac{(收盘价-25日股价移动平均值)}{25日股价移动平均值}\times 100(\%)$$

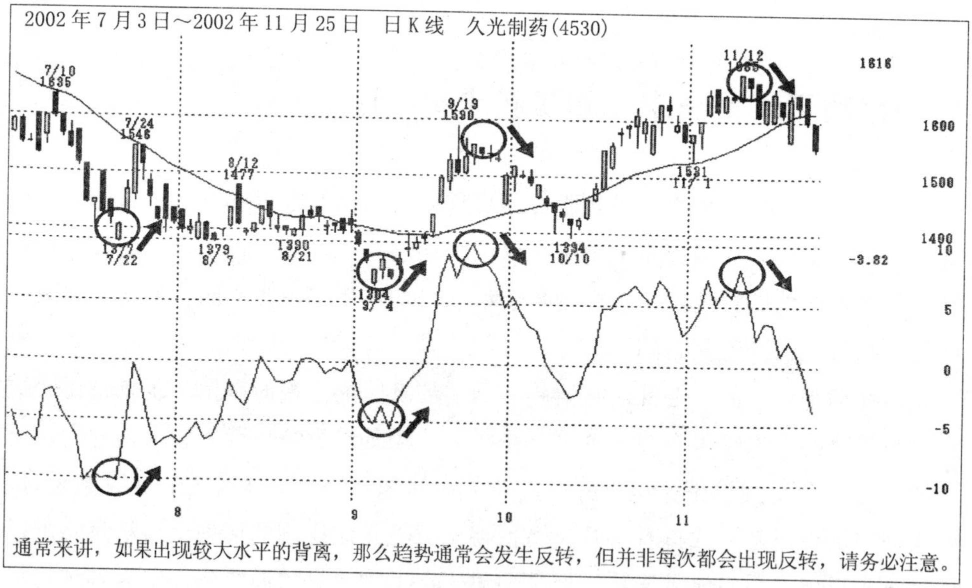

图 2-48　25 日股价移动平均背离率的示例

股价移动平均 2 线背离率　超买超卖类　D

以长期移动平均线为基准，观察短期移动平均线与之发生偏离状态的技术指标。这种理论将会在“MACD”中继续探讨。

如果股价上涨到超过 2 线背离率约 15%以上的位置时，可以认为是到达了行情的“顶部”——卖出信号；反之，如果股价在下跌局面下，下跌到 2 线背离率超过 -15%的位置时，可以认为是到达了行情的“底部”——买入信号(图 2-49 和图 2-50)。

【制作方法】

$$\text{股价移动平均 2 线背离率} = \frac{(\text{短期移动平均值} - \text{长期移动平均值})}{\text{长期移动平均值}} \times 100(\%)$$

【组合示例】

日 K 线：25 日、75 日(基准线)；

周 K 线：13 周、26 周(基准线)；

月 K 线：12 个月、24 个月(基准线)。

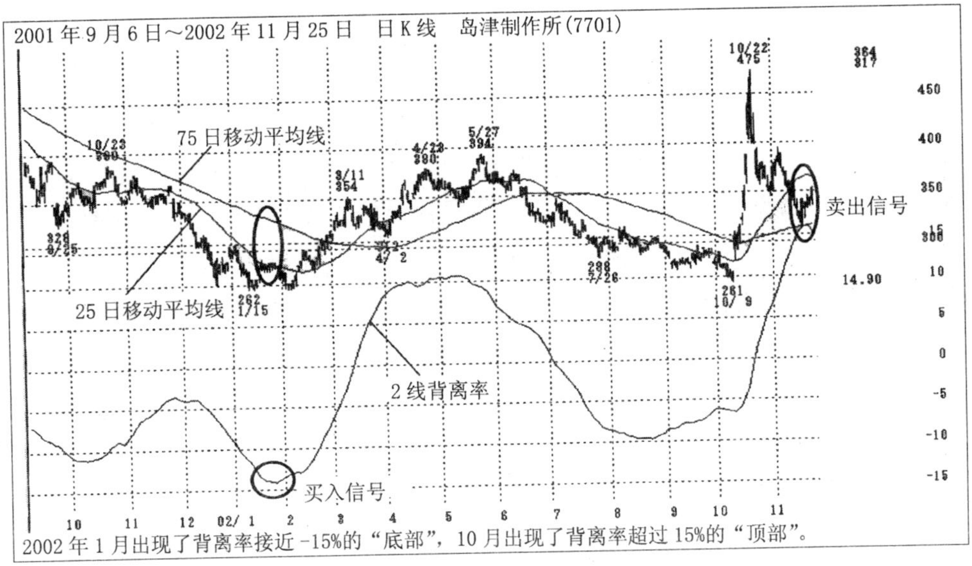

2002 年 1 月出现了背离率接近 -15%的“底部”，10 月出现了背离率超过 15%的“顶部”。

图 2-49　25 日移动平均线与 75 日移动平均线的示例

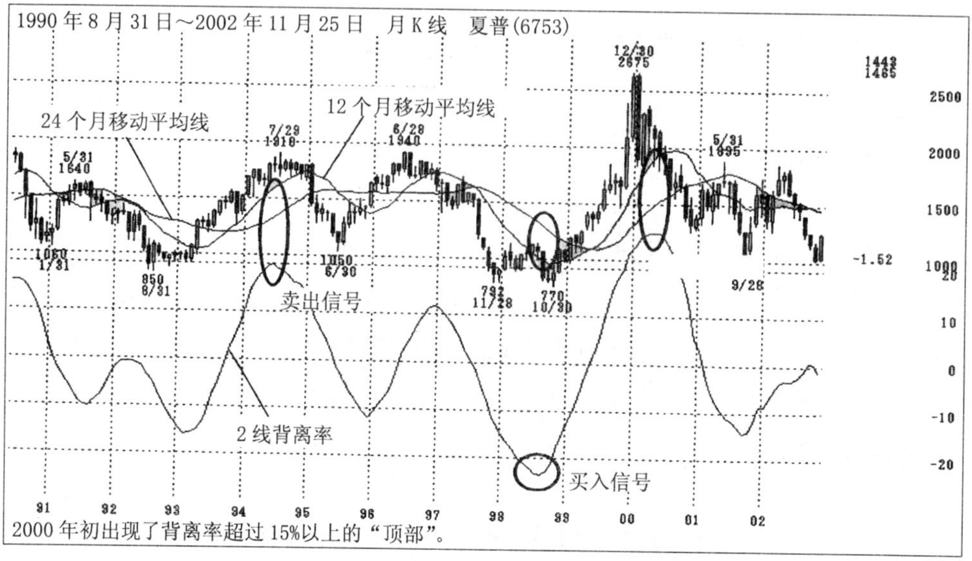

图 2-50　12 个月移动平均线与 24 个月移动平均线

MACD　趋势跟随类　C

MACD 是“Moving Average Convergence Divergence trading method”的简称，中国股市中被称为“指数平滑异同移动平均线”，日本股市中则被称为“移动平均、收束、扩散法(发散法)”。通过利用 2 根移动平均线(MACD 与将其单纯移动平均化的信号)，来扑捉市场行情的周期与时机的指标。虽然在关注长期移动平均线与短期移动平均线的差值这一点上，与股价移动平均 2 线背离率相同，但是 MACD 中使用了重叠于比较接近的数值的“平滑平均”。也有通过 MACD 的倾向性观察趋势的方向的方法。由于骗线较少且使用方便，因此它受一部分投资者欢迎，也成为在操作中经常会被用到的指标。

【制作方法】

MACD= 长期股价指数平滑平均 – 短期股价指数平滑平均

股价指数平滑平均(EMA)=B+ α (A–B)

A:当前交易日、周、月的收盘价；
B:截至前一交易日、周、月为止的平均价；
α:平滑系数(α=2/(截至前一个交易日、周、月为止的期间+1)；
信号＝一定期间的 MACD 的移动平均线。

【组合示例】
日 K 线：13 日(短期)、26 日(长期)、5 日(信号)；
周 K 线：13 周(短期)、26 周(长期)、5 周(信号)；
月 K 线：12 个月(短期)、24 个月(长期)、5 个月(信号)。

【MACD 的分析方法】

基本上，快行的 MACD 从下向上超越慢行信号时为买入征兆。之后，MACD 与信号同时超过零水平，增强了买入的可信度。相反的，快行的 MACD 从上向下跌破慢行信号时为卖出征兆。之后，MACD 与信号同时跌破零水平，就更加增强了卖出的可信度。

之前反转的位置变为之后的反转点位的基准。请留意，在零水平的前后发生趋势反转的情况比较多。在发生较大趋势的时候，MACD 与行情的趋势发生分歧时，表示股市处于顶部或者接近底部。在股市行情下降而 MACD 开始上升时，行情在不久的将来有可能触底(图 2-51)。

2000 年 1 月 21 日～2002 年 11 月 25 日　周 K 线　阿尔卑斯电气(6770)

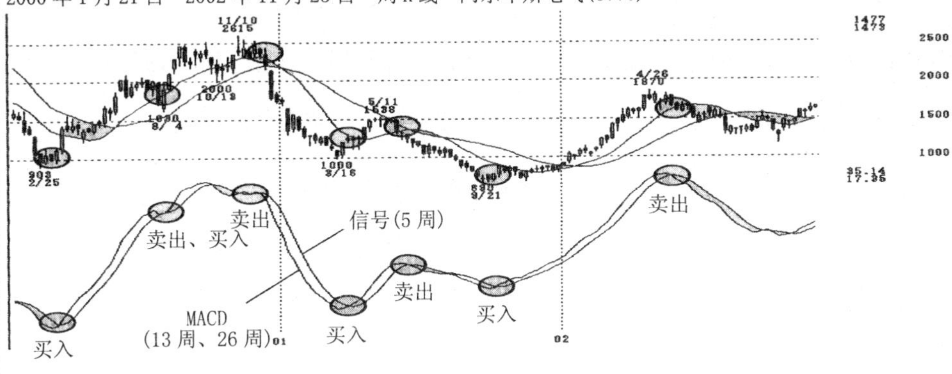

在低价区间中，如果 MACD 出现突破信号为“买入”；而在高价区间，如果 MACD 出现跌破信号为“卖出”。

图 2-51　MACD 的交易时机

成交量　基本　B

某一只股票或者是市场整体交易下单的数量(股票数)。这是因为虽然成交量要比股价变动超前，但还是略滞后地反映了市场的人气。并且，由于成交量显示的是交易成立时价格下的卖出和买入的压力，因此在价格变动的背后，能够明确地感觉到多空势力的对比以及紧迫感。

一般来讲，如果成交量出现增加的倾向，接下来就可以期待出现行情的反转；相反，成交量的减少意味着人气的下降，可以预计股价在不久的将来将会出现下跌。并且，如果出现了在过去的高价区间中没有过的较大的成交量，则可以看成接近顶部的卖出信号。

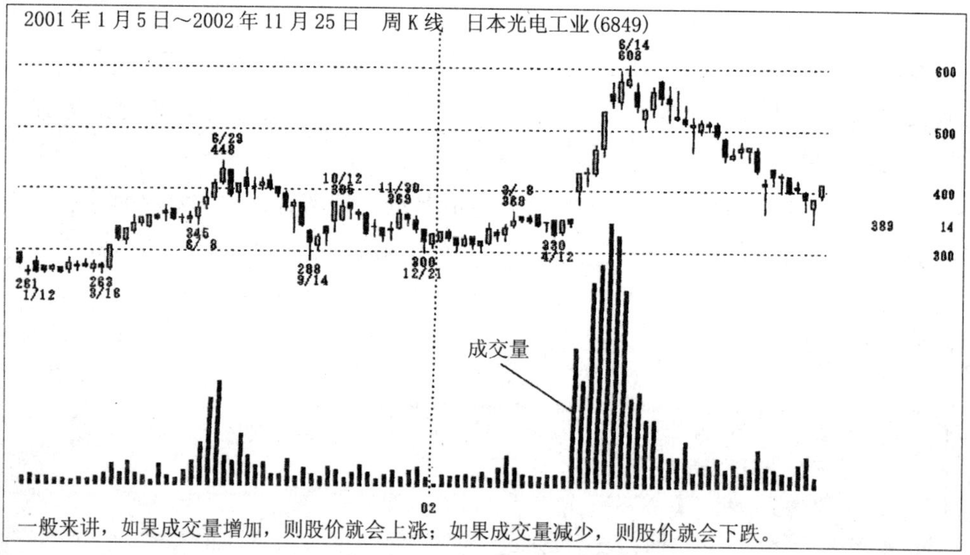

图 2-52　股价的变动与成交量的推移(周K线)

成交量移动平均线　其他　D

和股价移动平均线的理论相同，如果将一定期间成交量的平均值连接起来就变成了成交量移动平均线。通常作为预测股价接下来的走势的基准来使用。日 K 线的情况下，一般采用 5 日、25 日、75 日。周 K 线的情况下，一般采用 5 周、13 周、26 周等期间为主。

使用 5 日和 25 日成交量平均线时，如果成交量呈增加的态式下，超越 5 日线为近期买入信号，而当 5 日线超越 25 日线，为中期买入信号。

相反的，如果成交量不断减少并低于 5 日线为短期卖出信号，而当 5 日线跌破 25 日线时，为中期卖出信号(图 2-53)。

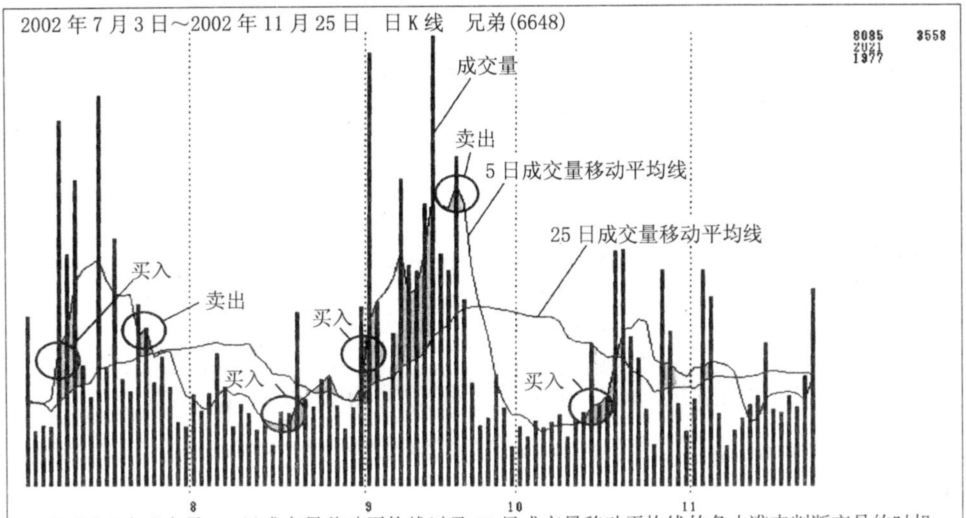

可以通过观察成交量、5 日成交量移动平均线以及 25 日成交量移动平均线的各水准来判断交易的时机。

图 2-53　5 日平均线与 25 日平均线成交量的组合示例

成交额移动平均线　其他　B

通过每只股票的成交金额(收盘价×成交量)得出的移动平均指标。在观察股价涨跌的基础上参考成交量的增减，并将该期间交易的每股股票的平均成本以近似的数值表示。

计算方法：例如，25 日成交额移动平均线是将“25 日内的成交额合计”除以“25日内的成交量合计”算出的值连接起来得到的线。短期的成交额移动平均线有6日、10日，中期的有25日、45日、75日等。6日、10日短期线情况下，如果股价在短期线上，说明短期行情强势；如果在其下，说明短期行情弱势。25日、45日、75日的中期线情况下，如果各线都收敛且股价突破中期成交额移动平均线，则可以当成是股价摆脱底部的信号(图2-54)。

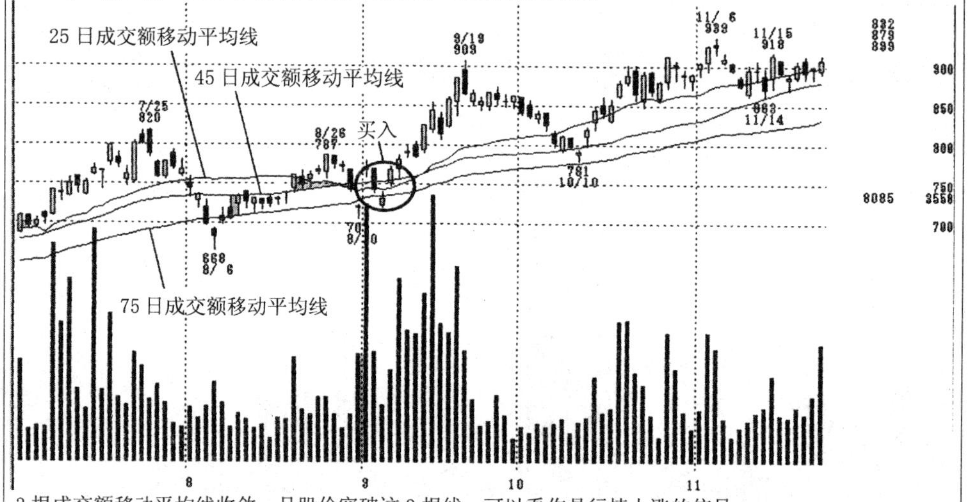

2002年7月3日～2002年11月25日　日K线　兄弟工业(6648)

3根成交额移动平均线收敛，且股价突破这3根线，可以看作是行情上涨的信号。

图2-54　25日、45日、75日的成交额移动平均线组合示例

融资交易头寸　其他　A

进行融资买入或者融资卖出(卖空操作)的投资者，必须在规定的期限(返还期限)内返还从证券公司借出的购买股票的资金或者是股票。此外，未返还的股票数量被称为“融资买入头寸”，卖空的股票数量被称为“融资卖出头寸”。

如果在股价上涨的同时买入头寸增加，则为买入信号。尽管股价处于下跌通，道但是仍然增加买入头寸的主要原因是与趋势相反的买入补仓，这也将成为股市崩盘的原因。如果在股价下跌的同时卖出头寸增加，则为卖出信号。在股价上涨局面下，卖出头寸增加的主要原因是融资卖出摊薄持仓成本，这也成为了上涨加速的主要原因(图 2-55)。

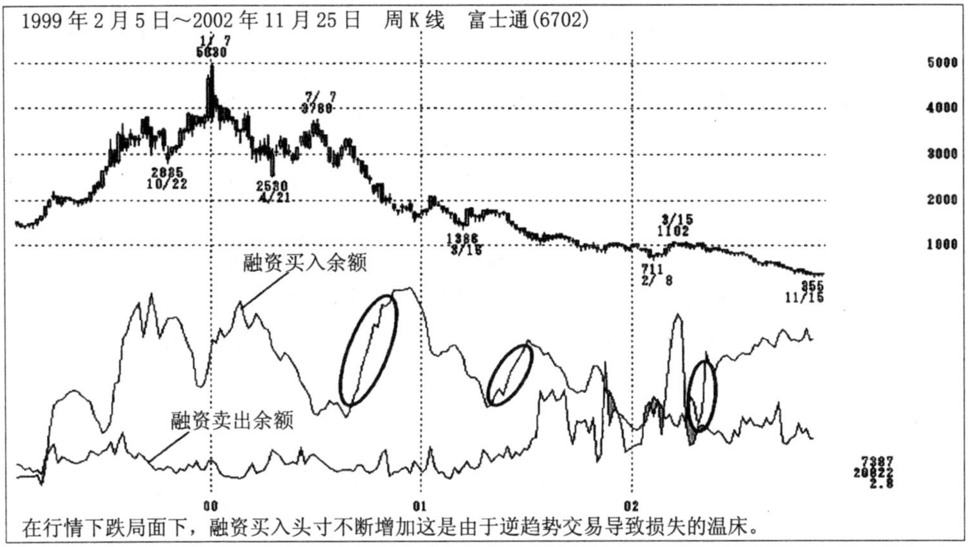

图 2-55　信用买入头寸与信用卖出头寸的推移

价格带率　其他　E

将走势图中显示的成交量分别以具体价格成交的信息分布在 K 线图上的指标。不同股价的价格带，用从走势图的左端向走势图的右端伸出的横线来表示。横线图的单位为显示期间的累计成交股票数量，该横线图向右伸出的幅度越长，说明以该股价成交的成交量就大。通常在 6～8 个月的期间中，是并用成交量和融资交易头寸观察当前股价上扬的指标(图 2-56)。

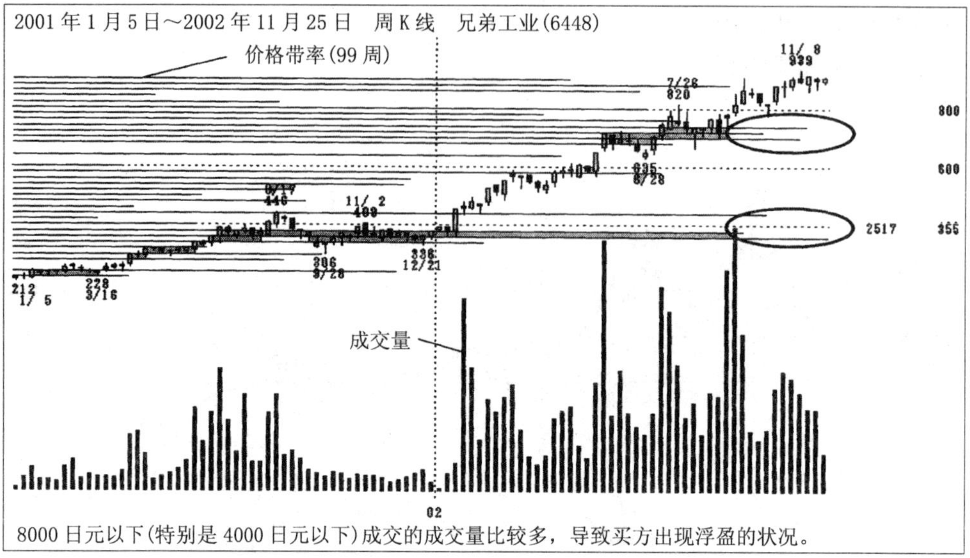

图 2-56　行情上涨局面下的价格带率(99 周的情况)

【价格带率的分析方法】

分不同价格带的成交量显示变动股价下投资者成交量的多少。这样就意味着在股价比较高位的价格带成交买入的投资者是浮亏的，而相反的，在低价格的价格带成交的投资者是浮盈的。

当高价区间出现较大规模成交时，之后再下跌的局面下买入的投资者的浮亏会不断膨胀，也就是说“套牢”的情况比较多见。该指标和融资交易头寸的“买入头寸”的分析方法是相同的，当价格带率与融资买入头寸合并起来看，在高价区间套牢的情况就比较常见了。

当较低价格出现较多成交量的价格带的情况下，说明众多买方浮盈，股价在该低价的基础上继续走低的担心就会减轻(图 2-57)。

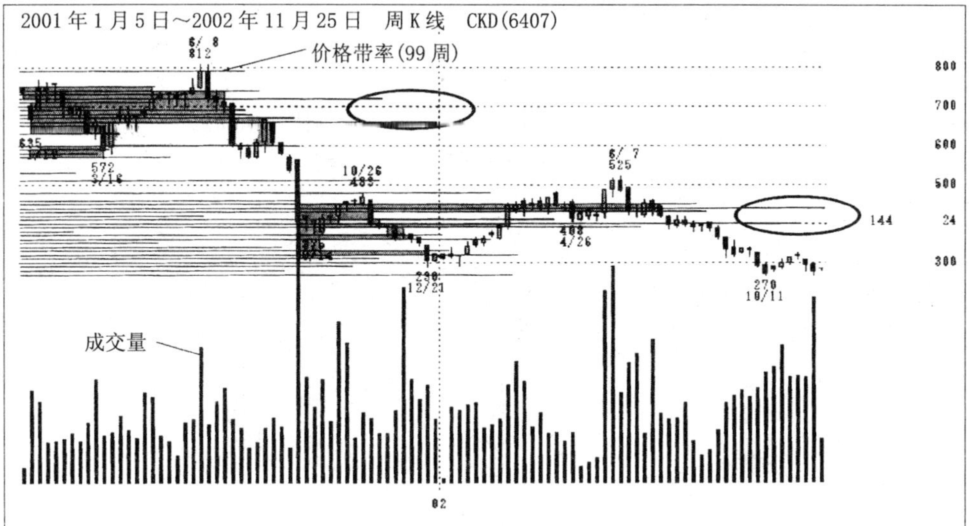

700日元附近与400日元附近套牢，因此即便趋势出现反转，在该股价水平上股价继续上涨会遭遇较大阻力。

图 2–57　行情下跌局面下的价格带率(99 周的情况)

OBV　其他　D

OBV 是 On Balance Volume 的缩写。通过关注“股价上涨日(周)的成交量”与“股价下跌日(周)的成交量”的差值来把握各个局面下行情的基调以及交易时机的指标。

该指标的特点就是将股价上涨日(周)的成交量全部看成是买入而将股价下跌日(周)的成交量全部看成是由卖出带来的。

某一基准日(周)之后，累加股价上升日(周)的成交量，而减去下跌日(周)的成交量总和，表示其累加值。收盘价没有变化时，前一交易日(周)的累加值将原封不动地结转到当日(图 2-58)。

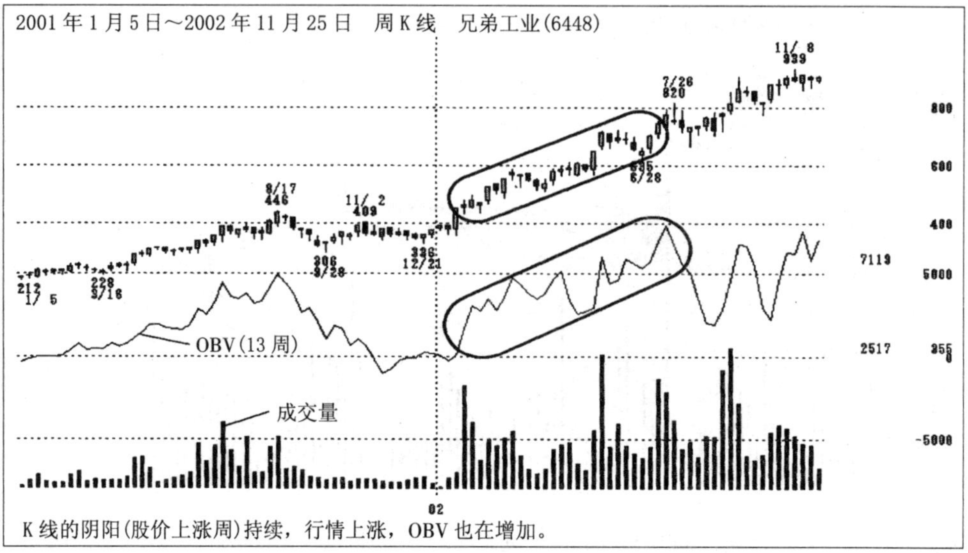

图 2-58　行情上涨局面下的 OBV(13 周的情况)

【OBV 的分析方法】

OBV 线在上升趋势时，当然明显地可以看出做多是主力，因此可以判断接下来的股价会进一步走高。

基本上讲，与 K 线的高价与低价的理论相同，在大多数情况下，当突破最近的一次峰值上涨之后，一般会继续延续上涨的趋势。而在跌破最近一次波谷持续下降之后，一般也会延续下降趋势(图 2-59)。

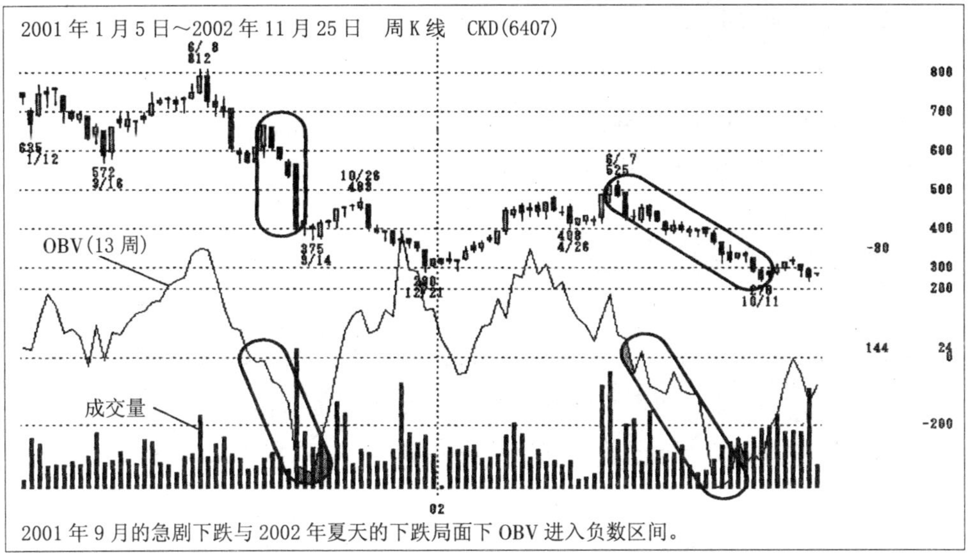

图 2-59 行情下跌局面的 OBV(13 周的情况)

成交率(V-R) 其他 D

以成交量快行于股价作为前提，成交率(V-R)是从成交量的动向预测股价的动向的技术指标。在表示股价上涨日、下跌日的成交量的累积差的 OBV 中，虽然可以思考各种局面下的动向，但是不能根据绝对的数值对行情进行把握或者和过去进行比较。因此，成交量比例表(V-R)并非根据累积差而是根据比率计算得到的结果。

【制作方法】

V-R(%)=[股价上涨日的成交量累积 +1/2(股价不变日的成交量累积)]/[股价下跌日的成交量累积 +1/2(股价不变日的成交量累积)]

【多指标组合的示例】

日K线：25日、75日(基准线)；

周K线：13周、26周(基准线)；

月K线：12个月、24个月(基准线)。

【成交率的分析方法】

如果股价上涨日(周、月)的成交量累计与股价下跌日的成交量累计相同，那么V-R为100%。用110%表示股价上涨日的成交量累计比股价下跌日的成交量累计多10%；而90%则表示股价下跌日的成交量累计比股价上涨日的成交量累计少10%。

一般来讲，股价上涨日的成交量比下跌日的成交量要多一些，因此V-R的值超过100%的时间会多一些，V-R的值大致在80%～150%之间推移。70%以下时一般为向上涨反转的底部，而当该比值在400%以上时，一般判断为行情向下跌趋势反转的顶部(图2-60)。

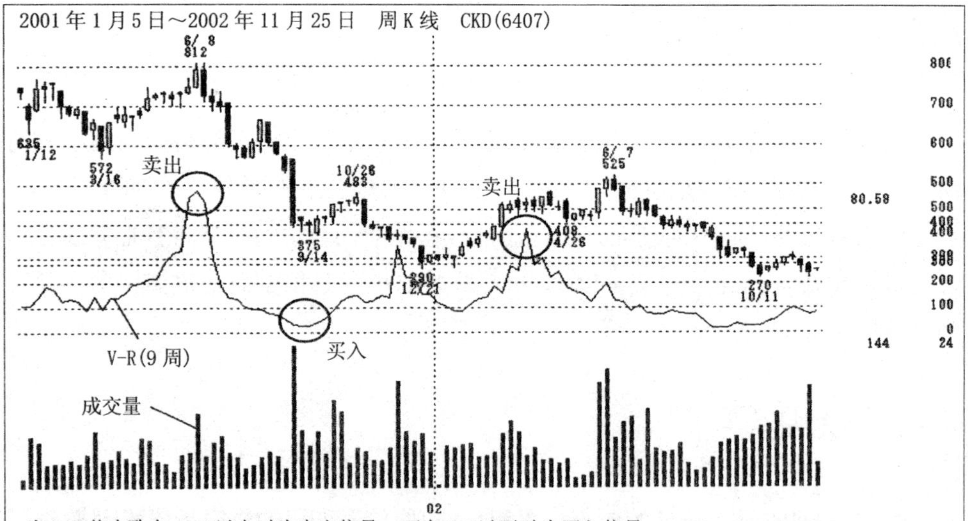

当V-R值大致在400%以上时为卖出信号，而在70%以下时为买入信号。

图2-60　成交率(9周)

布林带(布林线、布林通道)/σ 带　趋势跟随类　A

布林带是约翰•布林格先生(John A. Bollinger)开发的指标。

以股价移动平均线为中心，描述股价围绕其上下变动幅度的线(带)。运用正规分步的标准偏差理论来预测股价变动范围的方法。

在日本，和原始的“布林带”相比，“另外一条布林带”是“σ 带”，该线的普及率要比“布林带”高。实际上，就算将这两条线混在一起使用的责任归咎于我也不为过。“σ 带”是我在我的一本名为《图谱周 K 线的分析方法、使用方法基础篇》(投资雷达出版社)的书中阐述的一个指标，并经由信息供应商和证券公司传播开来。当时，由于很少有日本人了解布林带的详细内容，因此我将这两个方法结合在了一起，以便于大家的理解。关于这点，我曾经在日本技术分析员协会的演讲会上对其进行了说明，并指出了其不同点。

由于之前发生的这些事情，在本书中为了明确地区分二者，我用“布林带”来代表原始的布林带，而用我的方法“σ 带”来表示我之前的方法。并且，我从主要使用的理由开始，在本书中对“σ 带”进行提炼。关于原始的布林带，布林格先生在其著作《布林带入门》中有相关的解说(约翰•布林格著)，因此请参考这本书。

【布林带的制作方法】

■布林带(25 日线的情况)

①先画出中央线(=25 日移动平均线)；

②继续画出上部线(= 中央线 +2 标准差)；

③后画出下部线(= 中央线 –2 标准差)。

这种情况的标准差，是从“连续 25 个交易日的每个交易日的收盘价”减去“连续 25 个交易日的平均价”的值乘以 2，并对 25 个交易日的这个值的合计值除以 25，最后对这个值开平方(图 2–61)。

使用天数：25 日、45 日、90 日、200 日、13 周、26 周、52 周、12 个月、24 个月、60 个月等周期。

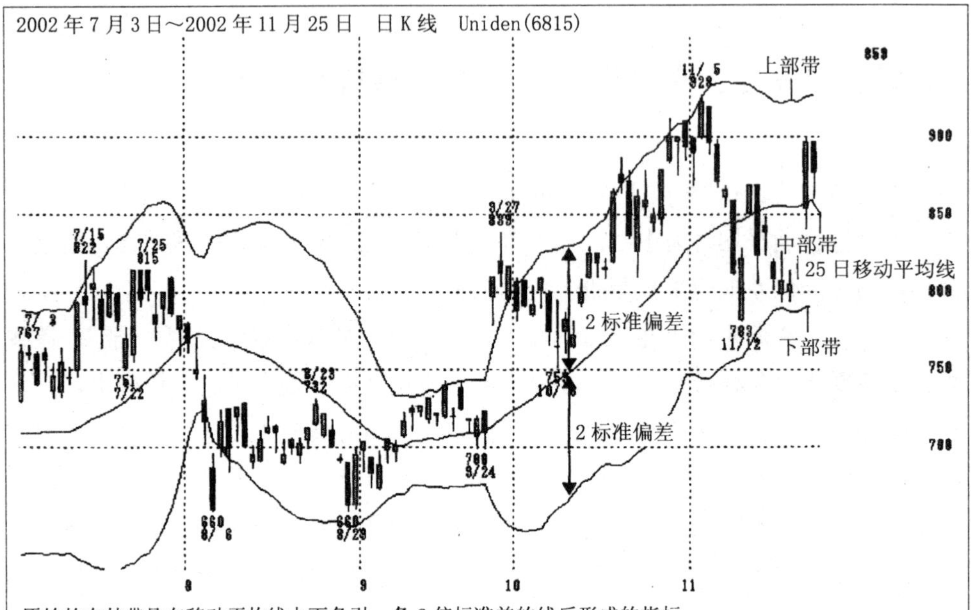

原始的布林带是在移动平均线上下各引一条2倍标准差的线后形成的指标。

图 2-61　布林带的示例

【σ 带的制作方法】

■σ 带(25 日线的情况)

①画出中央带(=25 日移动平均线)；

②画出 +1σ 带(= 中央带 +1 标准偏差)；

③画出 +2σ 带(= 中央带 +2 标准偏差)；

④画出 +3σ 带(= 中央带 +3 标准偏差)；

⑤画出 −1σ 带(= 中央带 −1 标准偏差)；

⑥画出 −2σ 带(= 中央带 −2 标准偏差)；

⑦画出 −3σ 带(= 中央带 −3 标准偏差)。

标准偏差的计算方法与布林带相同(图 2-62)。

使用天数：25 日、45 日、90 日、200 日、13 周、26 周、52 周、12 个月、24 个月、60 个月等周期。

2002 年 7 月 3 日～2002 年 11 月 25 日　日 K 线　Uniden(6815)

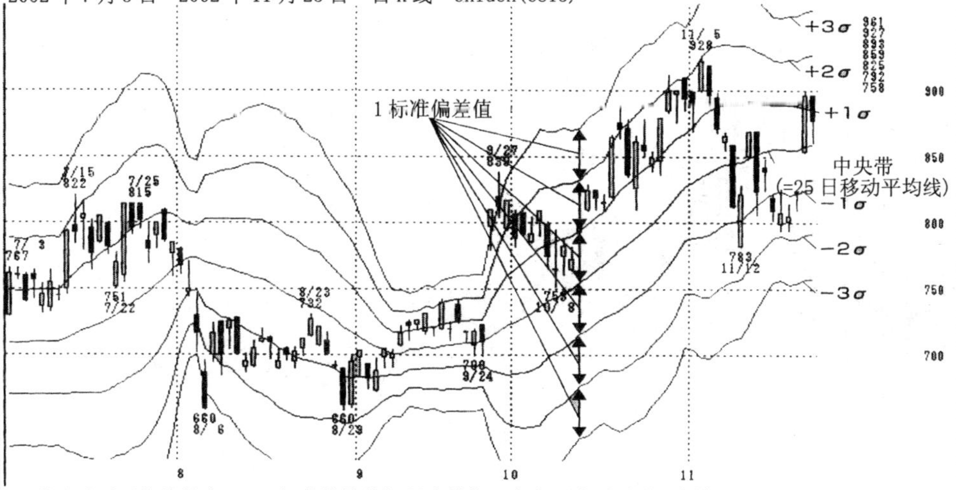

σ 带在移动平均线的上下，1 标准偏差的间隔为单位，在上下分别画了 3 条线。

图 2-62　σ 带的示例

【σ 带的分析方法】

σ 带是指示股价变动风险的指标。各带显示了市场参与者的头寸状态。从上向下看有“+3σ”、“+2σ”、“+1σ”、“移动平均线”、“-1σ”、“-2σ”、“-3σ”一共 7 条线，线与线之间一共被分隔为 6 个区域。理论上，进入各区域的数据的分布(预计股价的变动幅度)从上面分别为 2%、14%、34%、34%、14%、2%，也就是说“-1σ”～“+1σ”之间的部分占全体的 68%，而“-2σ”～“+2σ”之间的占 96%，而“-3σ”～“+3σ”之间的部分占 100%。如果趋势变得比较强劲，则上涨行情下获利回吐增加，而下跌趋势下逢低吸入增加。结果，趋势渐渐变弱，而带的幅度也出现了收缩。趋势反转之后会快速地向移动平均线方向调整(图 2-63)。

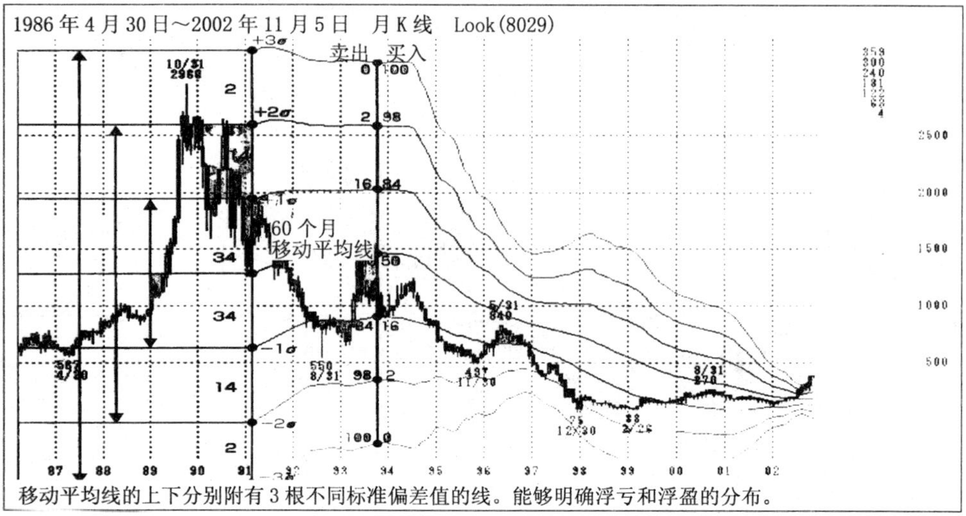

图 2-63　通过 σ 带能够确认市场参与者的分布

一目均衡表　趋势跟随类　A

一目均衡表是已故的细田悟一先生(笔名“一目山人”)任东京日报的前身的首都新闻社的商情部部长时开发的指标。细田悟一自己设立了研究所，招收了2000多名学员，并花了7年的时间研究开发这个指标，最终在昭和10年(1935年)在东京都的地方报纸上以“新东转换线”为名称发表了自己的研究成果。通过考虑特定时间阶段内的市场行情的波动与其中心价格，预测未来股价走势。

一目山人认为，在考虑股价的基础上，只要了解空方与多方两者哪一方胜利，哪一方失败就可以了。也就是说，在行情会在空方与多方的均衡崩溃之后向崩溃的方向变动的意思的基础上，再加上“行情的趋势一目了然”的意思，就有了“一目均衡表”的名字。

通常来讲，众所周知所谓的技术指标，就是使用的投资者的数量越多，根据其所得出的市场表现就越低的一种东西。但是，一目山人对一目均衡表的评价是“使用、相信和应用一目均衡表的人越多，其价值就越大”。该指标从开发出来到现在已经经历了半个世纪以上的时间了，但是仍然有越来越多的人使用。

一目山人本人进一步对这个指标进行了评价，“均衡表，并非形态，也不是对走势的预测，而是根据每天的市场行情对其自身进行持续地表现”，暗示其是一个自然体的工具。

此外，在一目均衡表中，为了计算基准线和转换线等使用“9”“26”“52”这 3 个数值，是因为据说这是通过“招收的 2000 多名学员论证之后的结果，与行情变动的契合度是最高的”（图 2-64）。

【制作方法(在日 K 线的走势图中)】

①画一条 K 线图，

②画出基准线，

基准线 =(26 个连续交易日的最高价 + 最低价) ÷ 2；

③画出转换线，

转换线 =(9 个连续交易日的最高价 + 最低价) ÷ 2；

④画出快行跨度上限线，

快行跨度上限线 = 将基准线与转换线的中间价前移 26 个交易日后得到的指标线；

⑤画出快行跨度下限线，

快行跨度下限线 = 将过去 52 个交易日期间收盘价的最高价和最低价的中间价前移 26 个交易日后得到的指标；

⑥画出慢行线，

慢行线 = 将当前交易日的收盘价前移 26 个交易日后得到的指标。

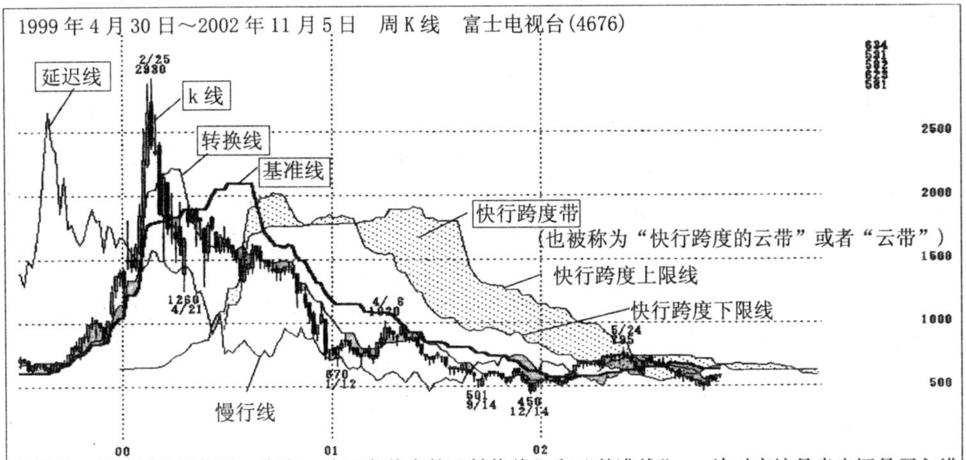

在使用一目均衡表指标时，应在一边思考基本的“转换线”和“基准线”，一边对应该是卖出还是买入进行判断。

图 2-64　一目均衡表的图解示例

【一目均衡表的分析方法】

“一目均衡表”的基本是“基准线”和“转换线”。通常的移动平均线中，是以收盘价作为基准的，但一目均衡表是以中持续交易时段的最高价与最低价的中间价(算数平均值)为基础画出基准线与转换线，并来把握交易的基调和趋势的转换。一目山人在世的时候，由于没有持续交易时段的概念因此使用了收盘价作为基准，但是过去在向“经济变动综研机构”进行咨询时，被评价为“持续交易时段下考虑比较妥当”。

“基准线”，顾名思义，就是作为市场基准的线。该线在图 2-65 中是稍微有点儿粗的实线。另一方面，“转换线”是最早觉察出市场行情方向变化(转换)的线，被画在K线的最近的地方。基本上来讲，“转换线”在“基准线”的上面时为买入局面，“转换线”在基准线的下方时为卖出局面。

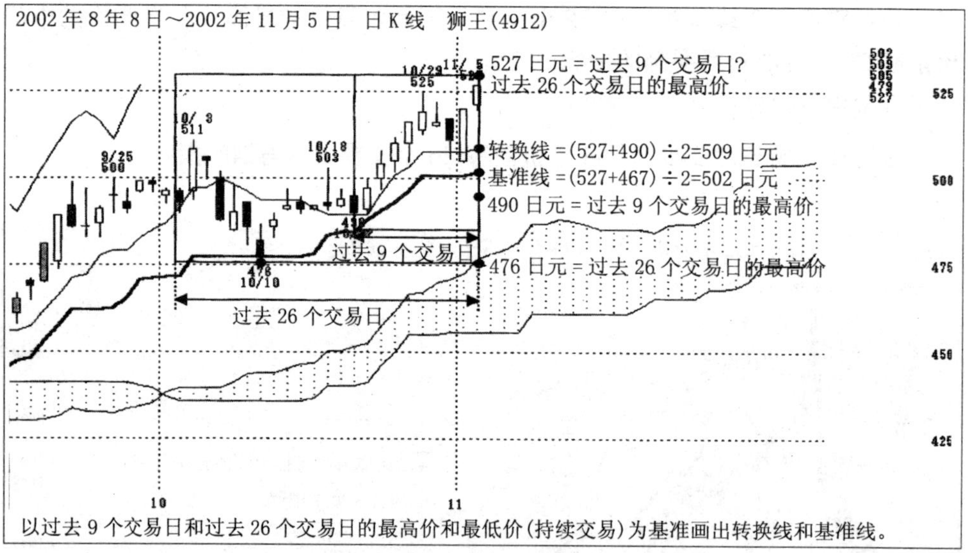

图 2-65　“转换线”与“基准线”的计算方法

这里需要注意的是，基本行情是“转换线”和“基准线”的上下变化，而非“收盘价”和“K 线”的上下变动。也就是说，这是把“转换线”本身作为行情变动来进行把握的思考方法作为基础。在欧美等许多国家，“短期移动平均线”才被作为市场代表值，来把握“短期移动平均线”和“长期移动平均线”的十字交叉线上进行决定市场交易的尝试。我们所说的方法和欧美的这个方法相同。该转换线与基准线和 HL 带的理论接近，也与随机指标等超买超卖类指标的概念相通。应该特别指出的是，这个指标在 1935 年就已经被开发出来了。

“慢行线”(慢行跨度)与 K 线变动平行地描述了与 K 线的延迟。和基准线与转换线的计算不同，该延迟线是以“收盘价”为基础计算出来的。一目山人将这条延迟线称为“最重要的慢行跨度”。由于慢行线决定了较大规模的买入与较大规模的卖出，因此在技术分析上形成了重要的市场转折点。

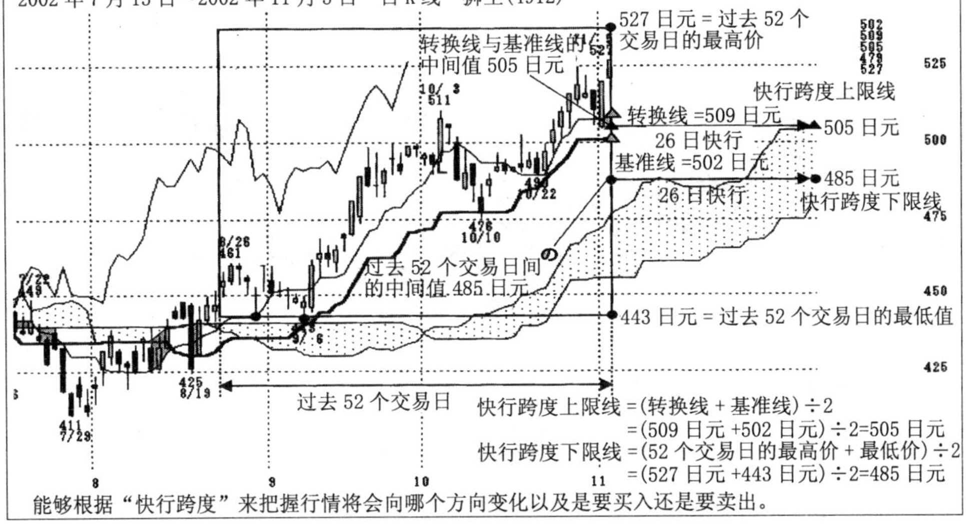

图 2-66　快行跨度的计算方法

“快行跨度上限线”(或者说是“快行跨度①”)与“快行跨度下限线”(或者说是“快行跨度②”)，是为了把握市场变化的客观数值。此外，“上限线”和“下限线”会根据市场的状况发生上下交替，需要十分注意(图 2-66)。

由于通常的技术指标是对有 K 线的时点的市场行情的情况进行判断，因此，不能预测市场将来的变动情况。但是，根据一目均衡表能够将今后市场如何变化，以及是买入还是卖出预先作为确定的数值进行把握。并且，从大局上来看，当下是卖出还是买入，从最终来看，哪个点位是“突然下跌”还是“止跌回升”的临界点，二者之间的注意区域的范围，都可以通过数值数据进行把握。

在一目均衡表中，由“快行跨度上限线”与“快行跨度下限线”围起来的部分被称为“快行跨度带”“快行跨度的云带”或者单纯被称为“云带”。

K 线在“云带”的上方推移时，表示当前是多头局面。在这个时候，“云带”称为行情的“支撑带”。相反，K 线在“云带”下方推移时，表示当前是空头局面。这时，“云带”变为了“阻力带”（图 2-67）。

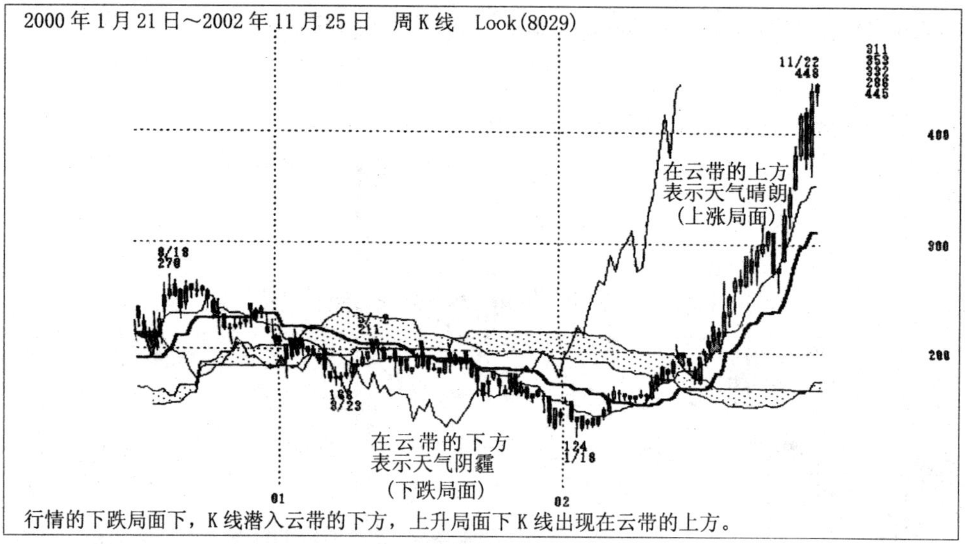

图 2-67　K 线与“云带”的关系

一直在“云带”上方变动的行情，开始进入“云带”之中，表示和多头的力量相比，空头的力量开始增强，在这种局面下，多头进入了非常危险的状况。反之，可以说“新的卖空”的机会到来了。

相反的，一直在“云带”下方变动的行情，开始进入“云带”之中，表示和空头的力量相比，多头的力量开始增强，在这种局面下，空头逐渐变成非常危险的状况。反之，可以说“新的买入”的机会出现了。

行情在“云带”的上方时，我们经常会听别人说“今天天气很好啊”；反之，在“云带”的下方时，我们经常会听到“今天天气很阴沉啊”。也就是说，“云带的中间”是“天气变化的节点”。可以将上述情况做如下比喻，当飞机飞到“云带”的上方时，会出现晴朗且万里无云的天气，而穿过“云带”进入云层下方时，会变得阴霾且会遭遇下雨的恶劣天气。

HL 带　趋势跟随类　A

HL 带的 H 是指最高价(High)，而 L 是指最低价(Low)。是用来把握过去一定时期中如果最高价(持续交易时段)被刷新就买入，最低价(持续交易时段)被刷新便卖出的技术指标。

该指标是以在欧美的商品交易市场中受到重视的“通道突破”和“区域突破”理论为基础的理论。

该指标的图是由连接最高价的“H 带”、连接最低价的“L 带”、连接二者的平均值的“中间线”3 条线构成的(图 2-68)。有点儿和布林带类似，但使用的是最高价和最低价的数据而不是移动平均线，其特点虽然比较单纯，却比较直观，因此更加容易理解。一般使用 10 天、20 天进行描述。

【制作方法】

H 带：从前一个交易日向前追溯 20 个交易日的最高值(持续交易时段)；

L 带：从前一个交易日向前追溯 20 个交易日的最低值(持续交易时段)；

中间线：H 带与 L 带的平均值。

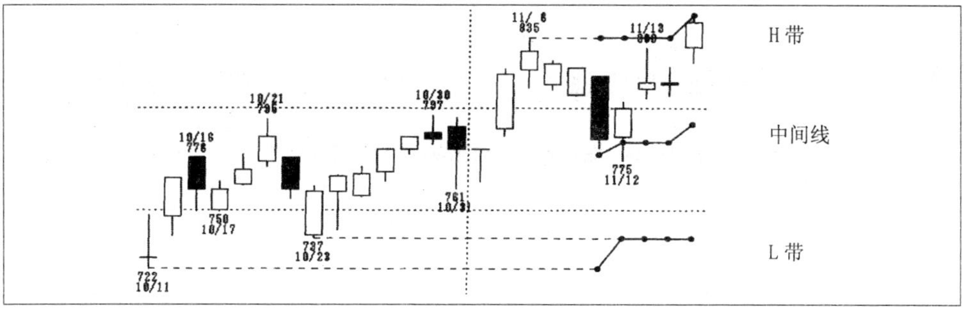

图 2-68　HL 带示意图

【HL 带的分析方法】

HL 带是趋势跟随类的技术指标，是站在道氏理论的最高价和最低价的概念角度上进行分析的指标。其分析方法非常简单，突破过去 20 个交易日的最高价线时是买入信号，而向下跌破最低价线时为卖出信号。这种交易信号仅在向该方向的趋势持续的情况下才持续。

中间线的方向表示趋势的方向。并且，最高价与最低价的幅度(区域)显示股价的变动幅度比较大还是比较小。当股价在区域的两端变动时，由于存在获利清盘和突然下跌后买入等，因此会出现该区域不断变狭窄的情况。另一方面，如果股价突破了该区域，那么由于边缘积累了大量的止损单，因此行情一口气冲出该区域的可能性也是存在的(图 2-69)。

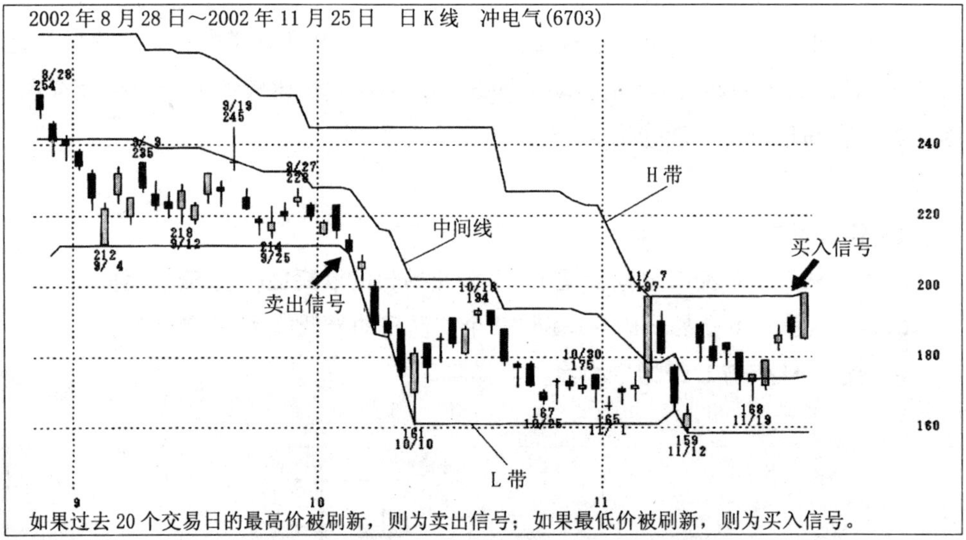

图 2-69　通过 HL 带对市场的趋势进行分析

停损点抛物转向　趋势跟随类　A

作为 RSI 的发明者而闻名于世的 J. W. wilder(威尔德)在 20 世纪 70 年代中期开发的技术指标。所谓抛物线的意义是指“弧线状的”、连接 SAR(Stop And Reverse point 停损点)的突破线以弧形的方式移动，因此被称为抛物线转向指标。

抛物线指标是为了把握市场趋势反转局面的指标。上涨趋势下，SAR 标记在 K 线的上方，而在下跌趋势下，SAR 标记在 K 线的下方。如果趋势发生反转，SAR 就从上方转移到下方，或者从下方转向上方。

在这个时间点上，转移需要清空手中持有的头寸，反之，就需要持有头寸。这种反转的时间点通常被称为“背驰”。背驰的点是行情的变动值与 SAR 交叉的点，一看便知。

【制作方法】

当日 SAR(Stop And Reverse point)= 前一交易日的 SAR+AFX(EP– 前一交易日的 SAR)

※上升趋势下最高价与下跌趋势下的最低价就是最初的 SAR。

AF (Acceleration Factor)：0.02 AF 0.2(每次更新最高价和最低价的过程中通常需要加算 0.02。日、周、月均相同)

EP(Extreme Point)：SAR 在买入信号中是该期间的最高值 /SAR 在卖出信号中时该期间的最低值

【停损点抛物转向的分析方法】

停损点抛物转向是将风险抑制在最小限度的基础上追求利益最大化的趋势跟随类指标。根据自己能够掌握和运用的资金购入股票，并决定最初的止损幅度，在明确风险界限的基础上追求利益是本书阐述的各种理论的原则。

抛物线中，行情在超过 SAR 时显示出买入的信号，这时的 SAR 也变为了止损的点位。相对的，行情在跌破 SAR 的值后呈现出的是卖出信号，需要将这个时候的 SAR 水准设置为止损点。

行情中发生较大的趋势时，如果这个趋势比较强，行情在之后就不会出现上涨(下跌)的 SAR，因此能够是获得收益的时机(图 2-70)。

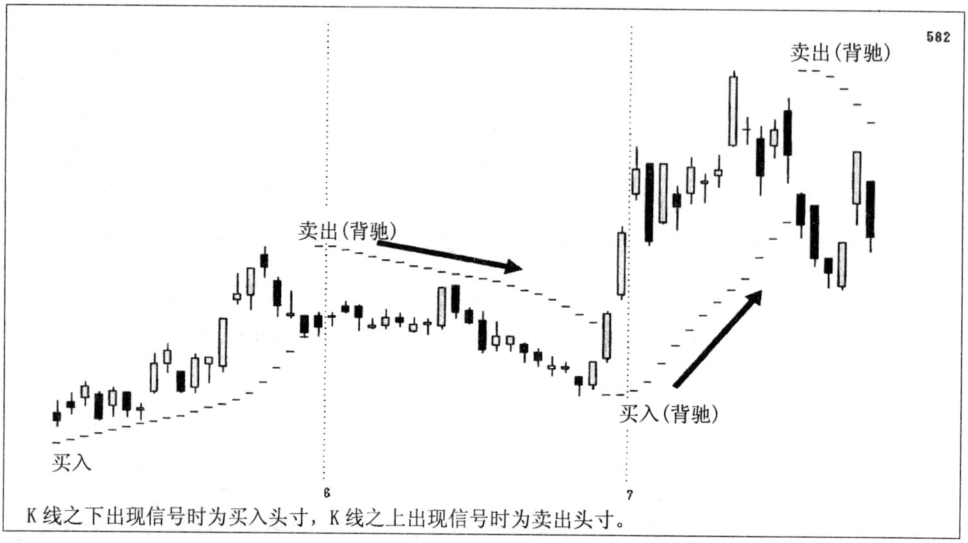

图 2-70 停损点抛物转向的交易信号

如果到达最初的止损水平的股价变动幅度比较大，并且之后市场出现了趋势，且浮盈变大，这样慢慢地会向止损水平(也就是收益确定水平)靠近。因此，行情会从最终的市场加速局面的反转时尽早确保利益。

在对于行情变动的感应度上升过程中，虽然使 AF 值发生变化就可以，但是如果提升移动平均线的变数和感应度一样，那么市场行情的短期变动就能够比较容易地把握了，但是比较大的趋势就把握不到了。

所有趋势跟随类的指标都是相同的(图 2-71 和图 2-72)，但是如案例理研计器(7734)那样，趋势不明确，而且行情比较胶着，频繁出现背驰的征兆，因此获取收益是非常困难的(图 2-73)。

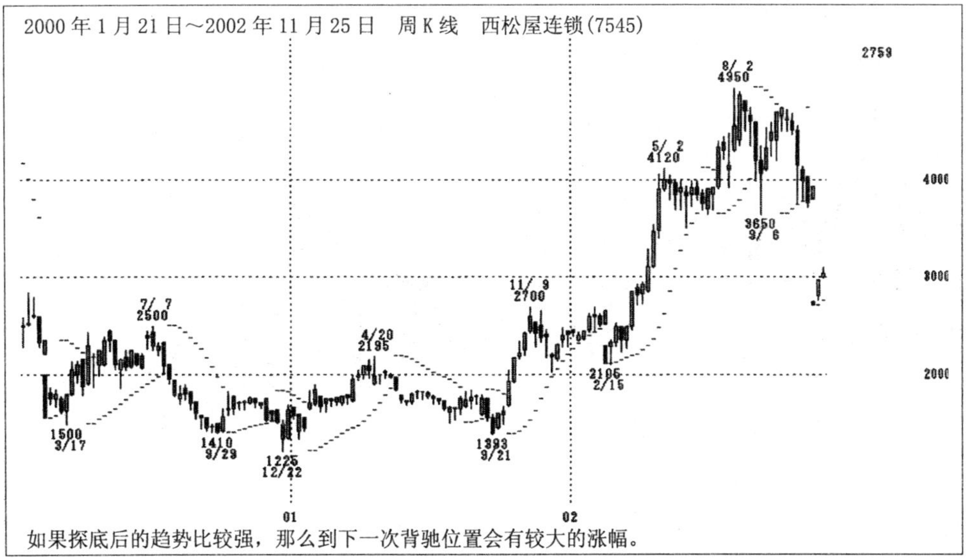

图 2-71　上涨局面下的 SAR 的动向

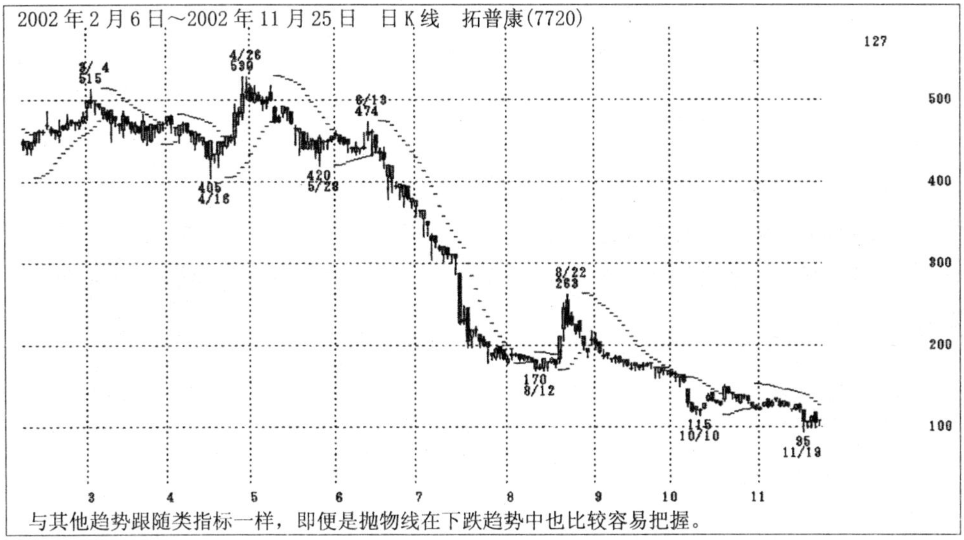

图 2-72　下跌局面下的 SAR 的变动

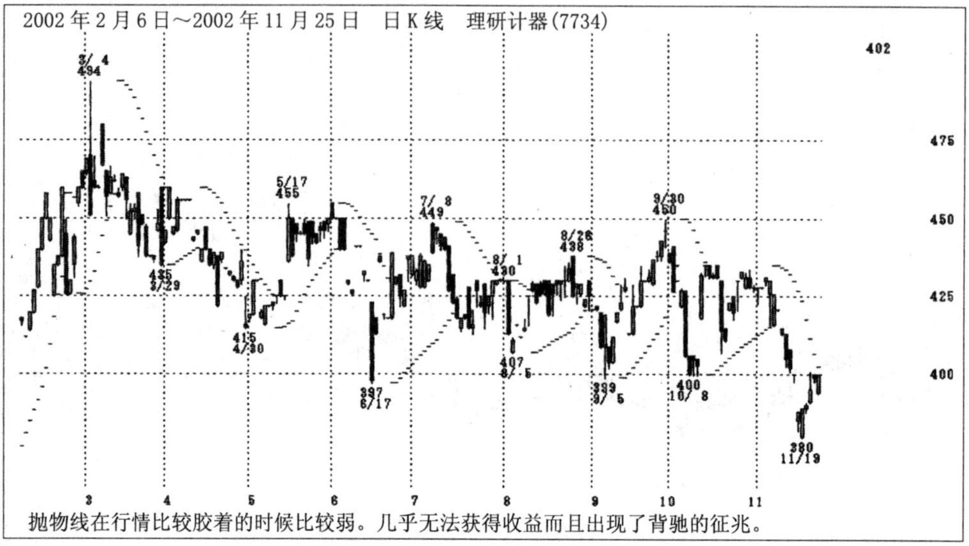

图 2-73　趋势不明确的行情下 SAR 的动向

枢纽点　趋势跟随类　A

枢纽点，也被称为轴心指标，是基于期货市场开发的以分析短期交易为目的的指标。在支撑线与阻挡线的范围内以轴心(旋转轴)为中心预测第二个交易日的股价变动。由于可以设置止损和顺势持有等交易临界点，是一种在实际操作中非常容易使用的指标。也被称为“逆市操作系统”。

以 P(轴心)为中心线，使用位于上方的 HBOP、S_2、S_1(阻挡线)和位于下方的 B_1、B_2、LBOP(支撑线)这 7 条线，来分析第二天(周、月)的行情变动情况(图 2-74)。

【制作方法】

HBOP(High Break Point)$=P+D_2+D_3=2P+H-2L$

S_2　(阻挡线)$=P+D_3=P+H-L$

S_1　(阻挡线)$=P+D_2=2P-L$

$$P=\frac{(H(\text{最高价})+L(\text{最低价})+C(\text{收盘价}))}{3}$$

B_1 (支撑线)$=P-D_1=2P-H$

B_2 (支撑线)$=P-D_3=P-H+L$

LBOP (Low Break Point) $=P-D_1-D_3=2P-2H+L$

※$D_1=H-P$、$D_2=P-L$、$D_3=H-L$

【枢纽点的分析方法】

通常来讲，枢纽点是逆势操作中常用的指标。当股价下跌并逼近作为支撑线的“B_1”、“B_2”时买入(或赎回平仓)；当股价上升并逼近作为阻挡线的“S_1”、“S_2”时卖空(获利卖出清仓)。作为趋势跟随类(顺势而为)的指标考虑的情况下，其使用方法为：在股价接近“B_1”、“B_2”时卖出，而在股价接近“S_1”、“S_2”时买入。在这个时候，“LBOP”与“HBOP”的指标作为止损和顺势买入或者是顺势卖出的标准来使用。

基本思路，股价在 HBOP 以上为上涨趋势，而股价在 LBOP 以下为下跌趋势。并且，如果支撑线(B)与阻挡线(S)的幅度变窄，则就是趋势发生变化的前兆。相反，如果二者的幅度扩大，则表示股价变动的风险升高。

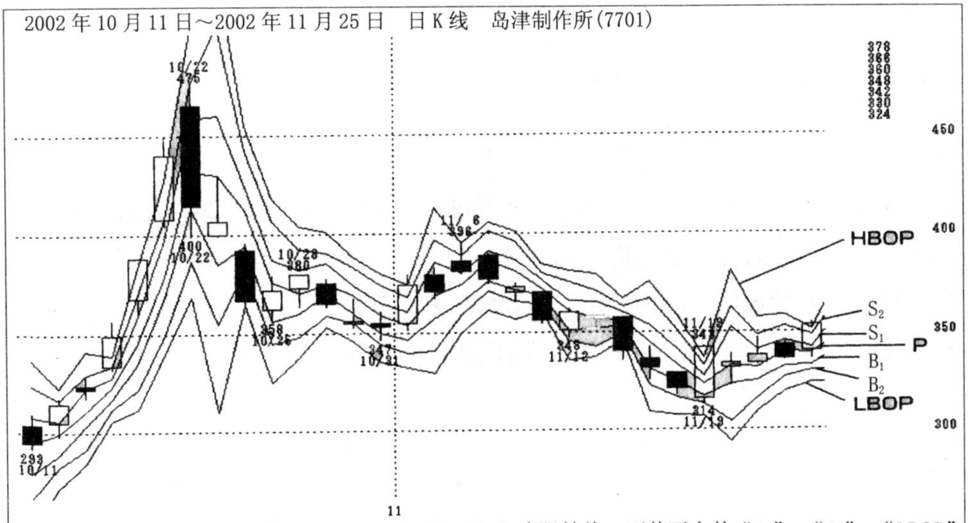

以“P”为中心线，其上方的“HBOP”、“S_2”、“S_1”为阻挡线，而其下方的“B_1”、“B_2”、“LBOP”为支撑线。

图 2-74　枢纽点的分析方法

DMI、ADX　趋势跟随类　D

DMI 是 Directional Movement Index 的缩写，是 J. W. Wilder(威尔德)发明的指标。该指标是将行情的上涨趋势与下跌趋势指数化的指标。

“+DI”和“-DI”主要表示的是趋势方向性。并且，所谓 ADX (Average Directional movement indeX)、ADXR (Average Directional movement indeX Rating)这两个指标主要表示了趋势的强弱。

为了能够计算出这些指标，首先需要分别计算出上涨幅度(+DI)、下跌幅度(-DI)以及实质的变动幅度(TR)。计算方法通过以下方式使用 14 个交易日作为基准(图 2-75)。

【制作方法】

+DM= 当前交易日的最高价 - 前一交易日的最高价

-DM= 前一交易日的最低价 - 当前交易日的最低价

※附下列①~④的条件。与 K 线的阳线和阴线无关

$$+DI=\frac{(14\text{ 个连续交易日的 }+DM\text{ 的合计})}{14\text{ 个连续交易日的 TR 合计}}\times 100(\%)$$

$$-DI=\frac{(14\text{ 个连续交易日的 }-DM\text{ 的合计})}{14\text{ 个连续交易日的 TR 合计}}\times 100(\%)$$

ADX 就是 DX 的移动平均线，DX 是将“+DI”、“-DI”的差的绝对值除以“+DI”、“-DI”的合计值后得出的数值。

ADX=DX 的连续 14 个交易日的平均值×100(%)

ADXR=ADX 的连续 14 个交易日的平均值×100(%)

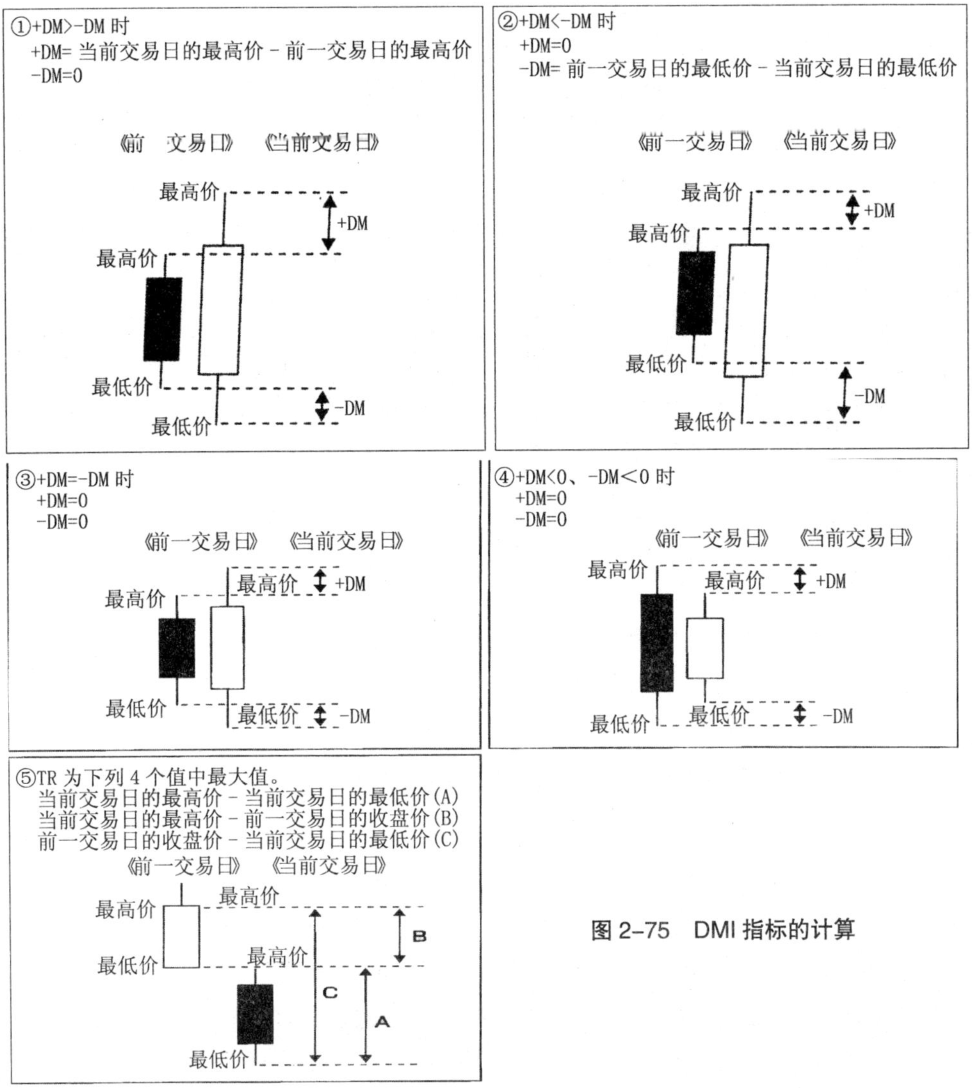

图 2-75 DMI 指标的计算

【+DI 与 -DI 的分析方法】

基本来讲，当“+DI”比“-DI”大时，表示市场处于上涨趋势中；反之，当“-DI”比“+DI”大时，市场处于下跌趋势中。因此，当“+DI”向上超越“-DI”时为买入信号；相反，当“+DI”向下跌破“-DI”时为卖出信号。

更进一步来讲，也可以将出现的极端数值作为交易信号(图 2-76)。

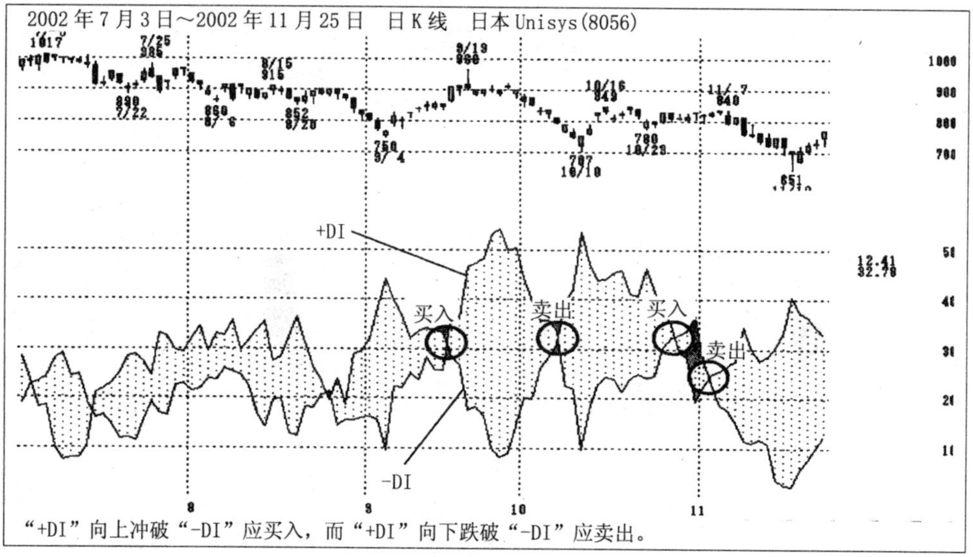

图 2-76　根据 +DI 和 -DI 进行卖出时机与买入时机的判断

【ADX 和 ADXR 的分析方法】

可以将 ADX 出现反转时看作是趋势发生时点以及结束时点。如果 ADX 向上发生变化，则表示趋势开始；如果处于上涨过程中，则表示趋势持续。向下发生变化的位置是趋势结束的位置，而在下跌过程中表示没有趋势的状态。

而且，可以将 ADX 向上或者向下超过 ADXR 的位置看作是判断 ADX 方向的基准。也就是，ADX 在 10%水平以下为买入区域，而 70%以上为卖出区域。并且，ADX 下跌 20%为趋势的开始，而上行 70%则可以认为是趋势的结束(图 2-77)。

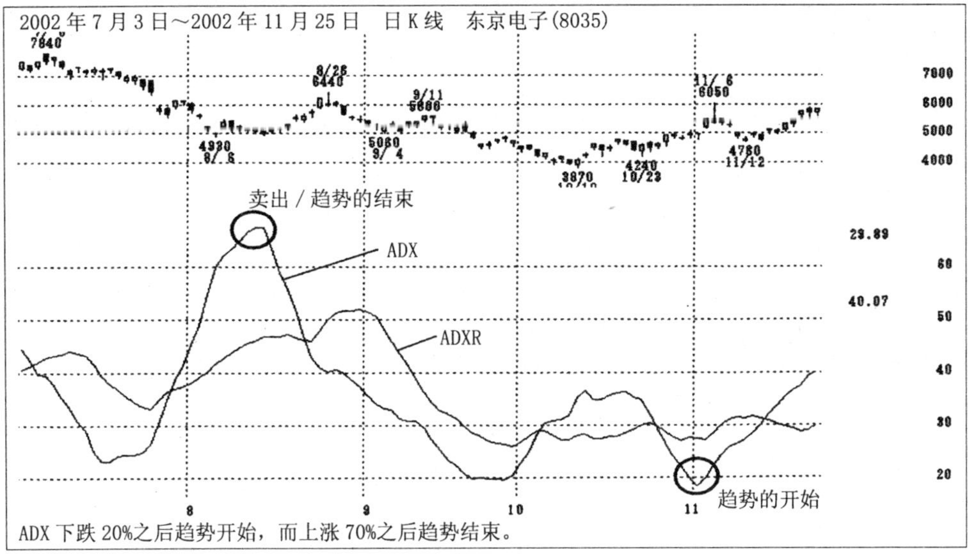

图 2-77　根据 ADX 与 ADXR 对卖出和买入时机进行判断

线性回归趋势　趋势跟随类　B

统计学方面讲到的回归，就是基于画一条离散落的合计值距离最小化的直线(回归直线或者最小二乘直线)的理论的技术指标。

并非像一般的趋势线那样将几个最低价和几个最高价直接连接起来，而是画一条缝合股价之间缝隙的母线。使用与中心线±2 标准误差(±2) μ (miu)的 5 根线来观察趋势与变动幅度的指标。其特点是能够在一定程度上客观地把握趋势。并且在“炒股达人”中使用标准偏差替换了标准误差。

【制作方法】

线性回归趋势通过下列一次函数表示：

y=a+bx

$$b=\frac{(i-\text{平均次数})x(\text{第 i 个交易日的收盘价}-\text{平均价})\Sigma}{(i-\text{平均天数})^2\Sigma}$$

a= 收盘价平均值 -bX 天数平均值

根据下表示例进行计算，如果 a=995、b=15，那么线性回归趋势可以通过 y=995+15x 的直线表示。

	收盘价	天数(i)	收盘价 - 平均值	i- 平均天数	(i- 平均天数)^2	(收盘价 - 平均值) X(i- 平均天数)
	1000	1	-40	-2	4	80
	1040	2	0	-1	1	0
	1030	3	-10	0	0	0
	1070	4	30	1	1	30
	1060	5	20	2	4	40
总计	5200	15	0	0	10	150
平均值	1040	3				

【线性回归趋势的分析方法】

线性回归趋势，是在市场行情缓慢变化过程中，缓慢地倾斜，而在市场行情急剧变化过程中急剧地倾斜。并且，在行情不发生变动时，中心线与±2μ(miu)线的幅度变窄，在行情变动时，其幅度变大。

一般来讲，在行情上涨时，股价超过中心线并在其上方推移。相反地，在下降时，股价跌破中心线，在其下方推移。

当股价脱离 +2μ(miu)和 -2μ(miu)线之间的区间时，说明持续到目前为止的趋势将会发生反转。

75 日与 25 日、13 周与 5 周等，如果以交易日为单位将长期、短期线放在一起，就能够判断诸如“下跌→盘整→上涨”的趋势变化(图 2-78)。

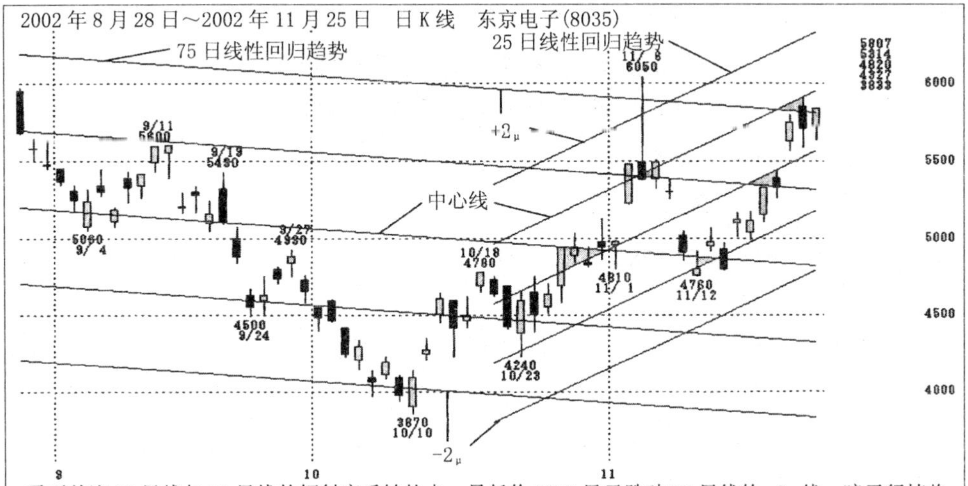

需要关注 25 日线与 75 日线的倾斜度反转的点。最低价 3870 日元跌破 75 日线的 -2u 线，暗示行情将发生反转。

图 2–78　基于线性回归趋势变化的判断

矢量图　非时间系列类　C

矢量图和线性回归趋势一样，是以每天的收盘价为基准表示行情趋势的技术指标。将一定期间的趋势(回归直线)的倾斜度进一步平均求出趋势(回归曲线)。和其他指标相比，该曲线是一条平滑的曲线。短期来看，有反应迟钝的特点。可以说，是在把握一定期间的股价的变动的转换点过程中十分有效的指标。

【制作方法】

与“线性回归趋势”相同，通过计算回归直线(或者最小二乘直线)，将其倾斜度除以该期间的平均股价，然后放大 1000 倍后的值。

例如，在求 25 日矢量图的过程中：

①通过第 1 个交易日到第 25 个交易日的收盘价计算回归直线 A；

②第 25 个交易日的矢量图 =A 的倾斜度 ÷ 平均股价 × 1000；

③通过第 2 个交易日到第 26 个交易日的收盘价计算回归直线 B；

④第 26 个交易日的矢量图 =B 倾斜度 ÷ 平均股价 × 1000；

⑤通过第 3 交易日到第 27 个交易日的收盘价计算回归直线 C；

⑥第 27 个交易日的矢量图 =C 倾斜度 ÷ 平均股价 X1000；

………通过这种方法，以此类推计算之后得出的图。

【主要使用期间】

日 K 线：13 日、25 日、75 日；

周 K 线：13 周、26 周。

【矢量图的分析方法】

矢量图是为了观察在一定期间内股价基于何种角度上涨或者下跌的图。例如，如果离 25 日矢量图最近的值是 2%，则表示过去 25 个交易日以平均 2%的比例上涨。

分析方法比较单纯，当矢量图的水准比较高时说明股价在高价区间。当其处于正的 15%以上时，可以说行情大致处于顶部区间，并暗示短期行情将从上涨行情反转为下跌行情。

相反，当矢量图的水准比较低(负的)时，股价处于低价区间。当其处于负的 15%以下时，可以说行情大致处于底部区间，并暗示短期行情将从下跌行情反转为上涨行情(图 2-79)。

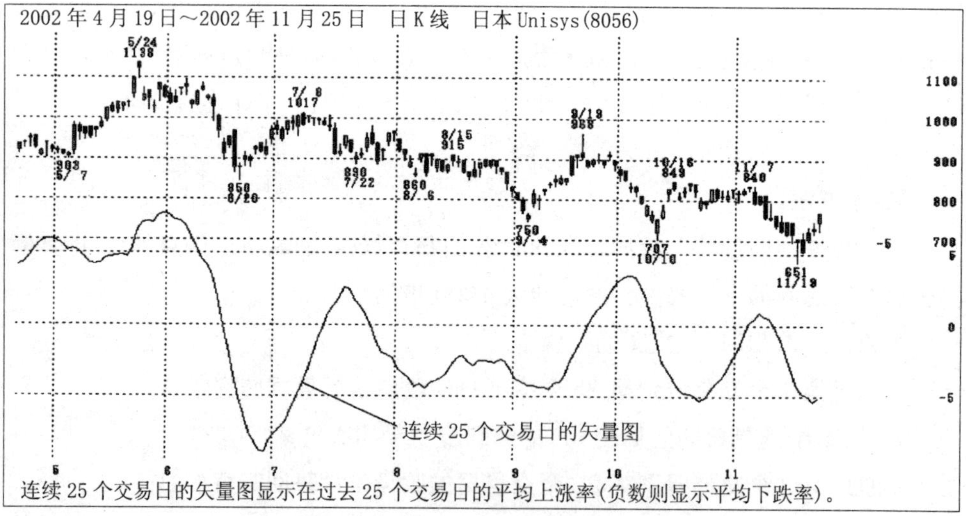

图 2-79　通过矢量图对市场行情的趋势进行分析

点线图　非时间系列类　A

该指标是在欧美投资者之间从很久之前就已经开始使用的一个技术指标，根据每个交易日的股价收盘价的动向，先将点画出来，并通过观察将这些点作为结果进行标记的图(形)来把握市场行情的趋势。取字母的头文字，也被称为 P&F。虽然从左到右不断追加点，但是由于值变动比较小的交易日中没有计入，因此并不是非时间系列类指标。

将一个单元格的单位设置为几日元，还是基于几个单元格以上的值的变动发生趋势反转等，都可以通过改变相关的设置来调整已经把握到的波动的大小。

【制作方法】

1 个格子设置为 10 日元，3 个格子为趋势转换的情况下，制作步骤如下(图 2–80)：

①上升时记入×，下跌时以 10 日元为单位分别记入相应个数的 0；

②余数在上升时 9 舍 0 入，而在下跌时 1 舍 0 入；

③3 个格以上趋势发生反转的情况下改变列并记入点；

④向同一方向变动 1 个格子以上时追加点；

⑤必须满足上述③、④条件时才能记入。

前一交易日收盘价	500	
第 1 日	541	××××
第 2 日	525	不记入
第 3 日	505	000
第 4 日	517	不记入
第 5 日	540	×××
第 6 日	552	×
第 7 日	569	×
第 8 日	555	不记入
第 9 日	518	000
第 10 日	553	×××

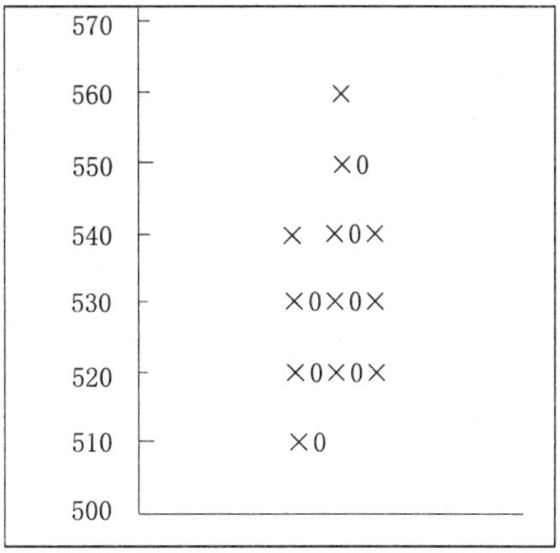

图 2–80　点线图制作过程

【点线图的分析方法】

与K线相同，点线图也有多种形态(图)。例如，如果最近列的×比2列之前的×多一个，被称为“双重顶”，是买入的信号；相反的，如果最近列的0比2列之前的0多一个，被称为“双重底”，是卖出的信号。基于相同的思考方式也有“三重顶”、“三重底”等图形。

并且，将最高价(×的最上面)连接起来可以画出一条最高价的阻力线，将最低价(0的最上面)连接起来可以画出一条最低价的支撑线，通过这两条线就能够分析行情趋势了。作为一种理论，这和在K线中画一条趋势线的情况相同(图2-81)。

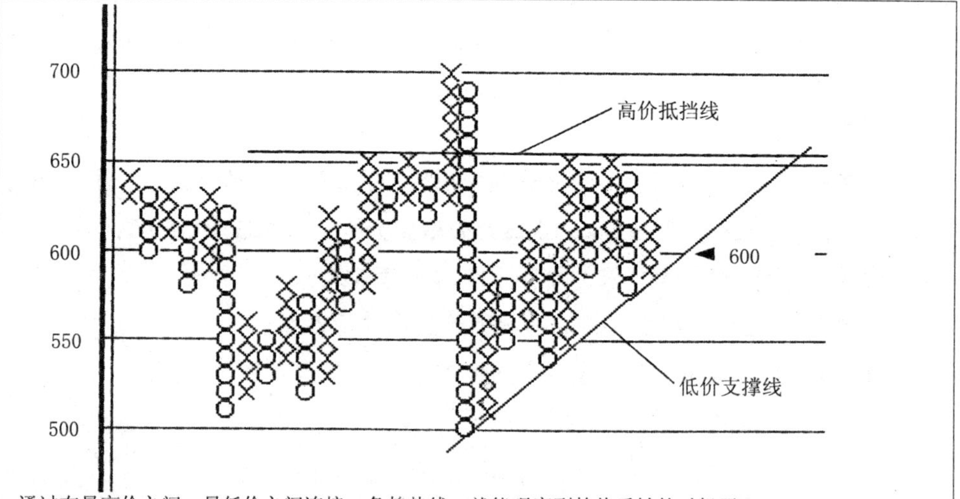

通过在最高价之间、最低价之间连接一条趋势线，就能观察到趋势反转的时机了。

图2-81　点线图的趋势线

时间系列新值图　非时间系列类　B

并非为了把握短期行情的股价变动情况，而是为了把握行情趋势发生反转的时机在日本开发的技术指标。通过使用股价的收盘价，当在上涨行情刷新之前的最高价时，以及在下跌行情跌破之前最低价时，计入新的 K 线。上涨时以反白(阳线)，下跌时以黑线(阴线)记入。

虽然有很多种类，但是一般来讲，最经常使用的是“新价格 3 根线”最高价和最低价持续时，会有比较新的 K 线不断地画出来，而市场行情的方向发生了变化时，并不将 K 线画入图中。为了切实扑捉到交易的时间点，将前面的 3 跟 K 线去掉，仅在有变化的时候添加 K 线。根据过去的经验，去掉 3 根是比较合理的。

【制作方法】

收盘价刷新时，换行并记入格线。上升过程中，如果股价超过之前的最高价，则换行并记入阳线(白线)，而在下跌过程中，如果刷新了之前的最低价，则换行记入阴线(黑线)。“新价 3 根 K 线”中，仅当股价超过 3 根阳线(或者 3 根阴线)时，才开始记入阴线(或者阳线)。

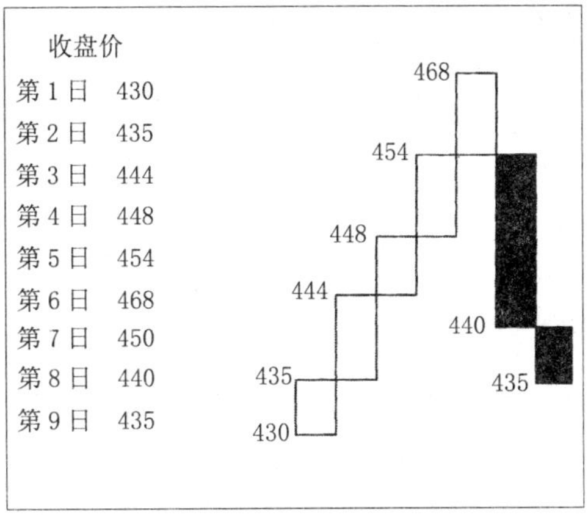

图 2-82　新价 3 根线的制作方法

【时间系列最新股价图的分析方法】

当出现新的阳线时(行情转为上涨)为买入信号。相反的，当出现新的阴线时(行情转为下跌)为卖出信号。

行情转为上涨(或下跌)的情况下，如果之前持续画出的阳线(阴线)的条数越多，那么越能够明确之后的股价将上涨(或下跌)。虽然行情转为上涨以及行情转为下跌显示趋势的反转，但是只有当出现 2 根持续的阳线或阴线时，这种趋势才能最终明确。在这时，第 2 根 K 线的幅度越小越明确。因为这就意味着封锁了行情恢复到反转之前的倾向，同时也意味着反向操作不会出现且不断出现新股价。如果第 n 条阳线刷新了之前所有阳线的最高价，那么说明趋势突破了抵抗线的束缚，是乘势买入的好时机。相反的，如果第 n 条阴线刷新了之前所有阴线的最低价，那么说明趋势突破了支撑线的束缚，是乘势卖出的好时机(图 2-83)。

2001 年 9 月 30 日～2002 年 11 月 25 日　周 K 线　理研计器(7734)

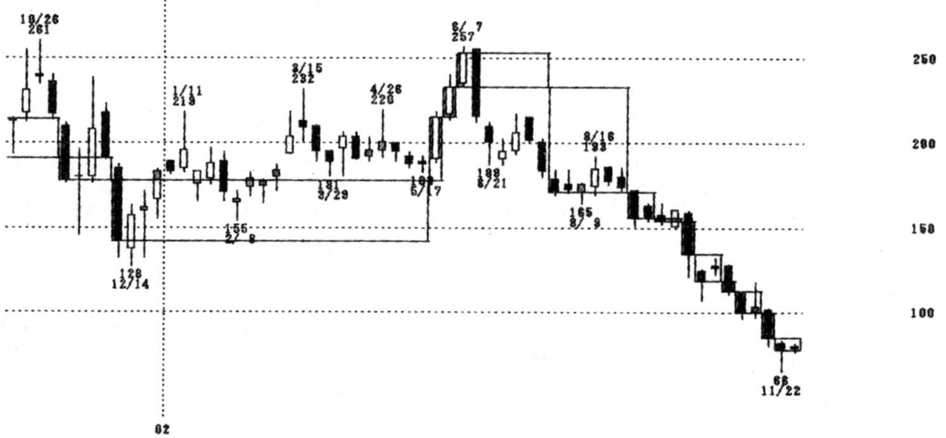

行情比较胶着的局面(2001 年 12 月 14 日～2002 年 5 月 17 日)下，没有增加新的 K 线。

图 2-83　与 K 线组合使用的时间系列最新股价图(新股价 3 根线)

时间系列钥匙线　超买超卖系　B

钥匙线也被称为“股价幅度 K 线”。通过 1 根线表示股价幅度的涨跌，从一定幅度或者一定比率以上的股价的变化预测行情趋势的技术指标。前者被称为“定额法钥匙线”，而后者被称为“定率法钥匙线”。

钥匙线和 K 线相比，更加容易把握股价变化的方向。但其在股价变动幅度较大的情况下，虽然具有能够大致把握行情趋势的倾向，但是只有在行情出现巨大变动之后才能明确趋势的滞后缺点也是显而易见的。因此，行情反转时股价变动的设定是非常重要的。通常来说，定率法中通常使用 1%或者 3%，而不同股票的比率是不一样的。

钥匙线使用收盘价在纵轴上获取股价，而横轴上基本没有任何意义。股价在持续上涨的局面下，在该线上面继续接上 K 线，针对最近的最高价，当其存在在一定幅度以上的股价下跌时，才画出横轴并移动到下一行，到局面转换为下跌为止，画一条线(阴线)。当然，在不满足一定幅度变化的情况下，可以无视这条线。同样，在股价下跌的局面下，在该线下面继续接上 K 线，当存在一定幅度以上的股价上涨时，到局面转换为上涨为止，一直到画出一条线(阳线)。重复操作之后可以看到其形状像一把钥匙一样。

【制作方法】

■3%钥匙线的情况：

股价(收盘价)比最高价低 3%以上时，“行情转为下跌”，图向下弯折。股价进一步下跌时向钥匙线的下方延伸。从最低价上涨 3%以上时称为“行情转为上涨”，图向上弯折，当股价进一步上升时，钥匙线向上延伸(图 2–84)。

①10 月 22 日，股价从最近的最高价上下跌 3%以上，说明行情转为下跌。从前一次的阳线开始延长横轴到 22 日，并画一条阴线到 415 日元水准。

②在 23 日更新最低价。将阴线延长到 407 日元的水准。

③在 24 日更新最低价。将阴线延长到 367 日元的水准。

④28 日，从最近的最低价 367 日元上涨了 3%以上，说明行情转为上涨。从 22 日到 28 日为止延长横轴，并画一条阳线到 380 日元的水准。

⑤29 日，股价从 28 日的最高价 380 日元下跌了 3%以上，因此说明行情转为下跌。从 28 日的阳线到 29 日为止延长横轴，并画一条阴线到 365 日元的水准。

⑥在 30 日更新了最低价。延长阴线到 356 日元的水准。

⑦31 日进一步更新了最低价。延长阴线到 353 日元的水准。

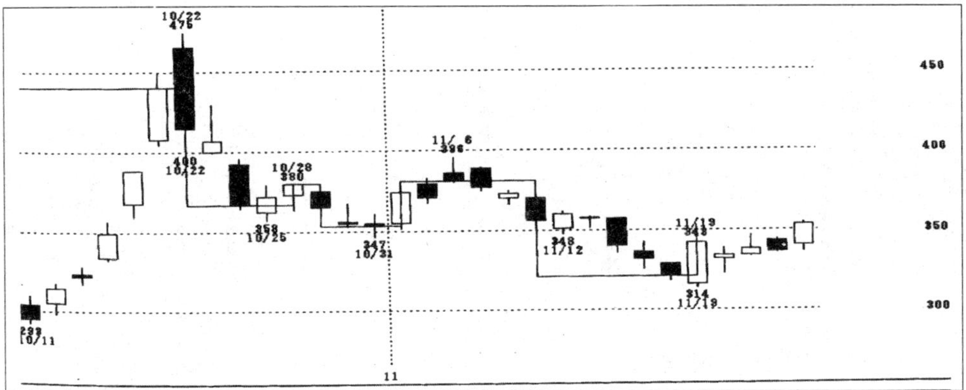

日期	10/21	10/22	10/23	10/24	10/25	10/28	10/29	10/30	10/31
收盘价	440	415	407	367	372	380	380	356	353

图 2–84　K 线(固定)中计入时间系列钥匙线(3%)的示例

【时间系列钥匙线的分析方法】

作为时间系列钥匙线的基本思考方法有“阶段超越”（图 2-85）和“五险”（图 2-86）两种。

阶段超越，是指在股价超过即将到来的“肩部”的位置买入，而在股价跌破即将到来的“腰部”时卖出的方法。并且，即便相同的阶段超越，如果上涨过程中没有超越中心线，则说明买势强劲，是准确度较高的买入信号。相反的，如果下跌过程中没有跌破中心线，则可以认为与单一的阶段超越的卖出信号相比要更强。

“买入五险”是外侧的腰部上涨并突破①、②、③，通过切过（上涨突破）5个位置之后形成的。而“卖出五险”是与之相反的按照①、②、③的顺序肩部下跌，在④、⑤跌破内侧的腰部，同时出现跌破⑤的最低价（腰部）的收盘价而形成的。就五险来讲，买入五险中，上涨并突破中心线的③的位置要比③’强；而在卖出五险中，跌破中心线的③的形态要比③’强而有力一些。

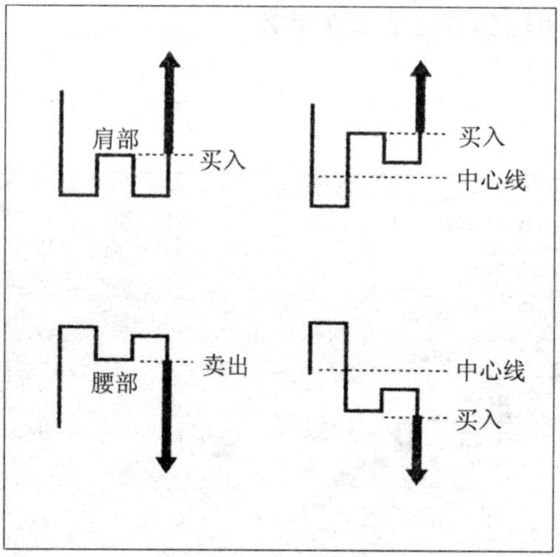

图 2-85　阶段超越

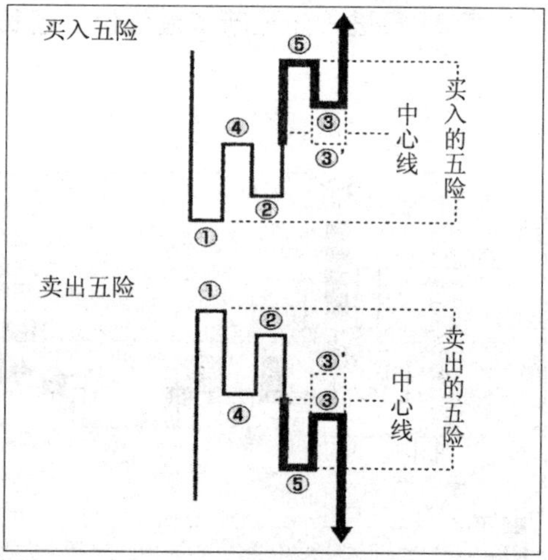

图 2-86　买入卖出五险

具体的“买入型”与“卖出型”的形态，见图 2-87。

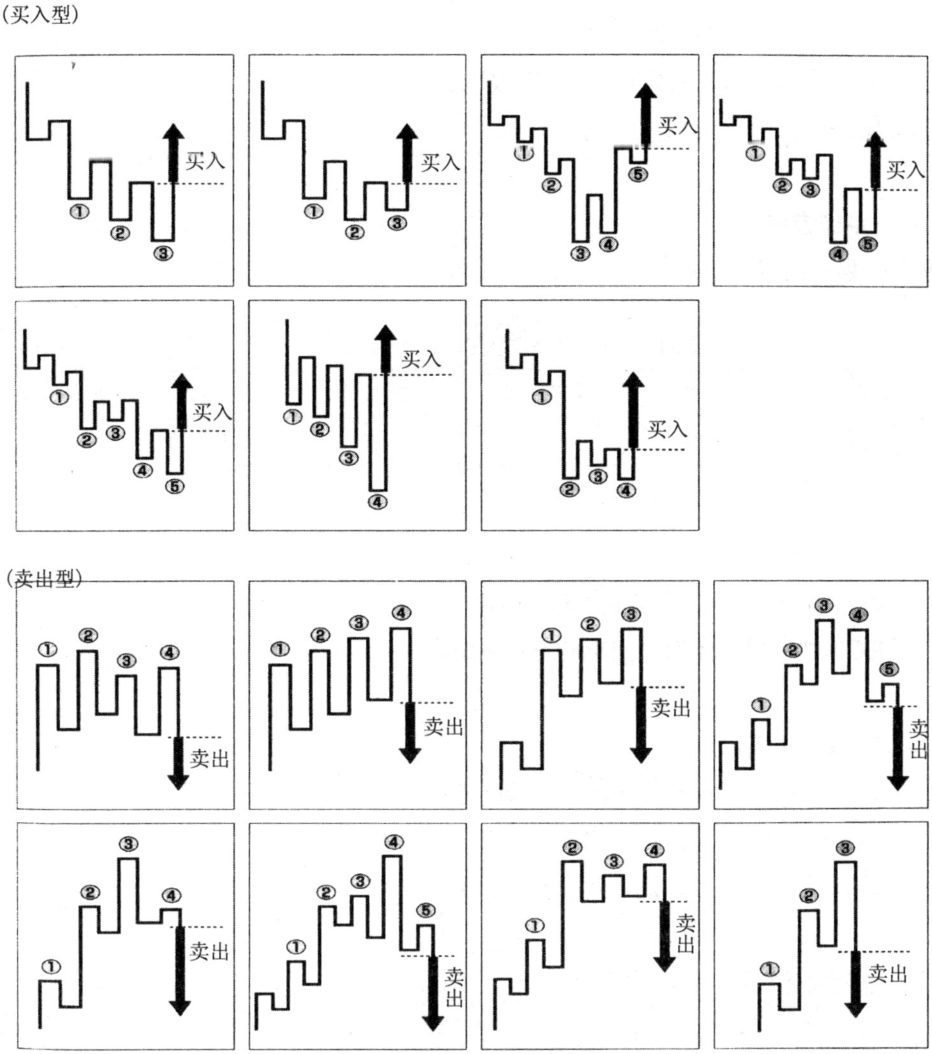

图 2-87　“买入型”与“卖出型”的形态

RCI　超买超卖类　B

RCI 是 Rank Correlation Index 的缩写，也被称为“等级相关指数”。基于统计学中作为斯皮尔曼的顺位相关系数而知名的理论构建的技术指标。

将某一期间的股价(收盘价)排序，通过将该期间天数的相关函数指数化，把握“上涨开始”、“下跌开始”的时期与时间点的指标。也就是说，表示时间系列中看到的行情的方向性。

通过行情变动的天数(天数、周数)发生变更，来观察从短期趋势到长期趋势的变化。

【制作方法】

5个交易日的情况下：

天数	当日(=1)	前1交易日(=2)	前2个交易日(=3)	前3个交易日(=4)	前4个交易日(=5)
收盘价	700日元	750日元	780日元	750日元	800日元
排名	5位	3.5位	2位	3.5位	1位
天数－顺位	-4	-1.5	1	0.5	4

d=(−4)2+(−1.5)2+(1)2+(0.5)2+(4)2

RCI={1−[6d÷5(52−1)]}X100=−77.5%

【主要使用期间】

日K线：短期5日、9日、13日；

中长期：18日、22日、45日、75日；

周K线：9周、13周、26周、52周。

【RCI的分析方法】

基本上可以认为，RCI在0以上推移为上涨趋势，而在0以下推移为下跌趋势。

可以将RCI从负转为正的点看成是从下跌趋势反转为上升趋势的点。之后，如果接近100%，那么上升趋势就变得明确了。

相反的，可以将RCI从正转为负的点看作是从个上涨趋势转为下跌趋势的点。当接近-100%时，下跌趋势就变得明确了。

通过使用不同天数的2根RCI线，当二者在接近100%位置交叉点为卖出信号。相反的，在接近-100%的位置交叉则为买入信号(图2-88)。

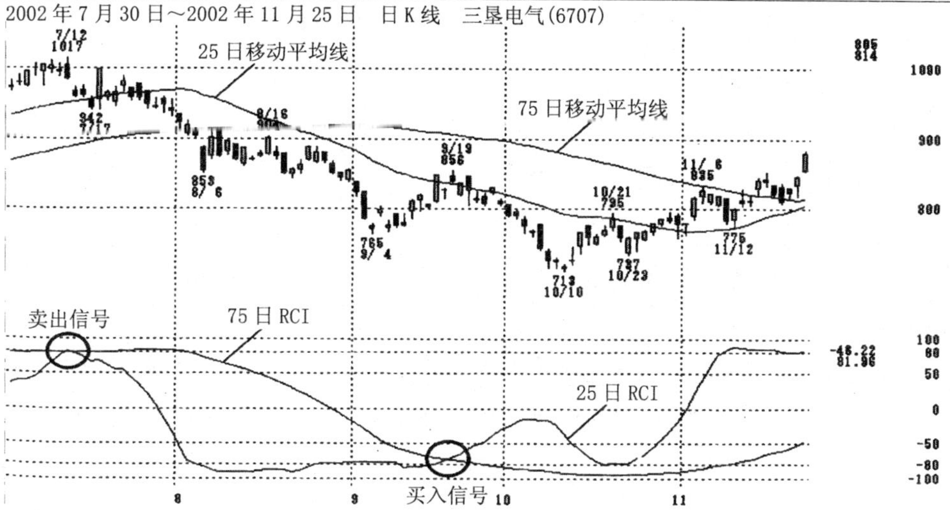

通过使用不同天数的 2 根 RCI 线，可以看到，当两个线在 100%附近的点位交叉时为卖出信号，而在-100%附近交叉为买入信号。

图 2–88 通过 RCI 观察到的买入时机与卖出时机

SRV–K·D 超买超卖类 B

SRV 是 Stochastics Raw Value 的缩写。是美国图形分析家 George Lane 发明的指标，可从一定期间的最高价、最低价、收盘价来判断“买入过量”、“卖出过量”。在观察所谓的 SRV-K 与 SRV-D 两根线的脉络的同时思考买卖的点。

【制作方法】

日 K 线的情况下：

$$K=\frac{[\text{当天的收盘价}-n\text{个交易日的最低价}]}{[n\text{个交易日的最高价}-n\text{个交易日的最低价}]}\times 100(\%)$$

$$D=\frac{3\text{个交易日的 K 的合计}}{3}$$

$$\text{SRV-K}=(\text{当前交易日的 K}\times\frac{1}{3})+(\text{前一交易日的 SRV-K}\times\frac{2}{3})$$

$$\text{SRV-D}=(\text{当前交易日的 SRV}-\text{K}\times\frac{1}{3})+(\text{前一交易日的 SRV}-\text{D}\times\frac{2}{3})$$

【主要使用期间】

日 K 线：9 日、25 日；

周 K 线：9 周、13 周。

【SRV-K·D 的分析方法】

基本来讲，SRV-K•D 在 80%以上为卖出信号，而在 20%以下为买入信号。卖出信号的情况下，如果 SRV-K•D 升至 85%以上时，在买入信号的情况下，如果 SRV-K•D 降至 15%以上时，那么其信号的可靠性增强。滞后的 SRV-D 表现出追逐 SRV-K 的样子并出现交叉时为行情转换的信号。

虽然行情在不断上涨，但 SRV•D 在 70%以上的位置上，出现向右下行的双重顶形(有 2 个峰并列的形状)的逆行现象时，是行情趋势比较弱的信号。相反的，虽然行情在不断下跌，但 SRV•D 在 30%以下向右上方上涨并出现双重底时，可以看作是行情比较强劲的信号(图 2-89)。

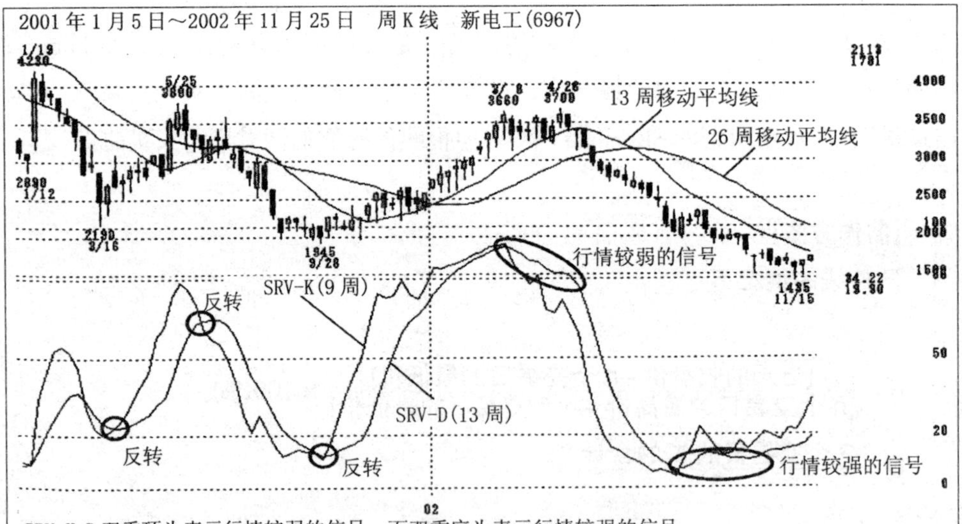

SRV-K•D 双重顶为表示行情较弱的信号，而双重底为表示行情较强的信号。

图 2-89　通过 SRV-K·D 观察买入与卖出时的信号

KDJ 指标　超买超卖类　B

将使用的 3 种指数进行排序，也被称为 SRV-%K、%D、SLOW%D。将在过去的一定期间中到达的最高价设为 100，将最低价设为 0，而该指标就是表示最近的收盘价和 0 之间有多大程度的偏离。股价将在 0～100%的范围内变动。也就是说，在一定期间的股市行情变动中，以确认目前股价位置为目标进行表示的指标。

【制作方法】

SRV-%K=(最近的收盘价 - 最低价)/(最高价 - 最低价)×100(%)

SRV-%D= 最近 3 个交易日(最近的收盘价 - 最低价)的合计 / 最近 3 个交易日(最高价 - 最低价)的合计×100(%)

SRV-SLOW%D=[最近 3 周时间的 SRV-%D]/3(%)

【主要使用期间】

日 K 线：9 日、25 日；

周 K 线：9 周、13 周。

【KDJ 指标的分析方法】

即指 SRV-%D 与 SRV-SLOW%D 的变动表示了市场行情的趋势。

股价进入低价区间后，SRV-%K%D' SLOW%D 的 3 根线跌破 20%幅度，之后%D 将 SLOW%D 从下向上突破时，显示为买入时点。相反的，股价进入高价区间之后，3 根线超过 80%幅度，之后%D 将 SLOW%D 从上向下跌破，为卖出信号(图 2-90)。

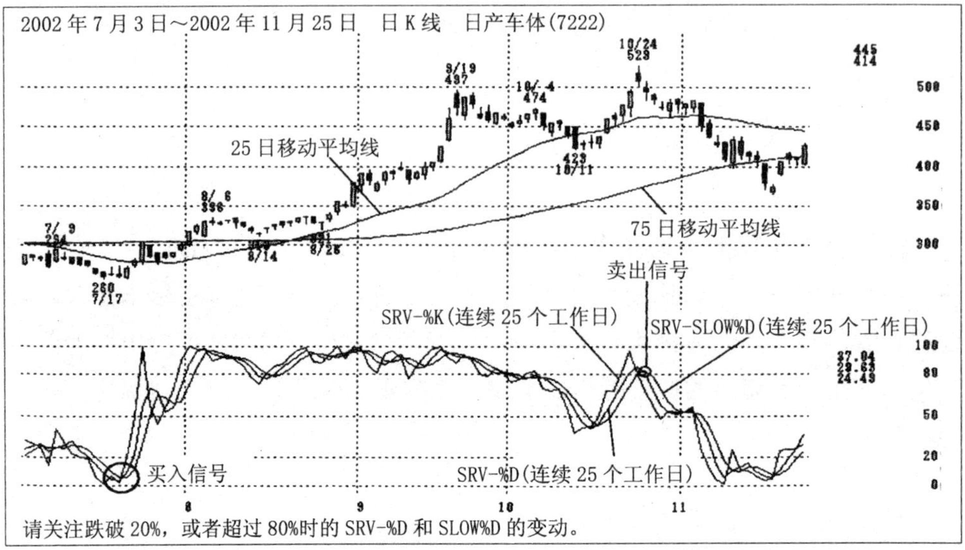

图 2-90 通过 KDJ 指标看到的买入和卖出信号

RSI 超买超卖类 B

RSI 是 Relative Strength Index 的缩写，翻译成日语就是“相对强弱指数”的意思。J.W.Wilder 发明的技术指标，它是表示行情的过度买入和过度卖出的超买超卖类指标的代表，在从短期到中期的操作中，用于扑捉逆势操作的时间点。

计算方法也比较简单，是在一定期间内，将股价上涨日(以收盘价为基础)的上涨幅度的合计值除以股价下跌日的下跌幅度的合计值。

【制作方法】

$$RSI=\frac{股价上涨日(周)的合计}{股价下跌日(周)的合计}\times 100(\%)$$

【主要使用期间】

日K线：9日、14日、30日、42日、52日；

周 K 线：9 周、13 周。

【RSI 的分析方法】

短期来讲，一般使用 14 日的比较多，75%以上的过量买入状态可看作卖出信号，而 30%以下的过量卖出可看作买入信号。14 日线在 8～10 个月的上涨循环中用于判断股价突然下跌十分有效(图 2-91)。

当股价处于上涨中时，如果 42 日线和 52 日线升至 70%以上，则显示为短期股价接近最高值。此外，如果 42 日线和 52 日线从 70%以下开始下降，那么多数情况下，股价会出现一段暂时的调整。

但是，即便 RSI 超过 80%股价也会继续上涨，相反，即便是下跌至 30%以内，股价继续下跌的情况也层出不穷，逆市操作中如果持有头寸，就一定应该设置止损点。

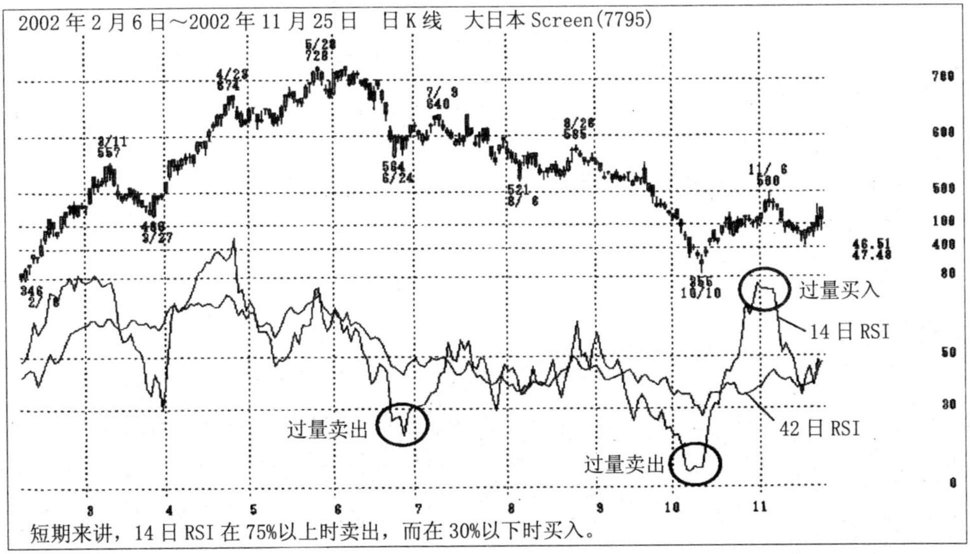

图 2-91　通过 RSI 分析行情的状况

动量指标　超买超卖类　E

Momentum 如果直译为“动量”或者是“势头”，即指通过观察股价的变动率来把握行情的动量和势头的技术指标。

有“动量”与“动量%”两个值，前者表示股价的变动幅度，后者表示股价的变化率。二者均为以分析短期交易为目的的指标，因此一般使用连续 10 个交易日的变化率。

【制作方法】

动量 = 最近的收盘价 − 前 n 个交易日(周、月)的收盘价

$$\text{动量\%} = \frac{[\text{最近的收盘价} - \text{前 n 个交易日(周、月)的收盘价}]}{\text{前 n 个交易日(周、月)的收盘价}} \times 100(\%)$$

【主要使用期间】

日 K 线：10 日、25 日；

周 K 线：9 周、13 周、26 周；

月 K 线：3 个月、6 个月、9 个月。

【动量的分析方法】

如果在 0 以上的动量进一步上行，可以认为行情的上升趋势会有所加速。虽然行情在不断地攀升，但是动量为盘整意味着上涨率比较低。

当该指标在 0 之下并进一步下行，可以看作下跌的趋势将加速。虽然股价在不断下跌，但是动量为盘整则意味着下跌率比较小，是平缓地下跌。

在 0 之下的动量转为正值时为买入信号，而 0 以上的动量转为负值则为卖出信号(图 2-92)。

动量%的分析方法也是完全相同的。

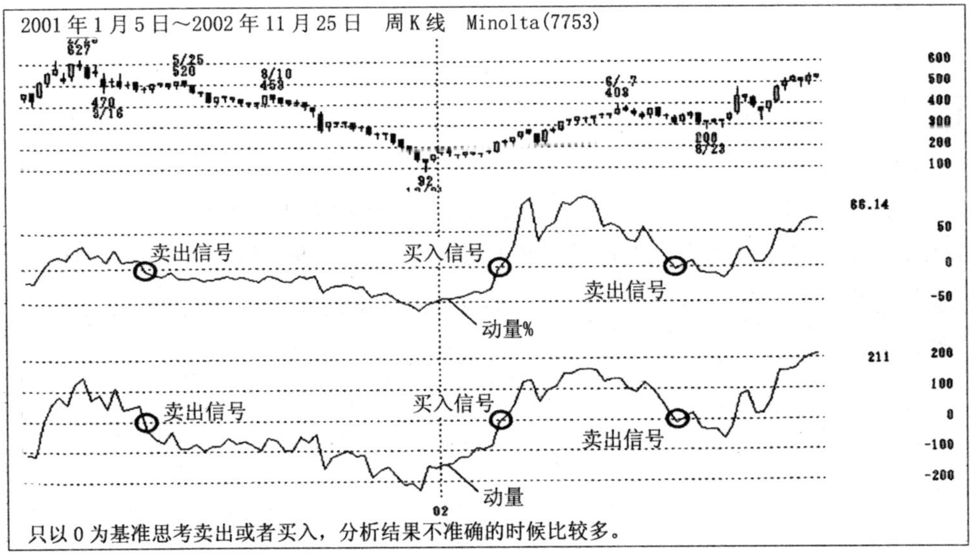

图 2–92　动量指标的卖出和买入信号

心理线　超买超卖类　E

顾名思义，心理线就是考虑投资者心理层面的技术指标。在股价变动中，股价较高的交易日有多少天没有持续和股价较低的交易日有多少天没有持续，从投资者的心理层面探究发生这些的原因，通过从根本上把握针对连续高涨、连续下跌的所谓的原始的旋律，从而来预测市场行情接下来的动向。当然，在现实操作中有多少把握可以准确预测是另一个问题。

【制作方法】

$$心理线=\frac{过去连续\ n\ 个交易日(周)之中的股价上涨天数的合计日(周)数}{n}\times 100(\%)$$

【主要使用期间】

日 K 线：8 日、12 日、22 日；

周K线：8周、13周。

【心理线的分析方法】

心理线原本就是用来把握短期时机的指标。一般来讲，25%以下的水准可以看作是卖出超量，而75%以上可以看作是买入过量。因此，通常来讲，心理线从75%以上的水准下降时为卖出的时点，而从25%以下的水准上升时为买入的时点(图2-93)。

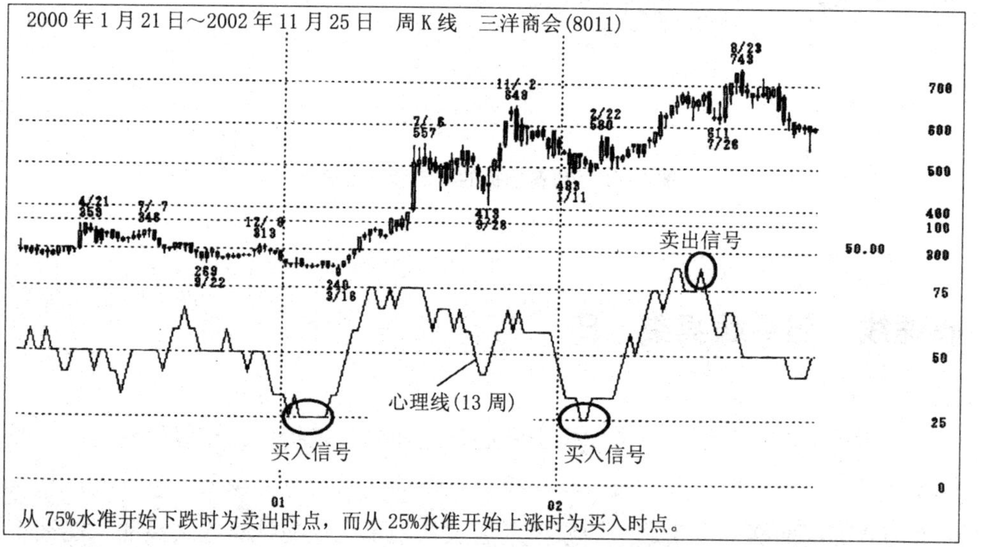

图2-93　通过心理线分析的卖出时点与买入时点

W%R　超买超卖类　E

%R波浪是将KDJ指标的SRV-%K进行相反的计算后得到的指标。由于是美国著名交易员拉里•威廉姆斯(Larry Williams)发明的指标，因此也被称为“威廉%R”。将一定期间的最高价、最低价与现在的股价进行比较之后，可以预测现在股价水平的高低程度。当然，由于作为对象期间的长短导致的结果会出现较大的差异，因此使用期间的选择非常重要。

【制作方法】

$$W\%R = \frac{(\text{最高价} - \text{最近的收盘价})}{(\text{最高价} - \text{最低价})} \times 100(\%)$$

【主要使用期间】

日 K 线：5 日；

周 K 线：13 周。

【W%R 的分析方法】

与通常的技术指标相比，该指标的高价区间、低价区间会发生反复，因此需要注意。基本上来讲，80%以上的水准为买入区域，20%以下为卖出区域。当该期间中存在较大的最高价与最低价的情况，即出现 100%或者 0%的所谓极大或者极小的值的情况也并不少见，这时可以等到 100%或者 0%之后再着手操作(图 2-94)。

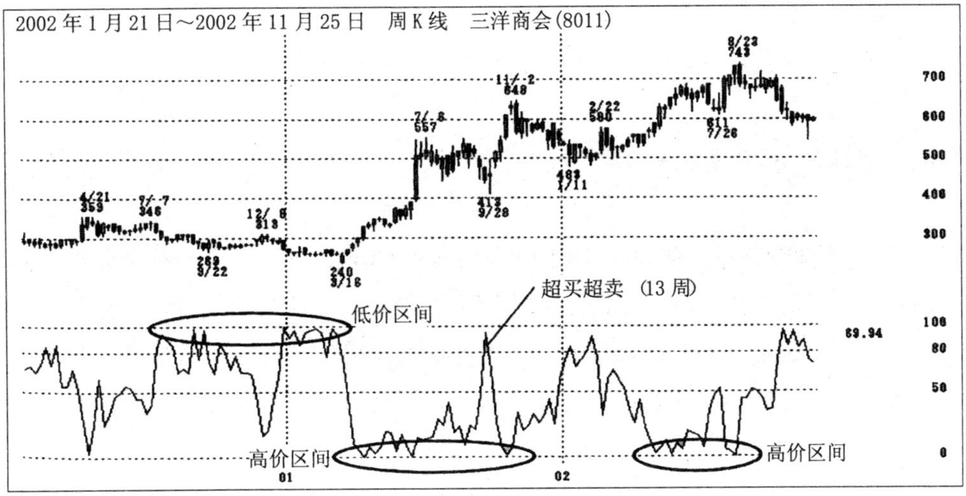

图 2-94　通过 W%R 观察到的买入时机与卖出时机

估波指标　超买超卖类　E

Edwin Sédgewick Coppock 开发的技术指标，主要为了在月 K 线图中使用而开发的。

基本的思路与动量和动量%相同，通过这个指标可以判断以现在的股价和一定期间前的股价相比的涨跌率为基础的行情的趋势。但是计算方法要比动量和动量%指标要复杂，在求出月中平均股价对上一年同一月份相比的涨跌率之后，再求出这 11 个月之间的平均值。这时，由于考虑比接近当下时期的股价重要，因此将数据进行加权。

【制作方法】

估波指标 = $\frac{1}{10}$ ×{n 个月前的月中平均股价对去年同月的涨跌率 × (10-n+1) 的合计}

n 从 1 ~ 10

平均股价使用中间价、最高价、最低价、收盘价的任何一个

【估波指标的分析方法】

分析方法非常简单，如果该指标向上反转为买入信号，则向下反转就为卖出信号。若指标值为负值的情况下，行情则转变为上涨趋势，比较常见的是该指标会持续上升，直到突破零线为止；相反的，若指标值为正值的情况下，行情则转变为下跌趋势，比较常见的是该指标会持续下跌，直到跌破零线为止(图 2-95)。

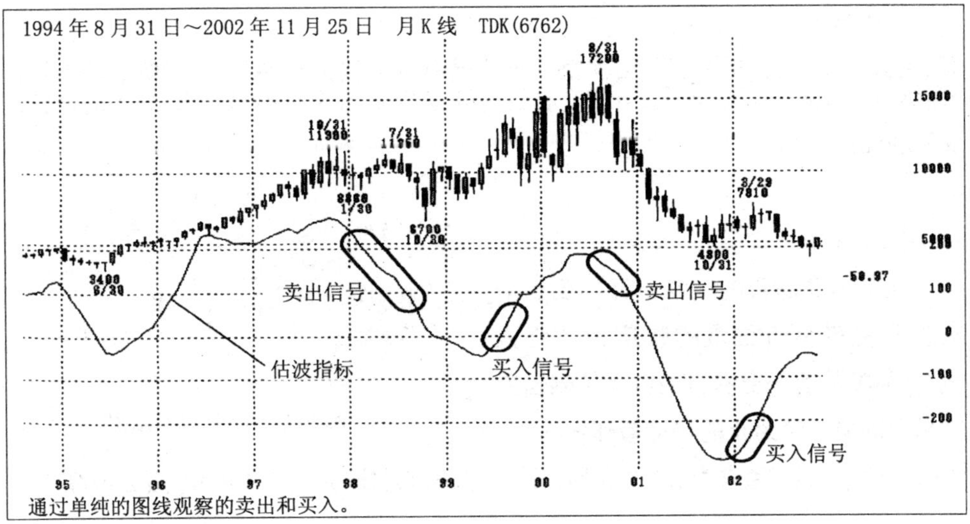

图 2-95　根据估波指标判断的卖出时点和买入时点

筱原比率　超买超卖类　D

筱原比率是由筱原正治在日本开发的超买超卖类指标，又被称为“强弱比率”。是一种通过从 1 个交易日的值的变动中读取“能量”与“人气”，预测之后的股价的独特的理论。特别是在投机性的换手率比较高的、有较强人气的股票交易中判断卖出和买入时机，是十分有效的。

使用 A、B、C 三种比率，A 比率表示能量的强弱，B 比率表示人气的高低，C 比率表示股价的位置，C 是为 A/B 比率做补充的比率。

【制作方法】

【A 比率】

将当天的开盘价到最高价为止的幅度作为“强能量”，而将从开盘价到最低价为止的幅度作为“弱能量”，将过去 n 个交易日(通常为 26 个工作日)的强能量除以弱能量求得该指标的值(图 2-96)。

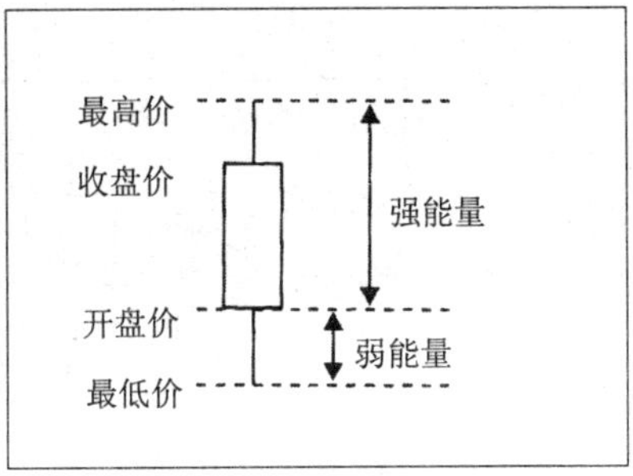

图 2-96　A 比率示意图

A 比率＝

$$\frac{[\text{连续 n 个工作日的强能量(当前交易日的最高价－当天交易日的开盘价)的合计}]}{[\text{连续 n 个交易日的弱能量(当前交易日的开盘价－当天交易日的最低价)的合计}]}\times 100(\%)$$

【B 比率】

从前一交易日的收盘价开始到当前交易日的最高价位置的幅度为“强人气”，而将从前一交易日的收盘价到当前交易日的最低价为止的幅度看作弱人气，过去 n 个交易日(通常为 26 个交易日)的强人气除以弱人气求得的值(图 2–97)。

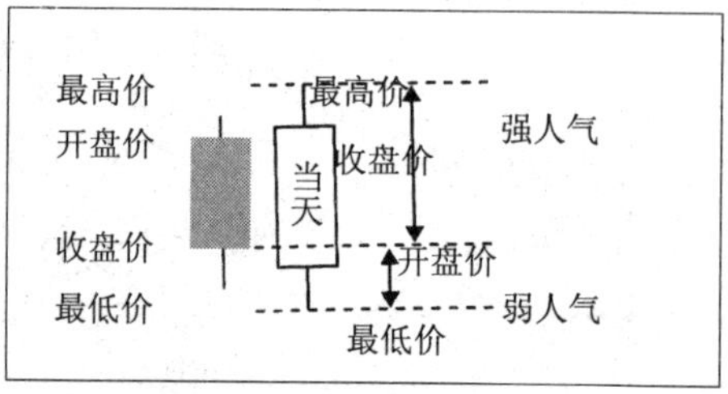

图 2–97　B 比率示意图

B 比率＝

$$\frac{[\text{连续 n 个交易日的强人气(当前交易日的最高价－当前交易日的收盘价)的合计}]}{[\text{连续 n 个交易日的弱人气(前一交易日的收盘价－当前交易日的最低价)的合计}]}\times 100(\%)$$

【C 比率】

以前一个交易日的中间价为基准，到当前交易日的最高价位置的幅度为“正能量”，到当前交易日的最低价位置的幅度为“负能量”，连续 n 个交易日(通常为 26 个交易日)的正能量的合计值除以连续 n 个交易日的负能量的合计值(图 2–98)。

C 比率(26 日线)与 2 根主带和 2 根副带并用。主带是使(C 比率的)40 日线快行 17 日的带与使 52 日线快行 26 日的带。副带是使 10 日线快行 5 日的带与使 20 日线快行 9 日的部分。

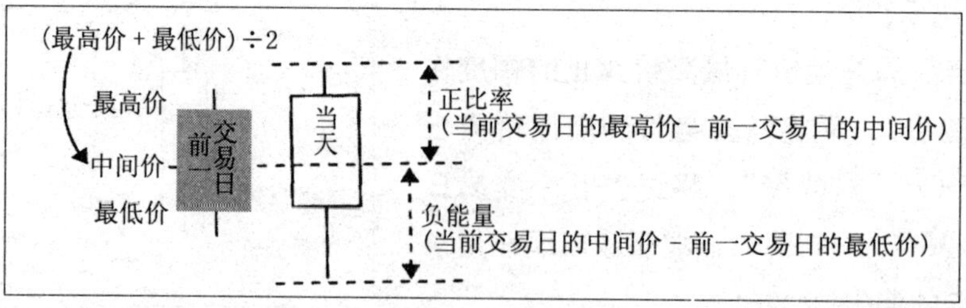

图 2–98　C 比率示意图

$$C\text{比率} = \frac{[\text{连续 n 个交易日的负能量(当前交易日的最高价 – 前一交易日的中间价)的合计}]}{[\text{连续 n 个交易日的负能量(前一交易日的中间价 – 当前交易日的最低价)的合计}]} \times 100(\%)$$

$$\text{主带 1} = \frac{[\text{连续 40 个交易日的正能量的合计}]}{[\text{连续 40 个交易日的负能量的合计}]} \times 100(\%)\text{并快行 17 个交易日}$$

$$\text{主带 2} = \frac{[\text{连续 52 个交易日的正能量的合计}]}{[\text{连续 52 个交易日的负能量的合计}]} \times 100(\%)\text{并快行 26 个交易日}$$

$$\text{副带 1} = \frac{[\text{连续 10 个交易日的正能量的合计}]}{[\text{连续 10 个交易日的负能量的合计}]} \times 100(\%)\text{并快行 5 个交易日}$$

$$\text{副带 2} = \frac{[\text{连续 20 个交易日的正能量的合计}]}{[\text{连续 20 个交易日的负能量的合计}]} \times 100(\%)\text{并快行 9 个交易日}$$

【A/B 比率的分析方法】

在震荡行情中，A 比率以 100%为中心在上下 20%之间来回震荡说明不会出现暴涨或者暴跌；在股价上涨行情时，A 比率上升至 150%以上之后，就需要留意可能会出现突然性的下跌或者行情趋势出现反转；相反，A 比率下降至 70%～60%时，股价能量为接近于底部的状态，可以认为是低价圈。

B 比率是人气的仪表。B 比率为 100%时为强弱人气较为均衡的状态。在股价上涨行情时，B 比率也会随之上升。200%时意味着强人气为弱人气的 2 倍，可以认为是人气要盛极而衰的时期(高价区间)。下跌行情时，B 比率若在 70%～30%的状态长期持续，则说明将要探底回升。不管在何种情况下，都必须考虑其与 A 比率的相对关系(图 2-99)。

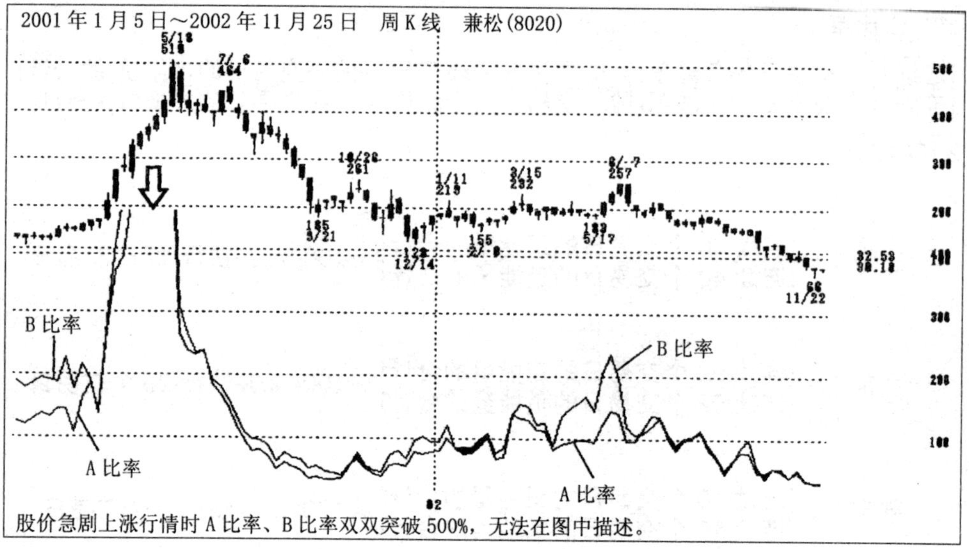

图 2-99　A/B 比率的变动

【A/B 比率的形态】

A/B 比率的具体形态如图 2-100 所示。图中实线 =A 比率，虚线 =B 比率。

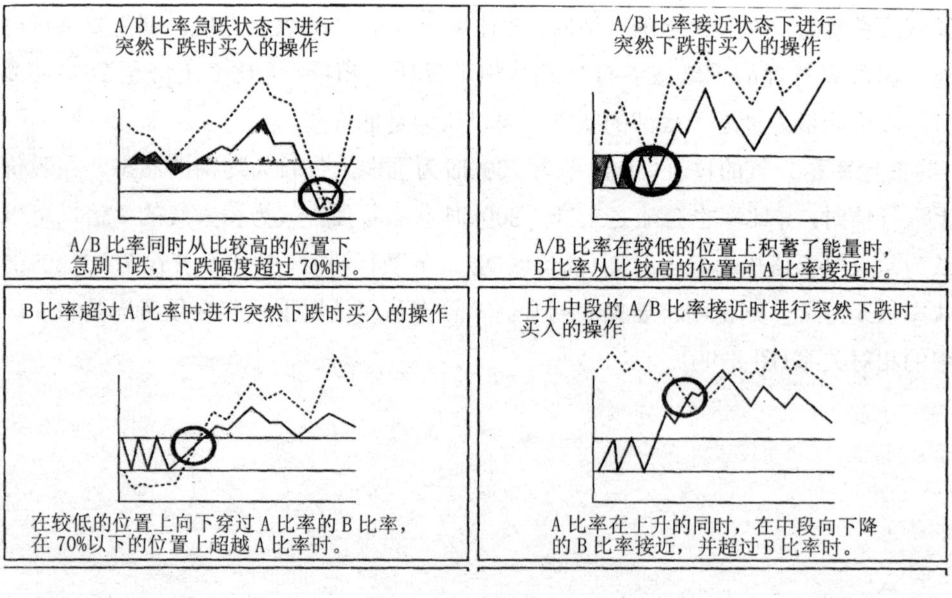

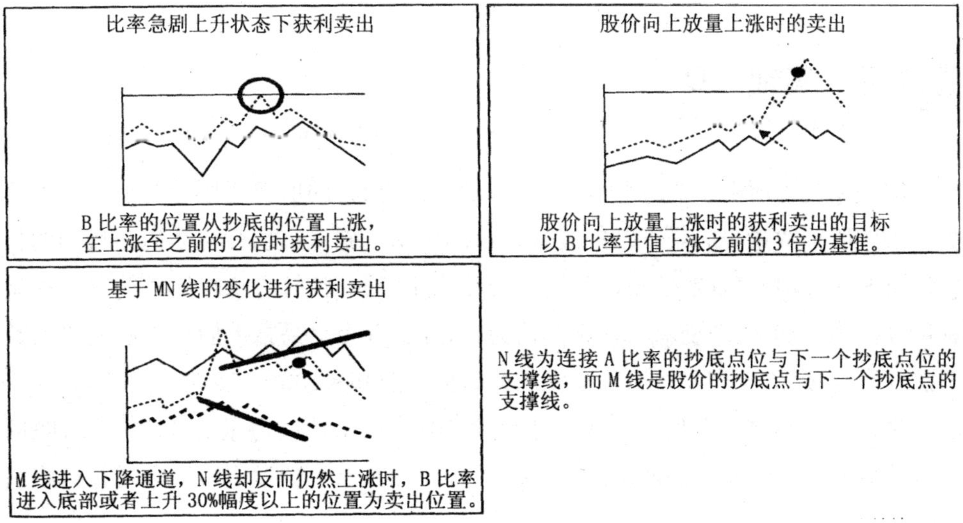

图 2-100　A/B 比率的形态

【C 比率的分析方法】

针对主带 1、主带 2、副带 1、副带 2，通过 C 比率的位置来判断卖出时机和买入时机。

基本思路，C 比率和其他 4 根带相比，其位置在下面时，可看作为买入信号。相反的，C 比率和其他 4 根带相比，其位置在上面时，可看作卖出的信号(图 2-101)。

必须在参考 B 比率的卖出时机和买入时机的类型的同时进行判断。

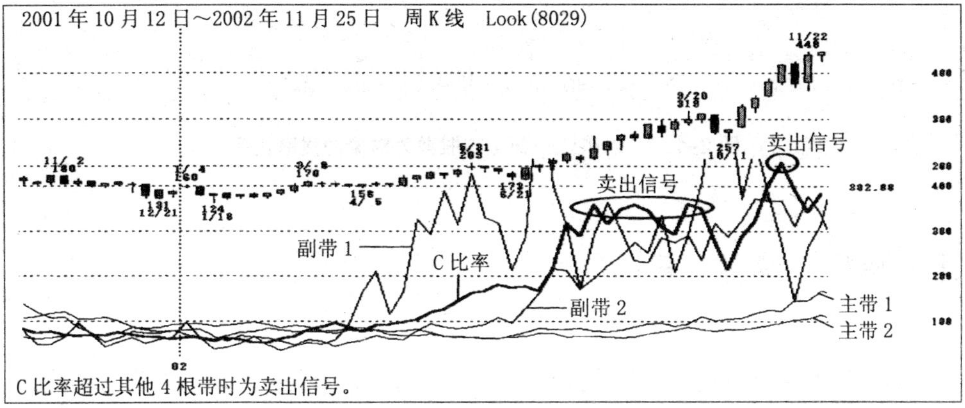

图 2-101　C 比率的变动

涨跌率　其他　D

涨跌率是以所有市场(例如，东证一部上市交易)的所有股票为对象，根据股价上涨的股票数量与股票下跌的股票数量的比率，确认市场行情动向为目的的指标。日K线使用5日或25日，而周K线使用13周。计算方法也比较简单，如果使用期间为连续25个交易日，则其值为：连续25个交易日的股价上涨的股票数量总和/连续25个交易日股价下跌的股票数量总和×100%。

进入行情整体底部时，该值会下跌至50%，由于抄底力量的介入，从70%的位置开始发生趋势反转的情况比较多。并且，120%以上则说明短期市场行情将进入顶部，因此有必要警惕下跌的发生。

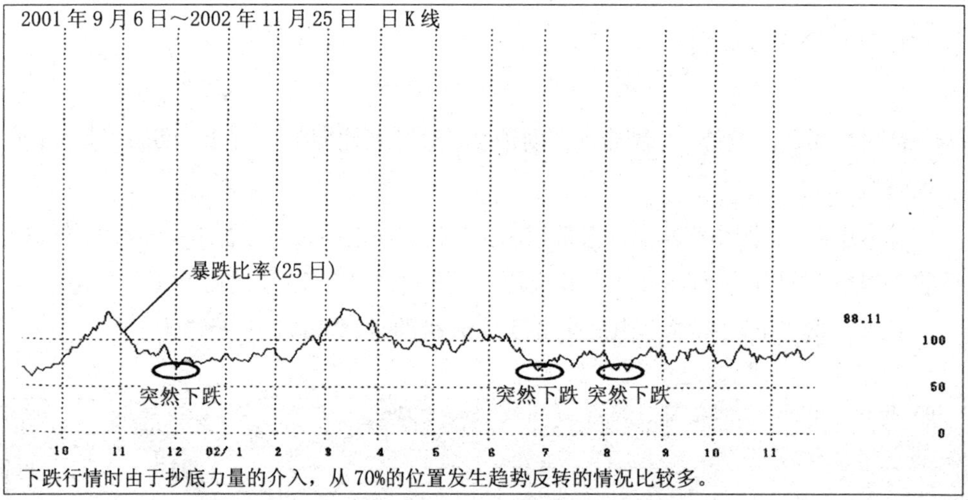

图2-102　以东证一部上市股票为对象的暴跌比率

比率指标　其他　E

由于能够通过该指标分析个别股票的动向与大盘(日经平均股价)的动向之间的关系的推移，因此是个别股票的上涨率和下跌率会比大盘要大或者小的指标。

但也并非仅能从个别股票的股价变动来把握，而是能从与大盘之间的关系来把握每只股票的人气。

【制作方法】

比率指标 =

$$\frac{[\text{连续 n 个交易日(周)前的股价} \div \text{连续 n 个交易日(周)前的日经平均}]}{[\text{最近的股价} \div \text{最近的日经平均}]} \times 100(\%)$$

【比率指标的分析方法】

一般来讲，比率指标有上涨倾向的股票，和股票整体平均水平(日经指数)相比具有更好的投资效率。相反的，比率指标有下降倾向的股票，和股票整体平均水平(日经指数)相比，其投资效率会发生恶化(图 2-103)。

可以将比率指标从下跌转为上涨的位置看作是最为重要的买入点位。

2000 年 1 月 21 日～2002 年 11 月 25 日　周 K 线　广济堂(7868)

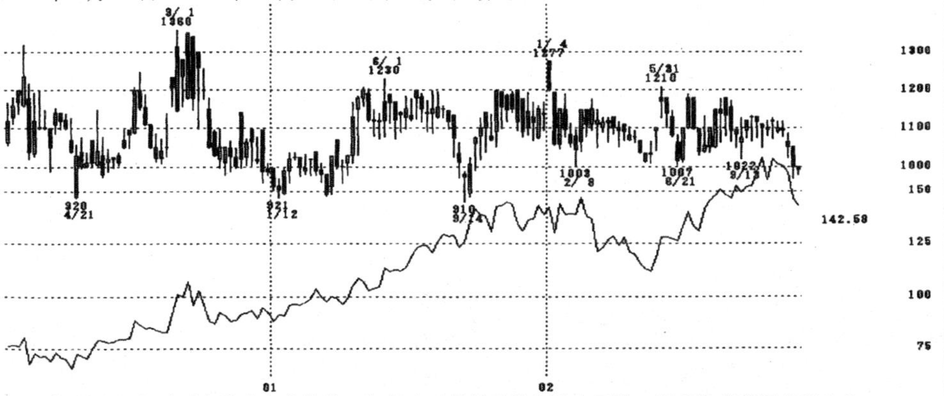

虽然该股 2000 年以后大致为盘整趋势，但是由于日经平均指数在下跌，因此比率指标有所上升。

图 2-103　相对评价有所提高的股票案例

第 3 章
新井邦宏的股市哲学

Chapter3

投资的目的与技术分析

在第 1 章和第 2 章讲述的内容主要是对技术分析和技术指标的一般性观点。

到目前为止介绍的技术指标也应该说是一组商品，大致可以说基于任何一个指标都能够进行“卖出”和“买入”的判断。假设各种各样的指标都是正确的，那么使用这些指标的投资者就无一例外地都能够获取投资收益。但是，在现实的股市当中却并非如此，即便使用了技术指标而损失却在不断扩大的投资者也要比赚取收益的投资者的数量要多得多。

使用方法会导致技术指标有所不同

之所以这么说，其理由是，并非技术指标本身存在错误，而是因为使用技术指标的方法错误所导致的。不管使用者多么精通技术指标分析，只要不对实际炒股当中的合理行为规范，进行彻底的执行和管理，就不会有出色的投资表现。在观察市场的过程中，请认真仔细地对这一点进行思考(图 3-1)。

- 技术指标在该时点上通常是正确的；
- 在股市中为了能够获得收益，有必要贯彻资产的运用管理规范。

图 3-1　针对行情的正确观点

在实际操作当中，从某种程度上来讲损失是不可避免的。即使职业投资者也会面临同样的问题。正因如此，就应时刻注意采用所谓 Loss Cut（止损）的安全措施来把损失控制到最小限度。

尽管如此，实际上比较多的投资者不但没有设定止损，反而为了能够摊薄头寸的成本而反复进行摊平交易，从而走上了损失越来越大并最终无法挽回的境地。

●令投资者的损失扩大的原因是因为没有进行止损（Loss Cut）。

图 3-2　大多数投资者出现亏损的理由

投资的目的是“丰富自己的人生”

这样愚蠢的行为并非从今天才开始有的，而是数十年不变反复上演的，这令我感到震惊和不解。究其原因，究竟是投资教育的缺失，还是人们欲望的无止境，还是两方面都有呢？

我一直认为，应该站在“为了让自己的人生更加丰富而进行投资”的立场上。为了实现这个最终目标，那么基于自己手中运作的资产应该必须达到什么状态，才可以开展投资呢？

1. 什么是合理的投资行为

什么是合理的投资行为？从这样的立场思考投资时，如何利用技术分析的方法自然就变得清晰了。因此，在第 3 章中，我想以我本人才有的技术分析的使用方法和面向投资的思考方式为中心，来展开我们关于技术分析的话题。此外，不需要通读全书，就算你只阅读第 3 章就可以理解我所说的技术分析的本质，因为我承认在第 3 章中，比较重要的内容会与第 1 章和第 2 章有重复的地方。

我们投资者进行投资活动的目的，就是为了在承担风险的同时获得相应的收益。也就是说，在参与股票交易的过程中，虽然我们承担了让自己的资产缩水的风险，但是同时，我们需要做的就是应该通过更好的手段来确保能够获得这个风险所对应的回报(收益)。

为了能够使我自己运用的资产增值，我通常思考怎样做才是最合理的行动，并付诸实施。当行情变得非常差劲的时候，我通常都不会进行任何交易。

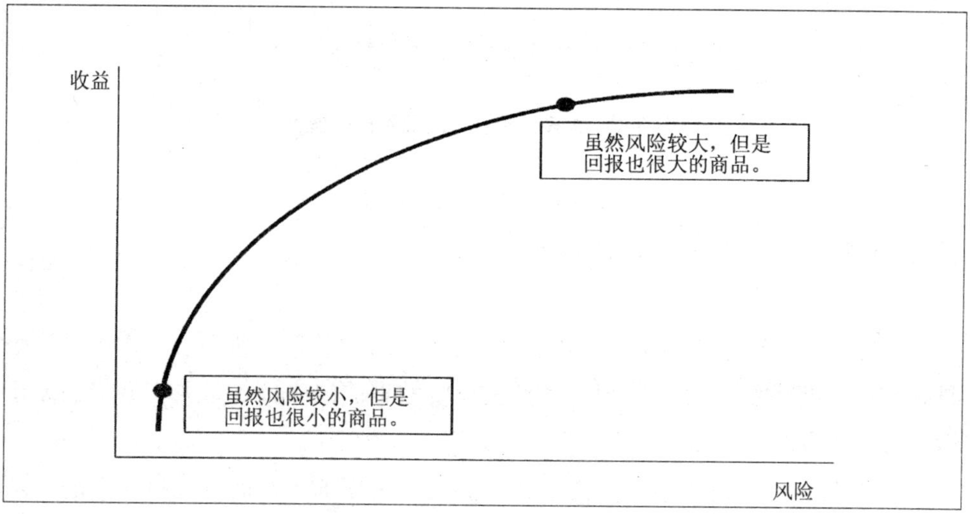

图 3–3　一般的风险与收益的关系

一般来讲，不伴随风险的投资方式一般其回报比较小，而伴随风险的投资方式的回报也会变大(图 3-3)。我们先不要讨论从理论上是怎么分析的，在这里我们必须首先要考虑的是，我们是选择不需要担心资产运作风险的方法(比如银行存款)呢，还是选择有可能会导致资产亏损的运作方式(风险市场)呢。

也就是说，在股市上涨的情况下买入股票，而在股市行情下跌的情况下，卖出手中的股票，并将资金转换为银行存款的操作方式(图 3-4)。

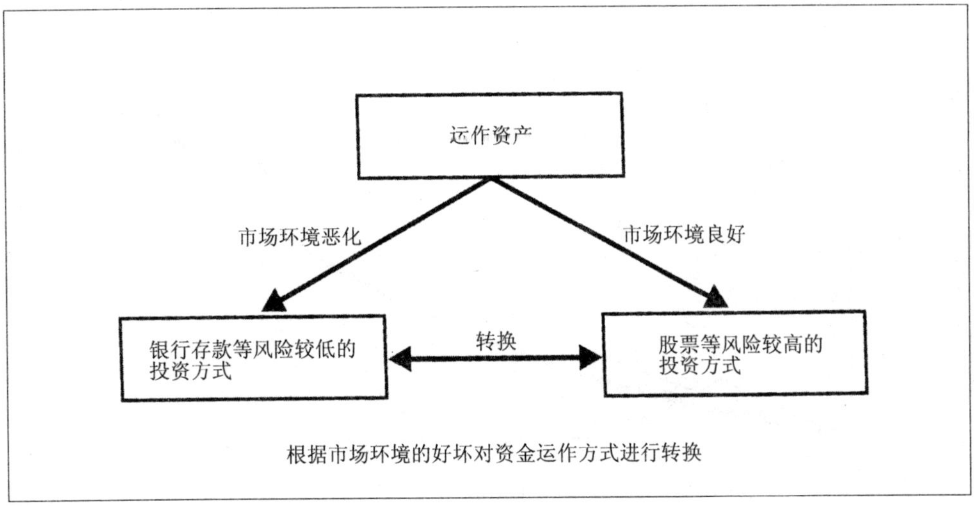

图 3–4　市场环境与投资方式的关系

在购入股票之后，如果股价上涨，则自己的资产就会增加。因此，在股价持续上升的情况下，很明显跟银行存款相比，投资股票是更有效地运作资产的方式。

相反，如果由于股价下跌，则资产就会不断减少。因此在这种情况下与投资股票相比，将资金存入银行是更加有效的投资方式。

资产的投资方式取决于市场状况

在这里我希望大家能够理解的是，选择哪种投资方式不应该根据投资者本身的具体情况来决定，而是应该基于市场的具体状况来决定。甚至可以用“机械地操作”这种词汇来形容投资过程，因为投资本身其实是一种机械的行动。

并且，投资方式的选择也不是一旦决定了就必须保持一段较长时间的。因为，市场是处于不断变化当中的。因此，我们不得不根据市场环境变化，在几周后、几天后、甚至几分钟后调整我们的投资思路。计划赶不上变化，在风险市场中尤其如此(图 3-5)。

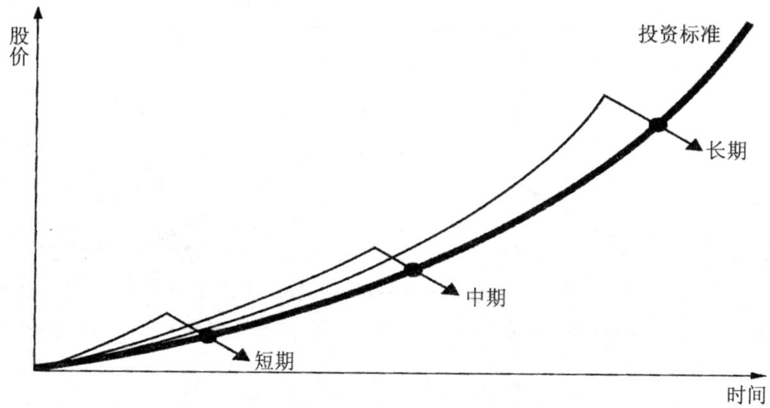

投资时期的选择不应该自己主观决定，而是应该根据市场行情客观决策。

图 3–5　决定适用的期间

对于投资者来说，比任何事情都重要的除了判断市场行情是好还是坏之外别无其他。因此，在投资时我们所能依赖的就是技术指标了。

2. 技术分析的作用

日本人是从很早之前就有着想买土地、股票以及什么都想买的想法而生存至今的。那是因为他们有着一个单纯的想法即买的东西如果增值，资产就会增加了。但是，认为如果不是基于作为升值的前提“买入”的想法而不能把握市场，那就自己亲手扼杀了自己所能投资的渠道和途径了。

在股市上，我们可以通过先买入股票然后再卖出来获得收益，但是在日本的股市，我们也可以通过卖出原本自己没有的股票来获得收益。即使用融资交易的卖空，以及使用日经平均期货[①]等的期货交易来实现。

① 以日经平均为交易对象的期货交易的金融产品。日经平均是以代表了东证一部市场的 225 只股票品种为对象的股价指数。

最早期货交易是创建于日本的，但其交易手段的升级和发展却是在欧洲市场。在日本，通过“卖出”来赚钱不是能够给人好印象的事情，人们会因此觉得有种负罪感。在这一点上，日本人与欧美人的思考方式是截然不同的。

请不要误解我上面的论述，在这里我并不是说所有的投资者都必须参加卖空交易和期货交易。我的意思是，我们应该根据当时市场行情的状况，来判断当前的局面是“买入”能够获利，还是“卖出”能够获利，还是怎么做都不能获利的局面，以及当前的局面是应该通过“卖出”来应对，还是应该什么都不做来应对，这是因为如果单纯通过“买入”进行投资，我们是不会因此而增加自己的收益的。如果不将这个观念铭刻在心，那么我们离蒙受巨大的亏损就不远了。

根据技术指标对行情的上涨或下跌进行判断

实际操作中，如何使用“买入”、“卖出”才能获得收益呢？如果将股市行情分为上涨和下跌行情进行把握，我们能够得出以下 3 点：

①在上涨行情中通过买入来追求收益；

②在下跌行情时不进行买入交易，也不要持有卖出头寸；

③在下跌趋势下，通过卖出来追求收益。

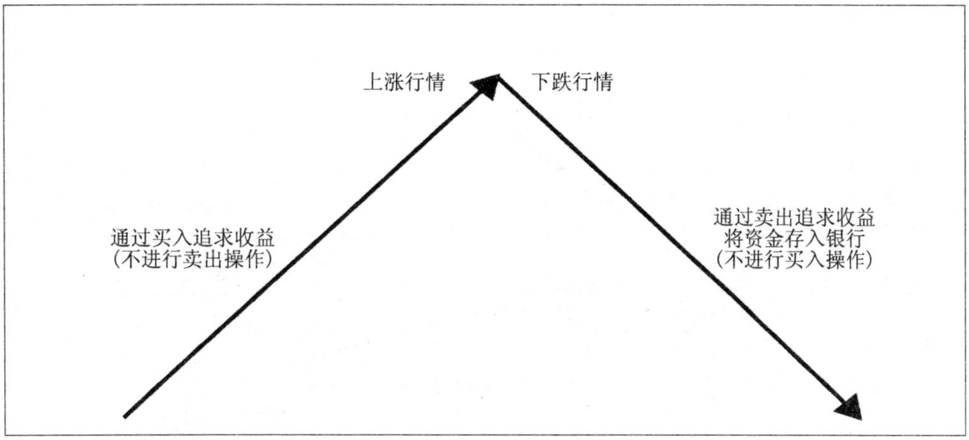

图 3–6　市场状况与投资立场

如前所述，在选择运作资产投资项目的过程当中，风险市场的投资环境变为决定投资方式的主要原因。因此，如果股市行情处于上涨行情时，那么可以通过将资产置换为股票来谋求资产的增值。相反的，如果股市行情处于下跌行情时，则应该将持有的股票卖出，并将自己的资金置换为银行存款等风险最小的投资模式(图 3-6)。③是在②的投资模式的基础上，即便在行情下跌时，也不死守自己的资金，而是采用了通过利用卖空操作等主动追求利益的方法。

总而言之，不管是在上涨行情中还是在下跌行情中，就算只判断对了行情的状况，也能够获得收益。其实真正技术分析的目的倒不如说是对具体行情的判断。

不能预测将来的市场

一般来讲，虽然技术分析被认为是用来分析行情未来的走势的理论，但是我认为这种观点是不正确的。

因为预测是需要有前提条件的。如果前提条件不变，那么预测将来的情况还是有可能的。但是在股市当中，每时每刻这个前提条件都在变化，股价通常都是由各种各样的变化交织在一起，共同作用形成的。1 天之后、1 小时之后、甚至 1 秒之后将会发生什么我们都是不得而知的。在不断出现新变化的前提下，我们对行情走势的任何预测从现实来讲都是无法实现的(图 3-7)。

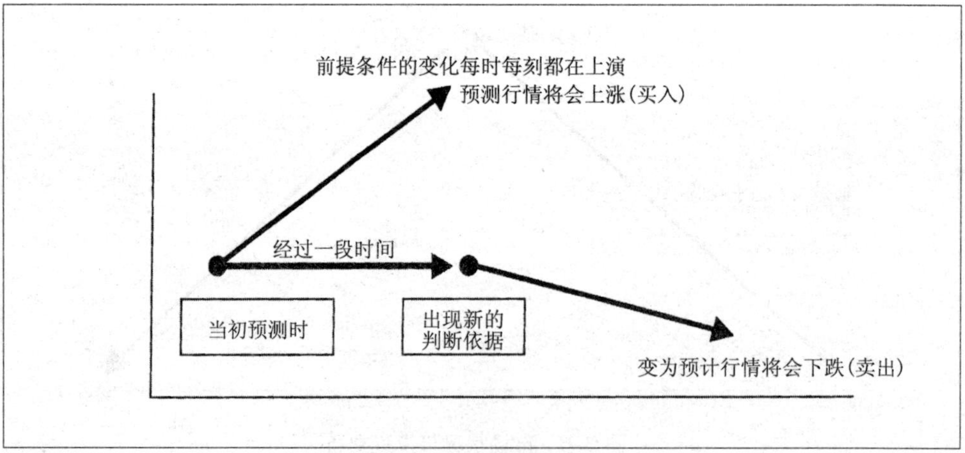

图 3-7　行情是此时此刻的瞬间和下个瞬间的判断的延续

从这个意义上来讲，我认为预测行情是没有任何意义的。即便思考将来会发生什么也不会发现什么。虽然评论家和经济学家们把预测行情将来的走势作为赖以生存的职业，但是在大多数情况下，行情都不会按照他们所说的进行变动。虽然偶尔被他们说中了，但是将自己的重要的资金赌在这种比较小的可能性上是不是风险有点儿太大了呢？

即便企业业绩非常好，股价也会因有人卖出而持续下跌，有时候即便是业绩非常糟糕但也会因为有人买入而不断上涨。我们应该如何对即使政府宣布了整体经济运行已经回归景气，日经平均股价仍然不断下跌这个现象进行解释和说明呢？不管是什么“好消息”或者是“确实的预测”飘进了我们的耳朵，如果我们轻易地就相信了它们并根据这些风言风语进行投资，作为投资的结果，无论是资产增加了还是减少了，毫无疑问，其后果都是要我们自己来承担的。

我认为，所谓的技术分析，并非是预测行情将来的走势的工具，而是在相应的时点上为了判断是否应该将资金置换到风险市场中的工具。我们应该将技术指标分析与根据不确定的“感觉”进行投资之间划清界限，根据以技术指标分析为基础的行情的判断与运用的定义进行资产的置换。这并非是预测准确还是不准确的立场，而是一种自信。

根据具有实践价值的技术分析来看，我们认为只有变化是理所当然的这一点才有可能成为股市的前提条件。如前所述，资金的转换是在短期内结束还是需要一个较长的时间，应该根据市场状况进行判断。换一种说法，就是基于行情变化的这个瞬间和下一个瞬间的判断的延续才能称其为技术分析。

3. 趋势的把握

如果行情是随机变动，那么通过投资股票获得收益就变成了如同赌博一样，或者是变成猜偶数还是奇数的猜谜语游戏了。但是，在一波行情中，股价在一定期间会存在朝着一个方向变动的特征。如果我们能够抓住这样的变动，就有可能比较容易地获得收益(图 3-8)。

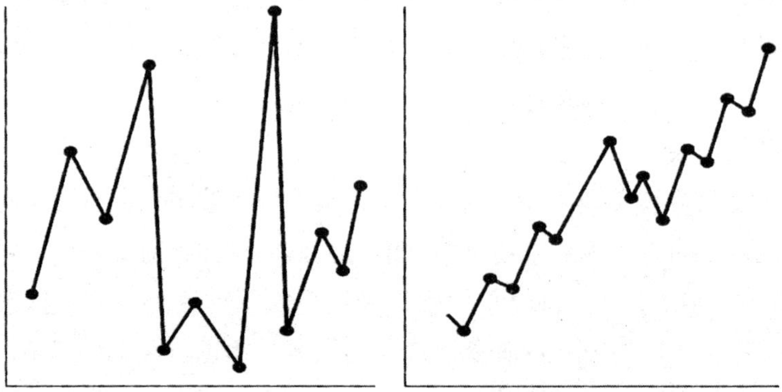
如果股价的变动是随机，那么将很难确保从股市中获得收益。

由于行情具有在一定期间向一定方向变动的趋势发生，因此容易确保获得收益。

图 3–8　行情是和趋势一起变动的

因此，行情在一定期间向一定方向变动的特点被称为趋势。我们可以将市场行情分为“上涨趋势”、“下跌趋势”和“没有趋势”这 3 种状态。为了在这 3 种状态相互转换的趋势中获得收益，在一定期间里把握行情的趋势，并结合其方向决定投资方向的作业就显得非常必要了。这就是所谓的投资。

我们前面已经大致提到如果股票处于上涨行情就买入，而如果处于下跌行情就卖出并将资金转换为银行存款的做法，但实际上并非这么简单。处于上涨行情的股票品种与处于下跌行情的股票品种同时存在于同一波行情中。在各种趋势复杂地掺杂在一起的行情中，必须能够明确自己的资金是在比较安全且容易获得收益的范围内的。

重要的不是猜中行情的走势而是顺势而为

从今往后我们考虑的事情并非通过使用技术分析对行情趋势进行把握，而是顺势而为从行情的变动中确保获得收益。从这个意思上来讲，可以说行情并不是用来预测的。股评家是依靠猜中行情，从而获得社会声誉，并以此维持生计的。即便猜错了，也不会有任何损失。但是一般的投资者却不同，并非赌行情，而是通过顺势而为减少损失，同时切实地增加自己的资产比什么都重要。

行情趋势只有在事后通过观察走势图才能够明白。但是在此基础上再追溯到趋势发生时的过去，然后持有相应的头寸当然是不可能的。结果，在趋势发生的时点上，先要判断“接下来是上涨趋势”还是“接下来是下跌趋势”，然后持有与之相对应的暂定的头寸，除此之外别无他法。

暂定头寸的方向与现实趋势的方向是否对应，只能根据持有头寸之后的从这个瞬间到下一个瞬间的确认进行检证，除此之外，也别无他法。进行这样的检证，并基于这样的检证进行买入还是卖出的判断的工具，就是技术分析。

4. 作为投资者“能做的”和“不能做的”

正是由于市场中有 100 个投资者就会有 100 种不同的想法，因此行情才会成立。如果大家都持有一种想法，那么就会有一致的行动，因此，也就不能形成股价了。在现实的行情中，虽然大家看似都是随意地进行交易，但是有时也会有些投资者采取相一致的动作。在这个时候，起作用比较多的就是所谓的资产运作者的“不成文的思维定式”。

机构投资者和个人投资者的条件都是封闭的

如果通过技术指标来观察过去行情的变动，在哪儿买入，在哪儿卖出能够获得一目了然的收益，我们却不能正确预测接下来行情将会朝哪个方向发展。如果能预测，那么金融机构和年金基金也不用像现在这样处在这么严峻的形势当中了。

个人投资者和机构投资者一样，大家平等地对峙于不知道将来的行情将会如何发展变化的股市当中。这是毋庸置疑的事实。所谓的机构投资者要比个人投资者占据更有利的条件的事情是绝不会出现的。

当然，也有人经常说机构投资者和证券公司的交易员会持有特殊的信息和有利的数据，但是这只是单方面的猜测和臆断。优秀的基金经理和交易员虽然生存了下来，但是不能在投资表现上有所提升的交易员会被表现较好的人选替代和淘汰，这也是不争的事实。

喜欢高抛低吸逆势操作的投资者容易陷入摊薄陷阱

这里所要讲述的是从现在开始在参与市场行情的基础上具有决定性意义的重要的思考方法。

如果你是投资者，必定是在确信能够在行情中获得收益的基础上参与股票投资的。我想谁都不会在认为炒股只会亏钱的情况下参与炒股吧。每位投资者都是在各种各样的条件基础上描述行情的情节，并根据这种情节进行交易的。

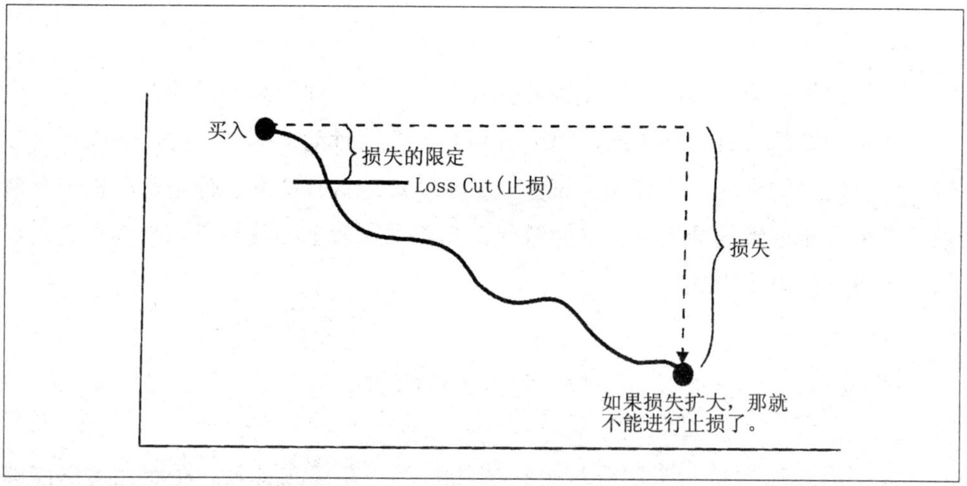

图 3-9　投资者是能够限定损失的

例如，假设存在一些以高抛低吸方式成功操作多次的投资者。这次仍然确信自己能够获得收益，再一次采用了高抛低吸的方式进行交易。在多次采用高抛低吸进行操作的过程中，一定会遇到行情没有发生反转而导致损失不断扩大的局面。既然价格比较低了当然要继续进行买入操作，因此，一旦行情进一步下跌，他们期待行情会在接下来发生反转，而继续在低价买入的行动是可想而知的。接下来，这些投资者会在更低的价位继续买入进行摊薄。然而，行情最终仍然没有发生反转。结果，浮亏不断扩大，导致从心理上来讲已经无法进行有效的止损了。这就是股市当中经常出现的蒙受亏损的过程(图 3-9)。

不管投资者多么想获得收益，如果不实际进行操作，那么其结果会变成什么样子我们是不得而知的。

也有一些投资者在其持有了头寸之后，即便出现了一点儿账面盈利，也会立刻平仓并将这一丁点儿的收益落袋为安。而且，当有一波千载难逢的大行情到来时，原本完全可以获得通常都不会出现的账面盈余不断膨胀的机会时，却由于判断错了出手的时机而导致无功而返的情况比比皆是。在这其中，仍然乐观地认定行情将会重返高位而拒绝出手清仓落实收益的过程中，行情反转为下跌，结果，股价一路跌破了买入价，从而造成亏损的情况也绝不少见。

不仅有小幅上涨就终结的行情，也有向大行情发展的行情。但是，没有人能够知道你所持有的这只股票在接下来会出现什么样的行情。因此，在持续上涨的过程中，进行“指定价格卖出”而力图确保收益的投资者，是绝对无法把握较大行情的(图 3-10)。

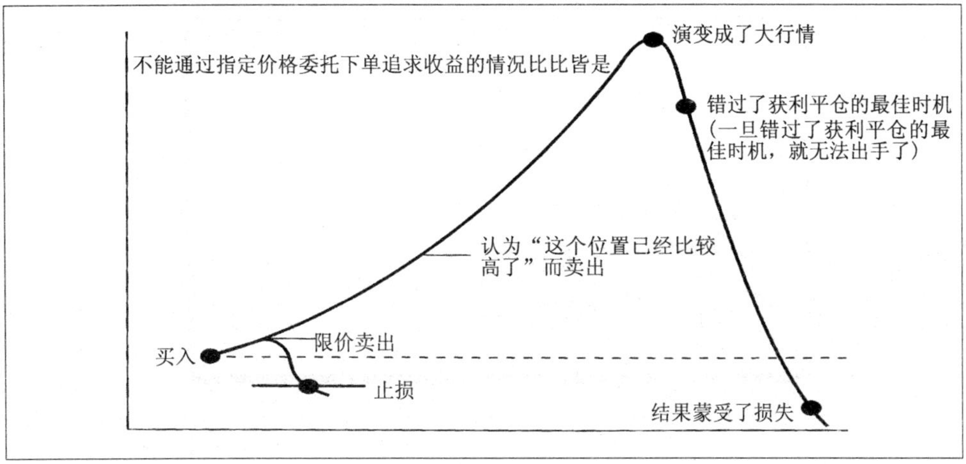

图 3-10　卖出时机与收益的关系

投资者所能做的就是控制损失的进一步扩大

已经说了很多次了，我们是无法预测行情实际上将会发生什么变动的。在这样不明确的股价的波动当中，为了能够使自己持有的资产增值，只能通过自己的意识对损失进行控制。只要不出现重大的亏损，之后，就可以在出现比较容易懂的趋势状况时乘势获得收益了。

大部分投资者的损失之所以扩大到不可挽回的地步，其实就是因为没有确立控制损失的方案，除此之外，别无其他。控制损失的方案是再简单不过的事情了，重新确定止损(Loss Cut)的水准。如果股价超过了该水准，那就不做任何犹豫，立刻平仓止损。仅此而已。

只要确立了止损方案，赢得收益就不是什么难事了。和分析相一致的行情总有一天会到来，因此到那时简单地乘势操作，就能够获得收益。从这个意义上来说，和与市场变动正相反的高抛低吸型投资相比，符合行情趋势的顺势而为型的投资能够有更好的投资表现也是显而易见的了。

炒股的目的是过有意义的一生

↓

有必要建立获得收益的方案

↓

必须对损失进行限定

(收益也必须尝试进行限定)

↓

通过技术指标进行判断

图 3-11　炒股的目的

在实践像这样“控制损失，增加收益”的极其自然地投资方法的过程中，技术分析就显得非常便利了。技术分析并非对市场行情进行预测，而是根据技术指标对自己的资产是否处于安全状态进行判断。只要能够正确地按照定义运用规则进行买入和卖出，通常就能降低损失，并且能在出现较强趋势的时候很自然地扩大收益(图 3-11)。

当然，不进行技术分析也可以对运作资产进行管理。但是，如果能够进行技术分析，就能够很容易地在股市中对自己所运作的资产是安全还是危险进行判断和把握了。

当然，我接下来并不打算使用比较难的数学、统计、计量模型来对行情进行说明。虽然我的电脑里有大量这样的计算式，但是实际发生的行情可能会和这些公式相一致，也可能出现偏差。从结果上来看，即便是看着从之前开始就一直使用至今的走势图，然后利用高等代数进行精确和复杂的运算，最终在投资表现上也不会出现特别明显的差别。即便是单纯的走势图，或者复杂的算式，以及作为对象的市场行情的变动和投资者的心理也都是一样的吧。

在接下来的说明中，我以当我们的资产处于何种状态的时候会出现减少为中心课题进行论述。当然，不使用这些条件，也可能会产生资产的增值。然而，我们投资者能够按照自己的意志所能做的唯一的事情，就只有止损了，请各位读者一定要时刻铭记在心。

5. 技术分析过程中的思想准备

股市是人之所为使然。也就是说，行情中人们的投资意愿在发生变化。学习技术分析就是在不知道如何变化的股市当中，把握参与行情的投资者的判断与行动的训练。

如果使用技术指标来看过去的行情，就能清楚地看到在什么状态下行情是上涨的，而在什么状态下行情又是下跌的了。同时应该能够清楚地知道是买入还是卖出、当时行情的方向是否与自己头寸的方向相一致，以及这些行为是否是以资产增值为目的的合理行为。总而言之，根据技术指标发出的信号，来管理自己的头寸可以看作是股票投资的首选之策(图 3-12)。

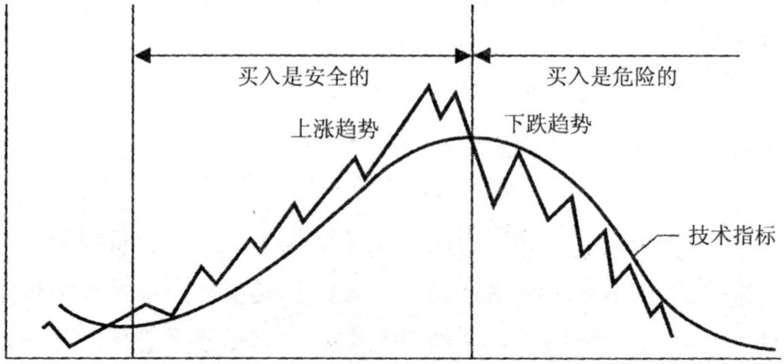

图 3–12 技术指标的作用

技术分析是无聊且枯燥的

在综合考虑世界经济和国内经济，以及其他各种各样的基本面因素的基础上把握市场是比较舒服的。但是，既然我们要进行技术分析，就必须排除这种比较舒服的心境。在进行技术分析的同时进行炒股是无聊且枯燥的，人就像变成了一台资产增值的机械设备。

我之所以说出我参与炒股的目的就是因为这个原因。我想，如果在炒股过程中即便蒙受了损失也希望享受这个过程，那么接下来描述的目标，并和大家一起讨论一下，然后再将胜负寄托于下一波行情会比较好吧。

和从顾客那里接受委托，为其提供运作资产管理服务的机构投资者不同的是，我们散户投资者没有每天都炒股的必要，只在状况比较好的时候参与一下就可以了。当行情发生恶化以及趋势的方向不明晰的时候就没有必要进行交易了。

我想，如果是有炒股亏损经验的人，那么可能会做和过去自己做过的事情正相反的事情。就是这样的。将到目前为止带来亏损的做法作为反面教材，并尝试思考如何合理而有效地增加资产，自然就会走到正确的技术分析的道路上来。世上虽然有众多炒股失败的案例，但重要的是，自己要将这些失败案例作为反面教材，而不要重蹈这些失败案例的覆辙。

了解行情参与者的投资意愿非常重要

自己思考的事情和了解的事情，说到底仅是其个人的思考方式，行情参与者所有人的想法是不可能一样的。我们所应该思考的是，行情参与者的投资意愿是什么。

如果说使用技术指标的目的是“让自己的资产处于安全范围”，那么世间几乎所有的投资者的资产之所以减少，其实和自己已经进入了一个非常危险的境地没有关系，而是并没有打算从这个危险的境地逃离，因此最终导致了其运作资金的减少。

基于市场行情的行动需要自己付全部责任。虽然自己任意地减少自己的资产是个人的自由，但是我希望从现在开始认识和把握市场的人当中，至少不要再重蹈到目前为止数十年一直持续亏损的那些先辈们的覆辙了(图 3-13)。

●根据定义进行交易
(确认过去的失败案例，并不要重蹈覆辙)；

●确认行情参与者的投资意愿
(看技术指标之前的基本行情)；

●和基本面分析相比，技术分析有优先权；

●将平时的合理判断记在心上。

图 3-13　市场行情中以获取收益为目的的铁律

正像养老金制度失败后，在“401k”[①]的名义下，今后自己的养老资金必须自己亲手运作了一样。投资哪只股票，不投资哪只股票必须自己决定。在这个时

① 确定比例型年金。与传统的确定金额型年金不同，加入者自身承担风险，决定如何运作的年金制度。在日本确定比例型年金制度被称为“日本版 401k”。

候，如果完全没有股票投资的相关知识就参与炒股，那可就是非常鲁莽的行为了。为了对选择投资品种和投资期间进行判断，必须有针对资产运作目的的意识和最低限度的炒股知识。

基本面分析的陷阱

股票投资过程中，股价走势大方向受到总体经济景气程度的影响。在股市中这些因素被统称为“基本面”。但是，该基本面的词汇，非常的暧昧，就像人们说“某个人是个美人(美男子)”一样，标准会有所不同。根据解释能在“卖出”和“买入”中使用，但是对我们投资者来说却是非常难于使用的一种思考方法。大多数的日本投资者，由于以该基本面为依据思考市场，最终无法进行合理的资金管理也就是所谓的“将自己的资产放置到安全境地”的自有资金管理，从而造成亏损不断，最终无法挽回。

即便是我们经常提及的所谓的“长期投资的风险较小，如果长期持有股票就能赚钱”的观点，最近也受到了众多的质疑。如果冷静地分析运作资产的推移，那么应该是能够及早明白这样的思考方法是不对的了。

人们经常会在问题变得一发而不可收拾的时候才将问题表面化。在实际的炒股过程中，当你的运作资金不断减少，并无法恢复到最初本金的状态时，再考虑应对方法，就为时已晚了。为了不陷入如此悲惨的境地，以过去前辈的失败为素材，思考合理的投资方法才更为妥当。

在欧美投资顾问公司中，开发资金运作系统是需要事先花大力气来明确查明发生较大损失的原因以及将这个原因连根铲除的。也就是说，他们并非是从一开始就追求赚钱，而是首先彻底排查造成亏损的原因。如果能够将这些亏损的原因排除，那么自然就能总结出获取收益的原因了。

6. “定义”的重要性

我借执笔本书的机会，思考了投资者真正希望知道的是什么？简单地说，大多数人应当还是希望能够快乐地赚钱吧。但是，世间却没有这种方法。

我想，大家也有了解新的先进技术分析方法的需要，但是在日本技术分析这十几年中还完全没有任何改进。虽然有些人已经介绍了几种比较新的方法，但是那在欧美都是已经过时了的手法，因此很难让喜欢新东西的投资者趋之若鹜。实际上，在欧美这并非是较进化的东西，而是从之前开始就有的手法。假如运用高等数学和统计计量等资金运作系统的投资表现和传统的运作手法的投资表现相比有压倒性的优势的话，那么我们学习这种最新的手法就变得有意义了。但是，我认为既然现实并非如此，那么即使向读者解释一些强加了数学元素的方法也是没有意义的(图 3-14)。

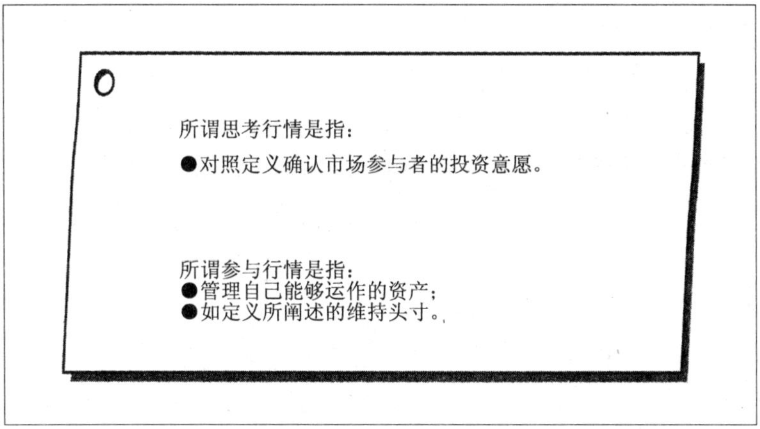

图 3-14　针对股市行情的见解

从结果来看，既然你已把对其未来的变动一无所知的股市作为投资对象，那么在任凭谁都可以简单地操作和理解的工具中选取几个最为有用的工具，同时在使用这些工具的过程中，不断网罗其共通的构思方法和思考方法，并将这些工具的使用方法融会贯通，然后运用于自己的资金运作当中，就会收到很好的效果。

行情中有所谓“不成文的思维定式”

不管是内行人还是外行人，如果不知道股市将来朝哪个方向变动，接下来就会通过针对作为不成文的思维定式的“行情的定义”进行确认，最终网罗的很多关于这方面的思考方法的内容，或许对于投资者来讲是最有必要的吧。

对平时必备的技术指标的思考方法进行解说的书有很多。但是，在使用这些书中解说的技术指标之前，必须思考的是行情的定义。行情参与者必须根据这个定义采取相应的行动。

一流的基金经理和交易员也从长年从事股票投资的经验中，自然而然地对其进行了解，并根据这些“不成文的思维定式”采取相应的行动。这些人之所以根据定义采取行动，是因为认识到这与提高自己的成绩与评价相关联。

然而遗憾的是，针对这个定义，却不能通过语言进行说明。我在炒股的过程中没有接受任何人的说教。并非我舍不得将自己的真本事拿出来，只是学会在这本书中反复强调说明的基本的思考方法、行动，并通过在实际操盘过程中不断积累相关经验，不管谁都能够非常自然地实际感受到。

其实任何事情都是这样的，基本的内容都是通过少许努力才能学来的东西。既然不能做一些基本的工作，却又装作知道的样子，打肿脸充胖子是不对的。这样的行动对于实际操盘来说是没有任何意义的。那么，如果使用更加先进的技术指标就一定能够赚钱吗？应该看到，在现实生活中，使用先进的技术指标的投资者都是处在亏损当中的。

如果你不了解基本知识，就算投资环境再好，即便能够获得收益，也是极其有限的。从这个意义上说，行情状况良好的时候就赚钱，行情状况不好的时候就亏钱的思考方法是不正确的。如果将买入作为前提，则行情状况好买入是可以的；如果行情恶化，那还是不要买入为好。

如前所述，如果投资的目的是增加自己的资产，那么我们必须做的就是把自己的资产放在安全的地方。即便通过个别交易获得了收益或者导致了亏损，但是在半年或者 1 年的期间当中，能够切实地增加资产，也是合格的。因此我们必须要做的是理解市场行情的定义，忠实地根据定义进行交易。

实际上，在股市当中最难做到的就是根据定义进行交易。一些本应该熟知定义的职业投资者，往往遭受重大损失的事实也证明了这一点。其实他们蒙受损失的理由是非常明确的。为了实现自己的贪婪的欲望，他们已经无法遵守这些定义了。

基于自负而行动的投资者，重蹈亏损覆辙却仍旧义无反顾。我们已经强调多次了，在股市的世界中，我们无从得知下一刻将是什么样子。虽然有结果令人满意的时候，但是基于乐观地预测而无视定义的结果，使损失不断扩大并扩大到无法挽回的地步的情况更加多见。

7. 通过自己进行判断和行动

正是由于市场中有 100 个投资者就会有 100 种不同的想法，因此行情才会成立。因此，如果这 100 个投资者当中的大部分人的思考方法趋向一致，那么市场行情中就会有趋势产生。技术分析以确认这个行情的趋势为目的。炒股就是确认趋势的方向与自己的头寸的方向是否一致的工作。

如果有什么题材出现，那些曾经被确认为是某种趋势的行情就会因此而发生方向性的改变。从上涨趋势转为下跌趋势，然后经过一段时间再度转为上涨趋势的情况时有发生。投资者当然也必须要根据这种行情趋势的变化，将自己的头寸从买入转为卖出，并再次切换为买入。即便以某一时点作为基准预测将来的走势，那也只不过是当时一瞬间的判断。

行情是兼顾头寸探讨的东西

虽然我说“预测市场是毫无意义的”，但实际上我却一直在对市场进行预测。如果说预测应该算是个语病，那么任由电脑不断进行思考的表述其实可能更为贴切。

虽然不管怎么思考都不明白，但是如果在实战中不断地积累经验，就能够大概感受出行情变动的强弱了。这就是为什么有些人认为能够对市场行情进行预测的原因。

不管是预测日元外汇能升到多高，以及股价将上涨至多高，通过预测猜中走势而出名的人也确实存在。但是，那又能怎样呢？

如果通过押中行情走势而赚到了一辈子都花不完的钱固然好，然而，虽然押中了走势，但却没有获得任何收益，那么和没有押中又有什么区别呢？我们投资者炒股的目的是为了赚钱而不是当股评家。

我们平时必须结合自己的头寸方向来探究行情趋势的方向。我经常会被问到“这只股票接下来的走势如何?”。即便我反问“你说将会怎样呢”，提问者听到之后表现出“什么将会怎么样呢”，连我反问的意图都不理解。是新建仓买入还是卖出呢，还是将已经持有的头寸向相反的方向转换呢？是获利清仓确保收益落袋为安还是止损呢？又或者是与头寸没有关系的单纯地打听情况呢？其实根据提问人当时所处的状态，回答的方式方法也是大相径庭的。

即便这只股票出现了一波较大的行情，如果不是在低价位吸筹，那也是没有意义的。而当发现是一波较大行情在高价接盘留下一个买入头寸，也是成问题的。

交给职业人士管理的资金占本金的一半都嫌多

在股市中，通常必须亲自把握行情并做出判断采取相应的行动。

●股市与自己的人生相同；

●自己思考、判断、行动；

●结果自己负责。

图 3–15　自己负责的原则

正确把握现阶段的趋势，以对行情的认识为基础判断应该持有什么样的头寸以及应该将头寸朝哪个方向变动，这才是正确的行为。

只有不断地对趋势是发生变化呢还是持续呢进行确认，才能在获得收益的道路上走得更远。最终做出判断，并采取行动的是你自己，而不是其他任何人(图3-15)。

包括我本人在内的其他人的意见，如果准确的话，就不会有今天日本的惨状了。正是因为大家采取的都是不负责任放任不管的态度，任凭问题发生却不管不问，导致问题越积越多，最终才爆发形成了今天日本股市的惨状。

迄今为止日本的资产运作方面也是一样的。虽说是机构投资者但大家也都是工薪阶层，管理运作的也都是其他人委托过来的资金，因此，经常看到这些机构投资者采取应付和敷衍的工作态度，一点儿也不认真。炒股领域只看结果。如前所述，由于行情状况发生了恶化，出现亏损也没办法的想法是非常奇怪的。

在投资信托领域，虽然在 TOPIX(东京证券股价指数)下跌了 50%之际投资信托仅下跌了 40%，所以被冠以“成绩优异”的评价，但这些只不过是托辞而已。然而从将资金运作委托给投资信托的我们这些投资者的立场来看，原始资金都大幅减少了还说不错的立场，是着实不能让人接受的。

在信托投资的领域中，竟然还有资产规模缩水一半以上的产品存在，简直恬不知耻，滑天下之大稽。这样的想法变成了常识，难道我们还不感到奇怪吗？信托投资的意义在于将小额资金聚集在一起，通过与职业投资人签订运作协议，来代替散户投资者追求利益。这和自己个人买入股票然后放在哪儿因管理不善导致运作的资金缩水到一半以下的情况有何不同吗？从这方面来讲，我们对投资者产生不信任感是非常自然的事情了。

说到底资产运作应该是以投资本金为基础进行思考的。如果资产规模都缩水 40%了，那么就应该意识到，一开始就不能采用这种运作方式，而是应该采取将资金存入银行等能够有效减少资产损失的方式进行管理了。

通过自己的能力进行投资是理所当然的

投资原本就不是交给他人来做的事情。如果你是真心想以丰富自己的人生为目的而考虑炒股，那就应该像曾经在高中或大学时用心学习的态度那样对待投资，一旦下定决心学习投资的相关知识，凭借自己的能力去理财就成了理所当然的事情了。

正如我们在高中时如果数学学的不好，那么之后对高等数学就不易理解。炒股的基础知识更是如此，如果不了解炒股的基础知识，也就很难理解技术分析的理论。不管我们如何对数字进行罗列并表现出理解的样子，如果没有炒股的基础，那么即便是一次交易的失误，也会导致资产全无。

持有在高价买入的股票，并在股市下跌过程中因资金的减少而心烦意乱的人不计其数，那都是自己造成的，应该自己负责。不管证券公司的营业员说什么，周围的人向你建议什么，从结果来看，不通过自己做出判断采取行动是所有失败的根源。

将资金委托给其他人的投资者们，即便是在今后行情变好的时候，也会在某个地方重蹈和过去相同的覆辙。这是因为他们没有巩固好炒股的基础。如果自身具备炒股的基础能力，那么不管别人怎么说，自己也会为了不让资产减少，应该能够及时地进行止损。

别人的事情与你无关。在炒股过程中，能够自己进行思考、判断，并采取行动比什么都重要。

8. 自己的投资风格的确立

股市中的思考方法从来就是 100 个人 100 个样。换句话说，我对股市的见解，说到底是我自己的思考方法，并非是最先进的思考方法，当然也会有别的思考方法。但将市场行情的见解和做法做到完美和极致是不可能的。

即便使用相同的技术分析，我和其他人在实际操作过程中的投资表现也会大相径庭。投资表现实际上被投资者的力量所左右。

过去的数据不可靠

我在做工薪阶层的年代里，花了 5～6 年的时间针对投资方法进行了彻底地研究。彻底的程度可以说差不多现在所能思考的在当时都已经思考过了也不为过。

通常情况下，思考如何投资时，必须先准备好过去 10 年的数据。为了利用这些数据获得最大的收益，通过调用下载的方式，将各种技术指标和函数的损失进行比较小的变化。进行多次这样的验证，大致就可以认为这是一个能够获得收益的设置了。

当然，这种过程中含有很大的误差。即便在过去确定的数据当中谋求利益最大化，也只不过是事后利益最大化的调整结果，而并不是能够确保将来获得收益的设置。

在股市当中，有行情比较好的时候和不好的时候。结合行情较好的时候制作的标准，就不能用于行情不好的时候，同时根据不好的时候制作的标准，也不能用于行情比较好的时候。

根据行情整体的价格水平，投资表现也会有所不同。例如，假设行情在 1 天的时间里变动了 5%，在日经平均股价是 3 万日元的情况下，就会有 1500 日元的振幅；在日经平均股价是 1 万日元的情况下，其变动幅度就是 500 日元。通过变化率来讲，虽说同样都是 5%，但是从绝对利润的观点来看，明显后者的情况是比较难于获得收益的。

此外，行情参与者的行动对行情的影响也不能忽视。只有行情较好局面下的炒股经验的投资者，在行情变糟糕之后，就不知道应对的办法了。只有在突然下跌时买入而赚到钱的经验的投资者，当行情的趋势转为下跌之后，根据到目前为止获得收益的方法的“买入”来进行操作，结果会招致巨额的亏损。

相反的，那些只在形势不好的时候有经验的人，在形势变好后就会倾向于不断犯错。而那些只在融资交易的卖空或者卖出期货等方面有成功经验的投资者，即便行情转为上涨后，仍然进行“卖出”操作，结果亏损惨重。

不管哪一种亏损的背景和原因都可以归结为优先考虑了自己的经验，都是自以为是地采取行动而导致的亏损。

就像这样，具备各种经验和知识的不同的个人投资者交织在一起交易就形成了行情，加之每个时点都有不同投资姿态的机构投资者也参与其中，因此从之前到今天为止，针对行情的思考方式就不可能是一成不变的。换句话说，在过去 10 年里的最合适的股市思考方法和见解，在今后 10 年当中仍然应验的可能性是不存在的。

不通过自己进行交易就不能理解股票投资

虽然我从过去就开始想方设法预测行情走势了，但是我现在认为预测走势之类的是毫无意义的。而且，我过去还相当重视基本面，但现在却不会像以前那样对基本面进行分析了。

在过去曾经工作的公司中，从研究部门转到资金运作部门对我来说是一个人生的契机，因为我发现，最重要的并非是分析和预测，而是资金管理，从那时起，我对于股市的见解和思考方法就发生了变化。

当时，我自己制作了一个裁定交易的系统，当向系统下单后，就能够通过这些仅有的委托单获悉日经平均的变动。同时，如果操作期货和期权等金融衍生商品交易，能够了解到个别股票品种的变动也会受到较大影响。在投资组合运用中，由于出现损失的股票品种与出现收益的股票品种同时存在，买入的股票品种中同样存在卖出压力的所谓的“常识”是能够理解的。

在进行这样的思考过程中，与其利用技术指标对个别股票品种进行分析，倒不如着眼于股市整体，然后利用技术分析进行把握，对市场中是有资金正在流入呢还是资金正在流出的把握，反而更容易从整体上明确获得收益的方针。

这样的事情，即便有这方面的知识和心情，如果不在实际炒股中亲自操作，那也是无法有切身感受到的。包括我在内的被人们称为评论家和老师的人，在各种讲座做了各种各样的发言。是否听这些是要各自根据自己的责任而定，但是从结果来看，如果不能判断这些话的正误，就不能增加自己的资产。

经常听人说“这是长期投资”，但这是短期交易还是长期投资是市场决定的事情，而不再去做以前由自己或者是股评家决定的事情。

自己的做法只能依靠自己来建立

例如，即使只有数百万分之一的概率，买彩票也一定会有人中奖。股票投资和买彩票的道理是一样的，必然会有获得收益的人存在。但在买彩票方面我们无法通过自己确立一种保证能够获得收益的做法，但是和买彩票不同的是，在炒股当中，如果确立了自己的做法，就能够获得与之相应的投资表现。

因此，我认为瞎蒙行情是无法获得收益的，“顺势而为”才是根本。虽说如此，但却无论如何也不能够通过语言来具体地对顺势而为进行说明。这和前面所讲的“行情的定义”是相同的，是一种非本人不能实际感受的东西。

虽然我能够给各位读者一些暗示和线索，但是我却不能教大家该如何去炒股。说得不好听一些就是，你获得收益还是蒙受损失跟我没有任何关系，是每个人自己的事情。因为归根结底炒股是一个人战斗的地方，而不是大家乐呵呵一起赚钱的地方。自己思考，独立判断并采取行动是理所当然的，自己的人生就应该由你自己亲自来开拓。

但这并不意味着我连自己的经验都不舍得拿出来与大家分享。我是一个一直不断地在改良自己的投资方法的投资者。期望通过从别人那里获得的东西来赚钱的想法，是我们讨论范围之外的内容。

从这个意义上说，如果自己能够更容易地使用这个被称为技术分析的工具，就足够了。投资的入门者一般都将学习技术分析放在首要位置，而将通过炒股赚钱放在次要位置的比较多，这都是属于本末倒置的。我希望大家能够经常思考炒股的目的是为什么和为了能够获得收益应该如何行动，从而确立属于自己的做法和投资风格。

9. 与年纪契合的投资姿态

从现在开始我们要加入各种论述，所以，我想在这里说如下几点。投资方法会因投资者的年龄和性别的不同而有所不同。通常，我们必须思考与年龄相一致的做法，这是和投资的目的，也就是人生观密切相关的问题。

随着年龄的增长，对价格的反应也变得迟钝。而年轻人能够针对变化快速地做出回应，但是如果上了年纪，反应就会变得迟钝。反应变得迟钝的投资者，如果再进行期货、期权、信用交易等比通常的投资品种风险还要大的交易，处境就会变得非常危险。

老年富裕层投资者不应该承担风险

我看到非常多的老年投资者正在承担着较高的风险。我当时就想，这些老年人工作了一辈子，到了老年时才积累了一点儿财富，为什么要承担这么大的风险呢？我十分不解。利用存到退休的资金乐享天伦之乐难道不是更好吗？

炒股可不是过家家那么简单的事情。每个人都是拼了命的像只狼一样在股市中围猎，希望能够分得一杯羹。当然，老年富裕人群的资产是最容易猎获的。

老年富裕层的人们一定不要做一些让自己辛辛苦苦攒下的钱贬值或者缩水的愚蠢的投资决定。股市当中的每个人，都想把别人口袋中的钱猎获到自己口袋中。

如果要让我给老年富裕层人群一些投资理财建议，那么我的建议就是，从今往后要尽量避免幻想一夜暴富，而是应该通过风险小的理财产品，切实地增加现有的资产，这样会更符合老年富裕层的实际需要。长年累月将自己所剩的时间花在炒股上是没有任何必要和好处的。通过更加安全、更加容易理解和把握的理财策略，只在局势变得比较明朗的事后出手就可以了。

年轻阶层应该制定一个收益目标，并竭尽全力去实现这个目标

相反，到目前为止还没构建资产结构，没有任何资产的年轻阶层的思考方法就不同了。确定比例年金(日本版 401k)就是这样设置的，从现在开始，养老金资产的运作就完全成为自己的责任和事情了。是富裕丰足的退休生活还是寂寞贫困的退休生活，完全取决于自己本身的投资判断。

幻想一夜暴富是人的本性，但是经常进行风险较高的交易是愚蠢的。而且，如果还有时间，从现在开始就要尽量多地学习些必要的知识，然后在此基础上，充分有效地利用少量的资金尽量地赚钱。

当然，奋不顾身地赚钱和进行融资融券交易等风险较高的愚蠢交易行为的含义是不同的。在自己的人生规划中切实做好理财规划，年轻阶层有必要经常计算自己的收入和支出以及将来必要的资金，同时以达成这个理财计划为目标拼命努力。

虽然这些行为显得有点儿朴素，但是对于炒股来说非常有必要的是，需要在赚钱的过程中明确“何时何地适可而止”的目标与计划，并朝着这个目标，检查现实当中运作资产的状况，要做一个家庭收支账簿，并每天进行核对和检查。如果没有这种检查和核对，就不能确定该时点的风险，也就是说，无法明确必须将亏损控制到什么程度。止损的决定并非该时点的行情氛围决定的，而是通过详尽的计算明确的。

明确理财计划后，就应该拼命努力以达成当初设立的 200 万日元或者 500 万日元的目标金额。如果在本金的基础上进行一定程度的利益累增，就可以适当地扩大损失容许的范围，从而能够更加轻松地运作自己的资产了。当钱变得越来越多的时候，这些金钱就能够自我增值了。

从最终来看，持有头寸的“气魄”很重要

不管是老年富裕阶层还是年轻工薪阶层，如果自己的资产正在不断减少，就说明有什么地方做得不对。在资金运作的世界里，资产的增减是讲述了一个运作是否正确的故事。

假定运作资金减少的局面没有得到终止，就必须立刻停止交易，并明确资产缩水的原因和应对策略。这不能归罪于市场，不要忘了主要的原因是你的做法错了。

在实际操作当中，树立“应该通过任何手段任何方式从市场中围猎金钱”的气魄和信仰是非常重要的。虽然这和所谓的技术分析的合理性的追求之间没有任何瓜葛，但是基于技术分析，在实际卖出和买入的下单过程中，会有一种压迫感困扰着你。要摆脱这种压迫感，能否切实地将机会转化为收益，是由最终持有头寸的勇气决定的。

趋势的看法与思考方法

如前所述，我并非是在“预测市场”，而总是在思考如何“顺势而为”的同时进行炒股的。所谓“顺势而为”，顾名思义就是“顺着市场行情的变动趋势”的意思，就是当上涨趋势到来时，持有买入头寸，而当下跌趋势来临时切换到卖出头寸，从而确保收益，别无其他。

因此，在思考行情趋势的过程中，首先必须要把握该时点的趋势是怎样的。要把握目前的行情趋势是上涨趋势还是下跌趋势以及没有趋势的状态。

对行情趋势的把握

能够正确地把握趋势之后，需要我们做出符合这种趋势的交易判断。也就是判断从行情暴跌触底反弹开始转换为上涨趋势的局面下，应该在什么时机买入呢？以及上涨趋势时股价升到顶部然后转换为下跌趋势的局面下，应该在什么时机卖出呢？

在本章的后半部分，我们将以市场行情趋势的认识和与该趋势契合的交易方法为中心展开讨论，因此我还是希望从前面论述的基本的市场行情的定义来进行确认。

1. 顺势就能获益，逆势必然蒙受亏损

顺势而为至少自己的资产是安全的，若逆势操作，蒙受损失的风险则会大大增加——在炒股的过程中将这一点铭刻在心是极其重要的。

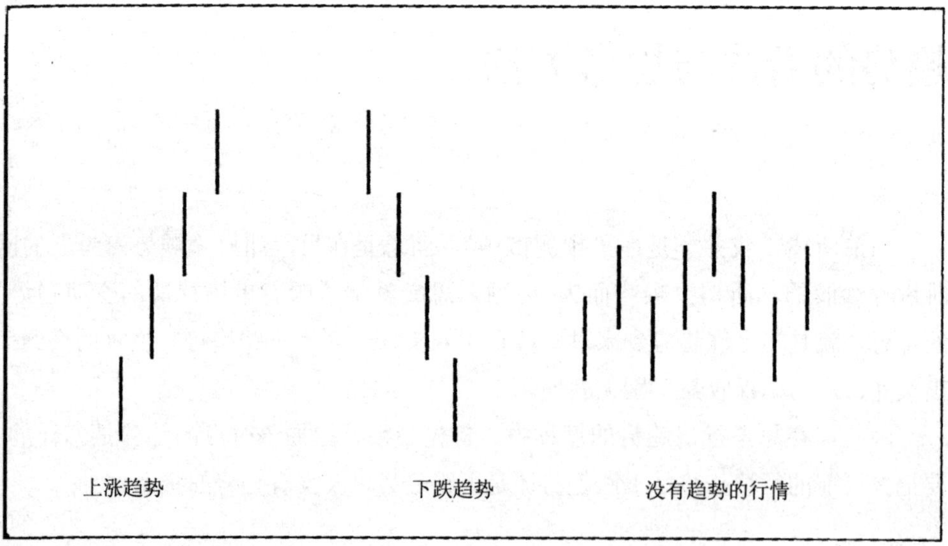

图 3–16　趋势的定义

不管自己以何种场景描述接下来的行情变动,还是国民经济陷入了危机的状态,都应该认为行情趋势的任何一种变动都是正常的(图 3-16)。

如果行情的所有变动都是正确的，那么技术指标在这些变动瞬间所显示出来的信号也都是正确的。认为技术指标不准确的人，是因为根据一瞬间之前的行情来预测接下来的走势，才做出了错误的判断。基于技术指标判断出的下一瞬间的信号与前面的判断得出的信号完全不同的情况比比皆是。

在一波市场行情当中，不是行情奇怪，而是自己奇怪。如果不坦诚地认识到这一点，那么学习再多的技术分析也是没有任何意义的。

2. 遵守规则

为了在股市当中获得利益，需要时刻遵守股市的规则。当然从头到尾都不存在什么所谓的“炒股方法”的东西，也没有明确成文的规则存在。有的只是仅能称得上是“研判案例”的股市过去的事例。

行情任何时候都在变动，既有下跌的股票品种又有上涨的股票品种。虽然当大多数股票在下跌时，买入上涨的股票就能获得收益，但是实际上事情不会像想象的那么顺利。

在行情上涨的初期阶段交好运进行了买入操作的投资者，只有在接下来的上涨局面中掌握好出货的时机才能最终确保收益(获利清仓)。但是，如果错失了出货的时机，一瞬间行情就会转换为下跌，利润会被立刻吞噬殆尽，并且如果下手慢的话，还会蒙受损失。而且，在行情的高价区间买入的投资者，自然会在之后的行情下跌中蒙受损失。

行情会展现出超乎常识的变动

因此，“如果根据过去的事例，在常识范围内的上涨水平下能确保收益的话固然不错”以及“在最高价水平上不要再执行新的买入就好”等想法也会浮现出来。然而，行情有时会出现超出常识的变动。

如图 3-17 所示。软银(9984)从 1999 年春开始到 2000 年春为止，从 2000 日元上涨到了 19.8 万日元。当初花了 200 万日元购入 1000 股的投资者的资产规模扩大到了 1.98 亿万日元。真可以称得上是股市给的大馅饼了。

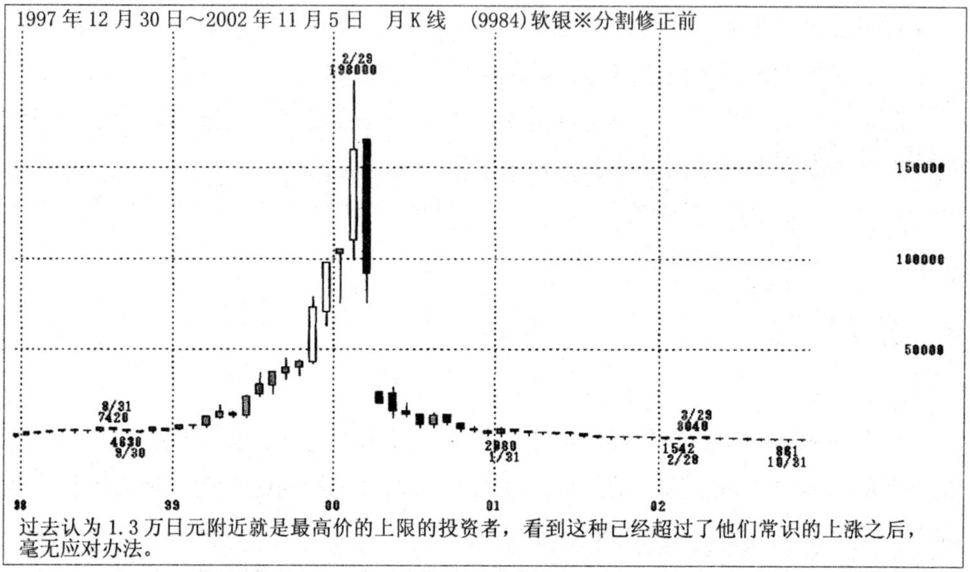

图 3-17　超乎常识的大行情的案例

问题是，股价到达最高价之后，行情会急转直下，甚至会出现跌破 1000 日元的情况(由于除权，原先持有的 1000 股变为了 3000 股)。

在炒股当中比较难的是，我们并不知道股价会从 2000 日元涨到 19.8 万日元以及又从 19.8 万日元跌到 1000 日元。假设事先知道股价必然会从 2000 日元涨到 19.8 万日元，那么买入的投资者任凭谁都不会在 19.8 万日元以下的价位卖出吧。如果是这样，行情就不会成立了。

在 2000 日元买入，当股价升到 1 万日元时卖出，确保有能够获得收益的投资者也大有人在吧。从常识来讲，每股获得 1 万日元的收入就已经非常了得了，但是如果在股价涨到了 19.8 万日元之后再卖出，就能够得到更多的利润，与获得利润的喜悦相比，由于卖出而没有获得更多利润的悔恨是不是会更大些。这就是所谓的投资者心里吧。

在这里我们想说的是，虽然之后看到走势图可以做各种各样的解释和说明，但是，在行情发生的每个瞬间里，大家都是在“可能会上涨”“可能会下跌”的迟疑徘徊的心态下进行交易的。因此，有时行情会出现过去见所未见的脱离了常识的变动。

由于在行情中必然会最后有一个人充当所谓的特朗普的“爸爸”在最高价接盘(必须有人在最高价买入)，因此，通常会在观察周围情况的同时，展开心理战。如果是特朗普，参与者的面目就在眼前，也能够了解其表情，然而股市当中，我们却看不到参与者的面目。因此在股市当中，我们只能在观察走势图(技术指标)的同时判断目前局面下自己是安全还是危险。

走势图描述了行情的巨大变化，也就是描述了行情在一瞬间从到目前为止还在上涨的局面转为了下跌的局面。

软银的 19.8 万日元的股价仅在很短的时间内就跌破了 10 万日元，最后跌到了 1000 日元(由于除权，对当初的持有者来说，1000 股变为了 3000 股，因此 1000 日元的股价对当初的持有者来说，实际上是 3000 日元)。一般来讲，行情的下跌要比上涨快速一些，但是在这种比较大的行情下的下跌局面下，接下来的下跌将会出现一发不可收拾的事态。

将自己的资产置于安全的状态是最重要的

该事例显示出将自己置于安全范围内进行交易的重要性。在行情开始进入危险范围内之后，显示出尽可能快地彻底清仓的必要性。必须铭刻在心的是，一瞬间的踌躇就是致命的。

你试想一下体育竞技项目就明白了，即便是像格斗那样伴随着危险的竞技项目，也应该将竞技场所设置在尽可能少受伤的场合。比如相扑就在“土俵”上进行比赛，以降低选手受伤的可能性。

在土俵上进行相扑的目的，是使相扑选手“不受伤”(不受损失)的同时，使其竞技限定在该区域范围以外不能进行相扑的规则。

炒股的世界和这个有些类似，遵守这个规则就是为了不让自己的资产减少，这是比其他任何事情都重要的事情。但是，在现实生活中，不遵守这项规则且不断进行交易又不断蒙受亏损的投资者却始终前赴后继，络绎不绝。

如果非说我在这里着力强调对基本思考方法的重视，是因为在体育竞技当中规则都明确地记载在了运动项目的规则手册当中了，然而，在炒股的领域里，却没有这种明文化的规则手册。是因为以获得收益为目的的规则(不蒙受亏损的规则)变成了潜意识里的规则。

虽然我们已经反复强调了将自己的资产放置于安全范围内，是非常重要的事情，但是学会这个不成文的潜意识的规则，以及遵守这个规则才是比任何事情都重要的。

3. 趋势的把握与止损

在一波行情中，随着时间的不断推移各项条件都会发生变化，而且趋势也在时时刻刻发生着变化。不变的是在某一时点上建立起来的自己的头寸。由于不可能正确地扑捉趋势的变化，自己的头寸与趋势的方向不一致的局面必然会出现。这就意味着对自己来说进入了行情中比较危险的范围了。因此，必须尽快清仓逃脱。因此，导入Loss　Cut(止损)的手段是绝对有必要的。

不能在交易中蒙受到哪怕一次的深度亏损

炒股与胜率无关。胜率是100%的确是最理想的状态，但是在现实生活中100%的胜率是不可能的。

以获得合理的胜率为目标的技术分析并非为了实现100%的胜率。即便胜率只有5成或者1成，和总的损失额相比利润额如果多，资产就会增加。因此，我们不考虑胜率的因素。

重要的是不要蒙受较大的失败。主要不要在交易中蒙受哪怕一次的较大损失。因此，必须严格遵循止损的原则。

并且，不考虑已经过去的事情也是很重要的。不管有多后悔，过去之事如“覆水难收”，都已无法挽回了。已经过去的事情怎么着都无所谓了，在炒股过程中必须时刻根据实际情况进行判断和把握。

在技术分析中，更确切地说就是在对行情的思考中如果没有考虑止损，不管怎么做，其最终的结果终将是资产规模的不断缩水，那么还不如从最初开始就不要炒股的好。

4. 股价的变动与基本面

股价因何而动呢？①经济景气的动向；②利息的动向；③资金供应的状况；④企业业绩的推移；⑤企业的财务数据；⑥新业务以及新材料的题材；⑦行情整体的预期；⑧企业是否受欢迎；⑨行情参与者的损益状况；⑩成交额的多少；⑪融资融券交易的状况；⑫信用评级[①]；⑬技术原因；⑭特定投资者(巨量资金的动向[②])的介入；⑮投资者的意图；⑯小道消息……等等。开始思考后会有不少的变动原因浮现出来。

从结果来看，对我来讲我不知道行情因何变动。首先，针对数千家之多的上市企业，我们能够正确掌握上述所有原因吗？我之前专门从事过这方面的业务，但是却在某种情境下对自己来讲到达了一种极限，感觉“这是不可能的”。

其次，行情的世界是参与者之间的相互欺骗而已。既不能保证业绩比较好的股票品种(报表比较好看的股票品种)必然上涨，也不能保证业绩比较差的股票品种(报表比较难看的股票品种)必然下跌。

参与行情的每个人总是在进行预判。正因如此，即便现在的业绩比较好也卖出，而现在业绩糟糕的却要买入。有时，也会有业绩以外的原因发生作用。

因此，我改变了这种思考市场的方法。可以考虑为上述所有的原因都交织并体现在了现在的“股价”的变动中了。因此，我发现如果只对股价的变动进行分析，就没有必要花大力气处理庞大的数据了。这种“股价中交织了所有因素”的思考方法就是技术分析的本质。

---

① 对企业和国家发行债券的本金和利息的确定性信用评级。比较有名的信用评级机构有穆迪、标普、惠誉等。

② 以短期内获得巨大收益为目标，在短期内投入巨额资金进行股票交易的人或者机构。

如果基本面发生了变化，那么受到相应影响的股价就会出现相应的变动，并反映在技术指标中。原本基本面分析中的题材只不过是一种推断的内容而已，是还没有实际产生业绩的部分。所有的题材，最终都会归结于买入的投资者多还是卖出的投资者多的事实上，这个事实就原封不动地反映在了股价上。关注股价的技术分析的价值就在这里。

通过基本面分析无法实现对风险的管理

因为现在我在实际交易当中一直非常重视技术分析。希望通过我的说明不要误解原本在股票品种的选择和判断投资环境的过程中要充分考虑基本面这点。

在过去，就像如前所述的软银的较大行情那样，基本没有什么业绩支撑的股票品种却出现暴涨的示例也是有几个的。在这些案例当中，基本都不能从基本面上对其进行说明。虽然有时事后可以加上一些说明，但是从结果来看，具体是由于什么原因引起的股价剧烈波动是无法特定的。我认为不能特定的东西是不能用于市场行情的分析的。

作为我把立足点从基本面分析转移到技术分析的另外一个理由，可以说就是在基本面分析下不能进行交易的风险管理。也就是说，应该设定止损的点和趋势发生反转的点等，在基本面分析当中都是无法有具体结论的。

虽然已经强调了很多次了，为什么在那里买入，而在那里卖出等不能说明的部分在炒股的世界中是非常多的。如果考虑到这一点，那么可以说技术分析要比基本面分析相对来讲更加便利地点会比较多。

5. 股价交织了所有因素

上述这些带给股价影响的因素不管列举多少，如果单独进行分析，都不能最终确定行情的变动方向。本年度的业绩是好还是不好，以及和上一财务年度相比增长了或者下跌了多少百分比等，若再考虑在过去的 5 年时间里或者 10 年时间中将会变得怎样，由于决定一只股票的卖出和买入的因素过多，因此仍然无法得出结论。

我觉得单纯来讲是不能对这么多复杂的原因进行分析的。之前我就从事这方面的工作，只是分析 10 只股票就已经殚精竭虑了，因此我认为要想通过这种基本面分析的方法把握东证一部[①]所有 1400 只股票品种的动向，对普通人来讲是不可能实现的。

通过研究员的工作，我在没有持有头寸的时候重视基本面分析，但是实际持有头寸，就自然而然地转变到重视技术分析了，也许这是非常自然的事情。这也就是一般评论家和有实操经验的评论家的不同吧。

大家知道的是“非常重要的情报”

反复地尝试进行思考，可以看到股价交织了上面列举的非常多的原因同时是发生变动的。即便不针对每个股票品种的各种各样的原因进行一一思考，而是只思考股价推移本身，就会与思考所有原因得出相同的结论。也就是说，“股价交织了所有的因素”。

当然，在股票投资当中，诸如经济景气情况和企业业绩等信息，肯定是能够获悉的越多越好。只是，是否能够真得获得所有的影响因素和信息。假设知道了这些信息，是不是先于其他投资者得知这些信息又是另外一个问题了。如果当这些情报传到你这里时，其他的投资者已经全部都知道的话，那么这些情报已经没有任何价值了。

我在业务行有一段时间就是操作这种“最新的信息”的。虽然如此，即便比一般投资者更加早地知道这些情报，由于在行情参与者当中存在知道的更早的人，因此股价已经因此发生了变动。

更糟的是，通过我们这些营业人员向个别的投资者散布相关的信息需要花费大量的时间。而当营业员向投资家说“我这里有一条十分重要的情报”的时候，差不多所有的投资者都已经知道了这个信息。当听到这句话的投资者再以该股票为对象进行买入(卖出)的时候，股价已经升到了最高价，这样的案例真的不少。

我们把这叫作“信息的时间差”，当投资者收到这些信息之前，股价已经由于买入而上涨了(或因卖出而下跌)。

---

① 指东京证券交易所的第一市场部。日本国内主要企业的股票大多都在这里上市发行。

股价交织了所有的信息。不可思议的事情是，在现时点上不仅企业业绩，连将来的变化也交织在了股价中。从这个意义上可以说“股价具有卓越的先见性”。

我在这本书中解说的技术分析，是分析交织了所有信息的股价的推移。补救超越了人的分析能力的部分，并在此之上获得收益。

技术分析是以“股价交织了所有因素”为前提的。请将这个前提时刻放在大脑中的某一个地方。

6. 结果，任何人什么都不知道

在买入股票获得收益的过程中应该怎么做呢？

答案是，在自己买入之后，有别的其他人在自己买入的价位以上买入就可以了。如果没有人在自己买入的价位之上接盘，那当然就会蒙受损失了。

因此，问题是自己买入之后是否会有人在更高的价位上接盘，是谁也不知道的事情。

也许会有人说“从业绩上讲已经相当便宜了，因此接下来必然会上涨吧”，如果考虑到 TOPIX[①]在泡沫破灭后数次刷新最低价的局面之后，就会明白事情不是那么简单了。

不可能明确所有投资者的投资意愿

某一时点股价达到了一个价位的意思是指，在这个价位上既有买入的人也有卖出的人，两股势力获得了一个暂时的平衡。也就是说，在“有可能上涨”“有可能下跌”的推测与每时每刻的损益状况下，即便是最低价也会有不得不考虑卖出的人，而在最高价时也会有不得不买入的人存在。

在急转弯节目当中实际上能够听 100 个人说话，但是交易股票的人不只待在日本，他们分布在世界的很多地方，因此，我们无法得知这些人到底是谁。并且

① Tokyo Stock Price Index= 东京证券股价指数，表示东京证券一部的所有股票品种的时价总额和基准时的时价总额相比有多大程度的增加或者减少的指标。

1 个交易日当中，有成交额为 1 亿日元的股票品种，也有只成交 1000 股的股票品种。而且一个人有可能只购买 1000 股，但也会有人购买 50 万股。如果探究这些所有的事情是“怎么样的?”那是不太可能给出具体回答的。

因此，进行技术分析的投资者希望能够在一边看着被称为“走势图”的 K 线图，一边确定着不特定多数投资者的动向的同时，把握行情的变动方向。

自己已经买入了某只股票品种之后，获悉其他投资者对这只股票品种的想法就比较重要了。可以认为，如果自己的思考方法与其他投资者的思考方法相同，那么自己就能顺着安全的走势而获利了。

然而，即便认为自己进行了正确的判断，如果其他投资者传达给你的意思是“你的头寸方向是错误的”，那你就不得不认为自己的头寸处在了一个非常危险的方向上了。这些都与最终的结果“亏损”联系在了一起。

对没有说到 K 线图的事情进行理解

正如这样，为了能够区分市场参与者的投资意向，必须对没有说到 K 线图的事情进行理解。那是因为如果不明白 K 线图的基本观察方法，不管在 K 线图上加什么技术指标你也不会明白行情的本质。从结果来看，如果在什么也不知道的情况下就反复进行交易，那就会不断地蒙受损失。

如前所述，所谓 K 线图是日本古代就有的行情分析手法，是一个非常重要的技术指标。

正如我们在第 2 章中介绍的那样，K 线中有如“破晓的明星”或者“黑三鸦”等诸多形态，在很多解说的书中都会出现。但是我在这些众多的形态当中，并不拿现在的行情与某种形态进行对照来对行情进行判断和把握。我们已经学习了好几次了，我们无法记住所有行情的形态。

这句话的意思是说，我不认为 K 线形态是多么重要的东西。如前所述，在行情中最重要的是行情参与者的“不成文的思维定式”。如果明白这些，至少能够明白哪些股票买是可以的，而哪些是万万不能买的。也能够基于此而判断接下来行情变成什么样子就会被买入以及变成什么样子就会被卖出了。也就是说，能够判断自己的头寸是安全还是危险了。即便是仅能够判断这些，K 线图的形态也就变得不那么重要了。

买入的较多所以股价上涨，卖出的较多所以股价下跌

有句话说得好：“股市的事情请去问股市。”这句话的意思是说，行情参与者在行情的分歧点出在买入和卖出两者上会选择哪个呢？需要从行情的变动中对这个动向进行判断。也就是说，作为不成文的思维定式，我们必须能够感觉出当下时点的股价是“最高价”还是“最低价”。

行情参与者当中，如果突破了前面的最高价，行情就会上涨，而如果跌破了前面的最低价，行情就会下跌，行情只会形成其中一种共识。证券公司的交易员并非花一整天的时间漫无目的地一直紧盯着行情的动向。而是在各技术点上对行情参与者的投资意愿进行确认罢了。

针对“行情是基于什么而变动的呢？”这个问题，虽然半开玩笑地说“因为买的人多，所以上涨，因为卖的人多，所以下跌”，但这恰恰就是行情的本质。通过使用技术指标对这样的现象进行把握就是从现在开始的课题。总而言之，技术分析就是当行情达到某一点后，对行情参与者卖出或者买入的意识的确认。

7. 由于不知道所以产生了“定义”

如果说行情参与者是在徘徊迟疑当中思考行情的话，那么行情参与者的数量变得越多，自然就能达成一定的共识，从而在行情中方向性得以出现。这就形成了行情的趋势，不成文的思维定式所产生的行情的定义也变得明确了。

也就是说，由于是在对其他投资者进行察言观色的同时思考行情的，因此会产生大致相同的行动。之后是由于资金量、知识和经验等的各种条件的制约，每个投资者的行动也会有所不同。

“定义”制约了投资者的行动

不可思议的事情是在股市中如果导入定义的话，这些定义就会开始制约投资

者的行动了。类似于如果信号灯变成红色，就暂时停在那里一样。如果无视信号灯的话，就会发生事故。在股市当中，就是发生与亏损和收益直接相关的问题。

虽然反复强调了很多次，但我们还是需要根据行情的定义来将自己的风险限定在一定的水平上。也就是说，让我们的资产更容易达到资产增值的目的。

如果大家都按照相同的定义行动，那么行情就会发生较大的变动。如果在那时出现不知道规则的投资者，就会落后于行情的变动。而遵守定律的证券公司的交易员和熟悉股市的投资者们，是绝不会错失这么好的获得收益的机会的，他们会积极地进行操作，将这种机会变成自己的实际收益。

从结果来看，由于不知道定义的投资者大量存在，因此知道定义的投资者就有了产生收益的可能性。

8. 为了按照“定义”行动而使用K线图

投资者为了遵从股市的定义，必须总是在思考“最高价”和“最低价”的同时采取相应的行动。

而在观察最高价和最低价过程中使用最为便利的技术指标就是K线图。如果使用K线图，则能够在某一期间切实捕捉到行情的变动与强弱感(图3-18)。

就技术分析来讲，虽然可以认为其和比较难的工具相比使用起来会比较便利，但是在实际操作当中并非如此。由于我们这些投资者从来就只能追随行情的变动而采取行动，因此不管是复杂的工具还是简单的工具，其对应的投资表现都不会有较大的不同。所以，像K线图那样的简单的技术指标其实是更加易于使用的。

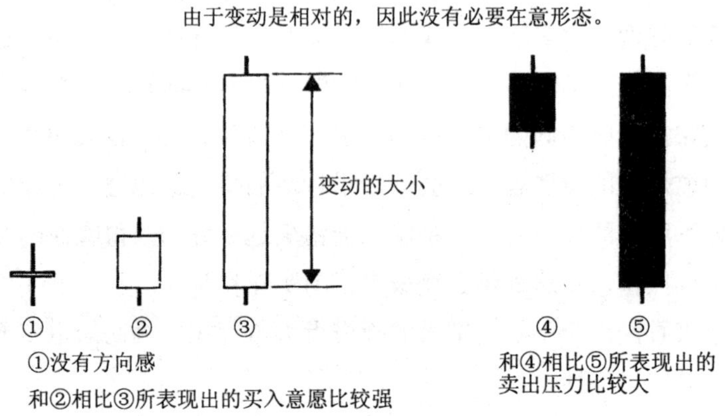

图 3–18　K 线图的强弱感

不了解 K 线就不了解市场

有些投资者经常不根据 K 线图而来的技术分析把握行情，而是使用其他技术指标，我一点儿都不觉得这些人多么厉害。在参加行情的过程中，首先，如果不通过使用 K 线图来确认最高价和最低价从而对行情进行把握，那么理解行情的定义是非常困难的。

如第 2 章中我们所说的那样，K 线当中有“阴线”和“阳线”。虽然原本阳线是用红色、阴线用黑色来表示，但由于本书是黑白印刷的关系，大体上来讲阳线用白色而阴线用黑色表示。并且，在电脑的显示当中，由于与背景的关系，阳线用红色，阴线用反白的颜色表示。这仅仅是视觉效果的问题，不要觉得诧异。

前面所说的“顺着行情的趋势”，换种方式表达，就是沿着与行情参与者的投资意愿相同的方向。因此，这里所说的行情参与者的投资意愿的反应就形成了 K 线。

阳线表示该交易日(或者周、月)的收盘价要比开盘价高。也就是说，这意味着该交易日(周、月)当中，执行买入操作的人的力量关系要比卖出的人强。

与此相对的，阴线表示该交易日(周、月)的收盘价要比开盘价便宜。这意味着该交易日(周、月)，卖出的人的力量关系要比买入的人强。

在这里我们使用了“多方的力量关系”和“空方的力量关系”。虽然在股价上涨时，买入的人和卖出的人相比越多行情上涨的幅度就会越大，但是大量的行情参与者的卖出和买入交错在一起的情况也是存在的，并且，如果参与者认为行情在接下来会继续上涨，那么原本想卖出的人就不会卖出，就会导致在极少数买入的情况下行情仍然上涨(也被称为“小额交易”)等很多种状况出现。概括这些各种各样的状况就是“买入的人的力量关系”比较强还是比较弱。同样的，在下跌行情下，表现出的是“卖出的人的力量关系”是强还是弱的状况。

看清空方和多方均衡点的本质

虽然在 K 线(日 K 线)中能够知道该交易日的“开盘价”“最低价”“最高价”“收盘价”，但是却不能知道在这 1 个交易日当中股价在怎样变动的情况下达到上述的价格过程。例如，开盘价是 500 日元，最低价是 495 日元，而最高价是 555 日元，收盘价是 550 日元的阳线的情况下，是从 500 日元降到 495 日元然后再升到之后的 555 日元，最后又降回 5000 日元呢，还是从 500 日元一路涨到 555 日元之后，再降回 495 日元，最后收盘到 550 日元呢，这个股价波动的过程是怎样的呢？我们不得而知。

顺便说一下，为了能够知道这些比较详细的变动，我们可以利用持续交易时段[①]的时刻 K 线[②]和 3 分钟 K 线、5 分钟 K 线等 K 线。最近，我们基本上可以在几乎所有的联网证券[③]的网站上看到其持续交易时段的变动了。虽说如此，K 线的思考方法，即便是持续变动的情况下，通常的日 K 线、周 K 线、月 K 线中，包括年 K 线也是没有变化的。

在这里比较重要的是，从 500 日元开始的行情却在 495 日元卖出的地方中止。基于此，想要买入这只股票的投资者就能够判断在 495 日元价位以下，和卖出的人相比，买入的人要多。也就是说，我们所说的最低价是指能够判断在此之

---

① 从开盘到停盘之间的时间以及期间的交易方法。对于日本的股市来讲通常前半场为上午 9:00～11:00 的时段，而后半场是下午 12:30～15:00 之间的时段。

② 一天当中伴随着基于交易的约定价、指示价格发生之后的每个时刻、交易价格等分别进行记录之后获得的数据。

③ 没有实体店铺，以通过互联网进行在线交易的中介业务为主业的证券公司。

下买入的人要多(卖出的人要少)的点位，而这就是行情参与者的投资意向。

因此，当股价到达 495 日元之后，行情参与者会买入并将股价推升至 500 日元以上。也就是说，如果股价到达 495 日元，那么买入的人就会变多，因此在此之后就是到什么价位为止买入的人会一直较多的验证。

在这里，不仅多方在进行测试，空方也在进行测试。也就是说，当行情上涨到哪里是对空方力量超过多方力量的那个均衡点的不断摸索。

其结果就是，虽然认为该交易日在 555 日元价位存在也可以买入的人，但是由于在此之上的价格上没有买入的人，因此最高价位锁定在了 555 日元。最高价的意思就是可以判定在此价位之上，空方力量比较强的点位。

暂定价与确定价的确认

由于交易当中有时间上的制约，因此上述示例中说到底是 1 天当中的股价的变动。投资者也许会认为已经快到下午 3 点了[①]，今天的交易差不多就到这儿了吧。也就是说，在此之后股价是进一步上涨，还是不上涨呢？我们是无从得知的。因此，我们不看到下一个交易日的股价的变动，我们就不能对行情进行判断。

结果仅靠 1 根 K 线还是什么都无法明白。最终的收盘价真的就能代表投资者的投资意愿吗？还是由于这一天的交易已经结束了，因此由于时间的制约落到了收盘价的水平上呢？我们无从判断。因此，下一个交易日以后以什么样的方式推移，不看到是不可能知道的。

这一点有着非常重要的含义。也就是说，最近的 K 线由于受到了时间的制约，仅仅是暂定的判断依据。但是，之前的 K 线已经受到了针对前一收盘价的反应，因此能够成为确定的判断依据。因此，在当前交易日的 K 线与前一交易日的 K 线中，暂定价和确定价是有很大不同的。

在上述示例当中，从 500 日元到 550 日元上涨了 10%，因此可以说明有很多人买入了这只股票。如果没有人买这只股票，也许股价的变动也就是从 500 日元变动到 550 日元的幅度。也就是说，如果通过观察 K 线变动的具体情况，就能判断在某一股价下有多少人在买入那就非常方便了。

---

① 股票市场中的下半场交易时间的结束时刻。

下面我们对阴线进行一些适当的说明。例如，我们探讨一下开盘价 550 日元，最低价 495 日元，最高价 555 日元，收盘价 500 日元的阴线。

这里比较重要的是，最高价的 555 日元与最低价的 495 日元。在此其中，最高价到达 555 日元表达了所谓的“股价不会升到 555 日元以上”的行情参与者的投资意愿。

因此，虽然股价到达了与该交易日的最低价 495 日元比较接近的 500 日元的水平，但是这只是暂时的依据。至少有必要在下一个交易日之后的行情当中，确认一下参与者的投资意愿。

类似于此，K 线显示了在一定时间内的行情参与者的交易意愿。虽然大多数投资者单纯地观察所谓“今天比较高啊”或者是“今天比较便宜”等，或者只看收盘价进行简单的判断，但是没有任何进步。

从现在开始学习走势图的人应该铭刻在心的是，必须总是能够明确“股价到达多少的时候多方会进入”以及“股价到达多少的时候空方会进入”。

9. 最高价与最低价的确认

一根 K 线的观察方法就是上述的内容。之后，如果能够从开盘价到收盘价为止的长度以及对于当前交易日的变动幅度的收盘价的位置等，读取每时每刻行情的强弱感就好了。正如我们在第 2 章中论述的那样，虽然也存在在意 K 线形态的投资者，但是我仅思考买卖双方的平衡，基本不会思考 K 线的形态。

行情是行情参与者投资意愿的集合体，需要在连续的变动当中对接下来的动向进行判断和把握。在之前阳线的示例当中，从最低价开始多方介入，由于股价到达了最高价区间(到达收盘价)，因此在下一交易日的行情当中前一交易日的最低价 495 日元没有被意识到。但是，以 495 日元买入的事实是非常重要的。这是因为一旦跌破了暗示着有买入共识的最低价，就会出现跌到另外一个更低位置的可能性。

与此相同的是，阴线的案例当中，在 555 日元下被卖出的事实是非常重要的，如果超过了这个最高价的水平，那么就会有更多的人买入。

紧紧抓住上涨行情下的最低价与下跌行情下的最高价

这里需要强调的是，在行情持续上涨局面下，与其说是确认这波上涨行情将会持续到什么情况，不如说是确认当股价跌破什么水准的时候卖盘就会介入。

以如前所述的软银为例，认为过去的最高价 1.3 万日元附近可能是上限的投资者是无法应对远远脱离常识的到达 19.8 万日元最高价急剧上涨的变动的。但是，即便是发生了这样非常例外的强力的上涨趋势，如果每次都能提前把握其跌破哪个水平之后，这个上涨的趋势将会终结的可能性，那么只要不跌破这个水准，保持买入头寸就可以了。也就是说，能够获得收益。

这一点就是根据技术分析进行交易的点。为了能够应对不明确在哪里上涨或者是下跌的行情，与其考虑行情会到达哪个点位，倒不如考虑跌破哪个点位或超过哪个点位行情将会发生什么样的变化。我之所以说即便预测行情也是没有意义的，就是这个意思。

而且，如果在这样的思考方法下不进行交易，那么必定无法获得能够超过不必止损的亏损交易的利润。恐怕最终会演变成抓住了在一生的资产运作生涯当中难得碰到一次的大的行情的机会，却蒙受了亏损的悲惨结局。

接下来我们针对最高价和最低价的确认方法进行具体地说明。在这里，我们一边介绍被称作“威尔德的定义”的法则，一边思考趋势的转换点。这个定义是因开发了 RSI(请参考第 2 章)而声名鹊起的威尔德开发的。

在行情上涨的局面下，并非预测行情会涨到什么位置，而是必须抓住最低价。如图 3-19 所示。我们同时看到目前交易日位置共 3 个交易日的 K 线，来把握当前交易日的情况。

这是前一交易日最低价比大前一交易日的收盘价还要高的案例。大前一交易日的收盘价是该日最终的股价到达的地方(确定值)，前一交易日的最低价成为最近行情的支撑点位(暂定价)。当前交易日比大前一交易日的收盘价与前一交易日的最低价还要低的情况下，在当前交易日的收盘价是否跌破大前一交易日的收盘价就成为了行情的分歧点。

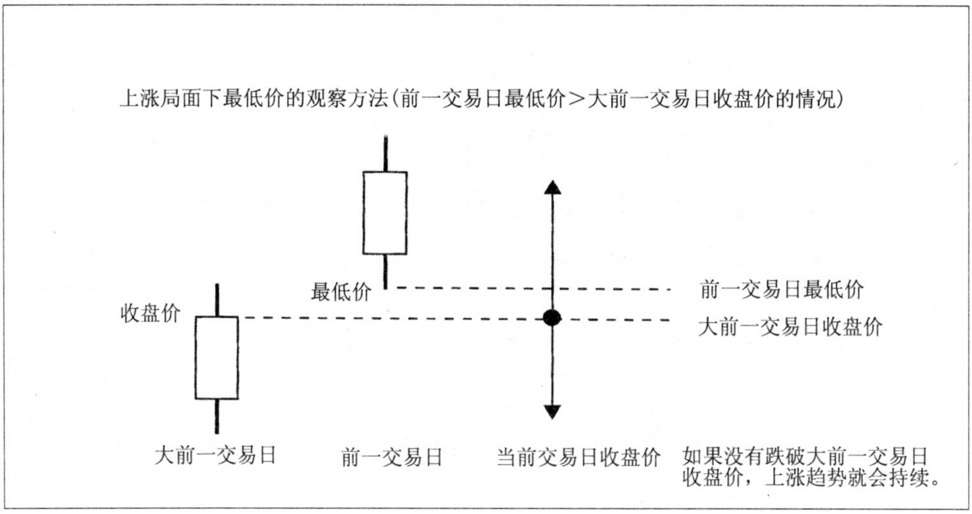

图 3-19　威尔德的定义(之 1)

图 3-20 是前一交易日的最低价要比大前一交易日便宜的案例。这种情况也是将大前一交易日的收盘价(确定价)和前一交易日的最低价(暂定价)进行比价，如果低就是将当前交易日的收盘价是否跌破了前一交易日的最低价看作是行情的分歧点。

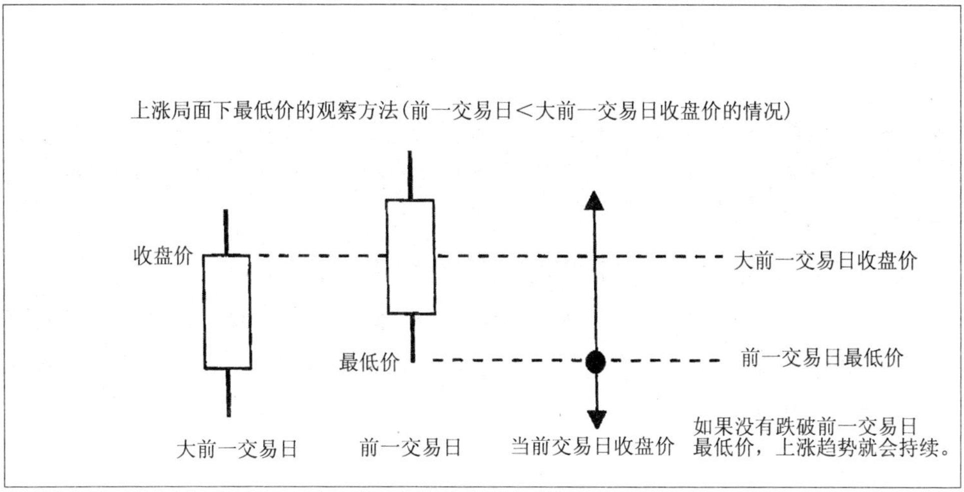

图 3-20　威尔德的定义(之 2)

上述两个示例说明了行情维持上涨趋势过程中出现的短期条件。

接下来，我们看行情的下跌局面。行情在持续下跌的时候，并非预测最低价而是需要紧紧把握最高价。

在图 3-21 中，如果将前一交易日的最高价(暂定价)与大前一交易日的收盘价(确定价)进行比较，由于前一交易日的最高价比较高，那么当前交易日的收盘价是否突破前一交易日最高价就成了行情的分歧点。

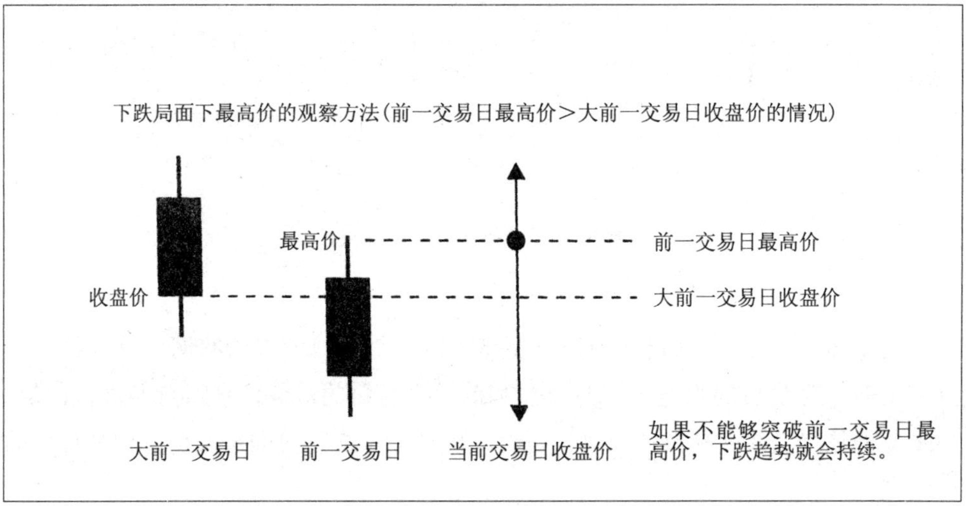

图 3-21　威尔德的定义(之 3)

图 3-22 是大前一交易日的收盘价(确定价)比前一交易日的最高价(暂定价)高的案例。因此，当前交易日收盘价是否超过大前一交易日的收盘价成为行情的分歧点。

上述这两个案例说明的是行情在不断下跌过程中出新的短期条件。

比较大的行情变动在此之后将会有所说明，但是至少在短期当中，通过紧紧抓住上涨持续的条件与下跌持续条件，即所谓的威尔德的定义，就能够尽早地捕捉到行情的变化了。

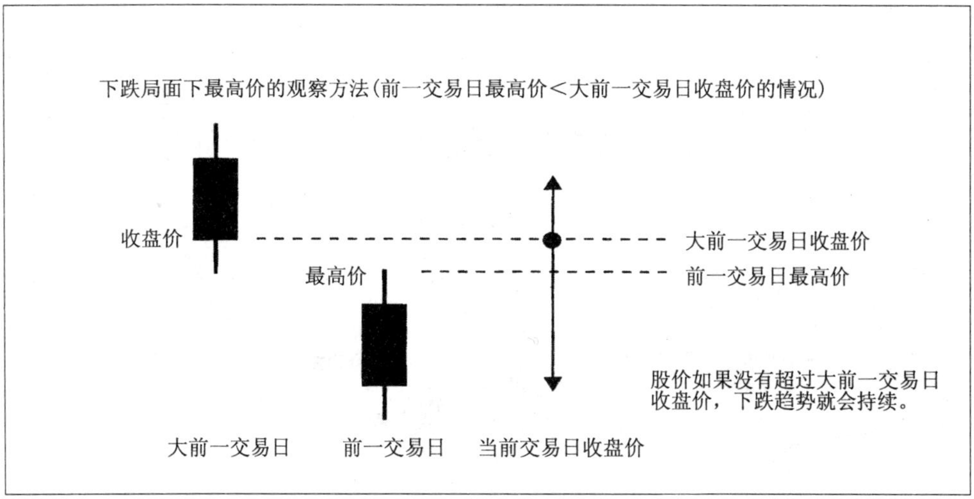

图 3-22　威尔德的定义(之 4)

应该思考的基准每天都在变化

我们通过实际案例来分析短期上涨和下跌的变动，图 3-23 是表示岛津制作所(7701)2002 年 9～10 月份的股价变动日走势图。由于受到该公司员工田中耕一发明的材料被评为了诺贝尔化学奖题材的影响，从 10 月中旬开始聚集了大量的买单。姑且不论题材如何，单就行情从当初买方入场的位置开始上涨来看，暂时维持着图 3-19 和图 3-20 的上涨条件。

虽然在 10 月 22 日中拉出了一根大阴线，即便如此，由于 10 月 22 日的收盘价没有跌破前一交易日的最低价或者大前一交易日的收盘价中比较低的一个(在这里是大前一交易日的收盘价)，因此无法确定上涨局面是否终结。

第二个交易日中，这个阴线的最低价变为了分歧点，因此如果在收盘价上跌破了这个分歧点，那就足以明确行情趋势已经由上涨转为下跌了。也就是说，应该考虑的基准每天都在发生变化。

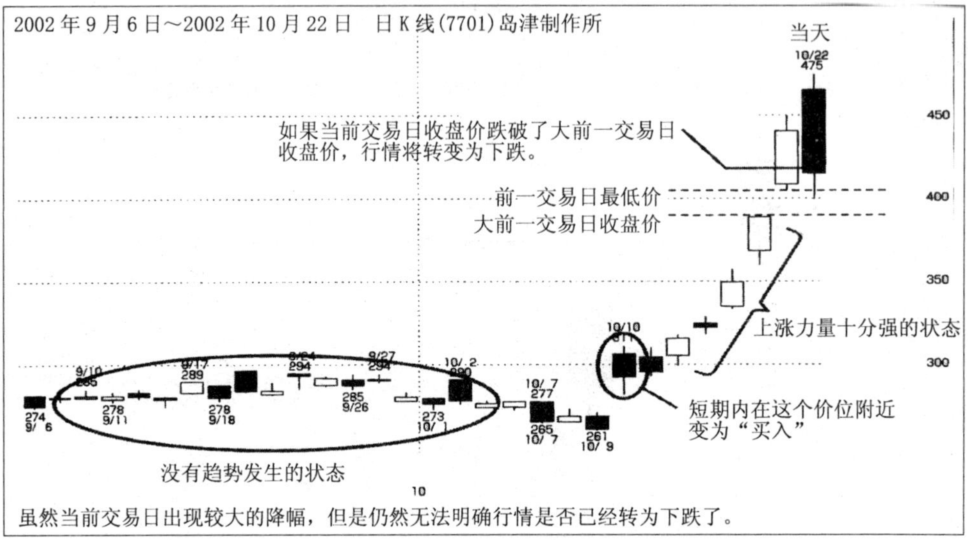

图 3-23 行情上涨的局面

在图 3-23 中，在进入上涨趋势之前行情的变动完全看不出方向感，因此显示的是行情没有趋势发生的状态。但是，一旦开始上涨趋势，行情就变成了具备非常强的上涨力量的上涨行情。顺便说一下，行情像这样急速上涨的情况通常俗称为“踩火箭”。

正如我们在第 1 章中说明的那样，为了在一波行情中获得收益，虽然行情的方向确定是非常必要的，但是趋势有一定的力量是非常重要的。没有趋势发生的股票品种和趋势比较弱的股票品种即便交易也是没有任何意义的。

10. 趋势的定义——道氏理论

接下来，从真正意义上针对趋势进行说明。到目前为止对 K 线的说明，与其说是趋势，倒不如说是定点观察行情趋势的强弱。所谓原本的趋势，并非几天之内的方向发生变化，而是更长时间内行情表现出的较强的方向性。

关于趋势，虽然行情参与者把它作为不成文的思维定式来运用，是在第 1 章中论述过的，但是通过道氏理论对现在的行情是在“上升”当中还是“下跌”当中进行定义，和对行情进行判断，在交易过程中则成为非常重要的思考方法。

我们接下来再一次对“道氏理论”的定义进行确认。

上涨趋势(图 3–24)：下一个最高价比前一个最高价要高，下一个最低价比前一个最低价要高。

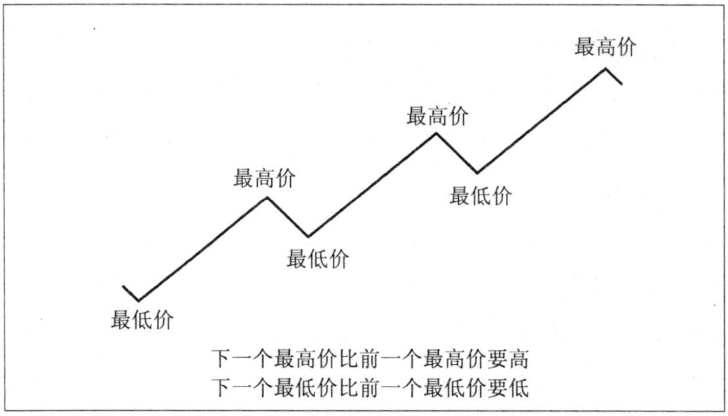

图 3–24　道氏理论——上涨趋势

下跌趋势(图 3–25)：下一个最低价比前一个最低价要低，下一个最高价比前一个最高价要低。

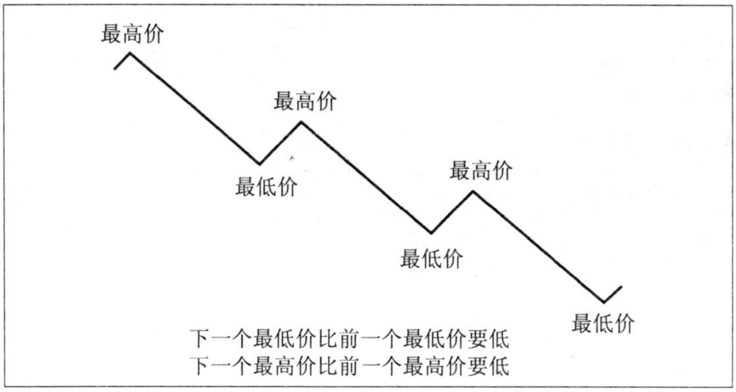

图 3–25　道氏理论——下跌趋势

就是这么一个简单的定义。上涨趋势下股价会超过最高价，下跌趋势中股价会破最低价。

实际上，这就是针对K线说明的威尔德的定义，也就是在上涨行情下是否跌破了大前一交易日的收盘价与前一交易日的最低价中比较低的，在下跌行情下是否突破了大前一交易日的收盘价与前一交易日的最高价中的比较高的判断标准有相同的含义。这些标准，道氏理论中，存在于引起行情发生趋势变化的条件中。

那么首先需要确认作为上涨趋势特征的“下一个最高价比前一个最高价要高，而下一个最低价比前一个最低价要高”。

在这些时候，作为上涨趋势的案例能够刊登的非常有限，这里我们通过NIPRO(8086)的周K线(图3-26)进行说明。此外，说到底请认为我们把在这里的说明限定在了走势图显示的期间内。

如图3-26所示，当初升至了1320日元的最高价，紧接着又降到了1086日元，直至998日元。因此，在此期间能够看到770日元的最低价。技术分析中，该最低价也被称为“支撑点”(support point=S点)。但是，仍然不能确定该时点上的这个最低价是不是真的是一个主要的最低价。说到底，是该时点上的暂定最低价。

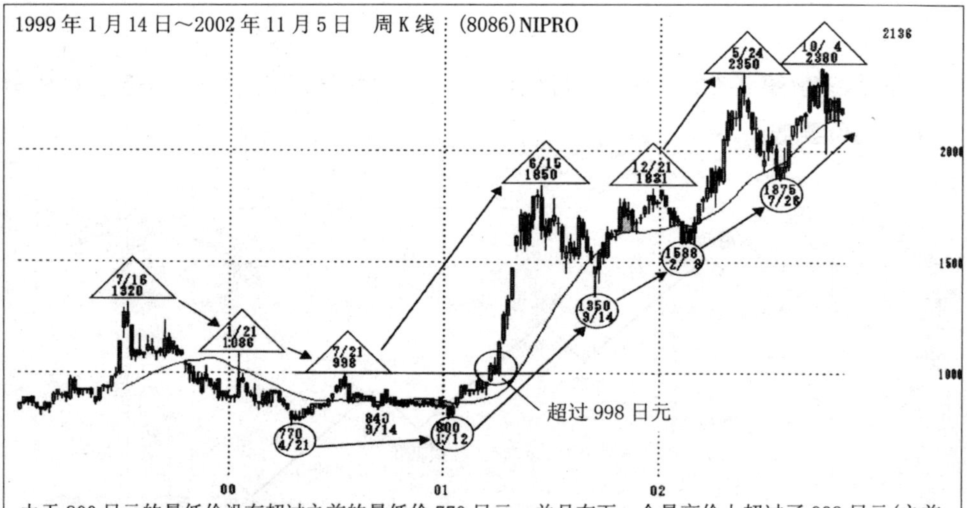

由于800日元的最低价没有超过之前的最低价770日元，并且在下一个最高价上超过了998日元(之前的最高价)，因此能够确认行情转为上涨趋势了。

图3-26 向上涨趋势反转的案例

在股价到达 770 日元的最低价之后，一直上涨至 998 日元，并且在这个时点上仍然没有超过之前的 1086 日元的最高价。因此，之后虽然有所下跌，但是并没有跌破之前的 770 日元的最低价，同时在 800 日元位置止跌回升，并超过了 998 日元的高价，并进一步超过了 1086 日元的高价(图 3-27 至图 3-29)。

在这样的上涨趋势下，应该说未跌破之前的最低价，并突破了之前的最高价的变动是符合常理的。但不管怎么说，其中比较重要的是超过了之前的最高价。所谓超过最高价，就是证明了在之前的最高价以上的价格区间下也有执行买入操作的投资者存在。

此外所谓最高价是指，在此价格之上没有买入的人或者由于是卖出的人更多的水平，因此被称为“阻力点”(阻力位)。

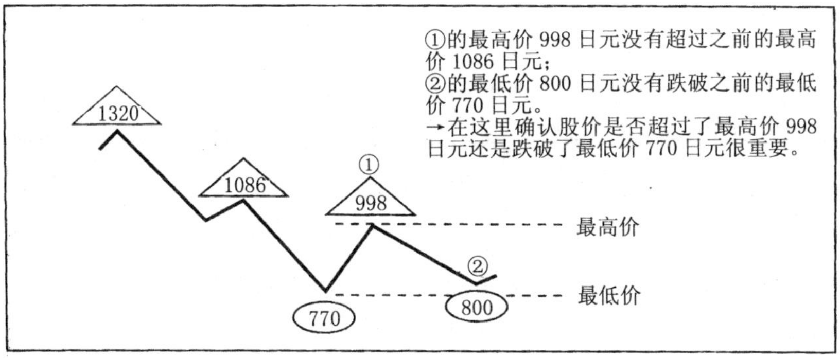

图 3-27　最高价与最低价的确认(之 1)

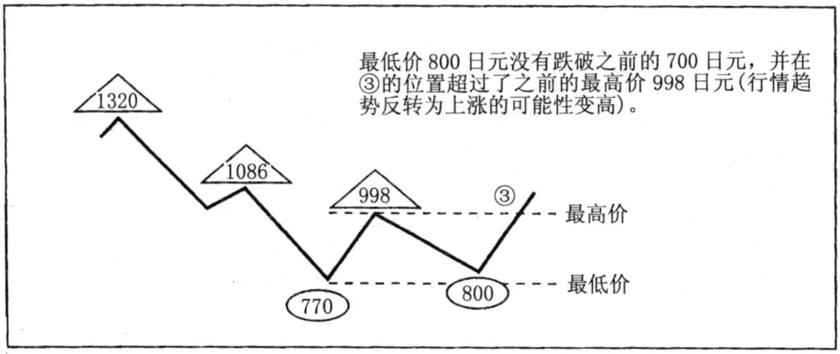

图 3-28　最高价与最低价的确认(之 2)

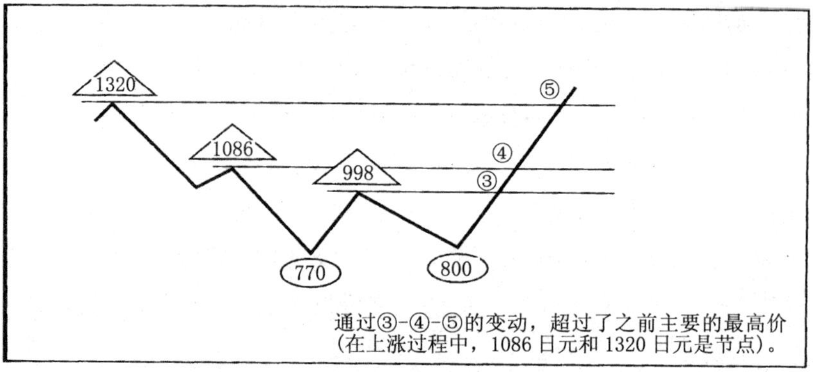

图 3-29　最高价与最低价的确认(之 3)

虽然在超过 998 日元之后，股价一路上涨至 1850 日元，但是又回调到了 1350 日元。

在到达 770 日元的最低价之前的最高价 1320 日元，是在该价格以上没有买入或者卖出的人更多的点位。也就是说，可以判断不会再出现比该点更高的最高价。

但是，在升至 1850 日元之后，同时超过最高价的 1320 日元的最高价，可以将判断修正为，在 1320 日元以上买入也是可以的。从结果来看，在到达 1850 日元之后(实际上在此之前超过了 1810 日元的主要最高价)，在 1320 日元之前的 1350 日元上买盘开始介入，使之变成了最低价(图 3-30)。

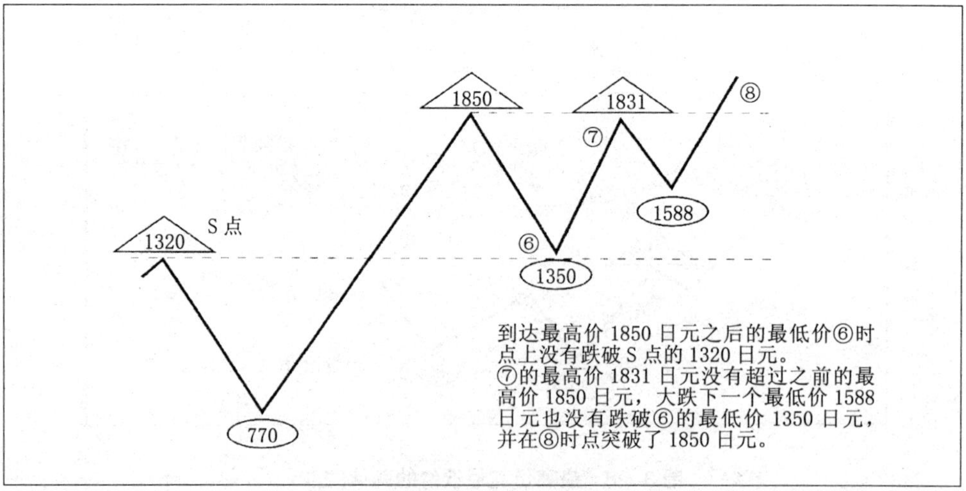

图 3-30　最高价与最低价的确认(之 4)

之后的 1831 日元的最高价没有超过 1850 日元的最高价，但是之后的最低价 1588 日元也没有跌破 1350 日元的最低价，因此上涨趋势仍然持续，不久股价超过了 1831 日元和 1850 日元，并将最高价更新到了 2350 日元(图 3-31)。

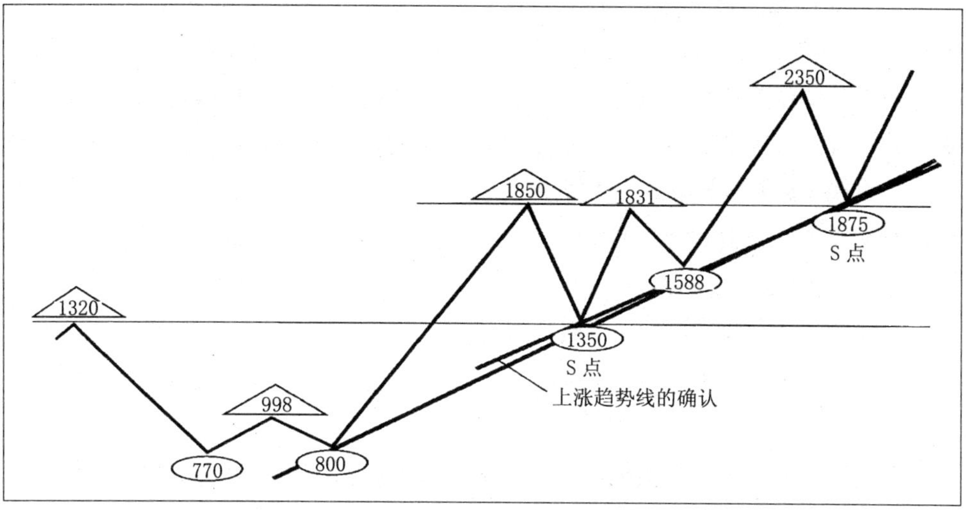

图 3-31　最高价与最低价的确认(之 5)

2350 日元的最高价之后的 1875 日元的最低价与之前的思考方式相同。前一次的判断是没有涨到 1850 日元以上，但是通过超过这个价格，下次就会在这个点位买入，在跌破 1850 日元之前，买方都将占有优势。因此，行情会持续上涨，并超过了 2350 日元的最高价。

在向上涨转换的过程中，需要接受测试

就像这样，随着时间的推移，升至新的最高价和最低价不断上涨的局面就是上涨趋势的特征。

在这个案例中，在思考市场时包含了很多点。首先，有下跌趋势的特征，该下跌趋势表现出在到达最低价之后反转为上涨趋势的特征。道氏理论中，由于行情处于上涨趋势，必须至少突破之前的主要最高价。同时，跌破前面的主要最低价是非常重要的。

在这里，到达 770 日元的最低价之后，不会立刻超过 1086 日元的最高价。也就是说，在从 998 日元的最高价上向下跌的过程中，由于无法得到 770 日元仍然是最低价的确切证据(实际市场行情中，在股价到达 770 日元的最低价之前还有一个 710 日元的最低价。因此，710 日元之后的主要最高价就变为了 1320 日元)。也就是说，通过超过 1320 日元从而最终超过了真正的最高价。

但是，即便第一次尝试冲击最高价失败，但是在之后的最低价 800 日元上止跌回升，没有跌破 770 日元的点位是非常重要的。由于没有跌破之前的最低价因此行情出现了趋势的反转，行情的参与者进行第二次突破 998 日元的测试。从结果来看，股价最终超过了 998 日元，并超过了 1086 日元的高价，接下来进入了冲击 1320 日元最高价的测试。

1320 日元是主要最高价，通过超过这个价位，进入超过 1450 日元和 810 日元(图 3-26 中没有登载出来)的测试，并最终超过 1810 日元，达到了 1850 日元的新高。

在这里需要事先放在头脑中的是，像这样的行情，参与者会分多次进行最高价和最低价的测试。即便测试之后的结果以失败告终，向相反的趋势转换的条件(如果最高价不行就最低价)如果还没有破坏，趋势转换的可能性就仍然会存在(图 3-32)。

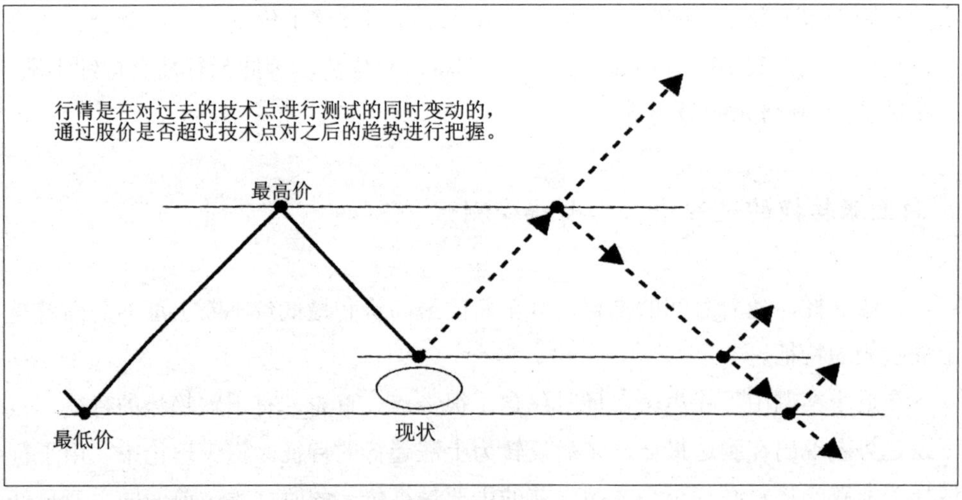

图 3-32 对行情的测试

例如，在刷新 998 日元的高价之后，尝试 1086 日元的高价失败了，而在行情下跌的局面下，股价在最低价的 800 日元位置没有止跌，继续下行跌破了 770 日元。并且在到达 1850 日元的高价之后，行情充分上涨至 1831 日元的高价，然后再到 1588 日元并没有止跌，而是跌破了 1350 日元。

就像这样，冲击主要技术点的尝试失败之后，必须非常注意，但是之所以能够十分确定也是基于道氏理论。

在这里我们就不一一赘述了，通常在测试失败之后，在跌破之前的最低价之前，跌破趋势线等行情转换的特征出现的比较多。也就是说，由于主要最低价是比较确定的，在此之后的主要最低价落在趋势线之上的情况就比较多了。

融资交易的卖空推升了行情

在形成主要最高价和最低价的情况下，能够看到 K 线方面说明的行情转换的变动比较多，这给了我们很多重要的暗示。

说到底，在这个刊登期间中的 1320 日元的最高价所对应的 1350 日元的最低价 1850 日元的最高价所对应的 1875 日元的最低价，到目前为止一直都是阻力点的点位转变成为了行情的支撑点。

事实上，在该事例的阴影当中，存在着融资交易的卖空。上涨趋势当中进行的卖空行为仅因此蒙受损失的可能性非常高。卖空的投资者的意思是相反的行情持续上涨的话，为了清空卖出头寸而进行的赎回平仓就容易出现，因此这样的买入将会成为进一步推高行情的压力。也就是说，行情在刷新最高价时，变成了执行卖空的投资者的止损(Loss Cut)的点(图 3-33)。

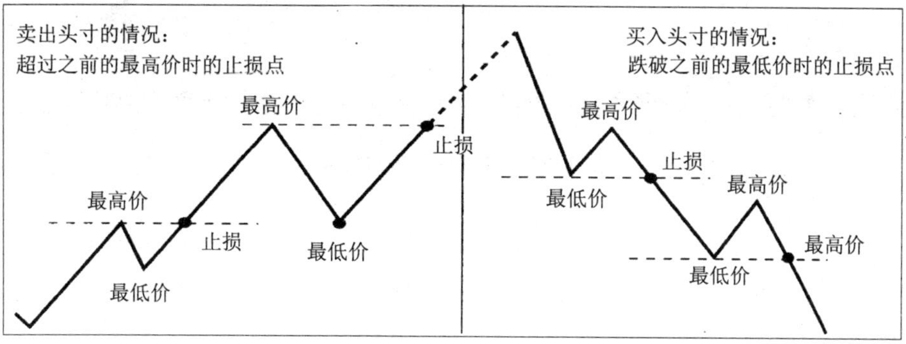

图 3-33　止损点

若将上述行情变动牢牢地记在心里，则对今后思考市场行情的变化是非常重要的。

大行情之后的“最后的大逃亡”

那么在下跌趋势下是怎样的？请尝试确认“下一个最低价比之前的最低价还要低，下一个最高价比之前的最高价要低”的特征。

如图 3-34 所示。该 NEC(6701) 的周 K 线显示了较大行情之后的下跌局面。

2000 年 7 月上旬到达了 3450 日元的最高价，针对是否可以判断行情已经转为下跌趋势的过程中，暂时还需要大量的时间。

首先，在股价到达 3450 日元的最高价之后下跌到了 2690 日元的最低价，由于之后的最高价 3220 日元没有超过 3450 日元，因此萌生了行情是不是要转为下跌趋势的疑惑。

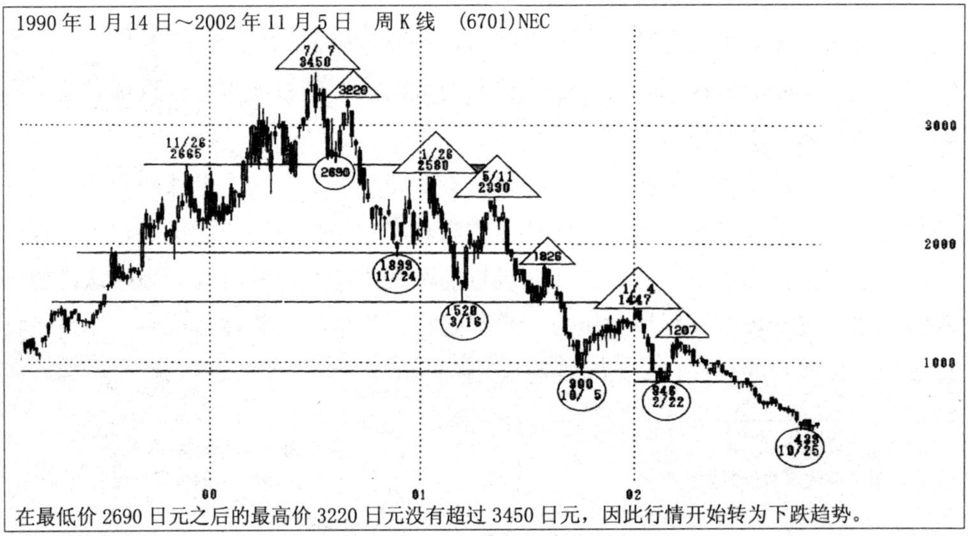

图 3-34　向下跌趋势的转换示例

但是，正如我们在上涨趋势时说明的那样，仅凭这些还不足以确认行情已经转为了下跌趋势。确认行情转变为下跌趋势的是股价进一步跌破了 2690 日元的最低价。

到目前为止像我们论述的那样，知道这一点的投资者会在股价跌破 2690 日元的瞬间将买入头寸清盘。这是在大的行情之后最为重要的点。一般来讲，行情下跌的速度非常之迅速，如果不尽早尽快地清仓买入头寸，就会蒙受损失。

其次，如果跌破 2690 日元就会有抛盘出现，股价一直跌到了 1899 日元。在这个阶段当中，由于对形势进行错误判断并在暴跌之后抄底的投资者非常多，因此形成了买方入场的局面。实际上，由于进入了下跌的局面因此融资买入余额不断增加。

最高价 3450 日元之后的 2690 日元是行情的参与者认为在该水平上买入也是可以的点位。但是，一旦跌破了这个水平，下一次该点位就变成为阻力点。也就是说在这个价位以上不会再执行买入。当然，我们不保证投资者不重新买入，但是，如果从 1899 日元返回到 2580 日元的过程中出现了较大的卖盘，之后跌破了 1899 日元的最低价，那么我们就大致可以明确行情进入了下跌的趋势(图 3-35)。

一般来讲，这个返回 2580 日元的局面，可以说是买方资金最后的出逃机会。当然，实际上违反预期不出现出逃时机的情况下，行情直接下跌的情况也是比较多的。

之后，跌破最低价，触底反弹之后的最高价也不会超过之前的最高价，行情进入持续下跌的阶段。在跌破 1520 日元的最低价之后，虽然也有触底反弹，但是最高达到了 1447 日元，没有超过 1520 日元。这是因为行情通过跌破之前的最低价，之前的最低价的水准变成了阻力点。

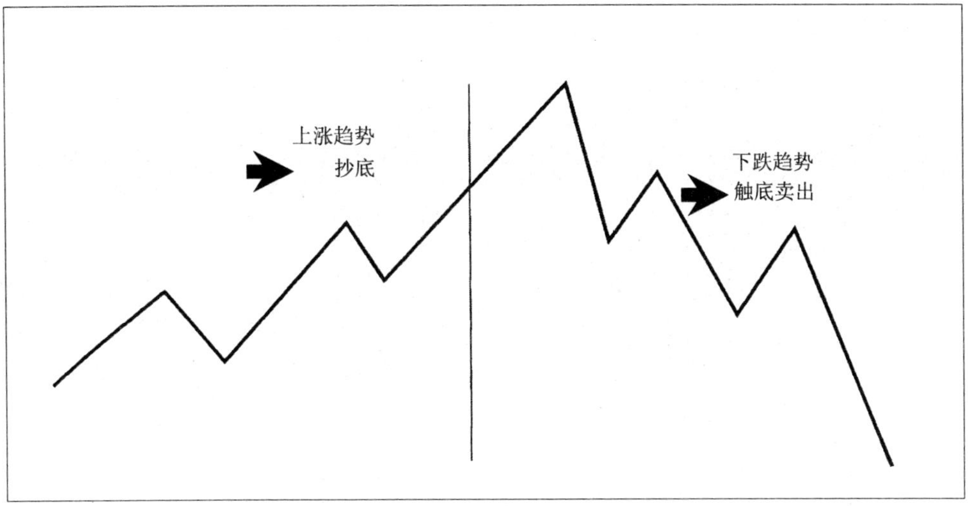

图 3-35　根据趋势进行交易的基本要领

就像这样，行情一旦进入下跌趋势，就会不断更新最低价，最高价也越来越低。正如道氏理论论述的那样，伴随着时间的推移，最高价和最低价双双下行是下跌趋势的特征。如果不确认较大的底部，并具备转换为上涨的条件，那么，这种趋势是不会改变的。

行情参与者的浮亏情况阻碍了行情的上涨

在这个事例当中，由于存在为了应对下跌趋势的重要的点位，我们做一些适当地补足。

最低价不断下跌证明行情中存在认为在之前的最低价以下卖出也是可以的投资者的证据。同样的，最高价不断下行说明了存在认为在比之前的最高价还低的价位上卖出也是可以的投资者。认为触底回升的势头不够强劲，股价已经不能继续上涨了的投资者会在我们之前将手中的股票卖出。这种变动，只要还没有超过之前的最高价，就会一直持续下去。

从结果来看，一旦到达了最低价，如果之后不能超过前面的最低价，那这种变动就不会停止。在这个 NEC 的案例当中，在到达 1899 日元之后的上涨到了 2580 日元之后就停止了，其中也有即将超过 2690 日元的最低价的案例。如果变成这样，那投资者就会认为是“趋势可能将会转变为上涨趋势吧”买盘开始进入。当然，为了真正转变为上涨趋势，之后超过了 3220 日元的最高价，并没有跌破 1899 日元的最低价，必须具备转换为上涨趋势的条件(图 3-36)。

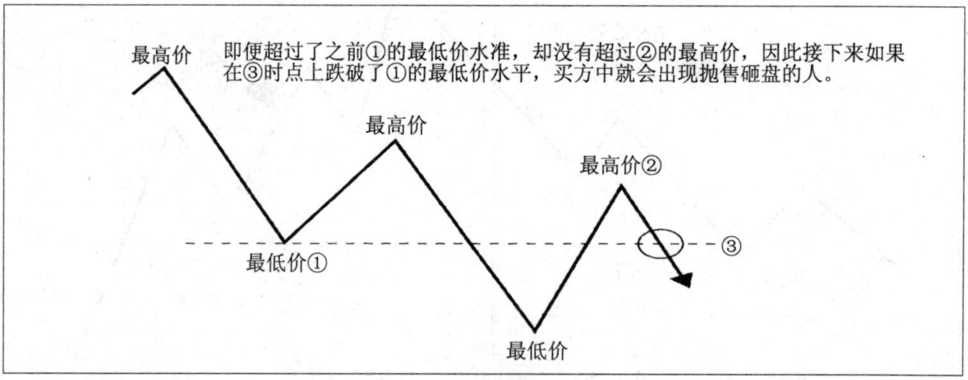

图 3-36　向下跌趋势转换的示例(之 1)

但是，即便超过了 2690 日元的最低价，在触底反弹到一定程度之后又会再次下跌。这是因为到目前为止的支撑点将变为阻力点的缘故。在这种局面下，通过再一次跌破 2690 日元水平的位置设置止损单。

该思考方法在使用其他的技术指标时也非常重要。例如，在下跌行情跌破移动平均线的情况下，即便一时超过移动平均线转变为买入(上涨)，之后也会立刻跌穿移动平均线，持续有卖盘抛出(下跌)。这种情况下的移动平均线的价格，与 K 线主要的最低价的价格有相同的含义(图 3-37)。

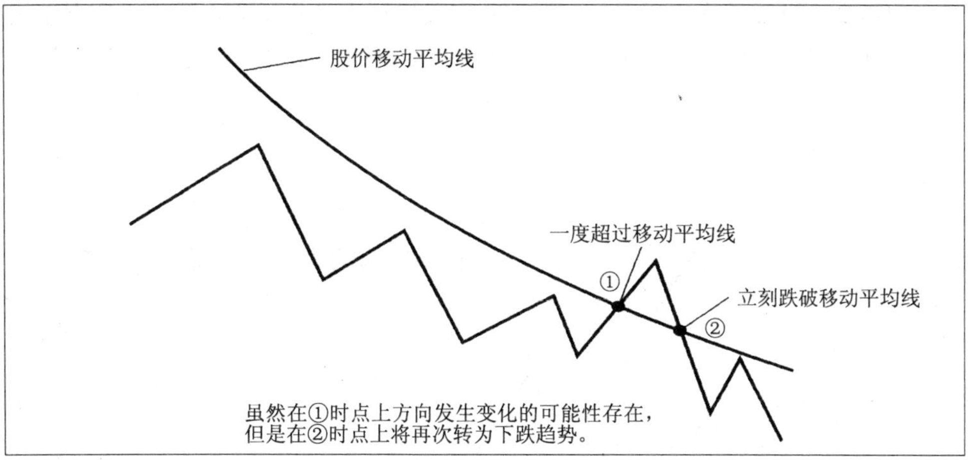

图 3–37　向下跌趋势转换的示例(之 2)

重要的是，在大的行情之后，跌破主要的最低价，在此价格水准以上持有买入头寸的投资者均为浮亏状态。当有新的买盘介入而出现回调局面时，行情将会进一步加重。之后，随着股价跌破主要的最低价，高价区间的买入头寸的套牢变得越来越大了。结果，当行情出现回调，卖盘会立刻蜂拥而出，结果，下跌趋势仍将持续。

在下跌行情下的摊薄买入是糊涂透顶

总而言之，在下跌趋势下，即便有买盘介入，之后的最低价和最高价都会不断下跌，因此能够获得收益的可能性非常小。

日本很多的投资者有在最高价上持有买入头寸且不进行止损一直持有的不好的习惯。进一步讲，他们为了能够摊薄买入头寸，在下跌行情下重复买入进行摊薄，结果使损失额度不断扩大(图 3-38)。

这明显地违反了行情的定义，而且在过去，在这种形态下使自己的资产损失殆尽的投资者比比皆是。既然如此，为什么还不赶紧改掉这个不好的癖好呢？

为了能够达成投资的目的，应该进行更加合理的行动。因此，与其学习更加难的技术指标，不如紧紧把握上面说明的根据“威尔德的定义”或者“道氏理论”得出的最高价与最低价的关系，根据这些定义进行交易，从而在股市中生存下去比什么都重要。如果连这些都做不到，那就不要谈什么使用技术指标了。

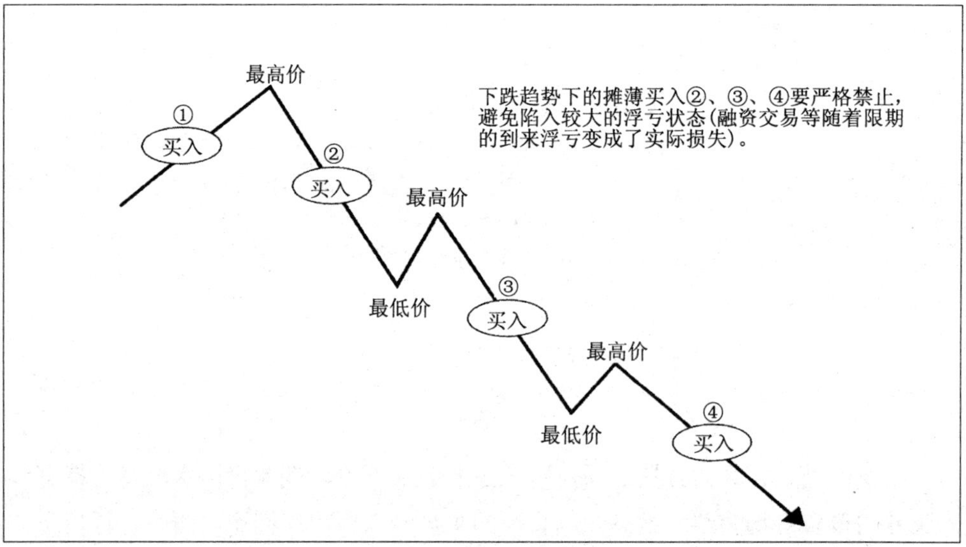

图 3-38　向下跌趋势转换的示例(之 3)

持有安全头寸的方法

到这里，第 3 章所说明的内容我觉得和第 1 章的内容没什么两样。当然肯定会有仍然抱有疑惑的读者会问，为什么我们要反复对这些最基本的问题重复说明呢？也会有些读者想了解一些更加先进的有技术含量的投资方法。

但是，可能我要说大话了，我把所有能够找得到的炒股方法都找遍了，最后所得出的结论就是——这本书中所说明的内容了。特别是这些年，没有必要学一些难的理论和概念。

为了让大家能够知道一些背景，在这里，我要告诉大家我个人炒股观念的变迁。

1. 我的炒股观的变迁

我想，不管我在书中或者研讨会上怎么进行说明，从结果来看，各位投资者仍然会进行各种随意的行动吧。大家的进场时机和出场时机应该都是错的，即便使用相同的技术指标结论也是相同的。

我们在探讨技术分析的时候，这种讲法可能被看成是忌讳题，但是在实际行情当中，投资者的力量之外确实有不可思议的幸运与不幸在发生作用。即便忠诚地遵循技术指标进行交易，被行情一瞬间的变动甩开的情况也是经常出现的。

例如，在委托限价盘时，自己订单之前的下单已经成交了，但却最后没有轮到自己的订单成交的情况也是存在的。由于在开会无法接听电话，导致下单机会逃脱的情况也是存在的。这样的偶然因素有时和亏损联系在了一起，根据情况不同有时又和利益联系在了一起。也就是说，在股市中获取收益的过程中，除了要进行技术分析外，还需要不断碰上好运气，让自己的行为都特别顺利才行。

基于经验对市场进行判断是危险的

所谓股价的变动，原本是花了很长的时间才形成的，在较大的股价变动中还存在短期的、重复的上下波动。但是，我们投资者所思考的行情的变动，不过是以我们活着的现在作为基准的，然后向过去追溯罢了。在此之前，行情会发生怎样的变动呢？我们仅能知道我们有生之年的事情。日经平均股价也被称为“东株”的时候，谁的股价到达了 38915 日元？

原本人类所具有的知识和经验，从万物生生不息来看，只不过是沧海一粟。因此，在到目前为止的股市的经验和知识的范畴内判断，我认为是十分危险的。

我想，如果考虑到我们之前论述的软银股价变动分析，就十分明确了(图 3-39)。在过去从 1670 日元涨到 30100 日元的范围内波动的股票品种，会在一瞬间超过 10 万日元，并一路飙涨至 19.8 万日元，我想谁都没有想到吧。就我所了解的，这样的事例基本上是没有的。但是，在 2000 年前后的 IT 和半导体行情的时候，很多股票都出现了类似的暴涨。

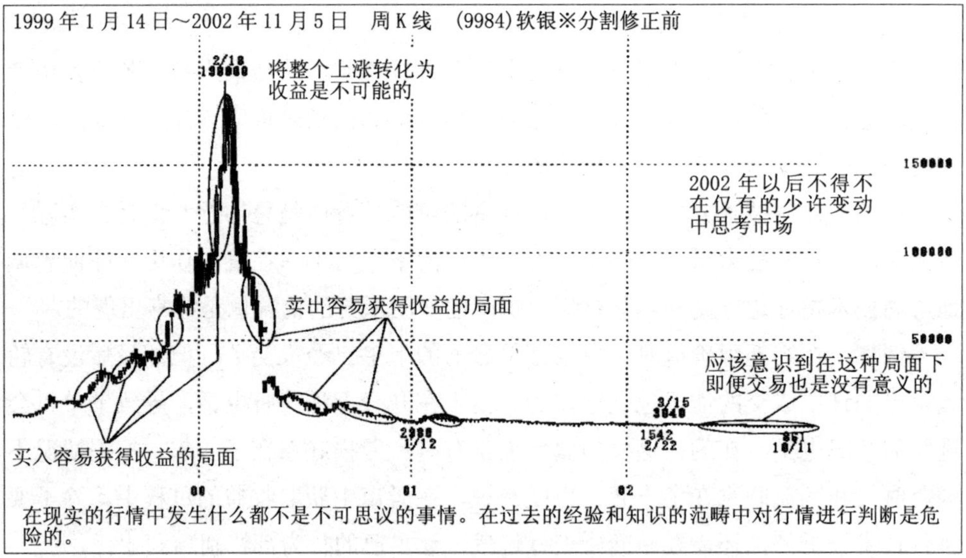

图 3-39　超越常识的大行情的案例

在这种背景下，在与企业业绩没有关系的股价上涨的局面下，融资融券卖出就会有所增加，从而成为股价加速上涨的主要原因。也许可以说，在道氏理论里说明的与趋势相反的交易导演了异常的大行情。

在现实当中，我是不能在这样的大行情的上涨趋势中顺势而为的。其理由就是，我错失了最初的顺势而为的时机。并且，这还是由于从那时发表的企业业绩来看，股价明显地看起来有点儿高了的缘故。

进一步来讲就是，不在下跌趋势中顺势而为。为什么这么说呢，那是因为在下跌趋势当中，企业业绩变得非常好。

这可能和我所说过的“基本不重视基本面”的思考方法相矛盾，但是如果基本面与股价变动发生了这样极端的背离，就不太好处理了也是实际情况。从某种意义上说，这也许是幸运和不幸的问题吧。

仅通过当前的股价变动，是无法明确大的趋势

一般来讲，K 线中有“月 K 线”“周 K 线”“日 K 线”之分，分别用于表示行情的长期、中期、短期的变动。

如果时间轴不同，在各种 K 线图下对应道氏理论时，得出的结论就会发生变化。即便在月 K 线中被定义为下跌趋势，但在周 K 线和日 K 线中却被定义为上涨趋势的情况也十分常见。

此外，如果走势图的显示期间和刻度的选取方法发生变化，那么趋势看起来也会有所不同。走势图一般设定为人的眼睛便于观察的交易期间。显示价格的纵轴的刻度也会根据不同的股票品种而有所差异。如前所述的 NIPRO 的走势图(图 3-26)也是这样的，主要的最高价和最低价可能在走势图中没有标示出来。

因此，仅观察日 K 线的投资者，只能抓住眼前的行情的变动，而不能再比较大的行情的趋势中对行情进行把握和思考了。当股价下探到低价区间时，随意认为“已经探底了吧”，但是这种比较小的变动从整体的比较大的行情来看，可能只不过是一个误差而已。

原本，道氏理论中所说的“趋势”指的就是一个非常大的行情。而非像日 K 线那样仅看当下的变动而思考如何行动的东西。在月 K 线当中思考长期推移的同时进行判断是非常重要的。

正如人们从幼年期—青年期—中年期—老年期的变化那样，行情的趋势也是基于时间而变化的。从幼年期到老年期的变化过程当中，行情中所谓的“日K线”是非常有必要的。仅日K线对行情参与的所有人都是平等的，不管怎样这是没有办法的。

即便想顺势而为，也会出现偏差

我开始接触股市的时候，基本没有和股市投资相关的知识。偶尔会翻阅一些关于走势的书，而且在指标方面仅知道“移动平均”这个指标。

对于比较详细的技术分析方面的内容什么都不知道，因此，仅单纯依靠指标进行交易的时候，切实获得了收益。这与其说是技术分析的原因，不如说是当时的行情整体的情况比较好，环境方面的影响比较大吧。

当我稍微开始了解一些行情之后，在观察走势图时也思考在什么位置买入，在什么位置卖出。也就是说，开始顺着股市的趋势而进行操作了。但是，由于即便想顺势而为也会出现偏差，也会在最高价买入而在最低价卖出。这是在刚学习炒股的人谁都会有的经历，因此，即便是反复地出现投资的失败也只能习惯于交易。

并且在同一时期当中，我也针对行情的基本面和企业业绩进行了思考。哪只股票有大户介入呢？或者哪个企业的业绩比较好呢？寻找相应的题材。这和交易没有什么关系，仅仅是题材而已，根据这样的题材开始了解行情，尽管自己没有进行交易，但是也会产生自己善于炒股的错觉。当然，这样的错觉是之后再回头看的时候才能发现的。

即便进行先进的计算，投资表现也不会提高

不久我成为一名基金经理之后，终于发现如果仅仅依靠这样的信息或者题材，根本无法进行资金的管理和运作。在这里，技术分析的重要性被放大了。只是我这个时候的技术分析还单纯停留在通过技术分析，对行情进行把握的初级阶段，离资金管理的思考方法还比较远。

虽说如此，但进入技术分析领域后，我结合各种技术指标的组合，并且采取

了一些非常复杂的手法，反复进行了验证和摸索。在这里主要是使用了过去 10 年间的股价数据，进行了各种各样的模拟，从而实现了交易的最优化。

但是，如前所述，不管进行多么精确的模拟，最终都会发现无法提升投资表现。根据行情出现的方式，这一年的表现当中不管怎样都会出现偏差。

因此在接下来，我又研究了金融工程分析[①]的方法。还没有研究明白技术分析的东西，又将视线转向了概率论的投资世界。但是，不管采用多么先进的计算，最终的表现都没有出现相应的增长。

在这里，不断说的一个相同的事情就是最后的投资表现都要依赖于当时的行情本身的状况，因此，我想强调的是，根据状况的不同，也必须不断地调整变换交易的做法。如上所述，不管采用多么复杂而又先进的技术指标，如果依赖的是标准化的技术分析，那么就不能够提升投资表现。

由于即便是以过去确定的数据为对象进行的模拟也不能提升收益，因此纠结于幸运和不幸，在以不知道如何推移的显示的行情为对象的交易中，恐怕投资表现会更差吧。

即便经常参与行情，也不会提升收益

股市是基于自己经验理解的东西。现在我的所谓对行情的研究大致已结束，并回到原点，但是在这个过程当中我也才刚刚有所体会。

那就是，如果想从所有的行情变动当中获取收益，表现必然会下降。这和分析事后的数据有所不同，在以实际股市为对象的总结过程中，只要没有相当的幸运，若想从所有的行情变动中获取收益则基本上是不可能的。也就是说，如果经常参与市场，那投资表现就不会提升。

另一个就是，虽然用于行情分析的技术指标是一个非常简单的东西，但是有它足矣。从结果上来看，不管怎样精通技术分析，行情并不会听自己的。有时像嘲笑自己一般，会朝着跟自己的投资意愿相反的方向变动。

---

① 统计计量的数据处理等，通过使用所谓金融工程学的相关知识，对股市的股价变动进行分析的资产运作手法。

如果站在丰富自己的人生价值观的角度来看，就没有必要将所有的行情变动收益化，能够在获得收益的局面下，尽量地获取收益就是可以的，考虑也是非常合理的。由于职业原因不得不在股市中进行交易的股票摊销商等职业投资者，虽然不得不时常进行交易，但是作为个人投资者并没有时常进行交易的必要。

在交易时通过使用技术指标并具备各种模拟经验的人，就会立刻有所感触。如果想通过技术指标回避行情当中各种各样的骗线和胶着[①]，可以通过各种各样的条件设置筛选，但是，不管对筛选条件进行怎样的优化组合，要想避免所有的骗线和胶着也是不可能的。如果想从根本上回避骗线和胶着，就不要在这种局面下参与任何行情。

60 岁之后就不再参与炒股了

投资者在年轻的时候谈顾虑还太早，可以根据各种技术指标进行交易。虽然我也是这样的，但是岁月不饶人，不管怎么样对于股价的反应变得越来越迟钝了。这在股市当中是致命的。因此，在证券公司中，交易员一般都是年轻的人做的事情，上了岁数的人一般都做管理职位了。60 岁还表现活跃的交易员在哪里都不会存在。

就像根据不同行情局面对应着不同的交易方法一样，不同的年龄对行情的做法也不尽相同。我并不打算 60 岁了还去炒股。我想 60 岁之前毕业。

如果这样想，就会考虑行情的方向，仅在行情的分歧点进行正确地应对这一件事情，随着时间的推移，为了增加运作的资金，我想也是有必要的。换句话说，将损失限定在最小水平，然后再追求利益。

在以前的时候，由于手续费等交易成本较高，如果进行频繁的交易，交易成本就会大增，从而导致投资表现下降。但是，现在的手续费比较便宜，而且网络交易已经得到了普及，在交易当中已经不用担心太多的交易成本了。“对冲交易[②]”等过去的遗留物已经没有必要了。

---

① 行情没有表现出明确的趋势，容易被目前的行情所玩弄。

② 例如，在手中持有的股票将要降价的同时向相反的方向融资卖出股票而同时持有反向头寸，从而对损失进行弥补的比较保险的交易方式。

与其考虑比较难的或者是多余的东西，我认为不如忠于基本进行交易是最高效地获取利益的炒股方法。应该抛弃不必要的技术工具，需要将导致巨额亏损的方法完全抛弃掉。

原本，人们不舍得抛弃自己用过的工具也是一个事实。因此，今后不断亏损的人也会络绎不绝吧！但是，可以明确地是，假如没有这样的人，那在行情中获得收益也是不可能的事情了……

在应该抛弃的东西当中，也包括通常的限价盘交易。

如果使用技术指标，通常来讲则应该使用后面将要讲到的“止损限价盘[①]”进行交易。只有这种下单形态，才是能够最充分有效地运用技术分析的东西。

我们已经不厌其烦地反复说了，只有学习好了股市的最基本的东西才更容易在行情当中获得收益。如果能够紧紧抓住行情的基本知识，就能够明白新的交易时机与不交易的时机了。之后根据这些基本知识进行交易就可以了，没有必要学习一些较难的理论。

2. 绝对的技术点

走势图在“最高价”和“最低价”所界定的区间内上下波动并随时间推移。不管是月K线还是周K线，或者日K线或者5分钟K线都是一样的。5分钟K线等超短期的变动构成了日K线，而日K线构成了周K线，周K线构成了月K线。不管怎么说，重要的是现在而不是过去。

在投资者当中，既有时刻确认行情的最高价与最低价的人，同时还有在非常短的时间内变换头寸的人，也有几年都不会改变头寸的人，然而正在参与行情的投资者全部都在观察当前的行情变动，而这些交易的轨迹就形成了走势图。

如前所述，我就是从行情变动当中，选择一个自己也不知道的局面，并试图将行情的变动收益化。而那些容易理解的局面，是指就像在“如果是这里就会这样变动”那样比较高的概率下能够判断的局面。具体而言，就是突破最高价和最

① 与传统的限价盘下单相反，在比目前股价更高的股价上下买入单，而在比当前股价低的股价上挂出卖出单的限价盘方法。

低价的点。就是这个点，也是新的交易点，以及为了限定损失而对手中的头寸进行清仓的点。

技术点的确认

图 3-40 是富士通(6702)的周 K 线走势图。在这里，请着眼于“最高价”和“最低价”的关系来考虑行情的变动。我对富士通是没有任何感情的，但是只有这只股票，是在行情上涨的局面下卖出方遭受了重大的亏损，在行情下跌局面下买入方遭受重大亏损的教科书般的典型事例。这只股票将我过去的那些前辈都变成了反面教材，因此如果不能鉴别这种形态，就会和我的那些前辈一样，蒙受巨额亏损。所以说，行情都会出现反复——这是技术分析的前提条件。

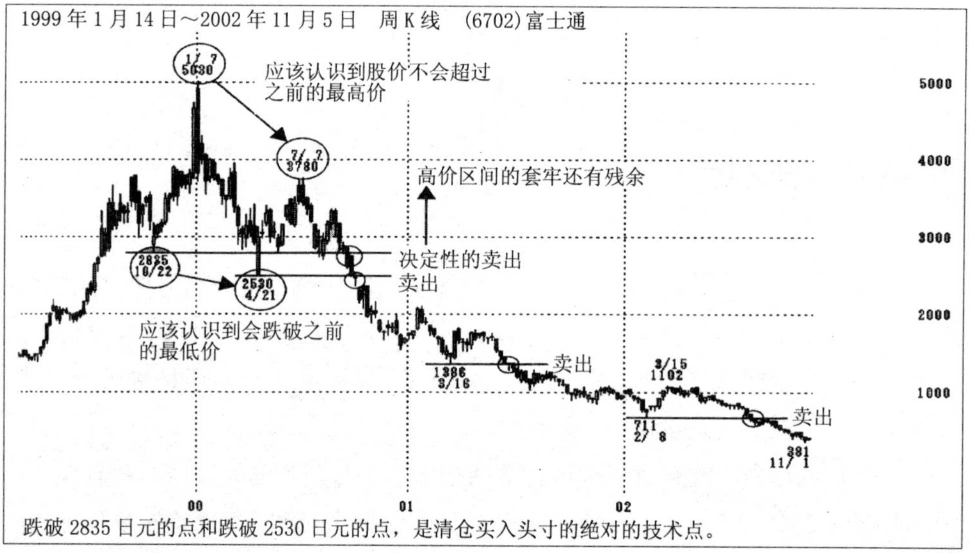

图 3-40　投资者出现重大损失的形态

在富士通的走势图当中，股价达到最高价 5030 日元之前，行情花了数周时间不断上涨并不断推升了最高价和最低价。因此，在股价到达 5030 日元之后，行情在推低最高价和最低价同时持续下跌。行情的变动就像是出现被“道氏理论”的定义诅咒了一般。

虽然没有在这个走势图中显示，但是这次大行情，是从超过最近的最高价 1780 日元与之前的主要的最高价 1950 日元开始的。之后，一直到股价达到 5030 日元的最高价位置，对应的是 2835 日元的最低价的点。

这个所谓 2835 日元的最低价，在到达 5030 日元的最高价之后具有非常重要的含义。就像我们在道氏理论和艾略特波动原理，以及趋势线头肩顶等说明的那样，这个 2835 日元的点，在到达 5030 日元的最高价之后，跌到 2530 日元的最低价为止的过程中绝对需要牢牢把握。为什么这么说呢？因为，如果是知道技术分析的人，那么在这个阶段就会达成“行情有可能已经结束了”的共识。

当然，在技术分析当中由于存在骗线这种不规则的变动，因此，也必须确认之后的变动。从这种意义上说，就是“行情有可能已经结束了”。正如我们在第 1 章中说明的那样，之后如果再次超过 5030 日元的最高价，那么出现持续上涨的可能性就非常大。

但是，在这个走势图当中，股价到达 2530 日元的最低价之后，如果在 3780 日元的最高价就停止上涨，就不会再刷新 5030 日元的最高价了。下一个最高价也会有所下降。看到这样的变动之后，就会进一步明确行情发生反转。

具有决定意义的是，跌破 2530 日元的时点，在此之后成为陷入了最高价和最低价双双走低的典型的下跌趋势的事例。

跌破主要的最低价的意义

一旦大涨之后，如果跌破主要的最低价(在示例当中为 2835 日元与 2530 日元)，将会如何呢？

在当初从 2835 日元涨到 5030 日元的上涨局面下，应该有在这个位置买入的投资者。如果在这个阶段成交额增加的非常多，那么，在跌破 2835 日元的瞬间，2835 日元以上买入并且仍然持有在手中的所有投资者，都将陷入浮亏的局面。

如果出现亏损，当然会有“如果涨回来”就卖出的，这一投资者心理就会发生变化，加之，也会存在进行止损的投资者。因此，只要行情稍微回升，就会立刻卖出手中的头寸。如果还不明白，请换作自己思考一下，该如何处理。

在跌破 2835 日元，并且跌破 2530 日元之后，在 2530 日元之上买入的投资者都将陷入浮亏的局面。如果亏损的人增加了，那么卖出的压力就会进一步增加。加上还有在最高价上买入而浮亏的投资者套牢的部分存在，因此，当这只股票回调的时候就会被卖出。由于回调就会被卖出是明确的，因此新买入的投资者就会相应地减少。从结局上来看，一直到最高价的套牢整理阶段的“最底部”的确认为止，将会被持续地卖出。

我在这里想说的是，我们应该在遵守道氏理论定义的基础上，同时必须站在中期、短期和长期趋势的立场上对行情进行思考。即便当时股价上涨了数百万日元，如果不明白随着时间的推移必将进入下跌的趋势的道理，那么从结果上来看，蒙受亏损的可能性将是很大的。认识到这一点也是非常重要的。因此，只有观察长期趋势，才算是原本意义上所说的“趋势观察”呢。

思考在最高价买入的投资者的账面亏损

在股市当中，什么价位持有头寸这是非常重要的。假若购买富士通股票 500 股的投资者是在 5030 日元的时候卖出，即便是在之后的 2530 日元卖出，则也能够确保十分丰厚的收益。但是，在最高价附近买入的投资者的情况就完全不同了。

通常来讲，在股价到达最高价之前，成交额也会到达峰值。最高价之前是成交量额最高的位置。其意思是说，如果股价跌破了峰值前面附近的股价水准，蒙受亏损的投资者将会非常的多，就是非常自然的事情了。

富士通的股价在跌破 2835 日元之后，从 2530 日元又回升到后来 3780 日元。这对买方来说是个非常难得的卖出清仓的机会。由于是在峰值上错失卖出清仓机会之后的又一次将买入头寸清仓的大好时机，因此，不想说幸运都不行。但是在实际股市当中，未必出现这样的触底反弹的局面，而是直接急剧下跌的股票品种非常多。

因此，在跌破 2835 日元的位置，以及如果延迟一些，在跌破 2530 日元的位置就是被认为必须要将买入头寸清盘的绝对的技术点。反之，如果不跌破这些最低价，那么行情仍然会有上涨的可能性。“跌破最低价就卖出”的想法就是根据股市定义的交易方法。

然而，在现实生活当中，即便是在这样转换为下跌局面的情况下，通过融资交易而进行摊平买入，最后却蒙受巨额亏损的投资者也大有人在。

此外，在这里我们对上涨趋势转变为下跌趋势的转换点，是买入头寸进行清盘的点做了说明，同时，要知道这个点也是通过使用融资交易持有卖出头寸的点。

3. 下单形态的错误——止损限价单的必要性

投资者之所以蒙受巨额亏损的根本原因，是因为他们的贪婪欲望太过强烈，除此之外，别无其他。其实，日本的投资者蒙受亏损的原因中还有一个不得不说的，那就是交易系统的问题。也就是说，传统的“按当前市场价”和“按限定价”的下单系统。

例如，请尝试思考前面的富士通案例。在股价有可能跌破2835日元的最低价的局面下，作为持有买入头寸的投资者，应该怎样做才好呢？当觉得股价将要跌破绝对的技术点的时候，投资者必须在股价板和电脑的前面，紧紧地盯住行情的变动才行吧。然而，当此时有重要的会议通知插进来的话，如何是好呢？

如果“按市场价”进行下单，就会将手中的股票清仓，而行情的上涨和下跌将和自己没有什么关系。如果是“限价盘”，和下单时点相比只能在比较高的价格区间上进行卖出下单的委托。这样做是没有办法的事情。

并且，在跌破2835日元的阶段中，通过融资交易进行卖空之后，如果股价超过应该成为突破点的2835日元而想赎回的情况下，那又该如何是好呢？

到目前为止，在日本的证券行业中，以保护投资者为课题进行了大量的工作，但是对最为重要的交易系统却没有做任何工作。这除了因为变更交易系统需要花费大量的成本之外，别无其他。

从结果上来看，为了能够进行控制风险的交易，传统型的下单形态不会有任何作用。

“低价买入”和“高价卖出”的限价下单很奇怪

在这里，我们针对股票的下单形态进行一些思考。

如图 3-41 所示。假设现在的股价(接下来交易成立的股价)为 500 日元，前后从 498 日元到 503 日元会有卖出下单和买入下单进入。这样的下单状况，通常被称为“下单盘面”或者是“交易盘面”。

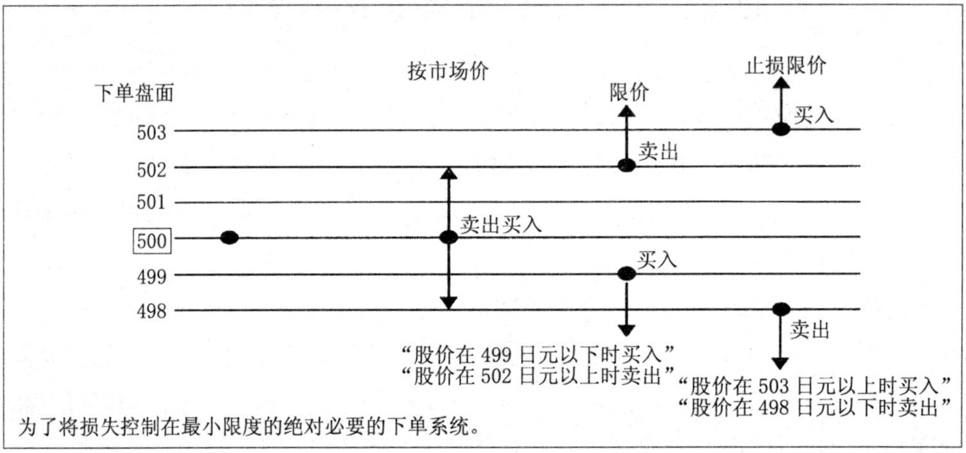

图 3-41 传统的限价盘和止损限价盘

首先我们考虑一下“按当前市场价”。按市场价下单，是指不管当时的市场价格是多少而按照该价格“买入”或者“卖出”的下单，这根据当时下单板的状况会在各种各样的价格上成交。在这里，针对基准价 500 日元，我们以 498～502 日元为例进行说明。

接下来，我们考虑“买入限价下单”。首先针对基准价 500 日元，考虑“在 499 日元上买入”。这说明在 499 日元以下没有卖出的投资者，因此没有成交。并且，由于按照时间有限的原则，最先挂出订单的人会优先成交，因此，即便股价到达了 499 日元也未必能够成交。当然，如果股价到达了 499 日元以下，那么哪怕 480 日元或者 470 日元也会成交。

现在，由于移动平均线的值是 503 日元，因此会考虑超过这个线就想买入。一直观察行情，并确认之后再挂出按市场价成交的订单，当然能够成交，但是如果因为工作原因无法一直看着市场的情况下，那该如何是好呢？499日元的买入限价下单当中，499日元也好，490日元也好，虽然能够买入，但是由于没有超过移动平均线，并不想在这个位置买入。

“卖出限价订单”又是如何的呢？针对基准价500日元，考虑在“502日元卖出”订单。这是因为在502日元以上没有买入的投资者因此无法成交。这里也有时间优先的原则。进一步来讲，股价在510日元也好，550日元也罢，都会成交。

现在，由于移动平均线是498日元，因此在考虑，如果股价跌破移动平均线就想卖出，那么已经不能在502日元上进行卖出限价了。这样，就应该在502日元或者510日元位置上卖出。但是，我们并不想在这个位置上卖出。

就通常的感觉来讲，买入限价上以更便宜的价格和卖出限价在更高的价格上不是更好吗？

但是，在股市下跌的趋势当中，以比较便宜的价格买入你就会感到高兴吗？在下跌趋势下，股价会越来越便宜。而且，在股价上涨的趋势下，以比较高的价格卖出你就会感到高兴吗？在上涨趋势下，股价会变得非常高。

也就是说，到目前为止，日本投资者描述的行情观与欧美的常识(=合理的行情观)正好是相反的。从欧美的投资常识看来，在上涨趋势下，股价会越来越高，因此应该买入。相反，在下跌趋势下，股价会越来越便宜，因此应该卖出。

现在我们来探讨一下如前所述的富士通案例。虽然走势图中没有表现出来，如果股价超过移动平均线并持续上升，融资卖空就会增加；相反，如果股价跌破移动平均线下跌时，那么融资买入就会增加。当然，由于都是与行情的趋势相反的交易，因此，就会蒙受巨大的亏损。

这样的局面下进行相反的交易，也就是在移动平均线之上推移的时候，融资买入，而股价在移动平均线之下推移的时候，融资卖出，就能够获得巨大的收益了。

在控制损失的过程中“止损限价单”绝对有必要

那么，我们需要什么样的交易系统呢？

答案是非常简单的。我们需要的是所谓“当股价涨到多少价位以上时买入”，以及“股价下跌到多少价位以下时卖出”的“止损限价盘交易”。这样的下单形态在欧美是常识，在日本的外汇交易和商品期货交易中通常也都会用到。虽然东证一部沿用了这套系统，但是在日本的证券业界，仍然算不上是一般性的交易。

例如，现在的基准股价为500日元，而移动平均线为503日元的时候，如果超过移动平均线想买入，那么通过止损限价盘就会挂出“503日元止损买入”的订单。

进一步更加细化地讲，如果股价到达503日元，那么，按市场价买入的订单与到达503日元之后的限价盘，在什么价位执行两种形态呢？股价到达某一价位之后，在按当前市场价的情况下，也会有成交价非常高的可能性。由于是按市场价成交因此没有办法，但是如果不想在较高的价位上买入的情况下，那么可以选择当股价到达某一价位之后进行限价的方法。也就是说，“当到达503日元以后，在505日元买入”这样的限价时买入。如果卖出在503日元，就会在503日元成交，如果到了505日元之前仍然没有卖出，就会在505日元成交。当然，不会保证挂出订单后，就一定会在503日元成交。

如果存在这样的止损限价盘的下单系统，但这样因为工作原因，无法时刻关注大盘的时候，预先计算移动平均线的数值，并挂出“503日元止损1万股买入”的订单，在条件满足的时候也会自动成交。这在使用技术指标的基础上非常地便利。

相同的，如果现状是500日元，同时考虑股价跌破498日元就卖出的时候，若有“498日元止损卖出”的下单，就不会在499日元上成交，而是当股价跌到498日元时才会成交。如果移动平均线是在498日元跌破移动平均线想卖出的局面下，那使用起来非常便利。当然，也可以使用“股价到达498日元之后在495日元买入”的限价订单。

只有这样止损限价的下单形态，才能算得上在比较危险的情况下将损失减小到最低限度，并在好机会来临之际以追求利益为目的的绝对有必要的系统。

4. 止损单的优点——限定损失从而追求利益

一般来讲，针对“为了通过股票赚钱应该怎么做呢？”的提问，我们都会听到“低价买，高价卖”的回答。如果用限价盘交易来进行对照这种回答，那就是在最低价上挂出买入的限价订单并以此成交，之后在最高价上挂出卖出限价盘并以此成交就行。

但是，如果行情处于上涨局面，那可能股价暂时不会下跌。如果真的在比较强的行情中，那就可能不会有突然超低的下跌机会出现。如果真是这样，那在最低价上即便挂出买入限价盘也不会成交。

如果运气好成交了，之后行情有所上涨，并且也挂出了卖出限价盘，就能在一个差不多的高位上卖出，获得不错的收益。所以说，不可能在如前所述的软银那样的大行情上将整个行情转化为收益。

基于限价买入盘成交之后，如果行情下跌的情况下那该怎么办呢？

当出现某种程度的股价下跌阶段，自己能够进行止损当然没什么问题，但是，这个世界上并不是所有的人都那么聪明。即便在高价上买入的股票品种大幅下跌，被称为“腌咸菜(即套牢)”而长期持有的投资者非常多也是事实。

会玩股票的人是会止损的人

就像当初论述的那样，根据原来的目的思考炒股，在行情下跌的局面下以股票的形态保有资金是错误的。如果资产眼看将要减少的时候，那么将资金转为银行存款，尽量减小损失才是合理的行动。

不了解这些的投资者，虽然持有的亏损是账面亏损，即使不太情愿，但也必须认识到账面亏损就是亏损。通常来讲，成为资产价值基准的是股价本身。

从结果上来看，由于炒股必然会有损失的时候，在这个时候，将损失降到最小限度，或者限定在可控的范围以内是非常重要的。为此，如果持有头寸，那么就必须挂出能够将头寸清盘的止损限价盘。

自己的损失额度，应该在进入股市进行交易之前决定，看到在交易之后的行情再思考就太迟了。从来擅长炒股的人都是善于止损的人，这就是所谓的能够针对损失进行自我管理的人的表现吧。

我也是这样的，当损失还在 5 万日元和 10 万日元的时候还能够进行止损，但是当亏损到了 500 万日元、1000 万日元的时候，在心理上就不能够进行止损了。这就是人的心理。因此，在损失不断扩大之前，必须止损的原则是非常有必要的。

损失处理就是不考虑任何事情，而根据原则机械地进行。一定不要考虑“在那个地方进行止损之后如果又涨回来怎么办”。如果错失了止损的最佳时机，就会陷入一发不可收拾的巨额亏损境地。

从这个意义上讲，总是在持有买入头寸之后要挂出止损限价的卖出单，而总是在持有卖空头寸之后要挂出止损限价买入的买入单，才是将损失降到最小限度的最为简单有效和明确的方法。

只要行情持续上涨就能够追求利益

如果损失被限定在了一定水平上，那接下来要考虑的就是追求收益了。

止损仅仅是将决定的股价金额形成订单自动挂入系统中执行的，但是获利卖出就没有那么简单了。由于收益是由市场决定的，因此不管怎么算计都是没有用的。

如前所述，从一开始就限定最高价来决定收益的做法，很容易就错失赚大钱的大行情。因此，要想追求收益，就必须思考别的方法。

实际上，在这里，止损限价盘就能发挥作用。例如，在持有买入头寸以后，应该同时挂出止损限价的卖出订单。与到目前为止我们所说的止损的方法相同，之后，如果和我们所想的一样，行情上涨，就取消掉之前的止损限价盘，然后挂出新的更高价位的止损限价盘就可以了(图 3-42 和图 3-43)。

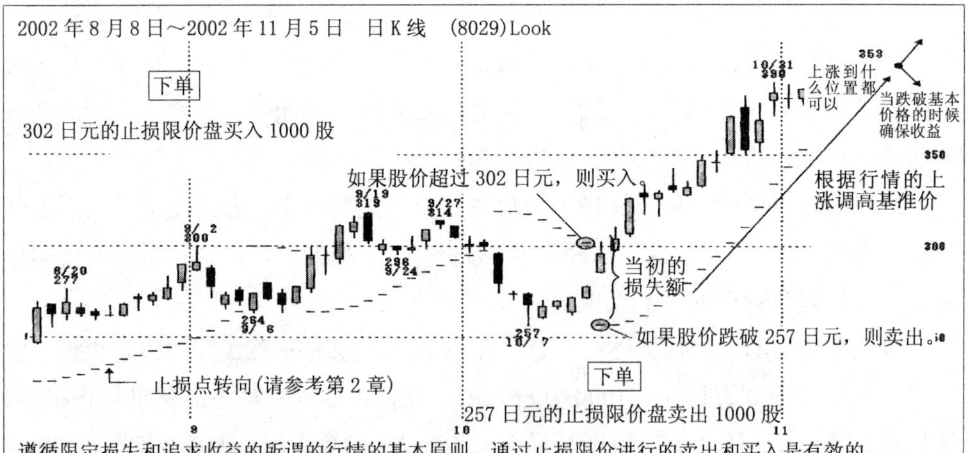

遵循限定损失和追求收益的所谓的行情的基本原则，通过止损限价进行的卖出和买入是有效的。

图 3-42　上涨趋势下的止损限价盘的案例

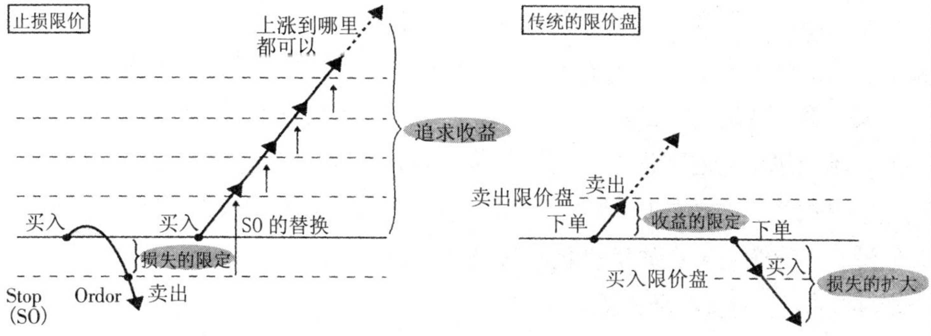

能够限定损失并追求收益的止损限价盘是适合技术交易的。

图 3–43　止损限价盘与传统的限价盘

这样，只要行情还在持续上涨，而且没有跌破止损限价盘的卖出订单，就能够不断追求收益了。因此，从最终的结果来看，当行情转为下跌趋势之后，股价到达这个卖出订单，就会自动止损，从而确保实现最大化的收益。从理论上来讲，只要坚持止损限价盘的方法，行情越大就越能够获得更大的收益。

只要这样使用止损限价盘，就能够限定损失，追求利润，从而展现出投资者应有的姿态。这和传统的操作方法，也就是在最高价上挂出限价盘限定利益，而没有止损，导致损失不断扩大，到头来也没获得多少收益的操作方法相比，其差别也就一目了然了。

作为投资者，首先不得不考虑的是选择能够获得收益的操作方法。这就是技术分析之前的问题。

5. 止损下单与技术指标

如果使用止损限价盘，那么到目前为止使用了 10 多年的所有技术指标当中，就出现了一些变得完全没有意义的指标。

在使用止损限价盘的情况下，在上涨行情当中，不需要关注最高价涨到什么程度，而是经常关注股价会跌破什么位置就可以了。也就是说，在上涨行情当中看跌破什么价位。

相反的，在下跌行情当中不考虑将会跌到什么程度，而是看超过什么水准这波下跌趋势就结束了。也就是说，在下跌趋势下看最高价超过什么位置。

在这里，使用技术指标的目的，就是确认与行情局面相对应的基准。当站在这种立场上思考问题的时候，首先需要抛弃的是超买超卖类指标①。由于没有必要考虑“这个区域是低价区间”或者“这个区域是高价区间”，因此使用这些指标就没有任何意义了。如果仅是确认最高价和最低价，那么观察K线与趋势跟随类指标②的位置关系就足够了。

不需要超买超卖类的指标

到现在仍然在观察超买超卖类指标，也就是“高抛低吸”指标的投资者，只能说针对行情的思考形态依然如故没有半点儿改变。我是不会使用超买超卖类指标的，因为没有使用的必要。例如，即便KDJ指标③从20%变为21%，也无法进行风险管理。

在本书的第3章，为了补充完整擅长超买超卖类指标的“逆势操作的局面”，我们介绍了“威尔德的定义”。在K线中，基于大前一交易日的收盘价与前一交易日的最高价和最低价，决定短期内的趋势反转的东西。只有明白了这种思考方法，在行情下跌的局面下，即便股价在移动平均线的下方推移，在反弹局面下紧紧抓住最低价的标准就能够实现对行情的把握。相反的，在上涨局面下即便股价在移动平均线上方推移，在反弹局面下，牢牢把握最高价的标准就可以把握行情了。总而言之，与使用超买超卖类指标相同的是，仅K线与移动平均线就能够判断行情。

① 通过观测主要的价格变动的状态，把握“上涨过猛”和“下跌过猛”的行情状态的技术指标。如KDJ指标、心理线等。

② 以判断行情的上涨趋势和下跌趋势为目的的技术指标。如K线走势图、股价异动平均线、σ带等。

③ 以某个区间的价格变动幅度为基准，显示与现在股价相对的水准的技术指标。详情内容请参考第2章。

如果这样考虑，在非常多的技术指标当中，就能够排除一多半的超买超卖类指标。这样工具的数量非常少，注意力就会增加，因此对投资者来说是一件何乐而不为的事情。

当然，即便使用上述威尔德的方法，也不能完全避免遇到行情的骗线，但是由于使用其他任何指标也都无法正确把握行情，因此，完全放弃超买超卖类指标就可以了。以前，由于手续费等交易成本特别高，不能进行机敏的交易，但是现在网络的交易当中成本有了极大地下降。如果碰到骗线，就立刻清仓，重新持有头寸就可以了。

虽然有点儿啰唆，但在使用止损限价盘进行交易的过程当中是有必要的。通过具体的数字(损益是能够计算的)进行管理的趋势跟随类指标，其技术分析也应该根据时代的潮流进行思考吧。

6. 交易的基本与限价盘的使用方法

说实在的，我认为根据技术指标交易都是没有必要的。在对比主动运作[①]和系统运作[②]之后，在平均的表现当中，系统运作更胜一筹，但是即便如此，也是只小胜作为评价标杆的 TOPIX 的变动的程度，而并没有获得较显著的收益。即便是主动运作，如果能够实现风险管理难道不是很好吗？

从某种意义上讲，不管是在哪个价位进行买卖，之后能够切实执行止损策略，渐渐增加运作资产，不是也能够达成资产运作的目标吗？

虽然被称为主动运作，由于是在观察技术指标的同时进行操作，因此，下哪种方法更好的结论是没有什么意义的。

我通常说“不考虑行情”。难道真的是那样？在实际的股市当中等待最为理想的局面到来。也就是说，比较容易理解的是，摸索比较容易获利的局面。

① 以超过资产运作评价标准的大盘(TOPIX 等)的表现为目标的资产运作。基金经理的判断左右了投资表现。

② 使用各种各样的技术分析手法在计算机前卖出买入的资产运作。不掺加基金经理的主管判断，而是纯粹的系统的优劣左右了投资表现。

因此，通常来讲，我们都用最低的可交易的股数进行交易。现实的技术点当中，持续确认的是行情参与者对技术点的反应是如何的。所谓行情参与者的反应，仅通过走势图是无法完全了解的，因此需要通过自己进行一些小型的交易，同时窥探相关的情况。

通常来讲，“由于在这里获得了支持，接下来测试这个水平”等，正如在第1章中说明的那样，根据趋势的基本对行情进行把握。与其说是思考，倒不如说是在观察当下的走势图的同时“感受到了”的说法也许更贴切吧。为什么这么说呢？因为所有的判断都是一瞬间的事情。

止损单的使用方法

当然，即便是一瞬间的交易也有基本方法。我们现在针对这个内容进行说明。

我们过去在股市中对峙的时候，应该持有一些相应的标准吧。短期标准有最高价、最低价、移动平均线、趋势线、K线，如果使用的是趋势跟随类指标工具，那什么都是可以的。不管用什么样的方法交易的基本大致只有两种形态。

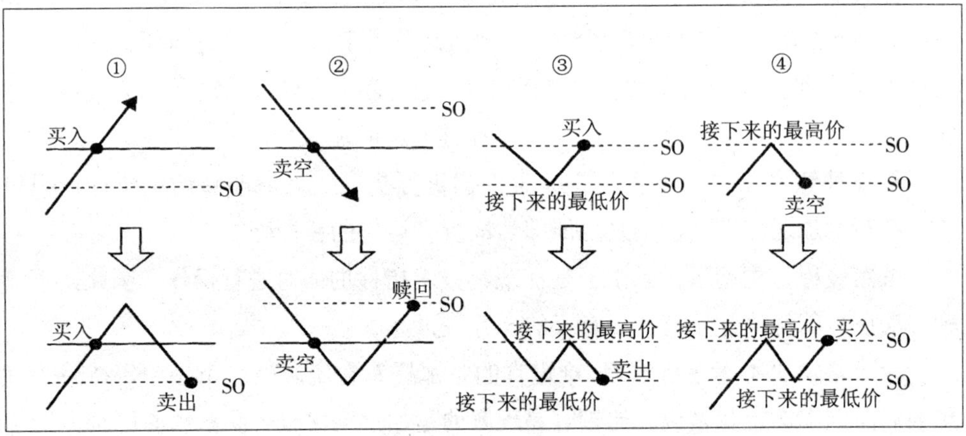

图 3-44 以止损为目的的止损限价盘的基本形态

如图 3-44 所示。这是使用止损限价盘交易的基本形态。“SO”是 Stop Ordor（止损单）的略称，意思是股价到了该水平的时候将手中的头寸清仓。

①与②这两者均为趋势跟随类的交易形态。①是在当初决定的基准价上加上止损限价的买入订单，如果突破，就持有买入头寸。因此，如果同时以止损限价盘的卖出订单挂出止损单，一旦股价超出预期下跌，则会在 SO 的水平上自动进行止损(①下半部)。

②是在下跌局面下挂入止损限价盘，思考方式完全相同。显示了如果跌破卖出点，就卖空(②上半部)，之后行情转为上涨时在 SO 的水平上赎回(②下半部)。

在这里最大的问题就是，应该将止损限价盘挂到什么价位上呢？如果挂到和买入价(或者卖出价)相接近的位置时损失就会变小，并立刻命中成交。挂到和买入价比较远的位置，虽然不会很快命中，但相应的损失额度也会加大。

这和技术指标的变量问题是相同的。如果使用较大的变量，那么进入和退出行情都会变得迟钝；如果使用较小的变量，虽然进入和退出都会迅速些，但是那也会受到小波动的影响。

同时，这个买入价和 SO 的幅度，需要根据资产的运作状况来进行调整。通常来讲，运作开始时要极力用小的变量，在短暂的时间内积累收益是聪明的做法。当收益积累到某种程度的时候，渐渐扩大止损的幅度，以便更好地追求收益。

为什么呢？因为在投资的初期阶段，如果资产减少过多，那么要想再挣回来就非常困难了。如果 100 的资产减少到 80，资产减少率就是 20%，那么 80 的资产增加到 100，要求的增加率却是 25%的投资表现。

因此，运用开始之初，应该严格限定损失的幅度。例如，在每次交易当中，将 100 的资产损失限定到 3 以内。如果跌破 3 的金额，能够计算出每股的容许损失额度，那么，从买入价格当中扣除的水准中设定止损单就可以了。

趋势跟随类的交易在下跌趋势中容易获得收益

在第 1 章中，我们论述了在趋势当中有三个阶段。也就是说，最初角度比较小，中途会有所加速，最后会形成角度比较大的上涨。

运作资产的增加也相同。从盈利的部分中减去损失的部分(止损的金额)，收益增加的角度比较小的时期是最难熬的。某种程度收益积累增加，以某个时间为界，会突然发现资产有所增加。

无论如何，只要针对某种标准，在止损限价上持有买入头寸，都要挂上止损订单。之后，如果行情如预想的那样维持上涨，就会像前面所讲述的，上涨至止损订单的位置。

假如不幸行情转为下跌，到止损订单位置将止损限价盘成交，就成功退出了下跌趋势。这既没有痛苦也没有烦恼，十分干脆。这就是规则。当然，虽然有点儿口无遮拦的意思，但是在亏损之后没法以“这次被干掉了”一笑泯之的同时，在精神上进行承受，是无法从事炒股工作的。

在这里，我们就买入与卖出的不同点进行一些涉及。

如图 3-44 的①是买入的形态。买入的情况下，在股价上涨的过程中通常会有卖单出现。也就是说，买入方会在之后连续出现的买单消化之后，继续进一步买入。因此，行情崩盘会比较多。

相反的，②是卖出形态。从之后买单持续买入的量变少，因此，卖单会在一瞬间将行情带入崩溃的境地。也就是说，变动相当简单，因此，不在短期的行情的持续当中进行交易，而是采取趋势跟随类的交易。②的方法可能比较容易使用。

根据威尔德的定义采用止损限价盘

针对止损限价，③和④在一种逆势操作的想法当中能够发挥作用，如前所述，行情的转换遵从威尔德的定义。

③是在行情下跌局面下买入的案例，当下的 K 线变为了买入。在这种情况下，接下来的最低价就会成为大家的共识，因此，止损限价应该挂到这个位置。当然，由于没有从下跌趋势当中撤出，如果跌破最低价，就该卖出了。

④是在上涨局面下卖空的案例，当下的 K 线转变为了卖出。在这种情况下，接下来的最高价变为了大家的共识，因此，应该将止损限价挂到这个位置。如果超过接下来的最高价就回到买入。

恐怕在③与④上，由于有等待触底反弹的卖单，因此③的位置的抛压特别重。④是已经大量卖出的位置，因此如果下跌，这个形态会比较快。同时，由于③与④遵从的都是威尔德的定义，因此一旦基本发生变化之后，如果再次发生变化，也要遵从威尔德的定义。

7. K 线 / 趋势线 / 最高价与最低价

股市之所以难以解说，是因为没有解答的方程式存在。而且行情变动的背后是人们的各种行为。即便研究了过去的很多案例，在现实的行情当中，我们必须从其中找出哪个案例的哪个形态是最具备参考价值的。即便是在第 1 章中说明的行情的基本变动当中，结果也是不得不根据情况判断哪个是有效的。

如果以“K 线”、“趋势线”、“最高价和最低价”为例，变动最快的是使用了 K 线的威尔德的定义，其次是趋势线，接下来是最高价和最低价。

也就是说，K 线中当时的基本转换信号出现，然后是突破趋势线，但即使是突破了趋势线，主要的最高价和最低价之前也还有趋势反转的可能性。

最终变成什么样还不清楚。由于行情参与者也有些迷惑，因此通常来讲，出现明确变动是需要时间的。像在接下来第 4 章中论述的那样，上述行情的主要的点的意外也会受到别的技术指标的影响。

周 K 线不明白的变动可通过月 K 线进行观察

图 3-45 是 Look(8029) 的周 K 线走势图。日 K 线的小波动较多，不便于说明，因此可使用周 K 线来进行说明，但是基本上来讲，日 K 线、周 K 线、月 K 线的任何一种思考方式都是一样的。

①的最高价之后的②的最低价跌破了之前的最低价。接下来的③的最高价没有超过①的最高价，且④的最低价跌破了②的最低价。

首先，④的最低价之后，超过了①与③连接而成的阻力线 b，从而明确了接下来的上涨。但是，在这个阶段中，④的最低价是否仍然为当前的最低价是不能得到确认的。

在这种情况下，通过观察更加长期的周 K 线走势图或者是月 K 线走势图就能够明确比较大的趋势。

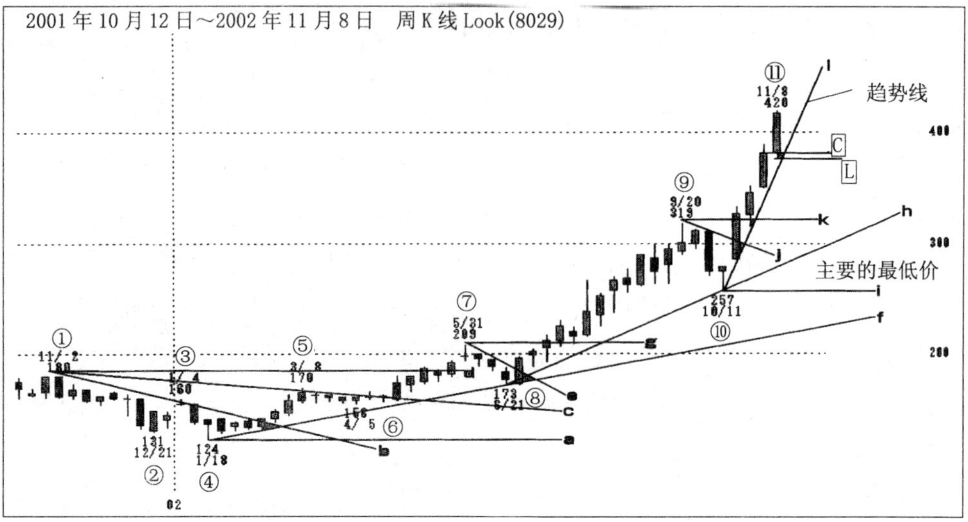

图 3-45　K 线与趋势线(周 K 线的情况)

如图 3-46 所示。从最高价的 2960 日元开始下跌的局面下，主要的最高价和最低价都在下行。因此，能够在 75 日元上观察到最低价。在这里，股价到达这个 75 日元是否已经到了最底部是非常重要的。在此之后，如果行情超过最高价的①和之前的最高价 840 日元，那么行情上涨的趋势就能够得以明确。只是，由于到这个位置有一个相当大的幅度，因此有必要通过道氏理论对趋势进行确认。

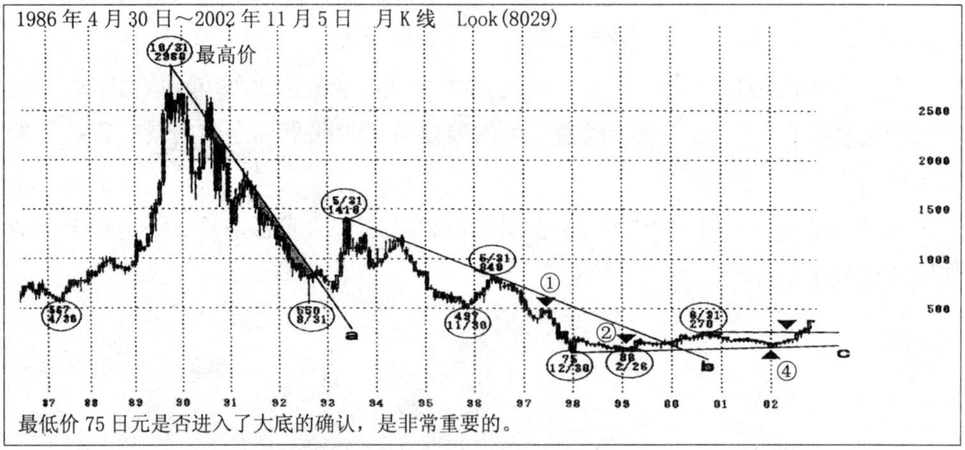

图 3-46　K 线与趋势线(月 K 线的情况)

在 75 日元之后的最低价为 88 日元，没有跌破 75 日元的最低价。

因此，下一个最高价 270 日元超过了②的最高价。在这里，应该有一种行情有可能转为上涨的感觉。这种感觉，在④的最低价中止于 75 日元与 88 日元连成的最低价支持水平线 c 上的时候转变为确信，而在接下来超过 270 日元的最高价之后得以确认。

行情的大趋势要这样去思考。如果以趋势线来说，以 a 的最高价阻力线、b 的最高价阻力线以及 c 的最低价支持线为轴来看，那么该月 K 线走势图中，c 已经是持续上涨了。但是通常来讲，a、b、c 缓缓下跌的倾向变得比较缓和，变成了趋势的底部，且在 a、b、c 的大的趋势中，存在某种程度上比较容易理解的波动。我们一定不要忘了将这种比较容易理解的波动收益化。

趋势的转换与加速的确认

我们将话题再回到图 3-45 的周 K 线中。124 日元的最低价④以后，超过了 b 的线，由于⑤超过了③的最高价 160 日元，因此能够确认④是最低价。并且，由于⑥的最低价 156 日元没有跌破②的最低价，因此头肩顶形态十分明确。接下来，股价超过了 180 日元与 170 日元连接而成的最高价阻力线 c，从而超过⑤的最高价 170 日元，最后落在超过 180 日元的最高水准的 d 的阶段，④的最低价得到了进一步的明确。

从结果上来看，在⑦上到达了 209 日元的最高价，接下来股价调整到了 173 日元的⑧的最低价，但是在这个变动中，已表现出了作为对于 170 日元的 S 点 (Support　Point)的意思。

之后，虽然股价突破了⑦的最高价水平并持续上涨，但是月 K 线的最高价的 270 日元也不得不加入到自己的想法当中。

在这个阶段当中，必须意识到④与⑧结成的线就是“最低价的支持线”。同时，⑦的最高价水平 g 线也毫无疑问地被意识到了。

行情会从那里进一步上涨，并到达⑨的 319 日元。之后，下跌到了⑩的 257 日元，但是为什么会在 257 日元上中止仅通过 K 线是分析不出来的。要想分析其原因，需要追加在第 4 章中将说明的其他指标。

⑩的最低价之后，行情超过了⑨的最高价。在这里，我们应该意识到⑧的最

低价 173 日元与⑩的最低价 257 日元连接而成的线 h 成为了下一个最低价支持线。

行情通过超过⑨的最高价水准 k，从那里进一步加速上涨态势。请注意 f—h—l 与最低价支持线的角度变成了一个锐角。如前所述，行情上涨的加速度慢慢地加大。虽然从这种走势图中不得而知，但是⑪之后，l 线以上也存在上涨加速的可能性。

以上是否超过了前一次的主要的最高价，还是没有跌破最低价的确认作业是连续的。同时有必要观察伴随着这个期间行情推移中描述的趋势线与角度。

作为当下的确认事项，可以看到，L 显示的接下来的 K 线的最低价，与之前的 C 中显示的收盘价的比较便宜的一个在下一个收盘价上，没有跌破在这里的 L 的水平。这是因为其成为了根据威尔德的定义导致的持续上涨的转换条件。

进一步来讲，在这种条件下，不断加速的上涨趋势线变为了当下最为重要的最低价的点。319 日元的最高价⑨和 257 日元的最低⑩也变得很重要了。

在这里，总结如下：上涨趋势线 l、威尔德的定义的点 L，以及⑩的主要最低价水准 i 是非常重要的基准。因此，在当下的交易中，需要在这些点上设置止损限价盘。

为了在看到的瞬间就有所感受，训练是不可或缺的

正如在第 1 章和第 3 章中所讲的那样，基本当中的基本，必须根据这些走势图自己进行判断，否则不明白的人就会更不明白。也就是说，这些都是行情当中不成文的思维定式，支配着了解行情的职业投资者的判断。从这种意义上来讲，不管是在新进入股市的情况下，还是从行情逃跑的情况下，必须不可动摇地紧紧把握这些技术点。

当然，这些并非是应该思考的东西，而是在看到的瞬间需要感受到的东西。为了能够做到这些，每天观察走势图的训练是不可或缺的。如果不这样做，甚至不能对东证一部中的仅 1400 多只股票品种进行分析。那么就意味着不能将“容易理解的局面”收益化。

不是在行情当中自己进行任意的判断，而是看穿行情参与者的意图是最为重要的。因为使行情发生变动的并非自己而是市场。是否顺势而为关系到自己是否

能够获得收益。

投资者应该做的是，不考虑任何多余的适应，而是在关键技术点上挂出止损限价盘，总是针对行情的趋势思考自己的头寸是否处于安全的境地。因此，我大多数情况下会在仅数分的地方进行止损。

虽然在个人投资者当中，存在认为在最低价买入、在最高价卖出，是非常重要的投资者，但是即便那样考虑也是没有任何意义的。由于所谓的最高价和最低价的精确位置在之后就能够明白，因此，摸索这样的精确位置其实是非常危险的。在短期内将自己的资产翻倍增值的做法，思路本身就是错误的。

并且，必须注意的是，自己所处理的商品是为什么而存在的。也就是说，是在交易现货股票呢，还是融资交易呢，或者杠杆有效的日经平均期货呢？这关系到各种技术指标的变量的设置。顺便说一下，我在现货股票等当中使用了近似 200 日的变量，但是在日经平均期货当中使用 5 分钟 K 线等超短期指标。当然，在股市当中，决定形态、照搬形态的做法是十分危险的。通常来讲，我们应该在股市当中随机应变地进行应对。

那么，在接下来的第 4 章，我们将会针对更加具有实践性的行情判断把握以及交易手法进行解说，但是作为我本人，与其看我在第 4 章中说明的事情，倒不如先把我在第 3 章中讲述的基本知识进行学习更加来得有效。实际的行情是在这里展示的基本行情的符合体。我已经说了很多次了，如果不了解基本，就不能对市场进行把握和判断。相反地，只要明白了基本的原理原则，就能够应对一切行情了。

第 4 章

炒股实战中的思考方法

Chapter4

1. 股市中的技术指标

就分析走势图这件事情来讲，不持有任何头寸的纸上谈兵的思考与在实际的股市当中持有头寸的实战的思考之间，其实是存在着巨大差异的。即便之后看到会明白的走势图，如果以现时点为基准思考将来会发生什么，也是很难看懂的。

就像在冲高后的突然回落，按理说必须要买入的点位上尝试卖出，或者在止跌回升，按理必须要卖出的位置挂入买单，并渐渐地开始心平气和地进行一些在别人的常识看来认为是离谱儿的操作一样。虽然知道自己高抛低吸的行为是错的，但是仍对触底反弹抱有一丝侥幸的期待，结果越陷越深，最终被套牢蒙受巨大的损失。

当人们遭受重大亏损之后对股市的思考就会发生变化

我本人也在实际的行情当中学到了很多。不管是赚取收益还是蒙受亏损，我所说的应该做的事情和我所说的不能做的事情，都是我在自己的股票投资和业务开展的过程当中积累的经验。

其中，对我的股票投资方式起到决定作用的，是我在过去蒙受巨大亏损的经验。过分冒险和逆势操作，以及比这两者还不可取的摊平买入，是造成我亏损的主要原因。最终来讲，虽然我都进行了止损，但在止损之前的那些日子里，我每天都犯胃疼，而且每天都是愁眉不展、提心吊胆的。但是，止损之后，我的胃疼立刻好了，心情也变得舒畅开朗了。

最终我领悟到了“在蒙受巨大亏损之前，尽早止损就行了”这一金不换的铁律。

有行情就会有亏损。如果遭受了亏损，请不要介意，机械地根据上述铁律进行止损就可以了。行情并非是通过技术分析来押大小的赌局，而是可以使用技术分析方法进行管理的。既然是管理，当然肯定是越简单越好。

我认为就观察行情来讲，K线图(每日K线)加移动平均线，再加几个技术指标就足够了。上述所谓的几个技术指标主要是指“σ带”和“一目均衡表”。使用这些技术指标，是因为这是为了判断现在应该是卖出还是买入，为了判断之后的变动范围，以及比什么都重要的是，行情参与者中的大部分人都在观察这个指标。

在使用技术指标的过程中，存在一部分投资者毫无根据地进行思考和判断，以及人多数人在对指标进行观察的基础上采取行动这两种投资方式。重要的当然是后者，大家通过技术指标牢牢抓住技术指标点是非常有必要的。

不管使用什么技术指标，趋势的方向和强度是很重要的

按理说，在实际的股市操作中，让表现好的人公开其本人的资金运作手法是不可能的。大体上可以这样讲，我为什么必须向其他人公开能够给我带来收益的方法呢？如果尝试着这样考虑，那么在第 2 章中罗列的技术指标，每个指标其实都是这样的。

但是，如果说即使使用这些技术指标也不会获得收益也是不对的。是否能够容易地获得收益，与其说是通过技术指标本身，不如说是依靠一个比较强的行情的趋势。如果趋势变强，使用任何技术指标，都能够比较容易地获得收益；如果弱，即便使用技术指标也是捉襟见肘难于应对的。

因此，作为我们投资者来讲，和使用什么样的技术指标相比，思考目前行情趋势的方向和强度，才是最为重要。我也总是在徘徊迟疑中摸索市场，一直在找寻更加容易理解的较强的趋势。根据以往的经验，我确信这样做是最容易获得收益的方法。

因此，在第 4 章所要重点讲述的，是在一波行情从开始到结束的全过程中把握趋势的方法。虽然我们会在 K 线图和移动平均线以外，再使用其他的几个技术指标，但是对于接下来更加实践性的分析方法进行讲解的过程中，思考方法的轴是不变的。

大家所观察的技术指标是指什么？

技术分析的目的就是确认自己的头寸所处的位置相对于行情趋势是否安全。如果是安全的，就继续持有，如果是危险的就将资产转变为银行存款等形式。

判断资金是否安全的过程中有必要导入相关的判断标准。正如我们在第 1～

3 章所讲述的那样，作为代表性的标准，我们列举以下三点：

①道氏理论中关于趋势的定义；

②趋势线的变化；

③基于威尔德的定义的短期变化。

进一步来讲，行情参与者当中的大部分人都有经常观察并据此行动的技术指标，主要有以下三个：

④股价移动平均线；

⑤σ 带；

⑥一目均衡表。

认为现在大多数投资者是以①～⑥作为基准进行交易的想法是没错的。他们通常会用这个标准来判断自己的头寸是否处于安全的状态。

用技术指标判断出来的技术指标点，就成为新规入场持有头寸的点。同时，这个点也是从股市当中撤出的点，也就是挂入“止损单”的点。

其他的技术指标也有一些，但都不如①～⑥列举的指标重要。虽然抛物式转向和 P&F 等指标也是很有效的，但单是看这些指标的投资者并不是很多。RCI&RSI、KDJ 等，也仅仅是一部分投资者作为参考使用而已，因此，这些指标不是主要指标。但是如果还有使用心理线这种超买超卖类指标，进行日常操作的投资者，我就要对其是否有资格做一个投资者进行质疑了。

逆势操作、高抛低吸的超买超卖类指标是不能用的。使用超买超卖类指标，在上涨阶段融资卖出，在下跌阶段融资摊平买入的投资者，在我们这些顺势而为的投资者看来，是巩固趋势的求之不得的存在。从这种意义上讲，虽然不是否定超买超卖类指标，但是超买超卖类指标造成了很多投资者的巨亏，只要事先明白这一点就可以了。此外，关于这一点想了解更加详细的投资者，请参考我的另一著作《融资交易，实践圣经》。

总而言之，大多数投资者在观察并据此采取行动的①～⑥所示的标准和指标是非常重要的。因此在实际的炒股操作当中，经常监控①～⑥指标的动向，并参考其他不是很重要的指标进行交易的判断才是正确的做法。

例如，假设我们现在要以 K 线与移动平均线的变动为基准观察融资买入的余额和融资卖出的余额。在这里，跌破融资买入余额急剧增加之后的技术点和突破融资卖出余额急剧增加之后的技术点成为伴随着反向交易的重要节点，因此，在该技术点上，我们需要进行新交易的下单并同时挂出止损单。

我们也已经在第 3 章中有所了解，从现在开始我们所进行的股票交易均以止损限价盘为基础，才是最为明智的做法。令我感到意外的是，有投资者虽然认为这是正确的做法，但是仍然没有将挂出止损单这件事付诸行动。只有通过设置止损限价盘来追求收益与早期的止损(挂出止损订单)，才是真正的技术分析发展出来的炒股的正确做法。通过经常设置止损限价盘来确认自己的头寸是否处于安全位置，同时来追求利益的方法，才是最有效的投资方法。

虽说如此，但是不要忘记了，最后是否能够形成收益，要取决于行情趋势的强弱。同时，投资表现是会根据那个时候行情的状况发生变化的。从这种意义上来讲，正如我们所说的那样，在采用正确的技术分析基准和交易方法的同时，交易期间中行情的趋势强弱，也是非常重要的一个因素。

在技术盘中，虽说投资者会倾向于时刻持有头寸，但是我认为这种方式是不对的。根据不同的行情状况，如果不设置不进行交易的期间，就不会有好的投资表现，这一点通过模拟结果就可以看出来。

在技术盘当中，将行情浮动也就是说没有趋势的局面排除，以及在波动刚刚开始时不持有新头寸的策略，将会对投资者的投资表现产生较大的影响。虽然，这个表述有点儿晦涩难懂，但将这一条作为暗示各自尝试着进行思考，也是有益处的。如前所述，我无法将所有的投资经验通过笔头进行公开。请不要忘记，正是由于总是存在亏损的投资者才会有产生收益的机会。

2. 具有实践价值的趋势确认方法

行情分析的基础是认识趋势的方向性。正如到目前为止我们讨论的那样，“道氏理论”对此进行了定义。

我一直思考善于炒股的人是如何应对行情的。如果这种人是逆势操作，就必然了解逆势操作的应对方法和做法。但是，我认为不那样做的投资者，还是应该忠实地立足于基本原则进行股票交易。

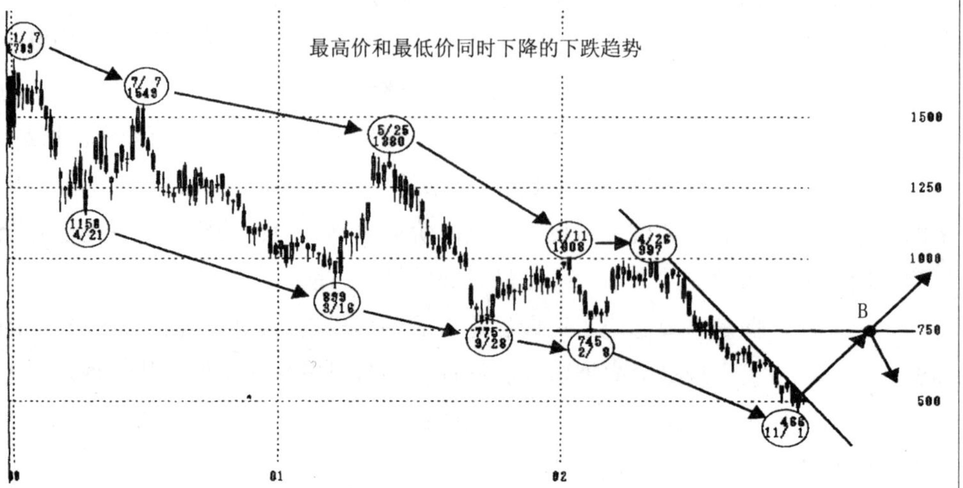

在这种典型的下跌趋势下执行买入是鲁莽的。之所以考虑买入是因为在此之后的 B 点上超过了 745 日元从而出现了上涨的可能。

图 4–1　从下跌趋势向上涨趋势转换的观察方法

如图 4-1 所示，是日立制作所(6501)的周 K 线。由于最高价不断下跌的同时最低价也在不断下跌所以是道氏理论定义的典型下跌趋势。

在这里，考虑高抛低吸执行逆势操作而买入的投资者赌的是局面的反弹。我不否认如果没有找准时机或多或少还能得到一些收益，但是如果错过了这个时机，就会进入最高价和最低价同时下降的困境。

但是令人遗憾的是，在个人投资者当中，如此聪明的投资者仅极少数而已。大多数的逆势操作的投资者，由于不能执行基于趋势的跟随类交易的铁律，而在这样的行情下持有了买入的头寸。下跌趋势的局面下，在触底反弹(如果有反弹)的过程中彻底执行卖出的做法才是基本。

确认了趋势的变化之后再持有头寸

在这里需要事先确认的是行情的分歧点，其实就是所谓的毫厘之差。如果不能超过某个点，就在止跌反弹之后卖出，如果超过了某个点，就在冲高回落后买入。

也就是说，在实际炒股过程中，有必要在行情达到这个分歧点的时候确认行情参加者的投资意向。这时，就需要在头脑中浮现出趋势线和威尔德的定义等我们已经在第 3 章中讲到的走势形态的同时对市场进行判断和把握。至少，在进行交易的判断之前，有必要对接下来的股价变化进行确认。

也就是说，所谓的当到达某一点时什么都不要考虑立刻持有头寸的说法是无稽之谈。在这里由于是一个比较显眼的下跌过程，如果是要买入，就应该在完全确认趋势发生变化之后再买入，或者至少应该基于威尔德的定义观察行情出现了短期反转的信号之后再买入。

在上述走势图当中，股价在到达 997 日元的最高价之后跌破了 745 日元的最低价，使得在此价格之上买入的投资者全部陷入账面亏损状态。如果是聪明的投资者，就会在 745 日元上挂入止损单进行止损。但是，在实际的炒股过程当中(在这个走势图中没有出现)由于融资买入的余额在不断增加，说明摊薄买入的投资者业在不断增多。这就是所谓的逆势操作，是单纯的希望摊薄最高价头寸的自以为是的行为。

事先买入 2 手，在触底反弹之后卖掉 1 手

结果，股价一直下跌到了 466 日元，但是如果此后行情转变为上涨，那么，应该如何尝试进行思考呢？

首先，有必要明确在短期内是否满足威尔德的定义，也就是有必要判断股价是否超过了下跌趋势线(最高价阻力线)。因此，应该认识到在之后的 B 点(突破点)上再次回到 745 日元的水准是一个比较重要的点。也就是说，从 466 日元的最低价发生趋势反转的情况下，745 日元就是一个基准点，当股价反弹到这个点位的时候，是行情回升卖出呢，还是确认股价将会上涨到 997 日元而继续持有呢？

下面我们来具体分析一下。现在我们假设股价从 466 日元开始发生趋势反转，并满足了威尔德的定义，或者突破了下跌趋势线。之后我们所采用的方法不是在该价位上买入以 1000 股为单位的 1 手[①]，而是买入了 2 手。然后，在股价上

① 能够进行交易的最低股票数量。在之前的“单位股票制度”中，通常将 1000 股设置为最低交易数量，从 2001 年开始导入了“单位股价制度”，即便不足 1000 股也是可以交易的股票品种增多。

涨到 745 日元水准的时候卖出 1 手。之后即便遇到了触底反弹后卖出，且股价一直下跌，那么在买入价位清仓卖出也是能够确保获得一定收益的。当然，在执行买入操作的时候，应该在买入价之前的最低价水准上，同时通过止损限价盘来挂出止损订单。

其次，接着上面的来说，虽然下跌趋势出现反转是其前提，但是如果观察到下跌趋势一直会持续，且还有在现有的水准上融资卖空的交易方法可供选择，那么在采用融资卖空方法的情况下，在高价区间上挂入止损限价盘的买入订单要预先设置止损订单。止损订单的水准，应为威尔德的定义的短期反转，或者突破下跌趋势线的水平上。

如果能这样思考，那么任何时候都是可以进场的。

图 4-2 同为日立公司的日 K 线走势图。在这个走势图中，虽然也被确认为下跌趋势，但是可以发现股价从 466 日元的最低价冲高到 745 日元之前，出现了多个比较重要的节点。

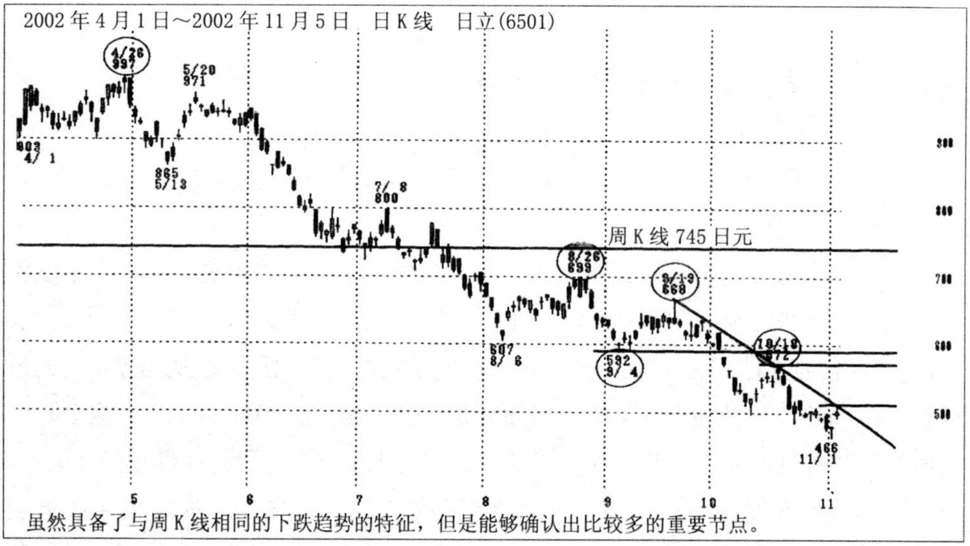

图 4-2　确认日 K 线走势图中细节的变动

该走势图中显示的股价并未观察到在达到 466 日元之后会在接下来冲高到一个阶段性的最高价。今后，如果股价超过了这个最高价和 572 日元的最高价，那么就可以明确行情进入了回调的阶段。进一步来讲，592 日元的最低价水平中，也存在很多重要的节点。周 K 线是从 997 日元开始的下跌趋势线，和日 K 线下连接 668 日元与 572 日元的线相吻合。

和针对周 K 线说明的交易方法相比，在日 K 线走势图中原理也是相同的，通过更短的跨度进行的交易也能套用相同的思路。在传统的手续费体系中，这样比较频繁的交易会造成交易成本的巨大提升，因此是没有意义的。但是如果是现在的网上交易，即便是较小程度的股价变动，那也是可以确保收益的。

1999 年 12 月 30 日～2002 年 11 月 5 日　周 K 线　TSUMURA(4540)

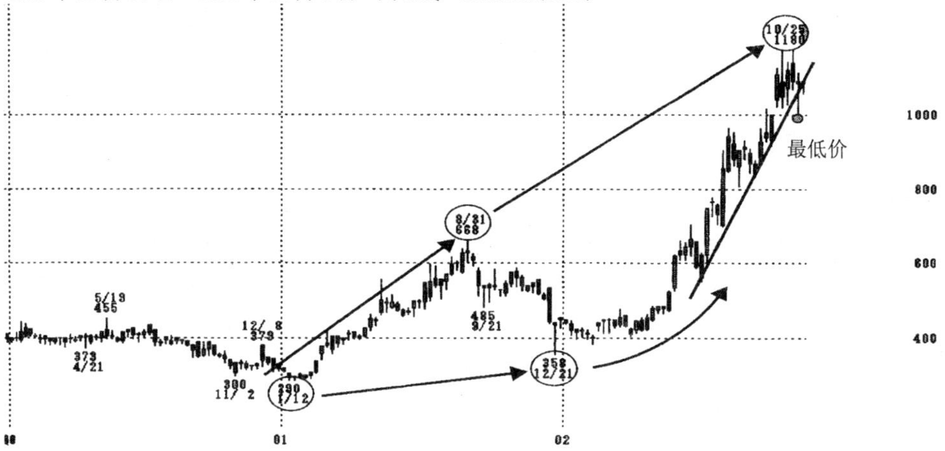

当股价到达 1180 日元的最高价之后，立刻回落到了一个比较低的价格。如果跌破上涨趋势线，空方会占据明显的优势，从而最终进入下跌趋势。

图 4–3　上涨趋势发生反转的观察方法

如图 4-3 所示，这是 TSUMURA(4540)的周 K 线走势图。该行情进入了比较强劲的上涨局面。由于已经上涨很多了，因此，从这个水准开始介入是需要相当的勇气的。

当股价到达 1180 日元之后，请注意接下来将要到达的最低价。虽说填补了上涨的跳空①，但是看起来股价将会跌破在这里画出的上涨趋势线。

① 在急剧上涨和急剧下跌的局面下，某一日(周、月)的 K 线与前一日(周、月)的 K 线之间出现了空隙，我们把它称为“跳空”。趋势反转之后出现的下跌和上涨局面下，将跳空的部分填补的股价变动称为“填补跳空”。

我认为发现这些比较细节的节点是非常重要的。虽然都涨到这么高了仍然还有投资者在上涨趋势的水平上买入，但是空方的抛盘压力已经开始不断占据了上风。

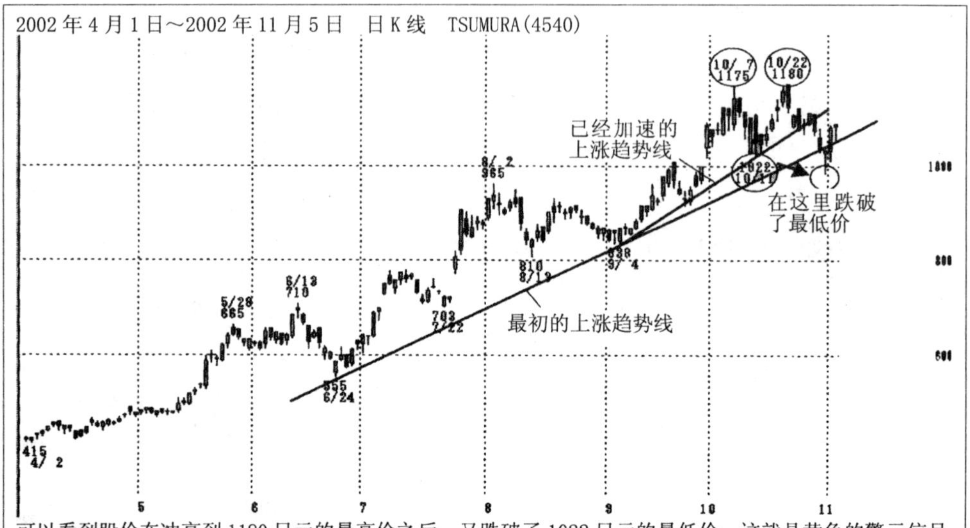

可以看到股价在冲高到 1180 日元的最高价之后，又跌破了 1022 日元的最低价。这就是黄色的警示信号。

图 4–4　日 K 线走势图中确认到达最低价

请站在这个点的角度上观察图 4-4 中的日 K 线走势图。虽然最高价和最低价一直都在抬升，但是能够看到股价跌破 1022 日元的最低价，接下来并没有刷新最高价。这就是所谓的黄色预警信号。在此基础上，股价同时跌破了在上涨局面下已经加速的趋势线与之前的上涨趋势线。这也反映了行情显示出买入不能维持的动向。

在这个阶段里，是短期的调整还是真正的调整，或者是趋势的转换我们都不得而知。但是，至少来讲，我们可以明确的是当前行情动向和之前的行情动向之间已经出现了分歧。如果是我，不管怎么说，首先要做的是确保收益兑现。如果股价反弹，再买入就可以了。

通过这样的操作，通常来讲，就是确认超过哪个水准就买入，跌破哪个水准就卖出，以及基于此的在某个位置设置止损限价盘是比较重要的。

股价在最高价上的含义

在这里请再次尝试思考“道氏理论”，也就是思考为什么最高价与最低价那么重要。

首先请看图 4-5 本田(7267)的月 K 线图。按理说，我们应该看在哪里产生了多少的成交额，但在这里我们只看股价的变动。并且，还要考虑到受到了列示的走势图的显示期间的制约。进一步来讲，为了能够让我们对价格的变动一目了然，我们并没有在走势图中显示对股份分割等进行修正的点。

通过观察这个走势图，就能够捕捉到主要的最高价和最低价。虽然我们之后看到这些才会明白，但是在当时的那个瞬间里，没有人知道那就是一个最高价，或者是一个最低价。我们可以做出“这个附近也许就是最低价吧”“可能已经到了最高价”的所谓的猜测，但是对于这些猜测获得确认还是需要一定时间的。

1986 年 4 月 30 日～2002 年 11 月 5 日　月 K 线　本田(7267)※分割修正后

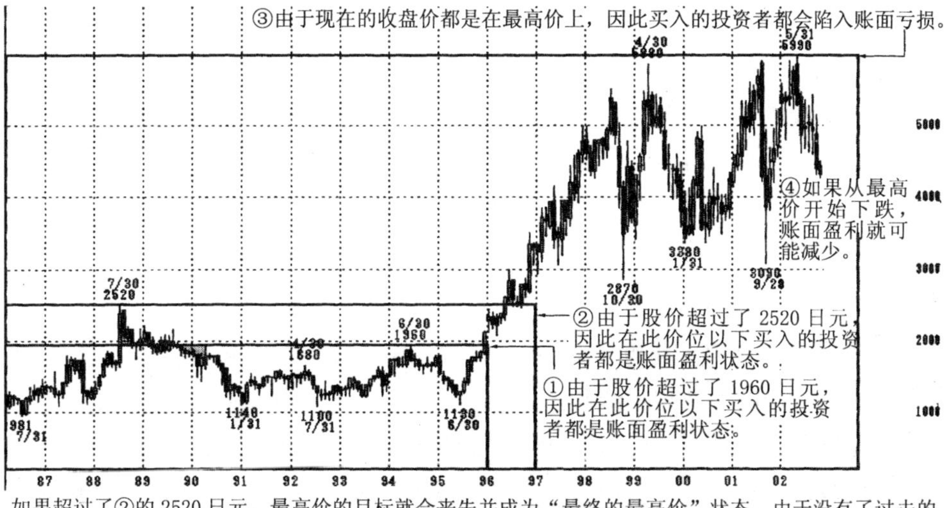

如果超过了②的 2520 日元，最高价的目标就会丧失并成为“最终的最高价”状态。由于没有了过去的等待止跌回升的股票，因此行情的上涨变得比较缓和。

图 4-5　股价水平与投资者的损益(上涨局面)

本田的股价从 1000 日元的水准向最低价推移，在此期间如果了解到存在 2520 日元的最高价与 1960 日元的最高价在①的位置上，超过 1960 日元时，以低于 1960 日元的价格持有买入头寸的投资者均将为账面盈利状态。

由于对象期间很长，在现实的操作当中，可能也会存在已经将手中的买入头寸卖出清仓的人，因此这样的情况不考虑也罢。之所以可以这样考虑，至少来讲，和超过了 1960 日元的水准相比，认为在之前的最高价 1680 日元以上的位置买入会比较好的投资者，在股价到达 1960 日元的过程中也是存在的，进一步来讲，在超过 1960 日元的水平上认为买入也是可以的投资者也很多。

如果股价超过①，就立刻进行融资卖出等操作的投资者，从定义上来看，已经陷入了摊平的困境并急于赎回，因此股价会出现急剧上涨的态势。在这里，卖方在从 1680 日元到 1960 日元的最高价不断上涨的过程中，处境变得非常危险，如果股价超过 1960 日元，就应该意识到“比较危险”了。

图为股价超过了 1960 日元，下一个目标就变成了 2520 日元，行情就会对股价是否会超过这个最高价进行测试。

股价在②的时点超过了 2520 日元时，在 2520 日元以下买入的投资者均为账面盈利状态。在此之后，由于不存在作为最高价的目标和主要的转折点，因此被称为“最终的顶部”(在日本被称为“蓝天之顶”)。也就是说，就像天气放晴一样，万里无云的状态。

在后面我们也要对此进行说明，在实际炒股过程当中，是从这里开始买入后获利回吐，还是长期持有，又或者是过去在比较高的价位上买入的投资者等待反弹后而卖出，明确操作手法是非常重要的。即便是自己想获得一点儿收益而买入，但是会有一些其他的事情影响资金的周转，因此一旦上涨一点儿就赶紧卖掉的情况也很多。如果是认真思考的投资者，谁都不会买那只股票品种吧。但是，在这个本田的案例中，超过了 2520 日元时，由于没有过去的等待反弹后卖出的存货，因此行情的上涨相当缓和。

在本田的案例中，2002 年 5 月的 5990 日元是其上市以来的最高价。也就是说，买入这种股票的投资者在该时点应该都是持有账面盈余的。这虽然是通过技术分析无法进行判断的，但是也有可能存在下一年度会更新最高价的预测，从而导致考虑股价将会进一步上涨的投资者会比较多了。

卖空的情况下不要忘记赎回

超过时下的最高价的意思，是指行情参与者表达了所谓的在更高的价格上买入也可以的投资意愿。但是请不要忘记，伴随着这种意愿，在上涨局面下进行融资卖空的投资者必须要买入平仓的事实。如果融资卖空在高价格水准下卖出的头寸余额越高，那么这个卖空的部分作为行情的推手的力量就越大。

也就是说，股价在高价上的时候，在此之下的买方都是获益的，而在此之下的卖方都是陷入亏损的。这是行情理论的基本理论。

因此，对于卖空方来说，之前的最高价水准是必须设置止损单的临界点，同时也是新规介入的买盘挂出止损单的位置。在欧美的股票市场，股价超过最高价，也就是 HL 带[①]的上限时，就是买入的最佳时机。

超过最高价之后，融资卖空者会介入赎回，结果，融资卖空余额会有所减少，这意味着上涨的能量有所消减。当然，在买空方买入赎回的局面下，买入方在此时也会以获利为目的出货。正如到目前为止我们所见到的那样，随着行情的上涨，上涨的角度会越来越大，大致而言，融资卖出方也会因为忍受不了追加保证金[②]而陷入急于买入赎回的局面。

因此，从股价变动上来看，聪明的买方会迅速获利清盘。结果，第一波赎回结束之后，行情会迅速下跌的情况比较常见。在网络交易时代，如果出现了这样的局面，那么，下一次为了使买方抛售，会用新的融资卖空进行砸盘。

正如本田的走势那样，如果股价从最高价开始下跌，那么，到目前为止明确感受到账面盈利的投资者相反会感觉到账面盈利有所减少。这时，就会出现如果不尽早清盘落实收益就糟了的焦虑，这就是卖空所诱发的感受。这样的变动，会使卖出的投资者与买入的投资者达到均衡，这种均衡会一直持续到下一个主要的最低价为止。

---

① 将过去的一定期间中的几个最高价、最低价分别用直线串联起来并和 K 线走势图放在一张图中。详细内容请参见第 2 章。

② 指在融资交易当中，账面亏损的金额超过保证金金额之后必须存入的追加保证金。

股价处于最低价的含义

股价在处于高价区间时，如果不卖空，就没有什么特别需要考虑的了。但是，如果行情跌破了最低价，按理说，作为融资源泉的股市就会因此出现股价的持续下跌，因此这时蒙受的损失是最大的。

例如，图 4-6 的 NTT(9432)的股价在股票在上市之后，一直涨到了超过 300 万日元的水平上。在这时，最初中签的人以及在 300 万日元价位以下买入的人都是账面盈利的。

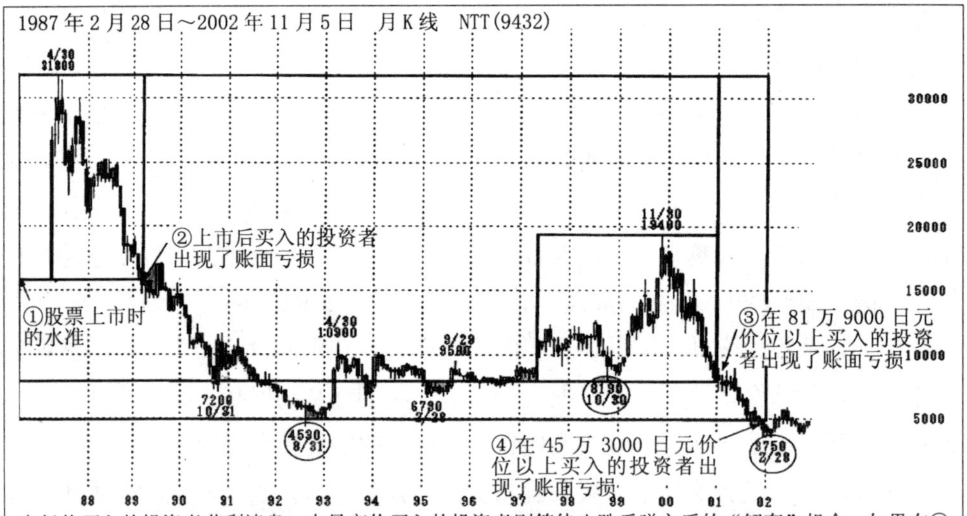

在低价买入的投资者获利清盘，在最高价买入的投资者则等待止跌反弹之后的“解套”机会。如果在④时点上最低价刷新至 45.3 万日元，那么买方都会出现账面亏损。

图 4-6　股价水准与投资者的损益(下跌局面)

但是，在股价跌破②的瞬间，在②的价位以上买入的人都陷入了账面亏损。中签买入的人和在①附近买入的人，虽然都没有蒙受巨大的亏损，但是在更高价位买入的投资者都开始陷入巨额亏损当中。聪明的投资者就会在②之前的位置上发现股价创下了新低，从而应该有“或许是已经进入下跌通道”的思考。如果你还没有这种感觉，就说明你对股市没有任何的认知和了解。

如果你在这个最高价上买入，会出现什么样的结果呢？如果是我就会想“止跌反弹之后就立刻卖出”。如果不这样想，既然在②以上的价位想买入的投资者络绎不绝，你会在这个位置挂入买单吗？总之，我是绝不会在这里买入的。

在下跌局面下，要有“解套”意识

在图 4-6 这个走势图中所表现出来的长方形，是蒙受亏损的投资者和获得了收益的投资者的分界线。也就是说，在这里跌破②的价位说明在自己的头顶上面存在着需要“解套”的巨大压力。这个“解套”的压力会随着行情的不断变动其压力也会时刻发生变化。

在股价下跌到 45.3 万日元的最低价的阶段中，在该价位之上的买方均会陷入了账面亏损的状态。由于这个点位也是一个分歧点，在这个分歧点上同时存在认为如果下跌到这里买入也是可以的投资者，因此之后的股价反弹回了 109 万日元。

但是，在这里没有超过下跌之前的主要的最高价。这是基于在低价位上买入的投资者的获利清盘与在高价位买入的投资者的反弹卖出双重作用的缘故。

之后，最低价缓慢抬升，在 1999 年末上涨至了 194 万日元，此后开始了下跌的过程。由于过去在②价位以上买入的投资者都在等待股价回升之后的解套，而在最低价买入的投资者的获利清盘则导致股价下跌。在③点位上跌破了 81.9 万日元的最低价，最终在④点位跌破了 45.3 万日元，从而导致所有持有在此价位以上买入头寸的买方再次全部陷入账面亏损。

也就是说，所谓的跌破最低价，就是指在此以上买入的投资者目前处于账面亏损状态，因此会根据股价的变动情况进行抛盘清仓，从而成为拉扯股价的空方的意思。这就是“如果跌破最低价就会进一步下跌”的约定俗成的思维定式。因此，如果在最高价上买入的部分跌破了最低价持续持有，就会变成深度亏损，所以在这个时候即便思考“该怎么办呢?”想出手抛盘，也已经太迟了。

应该注意的是，在日本股市当中，卖出的速度是非常快的，思考该怎么做而踌躇的瞬间，盘面就已经迅猛地下跌了。如果蒙受的损失较大，那么从心理上来讲，可以说连止损都没法去做了。

我想有必要在跌破最低价的过程中，树立一种不考虑之后的结果立刻将手中的头寸清盘的下意识做法。如果去考虑是否止损，你就会产生犹豫的心理，从而无法立刻止损。因此，当股价接近止损的水准的时候，必须立即设置止损单。

在此之前，在下跌趋势中持有买入头寸原本就是不对的。从最高价开始明确开始下跌的局面下，并不买入，而是坦率地通过融资卖空来进行应对，就会获得收益，而且也不会蒙受损失了。

从急剧下跌到 V 形反弹的幸运

就像 NTT 那样，如果花了很长的时间下跌，其上涨也会花很长的时间，但是，其中也会有一些暴跌之后的“V 字形”反弹的形态。如图 4-7 所示的 Tokyo Electron(8035)就是这样的案例，从 2755 日元一口气上涨到了 20900 日元之后急剧下跌，调整到了之后的 10000 日元。

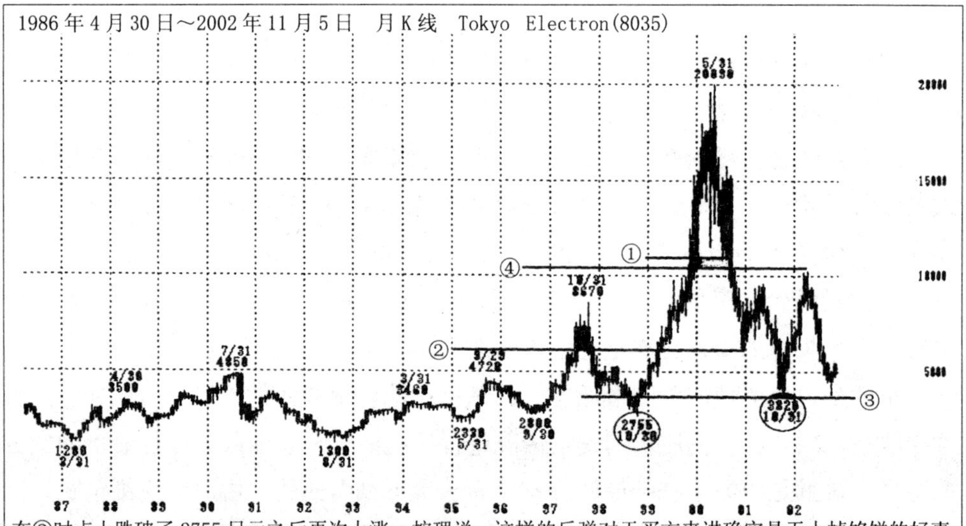

在③时点上跌破了 2755 日元之后再次上涨。按理说，这样的反弹对于买方来讲确实是天上掉馅饼的好事。

图 4-7　急剧下跌之后的“V 形反弹”

经销商们约定俗成的思维定式当中有“手中还没有解套的账面亏损的头寸，如果运气好的碰到反弹，就要立刻出手解套”的规则。在手中持有的账面亏损的时候，一旦遇到股价反弹，大多数投资者虽然仍然持有一种这次应该会有所收益的期待感，但是，在实际的行情中，由于趋势已经转变为了下跌趋势的情况比较多见，因此就会在反弹之后，立刻出手清仓。同时这句话也说明，由于自己的判断失误导致的亏损不会有那么多幸运的反弹清仓的机会，因此一旦清仓了头寸，要冷静地重新持有头寸。

Tokyo Electron 从 20900 日元开始下跌的过程当中，跌破了①时点的最低价，在该价位以上的买方都被套牢，通过抛售清盘将股价拉扯至了②的最低价，如果跌破②的最低价，那么前期被套牢的买盘将会进一步砸盘，使股价再度下跌。但是，股价并没有跌破 2755 日元这个上涨之前的最低价的同时，反而从③时点的 3820 日元转为了上涨。

原本在这次回调当中，在②时点更高的股价上按理应该存在较大规模的套牢盘，但是股价却从该时点上不断上涨并一直涨到了④的价位。这正如我们之后将要论述的那样，我认为这是先前的融资卖空部分的买入赎回导致的。

通过这次反弹，在下跌过程当中的④价位以下买入的投资者都重新进入账面盈利状态。此外，由于④价位超过了下跌前的最高价，我认为从较大的趋势中得到解脱的长期持有者的心情也是非常愉快的吧。

只是，行情再度转变为了下跌的趋势。仔细观察就可以看到，从③时点开始股价跌破了最低价支撑线，根据威尔德的定义的最低价不断下调的所谓的下跌趋势转换的条件正在具备。

不管怎么说，由于在急剧下跌之后已经反弹了这么多了，因此这对买方来讲实在是非常幸运的事情。

“赎回”的两种类型

最高价和最低价之所以重要，是因为二者会随着行情的变动使投资者的账面损益时刻发生变化。通过跌破最低价，使在此价格之上买入的股票全部处于账面亏损状态，而导致抛压增大。此时融资买入的余额越多，其力量就越是难以想象。相反的，如果股价超过最高价，那么在此以下卖出的人都是账面亏损的，且由于会急于赎回因此会产生买入的压力。

在此，我们稍微涉及一些关于“赎回”的概念。

通过融资交易的卖空来取得卖出头寸之后，如果股价超过最高价，就处于账面亏损状态。当然，如果不赎回损失就会进一步扩大。这是融资卖空情况下的赎回。

实际上，“赎回”还有另外一个意思。例如，超过移动平均线推移的行情一旦跌破移动平均线，在那个位置就会有头寸被卖出。之后，行情就会再次上涨在超过移动平均线的阶段，如果在这个价位购买同一只股票，就能够避免下跌期间造成的损失。从结果上来讲，持有 1 万股和曾经持有 1 万股的概念是相同的。

这样进行交易的长期投资者大有人在。如果股价超过最高价，他们就不能购买和当初的股票数相同数量的股票，因此，当行情再度上涨的时候，应当在较早的阶段上不论怎样都要先挂入买盘。行情之所以会在长期的下跌趋势当中出现止跌反弹，就是因为还存在这样的“赎回”。

“融资卖出余额”变为推动上涨的能量

在图 4-8 富士通(6702)当中，最低价以①—②—③，最高价以④—⑤—⑥的形态不断上涨，之后出现了急剧的暴跌。Tokyo Electron 的情况也是这样，在这样的急剧上涨的局面下，“融资卖空余额”就变成了拉动股价上涨的能量。

1986 年 4 月 30 日～2002 年 11 月 5 日　月 K 线　富士通(6702)

股价从 A 开始更新到 F 的局面下，在此之上套牢的部分急剧变大。

图 4-8　短期暴涨的案例

富士通的这个案例中，股价从①～⑥的变动和道氏理论是一致的，因此对买方来讲是比较安全的位置。问题是在此之后，即便是好不容易持有到了最后的最高价的投资者，要么获利清仓落实收益，要么承受损失，或者是最终什么也没得到。

股价在到达 5030 日元的最高价之后，行情从 A 到 F 连续更新最低价，在此之上的套牢的规模急剧膨胀。如果把这个局面通过周 K 线(图 4-9)进行确认,，当跌破 A 的最低价的时候，就会看到有一个小的长方形(= 套牢)，这个小长方形在 B—C—D 的更新最低价的过程中渐渐地变大。

虽然一个人头上顶 3 公斤的重量是没有问题的，但是如果这个重量增加到 10 公斤、50 公斤或 100 公斤，就会渐渐无法支撑，并最终因为太重而崩溃。如前所述的 Tokyo　Electron 那样的短期无法回调的情况中，只要高价的抛压一直存在且没有变轻，或者说没有急剧变好的业绩并将股价抬升的力量变大，行情在进入底部的过程中会花费相当多的时间。

就拿富士通的情况来说，在实际的行情当中，股价在到达 5030 日元之前的行情上涨的局面下，卖出余额有所增加，在到达 5030 日元之后的行情下跌局面时买入余额有所增加。这就是所谓的摊平买入。特别是融资买入这样的杠杆交易[①]当中，伴随行情下跌的套牢的压力变为了之前的 3 倍以上，因此即便股价只下跌了很少，也会赔个精光。

我已经说过很多次了，这就是令日本投资者蒙受惨重损失的形态。如果陷入到了这种局面，那么最好是尽早将手中的头寸出净。相反的，如果想利用这种形态获取收益，那么在上涨局面时要彻底执行买入，在下跌局面时要彻底执行卖空。也就是说，在某个位置加入限价止损盘是最为有效的思考方法。

① 进行实际的交易金额超过了自有资金的交易。在日本的证券公司信用交易当中，能够交易的金额是预先存入保证金的约 3 倍。在账面损失超过保证金的情况下需要立刻追加保证金。

1999 年 1 月 14 日～2002 年 11 月 5 日　周 K 线　富士通(6702)

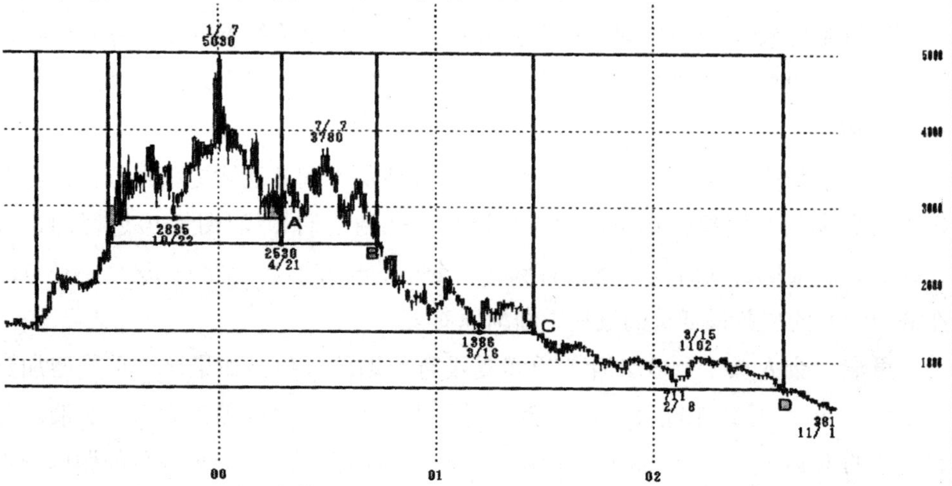

在 A 位置跌破 2835 日元的最低价时，还是一个比较小的长方形，但是当最低价刷新到 B—C—D 之后，套牢的长方形(= 压力)不断膨胀变大。

图 4-9　下跌局面下的套牢量的增大

止跌回升的确认和最高价·最低价

如图 4-10 所示的索尼(6758)。当股价到达了 16625 日元的最高价之后虽然转为了下跌，但是在 B 时点上并没有跌破 A 的最低价。也就是说，从定义上来讲上涨趋势仍然没有崩溃。

但是毫无疑问现状已经进入了从最高价开始的调整局面。在满足定义的最高价·最低价双双下行的过程中，仍然不能确认股价是否已经到达了底部。从 B 开始的止跌回调局面中，接下来并没有跌破 B 的最低价，首先超过 7460 日元的最高价就成为了上涨的前提条件。因此，要能够说明行情进入真正的反弹，股价必须上涨且超过④时点的 10340 日元的最高价才行。

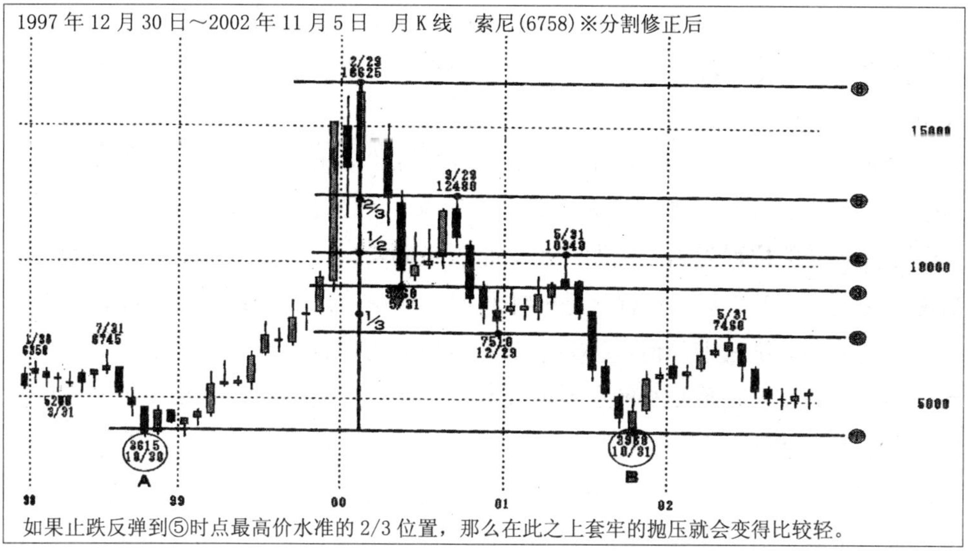

图 4-10　从下跌开始的回调的确认

当股价从超过 7460 日元到达④的过程中，则必须要超过②时点的 7510 日元的最低价。超过②时点的阶段中，在②以上买入的投资者的反弹后清仓的行为就会开始出现。最低价买入的投资者的获利后清盘变现行为也会出现。股价在最高价的 7460 日元上停止上涨的原因，正是这些投资者的这种砸盘行为导致的，可以称得上是“砸到 B 点”的过程。

止跌回调到一半时买盘会变强

在该走势图当中，我们若将从最高价⑥开始到最低价①位置的下跌幅度作为 1，则这个走势图就显示了从最低价开始的 1/3、1/2、2/3 的所谓的回调幅度。一般来讲，在下跌开始的反弹局面下，如果只回调了下跌总量的 1/3 幅度，就说明反弹比较迟钝；回调到 1/2 幅度，可以看作是买入的力量比较强大。通过使用在第 1 章的艾略特波动中介绍的斐波纳契指数，也有将回调幅度定义在 0.382 和 0.618 的比较细致的定义，但是在这里没有必要选取那么精确的数字。

索尼的情况是回调到②时点的再稍微向上一点的水准为回调到 1/3 的水准，

在②价位以上买方中等待股价触底反弹赎回的卖出就会出现。从②时点上涨到接近③时点的最低价的过程中，就会有不少投资者开始对手中的头寸廉价出手，解套清仓。

④时点的最高价，也就是作为到达 B 的最低价之前的最高价，如果超过了重要的节点，从定义上来看，发生了基调转变的情况也是非常清楚明了的。与该点大致相同水准的位置为 1/2 幅度，也就是说最高价一半幅度水准的止跌反弹。行情中有所谓的“1/2 幅度回调就是整体回调”的说法，其大致意思可能是指股价通过超过买卖平衡的中间值，提升了基调转换的可能性。进一步来讲，股价回调到 2/3 幅度的位置，是与⑤的主要的最高价水平一致的水平。如果止跌之后回调到 2/3 幅度，在此之上的“抛压”就会变得非常小了。

像这样在上涨趋势与下跌趋势交互进行的行情中，必须时刻思考由最高价·最低价的上涨或者下调导致的“账面收益”或者是“套牢”的长方形会发生怎样的变化。

因此，损益发生变化的局面，既是出逃的点，也是要进行止损的点。在实际操作当中，当股价到达了这些点上时，投资者除了确认接下来该如何行动之外，没有任何能够确认行情方向的方法。我也是必须时刻观察着成交面板，判断买方与卖方的交易情况的。

3. 移动平均线的利用方法

我认为炒股最难的事情就是交易本身。

随着炒股经验的不断增长，并且了解了与之相应的技术分析，自然就能出现一些能够了解发展方向的局面，并且能够把握股价会波动到什么价位。如果会用各种技术指标，就能够立刻知道自己现在是应该卖出还是买入了。但是，即便了解了这些知识，没有获得收益的同时损失却在不断扩大的投资者却也不在少数，这是为什么呢？其原因就是他们因为没有在自己能够把握的局面下进行交易。

大部分投资者并非以现在的价格，而是以自己最初持有的头寸的价格作为思考和认识行情的基准。如果是这样，那么到目前为止我们所学的技术分析就没有任何意义了，只能眼睁睁地看着，任由损失不断扩大却一点儿办法也没有。

所谓的交易，就是指将自己的头寸的方向调整到与行情的发展趋势相同的方向上。也就是将头寸维持在能够使自己的资产升值的方向上才行。因此，止损是绝对有必要的。同时，为了使大家能够不掺杂任何人为感情进行交易，必须加入止损单之后才能进行交易。

在结合行情的方向进行交易的过程中，使用移动平均线是最为简单的方法。我认为既然能够熟练使用移动平均线，其他的技术指标不用也是可以的。如果不理所当然地使用理所当然应该用来炒股的指标，那就干脆不要炒股了，因为不用技术指标炒股是没有前途的。

若前面的车停止，我们就要赶紧刹车

由于我们到目前为止已经多次强调了“最高价”和“最低价”的重要性，因此读到这里，各位可能差不多已经能够在观察 K 线的同时牢牢把握行情的基本的变动了。但是，仅此而已还不能在行情当中获得收益。重要的是，根据最高价与最低价的原则进行交易。也就是遵从资产运作的保本和增长的大原则进行交易。

到目前为止仍然有很多投资者，虽然看到最低价在不断下降，但是仍然持有买入头寸，有些投资者虽然看到最高价在不断上涨，却仍然坚持不对自己的卖出头寸清盘止损，还表现出一副冷静的样子。认为“即便跌破了最低价，但是已经很便宜了，当然要转进买入了”“在那里卖出，如果又反弹回来了怎么办呢”的人也是大有人在的。

行情是不可预测的，其变成什么样子是谁都不会知道的，违背原则交易的下场是悲惨的。假设过了很多年都是一直持续下跌的或者是上涨，结果又会变成什么样子呢？进一步说，通过融资交易，若将自己的资产输个精光，又该怎么办呢？追加保证金 5 次或者 6 次，最后将做了抵押担保的房子都赔进去的事情我知道的还真不少。这样的投资者就是自作自受，可以说是自作孽不可活。

有时，你会发现那些曾经在兜町(东证所在地)掀起波澜的大型投机者，在数次成功的运作之后，却一下掉进了一个大窟窿里，并最终从市场上消失的事情也是现实。最后被讨债的人追赶，被悲惨的命运折磨。

我们在开车的时候，虽然前面的信号灯变为了绿色，若前面的车却突然停止，那么即便信号灯是绿色的也要立刻踩刹车。如果不踩刹车，两车就会相撞，这是与生俱来的，非条件反射。在停车后，要等前面的车启动之后，我们才能踩油门。

炒股和这个事情的本质是一样的。如果行情变得危险了，就要暂时停止交易，等到自己认为安全的时候再进行交易也不迟。如果硬生生地和前面的车发生追尾，应该怪罪的并非是突然踩刹车的人，而是你自己分心了没有注意到前面的急刹车。虽然突然的踩急刹车可能会造成燃油消耗的增加，但是如果造成事故，就会造成更多不必要的损失了。

如果认为造成损失也没关系，那请无视我所说，朝着前面踩了急刹车的车子撞吧。偶尔来讲，在突然相撞之前，前面的车子若突然启动，那么就帮了我们大忙了，但是不管怎么说必须抱着可能要蒙受很大损失的预期才行。

如果是汽车，一般都是上了保险的，因此能够为你的损失赔付一部分。股票交易当中，存在买入现货以后再买入期货和期权进行风险对冲的交易手法，使得交易本身就变得极其复杂了，因此不建议初期进入股市的投资者采用这种交易手法。而是应该直接对目前的状况是好还是坏进行单纯的判断。

接下来我们沿着由道氏理论延伸出来的行情上涨、下跌的定义，再来谈一谈“最高价”和“最低价”。这种思考方法如果再发展一下，就是“艾略特波动理论”了，但是更多的情况会是，如果从理论上不能充分理解，那么在实际的操作当中，也就不能完全理解。所谓的不能理解的状况面就是指通常说的不能通过技术分析进行分析而理解的状况面。对于这种状况面，我们通常使用的是“移动平均线”。而且使用起来非常简单，且适用于观察任何一只股票品种的走势。

从现在开始学习炒股的各位投资者应该注意的事情就是，所谓的行情理论是所有因素的积累，单纯通过个别技术指标进行分析和把握是不可能的。当大部分投资者渐渐地学会一些炒股方法时，就会对基本原理等闲视之而开始做一些比较难的事情了。这时的投资者身上就会出现做一些别人不知道的事情才显得自己厉害的狂妄自大的想法，就会被技术指标的细微的变动所限制，从而很快就会迷失在行情的变动当中。

我们的目的，是利用行情的变动，使自己的资产增值。而并非想成为了一名擅长技术分析的人，或者是能够写很多炒股知识书的人。

如果行情变得危险时，就要不加思索地踩刹车，如果情况变得安全了，就慢慢地踩油门。在现实操作当中，和思考相比行动才是重要的。当然，行动是需要金钱的。把自己的运作资金全部搭进去之后再说“现在该怎么办”就太迟了。

从现在开始我们把话题转到移动平均线的课题上。我们要说明的内容，并非是一个个单独的课题，而是和到目前为止我们所讲解的所有行情的基本原则都相关的课题。请一定不要忘了，这是考验我们积累至今的对行情的判断的内容。

K 线与其他技术指标

我们还要回到最初的技术分析论，按理说只看“K 线”就已经足够了，这是没有任何问题的。虽然我针对 K 线也有所学习，但是实际上我只学习了点儿 K 线的皮毛而已。这也是我在本书中针对 K 线本身基本没有进行论述的原因。恐怕每个人都有自己的兼容性吧，结果，我最终仅在思考行情参与者的投资意愿方面彻底有所领悟，所以就目前来讲我基本不重视 K 线本身的形态分析。

因此，即便只观察 K 线，也不会明确了解行情的走势，在这里，需要通过加入“趋势线”来对行情的变动进行鲜明的表达。进一步来讲，如果能够添加“移动平均线”，行情的思考方法就会有很多了。我认为思考股市行情并在其中获得收益，只靠 K 线、趋势线和移动平均线这个三个工具就足够了。实际上我自己也是这么做的。之后，我也是用了各种各样的技术指标，之所以我能够运用那些技术指标，我认为是前期通过磨炼，已经练就了特别扎实的将利用 K 线 + 趋势线 + 移动平均线进行分析的基本功底。

人们所能处理的信息量是有限的。和一两个指标相比，5 个或者 10 个指标是比较合适的，但是如果是 50 或者 100 个指标，就怎么也处理不过来了。与其肤浅地处理很多个指标，不如在很少的几个指标上下功夫深入研究，更加能够获得成果吧。

图 4-11 是兄弟工业(6448)的走势图。如果根据道氏理论进行判断，可以判断该股票大致处于上涨行情中。

在这里我想让各位更加深入地进行把握，对于对这只股票品种没有兴趣的人而言，这个图基本上没有任何意义。并且，没有持有这只股票品种的投资者也有可能提不起兴趣来。也就是说，可以认为对这个走势图感兴趣的人只有持有这只股票头寸的投资者，或者是接下来打算交易这只股票的投资者。

2002 年 4 月 1 日～2002 年 11 月 5 日　日 K 线　兄弟工业(6448)

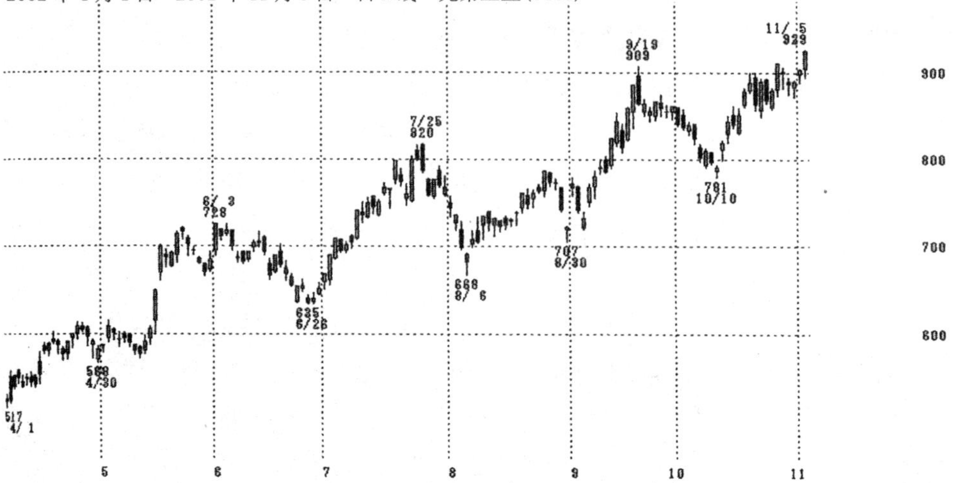

仅通过观察 K 线很难得出有效的结论。进一步来讲，添加其他指标从而能够使对行情的判断变得更加容易的工具就是技术分析。

图 4–11　仅通过 K 线对行情进行判断

在 600 日元买入这只股票的人，和在 900 日元买入这只股票的人的思考方法是不一样的。进一步来讲，有认为“已经上涨了，所以从现在开始要避免交易”的投资者，也有“接下来将会有更大的上涨，因此从现在开始买入”的投资者。当然也应该有考虑“既然已经上涨了这么多了，那么着手开始卖空吧”的投资者。

就想法而言，有多少投资者就会有多少种想法，针对这个走势图，投资者本身怎么思考都是可以的，说白了，这个走势图已经是过去的走势图了，因此根据这个走势图对今后的行情动向进行判断是非常困难的。即便是根据目前为止的股价的推移对将来的行情变动进行预测，也不能保证行情就按照预测的结果发展。

简而言之，不管如何观察，如果仅是看这个走势图，怎么分析都是无法得出结论的。为了能够更加容易地对行情进行判断，也就是为了能够更加容易地判断自己的头寸是否处于安全的位置而加入其他指标的思考方法就是技术分析。在此，加到 K 线走势图上的指标中最重要也是第一位的，就是移动平均线。

所谓“大家都在看”的重要性

一般来讲，股价的走势图中会同时给出 K 线和移动平均线。作为移动平均线被广泛使用的理由，我们列举以下几点。

①收盘价是在下一波行情开始之前在时间上离我们最近的值；

②收盘价是当天的评价基准；

③收盘价的平均值是该交易期间的交易的平均成本的近似值；

④通过观察实际的行情在该平均成本之上还是之下，就能够对买方与卖方的平衡进行判断。

此外，比什么都重要的是，广泛使用①～④所列举的理由是一个事实。大家都在观察并据此作为行动的基准是非常重要的。

只要股价站在了移动平均线之上，股价就会暂时持续上涨，只要股价跌倒移动平均线以下，股价就会暂时持续下跌。行情出现这样的变动是因为大部分投资者在此之前就树立了“在移动平均线以上时买入，之下时就卖出”的判断行情的信条。

在移动平均当中，有单纯移动平均线、加权移动平均线、修正平均线、指数平滑平均线等各种各样的种类。最近，出现了所谓加入了成交额的平均线 VWAP①，作为实际平均成本的指标被认为精度是比较高的。但是，根据各种模拟，使用任何移动平均指标其投资的表现大致都是一样的，差别很小。因此，我们就应该重视“大家都在使用”的事实，并使用单纯移动平均线。

将平均值与接下来的股价数据进行比较的含义

单纯移动平均线的计算中用到的数据主要是“收盘价”。在技术分析中，通常来讲，搞清楚技术指标的原始的数据内容是非常重要的事情。也就是说，由于移动平均线是以收盘价作为原始数据，因此，我们可以认为“思考行情的基准是

① Volume Weighted Average Price 的缩写，将在一定期间内的价格根据不同价格的成交量进行加权平均之后的值(交易额加权平均价格)，作为和单纯的移动平均相比更接近交易时机状态的指标，被主要的机构投资者所采用。

收盘价”。换句话说，它所表达的意思是“和持续交易时段的最高价和最低价没有关系”。

并且，在技术指标分析中使用“几个交易日的”的数据也是非常重要的。日K线当中一般来讲使用“25个交易日”。计算方法是将过去25个交易日的最终价进行合计，然后除以25，是比较简单的。因此在图4-12的案例中，现在的25日移动平均线的值为866日元。

从统计学上讲，平均值位于(Plot)样本数据群的正中心是非常普遍的，在实际操作中使用移动平均线的情况下，平均值位于接下来的数据位置是其特征。

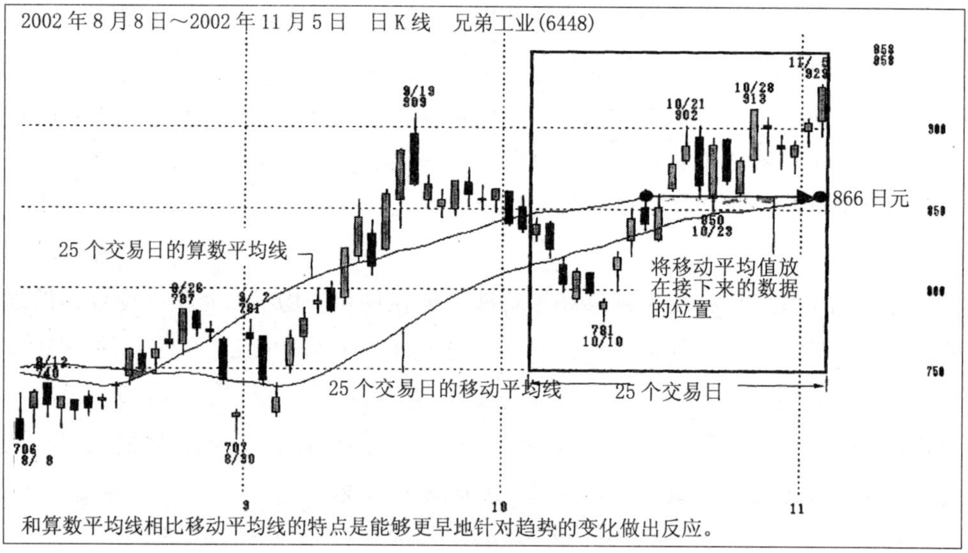

图4-12　将平均值放置在接下来的数据处的含义

如图4-12所示，在25日移动平均线之外又拉出了一条线，它被称为“假设25个交易日的算数平均线”，是将25日移动平均线滞后13个交易日之后的移动平均线。也就是说，该点正好位于样本数据群的正中间。

将这个算数平均线与移动平均线相比较，应该说算数平均线对趋势的反应要更加迟钝，大致会通过K线的正中间。与此相对的，移动平均线对趋势的反应要更加灵敏，能够更早地反映出行情发生的变化。

例如，就像股价达到 707 日元的最低价之后的变动那样，在上涨趋势比较明确的局面下，主要最低价都在围绕这条线。相反的，下跌趋势下主要的最高价都在围绕着移动平均线发生变动。与其说可以通过观察收盘价在移动平均线以上，还是在移动平均线以下来对行情进行判断，倒不如说能够更加容易地把握今后行情的变化了。这就是所谓平均价落到接下来的数据上的含义。

观察行情参与者的多空力量关系

大部分投资者希望能够获得上涨局面下的“买入”或者下跌局面下的“卖出”的明确信号。但是，所有的股票品种并非能够时常显示给我们投资者像“1+1=2”那么明确的信号。

如果能给出了明确的“买入”信号，那么恐怕就不会有人再卖出了吧。

与之相对的，如果给出了明确的“卖出”信号，就不会再有人买入了。不管从哪方面讲，这样没有任何分歧的行情是不太可能出现的。

所谓的行情，其上涨还是下跌我们是不得而知的，有想在某个价位买入的人同时也有想在该价位卖出的人，这才能称之为行情。买入的力量如果是 6 而卖出的力量是 4，行情就会有不少的上涨了；而买入的力量是 4 卖出的力量是 6，行情就会有所下跌。而当买入的力量是 8，卖出的力量是 2 的时候，行情就会暴涨。同理，当卖入的力量是 2 而卖出的力量是 8，行情就会暴跌。如果进一步比较详细地解释，行情不会因为限价盘而发生变动，只有当前价格成交才能使行情发生变化。从结果上来看，促使行情发生变动的是行情参与者的力量关系。

如图 4-13 所示的山之内制药(4503)。持续下跌的行情从 2560 日元的最低价开始发生趋势的反转，开始在移动平均线的上方推移。这就是一个典型的以 2560 日元的最低价为界的行情参与者的力量关系变为买方优势的征兆通过移动平均线显示出来的案例。

图 4-14 的安川电机(6506)，在股价到达 680 日元的最高价之后，一直在移动平均线以下推移。就下跌过程中的止跌反弹来看，有好几次都已经十分接近移动平均线了，但是仍然没有突破移动平均线，可以将其看作从头到尾一直都在显示“仍然不能买入”的信号。

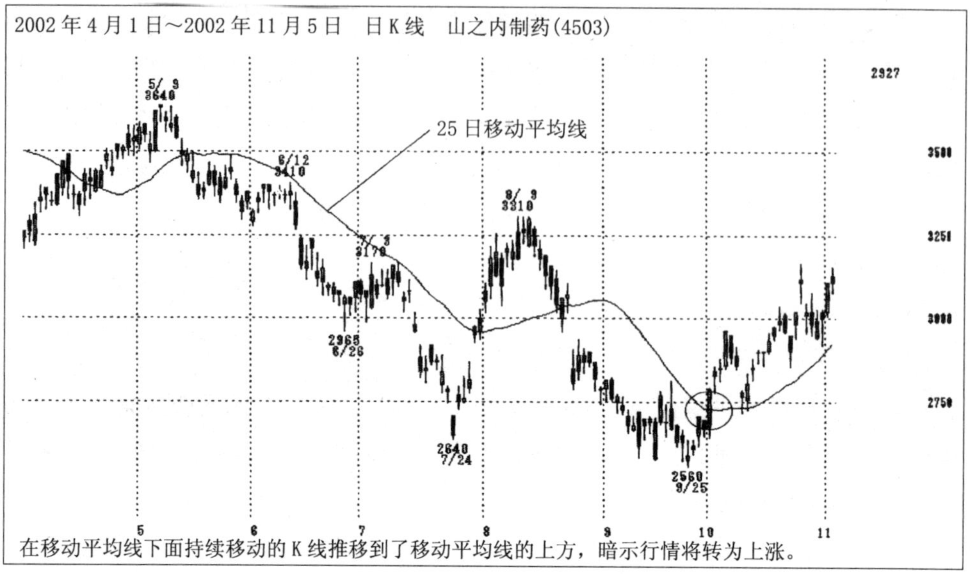

图 4-13　下跌转为上涨的案例

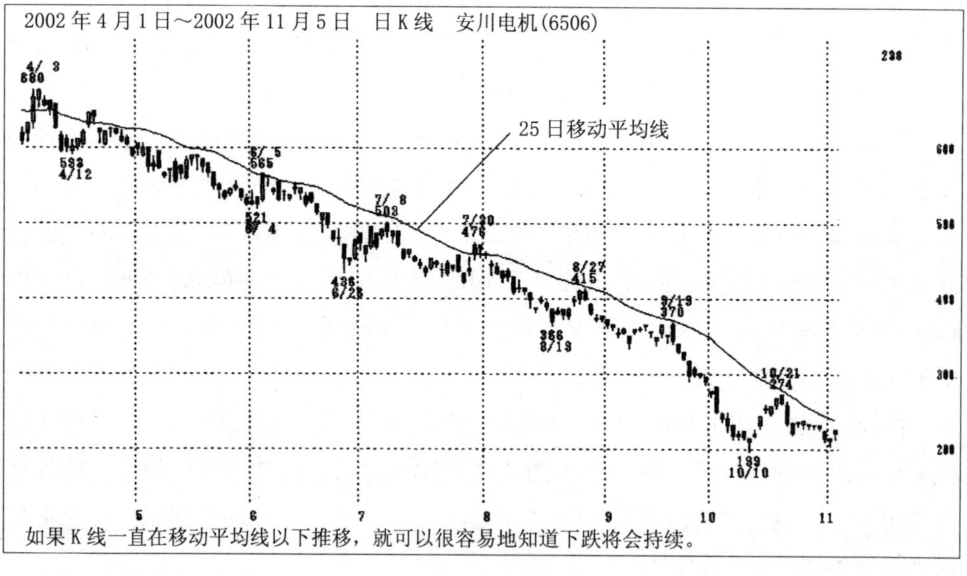

图 4-14　长期持续下跌趋势的案例

当然，大部分这样的信号只有通过过后观察走势图才能够明白。作为实际的炒股本身，我们除了一边把握和判断状况发生了何种变化，一边挂出卖单或者买单之外，别无他法。如果判断出现失误，就立刻挂出止损订单对手中的头寸进行清仓就行了。

如果遇到图 4-15 三菱东京金融集团(8306)的情况，我们应该怎么办呢？最高价与最低价的关系混杂在一起，股价横跨于移动平均线上下变动的情况表明行情参与者的投资意向不明确。在行情参与者的意思不明确的情况下，即便是进行技术分析，最终的判断也比较倾向于混乱。因此，不对这样的股票品种出手是明智的。

在股市当中能否获得收益依赖于行情的强弱。如果趋势比较强，仅通过移动平均线就足以获得收益，而当趋势比较弱时，那就不要期待获得收益了。

那些即便使用移动平均线也无法获得收益的人，请不要忘记思考行情趋势的强弱的问题。我们应该能够辨明可以获得收益的形态和完全不能获得收益的形态。因此，请尝试思考排除那些不能获得收益的形态。

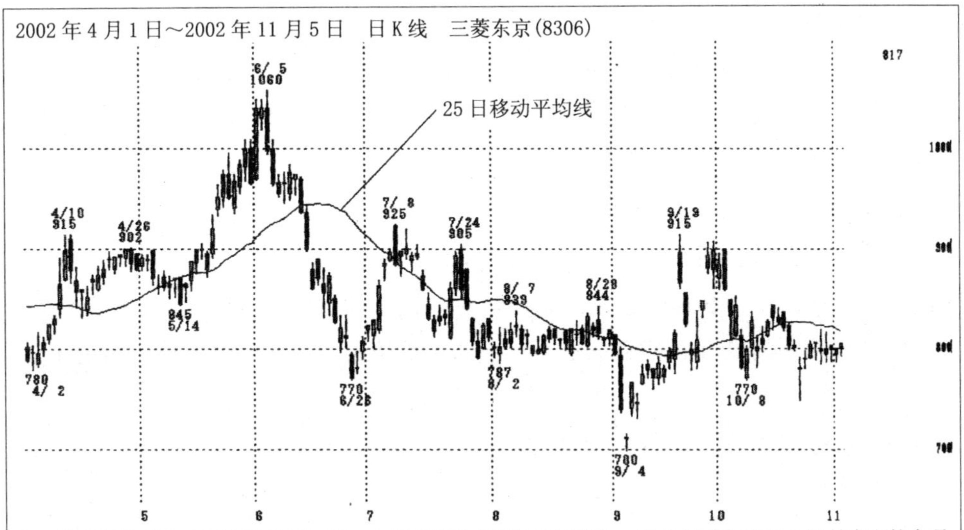

在 K 线频繁跨越移动平均线的情况下，由于行情的方向性不够明确，因此很难得出买入还是卖出的交易判断结论。

图 4–15　参与者的投资意愿不明确的行情

月K线、周K线、日K线、持续交易时段K线

“看走势图的月K线、周K线、日K线到底哪一个比较好呢？”这个问题是我必然会被投资者问到的问题。回答就是“所有的都要看”。

也就是说，寄希望于仅通过一个指标来解决所有问题这是炒股失败的原因。在走势图中，不能将所有的指标进行显示是其制约因素。将数十年的日K线走势图进行显示实际上是不可能的。并且，每个走势图都编辑成了人眼看着比较舒服的布局，因此，能够从一个走势图上读取的信息非常有限。

因此，通过月K线无法获得的信息需要通过周K线弥补，通过周K线无法获得的信息需要通过日K线来弥补。也就是所谓的从行情的宏观到微观的分析是很有必要的。

当然，根据炒股所涉及的股票品种(或者商品)，以及根据这个人的投资心态，思考方法都会有所不同。例如，将现货股票作为长期投资进行操作的情况下，由于倾向于通过把握月K线等比较大的趋势，将比较大的波动收益化，因此必须对眼前的行情的变动视而不见。

对融资交易等有期限限制的投资者来说，当然通过月K线判断较大的趋势是没有错的，但是实际操作当中也有必要观察反映很小时段行情变动的持续交易时段走势图。由于进行的是自有投资资金的数倍的交易，因此根据资金面的控制就变得无效了。

在交易日经平均期货等通过融资融券将杠杆放大数倍的金融商品的情况下，如果只基于月K线的指标进行交易，就不能在短期的行情变化中基于运作的资金量进行有效应对了。从这个意义上来讲，可以说进行日结[①]和期货交易过程中基于月K线进行判断的投资者基本上是不存在的。我认为利用5分钟K线就足够了。

按照月K线→周K线→日K线的顺序思考

其实就像这样，在交易中选择什么样的走势图作为参考取决于自己的交易模式。

由于有100个投资者就会有100种对股市的见解和观点，而且做法也是自己

① 以获取收益为目的，持有头寸的当天就需要通过反向交易将头寸清仓的短期交易，即所谓的T+0交易。基于网上炒股的普及而导致的交易成本的下降等原因，个人投资者的T+0交易量呈现激增态势。

确立的东西，因此我在看股票品种的时候通常基于“月 K 线→周 K 线→日 K 线”的顺序来进行观察。这样，在大局的行情的变动当中就能够明白现在的中期的变动，进一步就能够把握目前接下来的短期的变动。

当然，走势图的每日的变动、每周的变动、每月的变动数据都是从一个瞬间到另一个瞬间的变动积累而来的。从这个意义上来讲，牢记走势图是按照“月 K 线→周 K 线→日 K 线”的顺序不断积累而来的同时进行交易就变得十分有必要了。

不管怎么说，有必要对月 K 线、周 K 线、日 K 线的所有的走势图进行观察，并非仅观察日 K 线就可以了，或者仅观察周 K 线就可以了。

月 K 线、周 K 线、日 K 线的变量

接下来被问到最多的投资者的问题是“月 K 线、周 K 线、日 K 线的移动平均线的变量选多少天比较合适呢”?

如果要对这个问题进行阐述，其内容的深度和难度需要再重新写一本书了。

就目前来讲，人们正在使用移动平均线之外的很多技术指标，但是仅在数十年之前，根据移动平均线进行分析还是股市的主流，即便对于欧美企业来讲，在这样的分析上面也要花费大量的时间才行。

在这种移动平均线的变量选择上，从大的方面可以将其分为两种观点。一种是使用大多数的行情参与者看到的变量；另外一种是使用将收益最大化的变量。

例如，日 K 线的走势图中，使用了 5 个交易日、25 个交易日、75 个交易日、100 个交易日、200 个交易日等的移动平均线。在周 K 线中使用 13 周、26 周、52 周的移动平均线，而在月 K 线中使用 12 个月、24 个月、60 个月的移动平均线。

这可能是因为受到了之前的交易日数和融资融券交易的期间限制等的影响吧，也就是说大家都在使用所谓的常用的变量。所谓的大家都在使用，就变成了一种类似信号机的东西，如果超过某条线，大家(持逆势操作观点的人和不看移动平均线的人除外)就都会买入，而跌破某条线大家又都会卖出。与其说这根线自身存在什么原理，倒不如说是因为大家若都那样行动更容易获得收益，而不容易招致亏损的认识而已。

如果说得更加专业一点儿，在上述变量的趋势当中，差不多存在倍数的关系。例如，某只股票品种以 52 周作为 1 个周期，分析这只股票的情况时，可以

分析其周期 1 半的 26 周的移动平均线以及 1/4 周期的 13 周移动平均线。当然，虽说现实的行情并非按照如当初设定的周期变动，但是我认为是以曾经的习惯为基础才形成了目前的大致的变量。

因此，在通常的走势图当中都会描述有长短不同周期的 2 根移动平均线，以便可以站在不同的周期角度来对行情的变动进行观察。简而言之，到当前一直在下跌的行情中，当股价开始在短期移动平均线以上推移时就变为买入的点，如果行情进一步上涨，就自然能够在长期移动平均线以上推移了。这时，短期移动平均线就会从下向上突破长期移动平均线(黄金交叉点)。

相反的，到目前为止一直都在上涨的行情跌破短期移动平均线时，是行情转变为卖出的点，如果行情进一步下跌，自然就会在长期移动平均线以下推移。此时，短期移动平均线就会从上向下跌破长期移动平均线(死亡交叉点)。

我认为，大家通常观察移动平均线时，只需通过 2 根或者 3 根移动平均线观察上述的交叉点来判断行情的走势就可以了。从理论上讲，这是没有什么意义的，但是如果将自己的资产放置在安全范围内的观点来看，在对当前的头寸是安全还是危险进行判断的基础上，则是非常实用的一种观点。

探索最恰当组合的“组图”

由于走势图本来应该是什么样子的需要事先让各位有所了解，因此我们要对这个内容进行简要说明。

前面所说的移动平均线的变量的决定方法，是以行情的周期或者一半的周期为基准的。但欧美是以过去的数据为基准进行模拟的，在几个交易日与几个交易日的移动平均线交叉的地方进行“买入”和“卖出”是最能够获得收益的研究，在当时的欧美是非常盛行的。

将 2 根移动平均线的各自对象期间分别在 1 个交易日、2 个交易日、3 个交易日……之间进行变化，并在所有的形态下进行交易的模拟，可以发现最能获得收益的移动平均线的组合。这个过程被称为“组图”。这并非是通过人的感觉进行的判断，而是在通常为 10 年左右的数据的基础上计算实际的损益并检验之后得出的结论。

这个结果大致来讲包括短期的变量和适当长期的变量，例如，最终可以明确的是使用 4 个交易日的移动平均线与 65 日移动平局线的组图是最合适的。

这种做法当中，如果行情发生变动就会改变这种平均线组合的变量，从而对变量是否适合于行情的变动进行反复验证。在职业人士的股市操盘当中，进行这样的操作是习以为常的。

这种决定移动平均线变量的方法，即①大家都在使用的变量；②将收益最大化的可能性最高的变量。这两者是有很大区别的。原本来讲，作为投资者的每个人通过每天的努力，来追求②是其理想，但是对于入门者来说，与其想那么困难的事情，倒不如把通过使用大众化的移动平均线，来判断自己目前的头寸是处在安全位置，还是危险位置作为优先要考虑的事情。

事先决定“若上涨，则买入”“下跌，则卖出”

下面，我们在看实际案例的同时，通过移动平均线来对趋势的看法进行说明。在这里我们基于 12 个月和 24 个月的移动平均线进行说明。

在图 4-16 的伊藤园(2593)中，K 线(每日 K 线)在 12 个月移动平均线以上推移的时候行情是上涨的，而在移动平均线以下推移的时候行情是下跌的局面一目了然。

1994 年 8 月 31 日～2002 年 11 月 5 日 月 K 线 伊藤园(2593)

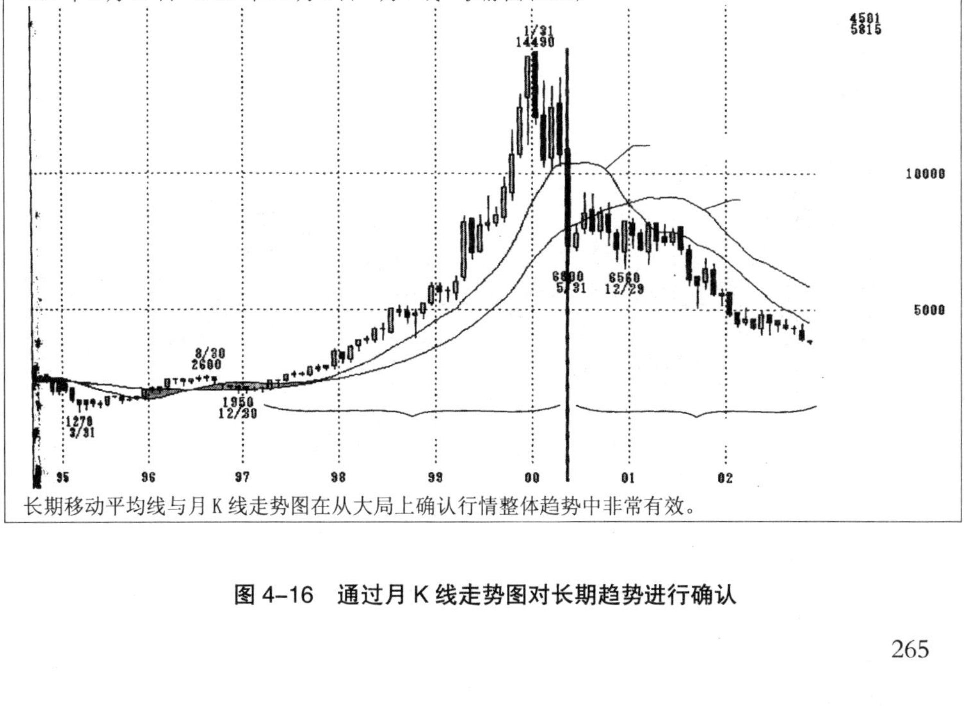

长期移动平均线与月 K 线走势图在从大局上确认行情整体趋势中非常有效。

图 4-16 通过月 K 线走势图对长期趋势进行确认

也就是说，如果 K 线在 12 个月移动平均线以上，就可以买入，如果在移动平均线以下，则不持有头寸比较好。这就是在较大行情局面下进行交易判断的基本依据。

当然，即便股价在移动平均以上也有下跌的局面，而股价在移动平均线以下也有上涨的局面。但是，如果只是对目前自己持有的头寸所处的状态是安全还是危险进行判断，那么单纯地以“移动平均线以上买入是安全的”、“移动平均线以下买入是危险的”、“移动平均线以上卖出是危险的”、“移动平均线以下卖出是安全的”进行判断就可以了，信号机的意义就在于万一卷入了大的事故，只受点儿轻伤就能够全身而退。

如图 4-17 所示的 NTT(9432)。如果股价跌破了 12 个月的移动平均线和 24 个月的移动平均线，那么就表示已经明确亮起了“买入是危险的”的警示红灯。尽管如此，在该局面下无视信号进行融资买入的余额却在激增。也就是摊薄买入，其后果我不说大家也都明白。在这种局面下卖空会得到什么样的收益呢？从结果来看，一直到这样的“无视信号”的买方抛盘为止，月 K 线的趋势都是维持不变的。

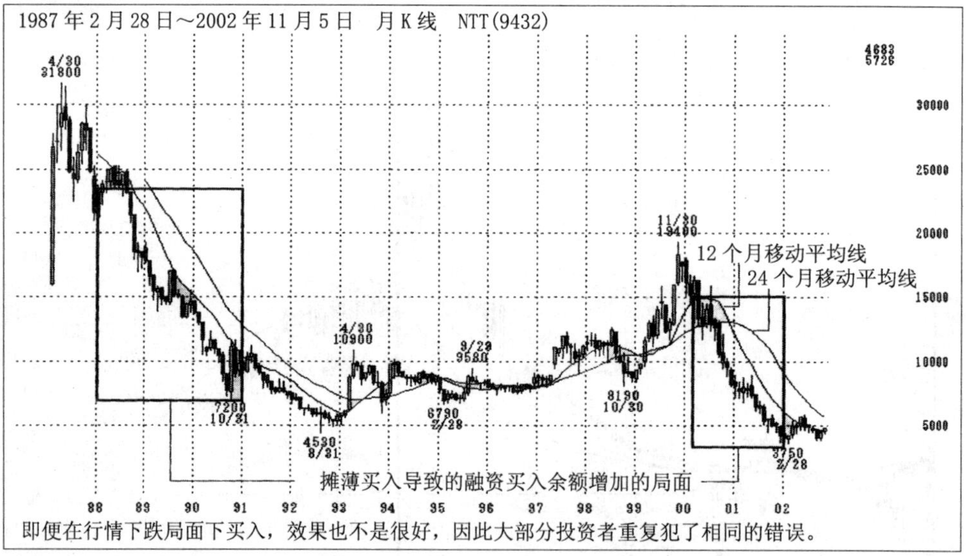

图 4-17　下跌局面下增加的摊薄买入

那么，信号不容易观察的局面下应该怎么办？到目前为止我们已经针对为了能够提升收益在使用技术指标的基础上还“需要一个比较强的趋势”做了论述。如果用语言来表述，这个所谓的强度是指股价不是接近移动平均线，而是远离移动平均线推移的局面。

但是根据股票品种的不同，如图 4-18 所示的味之素(2802)那样，跨过 12 个月的移动平均线推移的情况也是比较多的。如果将眼光放长远，能看到股价是缓慢抬升的，但均是上涨然后下跌过程的反复。并非大家都在积极地买入或者卖出，而是所谓的信号不绿也不红的不明确的状态。在这种不明确的局面下，不管在哪里进行交易最终资金的运作效率也都是低的，因此如果是我会认为这只股票品种是没有投资必要的。

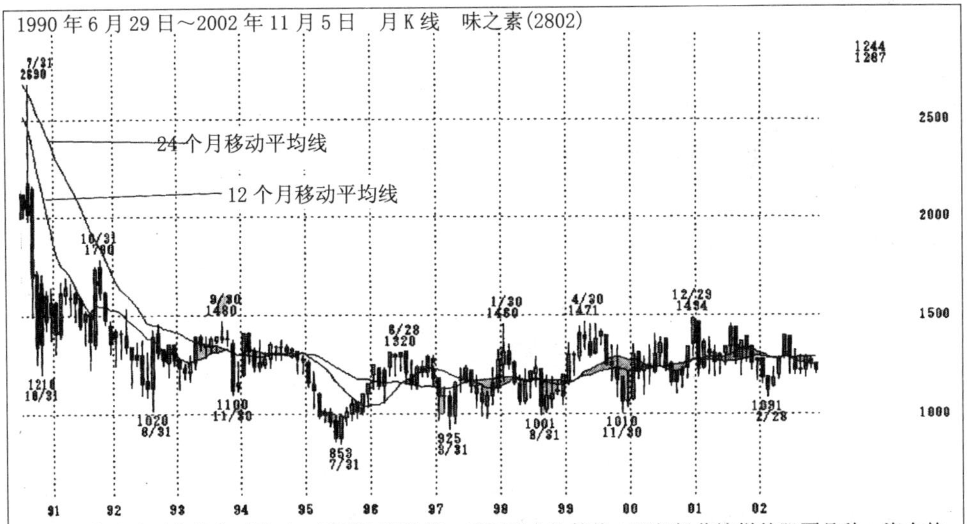

股价围绕移动平均线上下波动，局面比较胶着，看不到大的趋势。即便操作这样的股票品种，资金的运作效率也是非常低的。

图 4-18　跨越 12 个月移动平均线不断推移的股票品种

通过月 K 线捕捉长期趋势的变化

所谓行情，就是不管有没有获得收益，在需要卖出的时候必须要卖出，而在需要买入的时候必须要买入的东西。作为行情基准的，是到目前为止我们已经叙述了无数次的道氏理论的最高价与最低价，使用了移动平均线的技术分析当中，这个思考方法非常重要。特别是必须对在月 K 线中出现的主要的最高价与最低价进行确认。

如图 4-19 西浓运输(9076)所示，在股价达到 1880 日元的最高价之后，行情一直在移动平均线之下推移，但是在到达 429 日元的最低价之后却出现了趋势反转，股价突破了移动平均线。之后，超过了最近的主要的最高价 790 日元并到达 848 日元之后，必须要牢牢把握没有跌破此前的 429 日元最低价的点。应进一步在此之后着眼于移动平均线特别是 24 个月移动平均线之上推移的形势。接下来如果在不跌破移动平均线的同时超过 848 日元，那么进入长期上涨通道的可能性就非常高了。

1991 年 8 月 3 日～2002 年 11 月 5 日　月 K 线　西浓运输(9076)

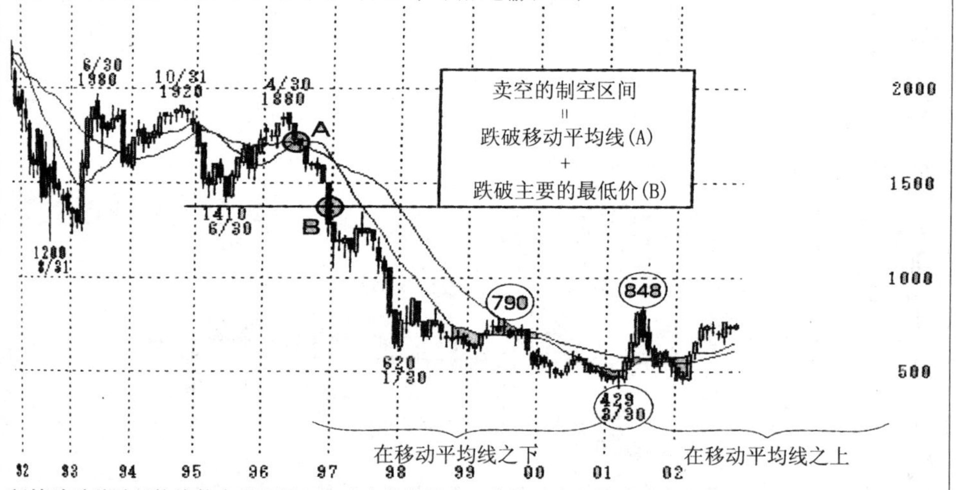

行情跌破移动平均线的点就是买入和卖出的临界点，从该时点开始进入卖空的制空区间，行情真正开始由空方所掌控。

图 4-19　下跌局面下的“卖空的制空区间”

在这里，虽然到目前为止一直是在 24 个月移动平均线以下不断推移的行情，但是开始转为在该移动平均线以上持续推移的变化才是主要的着眼点。在一个较长的期间内，持续在移动平均线下方推移至今的股票品种，开始转为在移动平均线以上推移，也就是说，判断在该时点上之前的长期趋势也许已经发生了反转的感觉是非常重要的。如果想在接下来的行情变动中以获得收益为目的进行交易，月 K 线虽然没有什么关系，但是顺着长期趋势进行操作，那么至少应该在行情超过月 K 线之后买入才是安全的。

如果进行反向思考，到目前为止在移动平均线以上持续推移了很长时间的行情，一旦跌破移动平均线，就意味着“已经不能再买入了”。也就是当出现所谓的表明买入临界点的信号时，行情从该临界点开始进入“卖空的制空区间”。真正进入卖空行情就是从这个临界点开始的。

从交易的观点来看，“在移动平均线以上时，要在冲高回落之后买入”和“在移动平均线以下时，要在止跌反弹之后卖出”是基本的操作方法。如果不能维持这个基本的交易模式，那就变成了逆势操作的交易，从而最终会陷入亏损的泥沼。

通过短期线与长期线思考关键节点

虽然每一条移动平均线的分析方法都是相同的，但是需要特别指出的是，在通过月 K 线判断比较大的趋势的情况下，明确把握哪根线变为支撑线和哪根线变为阻力线是非常重要的。例如，当短期线变为阻力线的情况下，首先需要了解的是，如果每日 K 线没有超过该短期线，那么行情的趋势是一定没有发生变化的。假如每日 K 线超过了短期移动平均线，那么下一根期间比较长一点儿的长期移动平均线就变成了阻力线。

即便行情变为上涨局面，像图 4-19 的西浓运输那样，由于在之前的下跌比较大的股票品种当中持有“如果反弹想买入一点儿”观点的投资者比较多，因此，股价并未表现出一鼓作气上涨并突破之前的最高价的形态，而是表现出通过反弹后卖出进行消化之前存货的同时不断缓慢上升的形态。从这个意义上来说，过去的最高价形成的套牢的余额的月 K 线与刷新最高价过程中没有过去高价套牢(大顶)的月 K 线当中，自然思考方法就会发生变化。

图 4-20 就是针对 1998 年以后的将西浓运输的行情进行交叉之后的走势图。虽然显示的是股价跌破了到目前为止的 24 个月移动平均线的局面，但是在 2001 年春天超过了这根线，并在一站上 848 日元的最高价之后开始下跌。如果投资者有干劲(买入量)，本应该在移动平均线的水平上止跌的，但是现在所显示的局面是股价同时跌破了 12 个月移动平均线与 24 个月移动平均线。

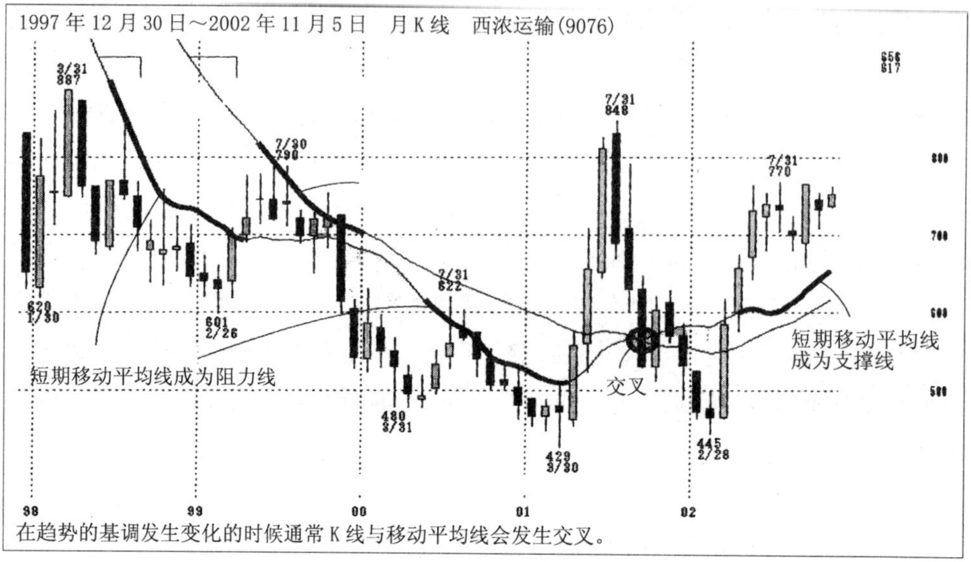

图 4–20　K 线与短期 / 长期移动平均线的关系

在这里，如果长期趋势真的发生了变化，那我们应该能够看到股价再次超过 12 个月移动平均线。事实上，在 2002 年春季左右的上涨过程当中，已经再次超过了 12 个月移动平均线与 24 个月移动平均线。正如这样，我们就能够通过股价与移动平均线的缠绕方式来对行情当中是否有“干劲”进行确认了。按理说，从来就没有比每日 K 线与移动平均线的关系每时每刻是否都是持续的更能确保行情是持续的了。如果股价再度跌破 24 个月移动平均线，就必须要放弃手中的买入头寸了。

针对这些重要节点的判断中比较重要的是，理所当然地讲，移动平均线的数值是根据行情的推移不断发生变化的。同时也必须考虑目前的每日 K 线到达该水准的时间(速度)。并且，虽然股价已经到达了这条线，但是未必说能保证该趋势已经发生反转了。

这里是技术分析比较难的部分，基本上来讲，如果下跌趋势发生反转是要通过上涨行情当中的冲高回落时买入来持有买入头寸的，如果上涨趋势发生反转，是要在股价止跌反弹之后的卖出来持有卖出头寸的。但是在实际行情中，会有骗线存在。当然，由于在实际操作过程当中，这种骗线发生的时候不好躲避。因此，不管怎样讲投资者所能做的，就是针对行情的变化采取相应的行动。仅此而已。

到明确行情方向之前对交易进行控制

如图 4-21 所示的丰田(7203)案例，在一个非常长期的趋势当中形成了最低价支撑线的同时，在 2000 年之后的下跌趋势当中也产生最高价阻力线。接下来以 12 个月的移动平均线为基准能够探知方向感的变动，虽然每日 K 线超过了 12 个月的移动平均线但却没有达到 24 个月移动平均线。也就是说，可以判断出从最高价开始卖出的压力比较大。而且，在接下来形成了一个四平八稳(最低价虽然在不断推升，但是最高价不断下降，行情从而变得十分胶着)的局面。

1986 年 4 月 30 日～2002 年 11 月 5 日　月 K 线　丰田(7203)

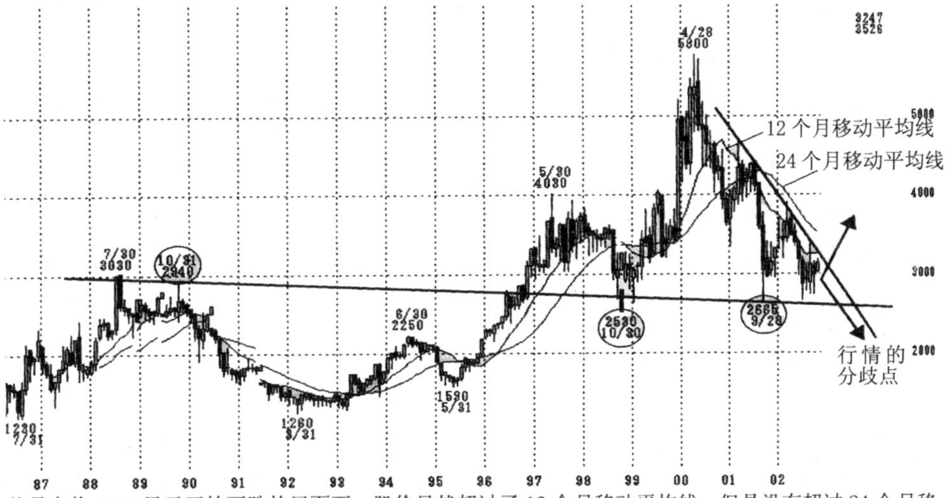

从最高价 5800 日元开始下跌的局面下，股价虽然超过了 12 个月移动平均线，但是没有超过 24 个月移动平均线，因此方向还不明确。在方向明确之前，要对交易进行适当地控制。

图 4-21　行情的方向性无法确定的局面

在这样的情况下，到方向感确定为止，必须对自己的交易进行控制。不管胶着的行情持续到什么时候，只要在明确方向感的瞬间持有头寸就可以了。在股市当中最为危险的是，在行情的方向没有明确的时候，自己任意地对接下来的行情方向进行判断并持有头寸的行为。这只能称之为赌博，而不能称之为投资或者别的什么。在月K线当中这样股价围绕移动平均线上下波动的胶着局面下，通常作为投资者应该做的只是对行情的动向进行观察，然后针对方向明确化之后的行情采取行动就可以了。

不管怎样，行情只会表现出上涨、下跌或者不动这三种形态。行情的变动影响到现实当中的比较大的损益，因此在月K线下切实捕捉比较大的变动的初期的微小变动比什么都重要。

4. 从移动平均线到σ带

到目前为止我所做的说明，虽然是单纯根据股价在移动平均线之上还是之下来对行情进行判断的内容，但是仅以此很难对行情的强弱进行判断。

实际上，如果单纯看行情，行情比较强的时候，股价会突破移动平均线并呈现上涨加速的态势，当行情比较弱的时候，股价会跌破移动平均线不断下跌。也就是说，这说明在移动平均线以外还有支配行情的线。

其中之一就是“布林带”。正如在第2章中说明的那样，该技术指标原本是约翰•布林格开发的一个技术指标，但是在日本，我所发明的“强化版布林带”正在得以推广和普及。在本书中，为了能够明确对二者进行区分，布林带的原来的方法我们就称之为“布林带”，而我的方法则称之为“σ带”。

“σ带”显示了行情参与者的分布

图4-22是以Look(8029)的月K线走势图为对象的σ带分析案例。正中间的线是60个月的移动平均线，在其上下各加上了3根以标准偏差[①]为基准得出的线。

---

① 正态分布中数据的离散状态化的指标线。将每个数据减去平均值之后平方，然后再除以数据总数之后开平方根。股价的情况下用变动率(Volatility)来表示。

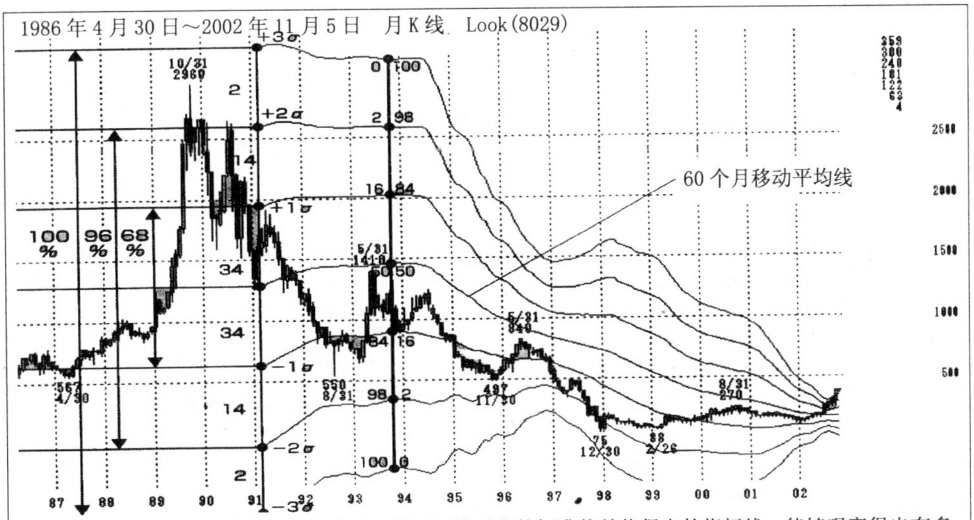

在 60 个月移动平均线的上下各加上了 3 根基于该时点的标准偏差值得出的指标线。能够观察得出有多少行情参与者持有账面盈利或者账面亏损。

图 4-22　确认 σ 带中行情参与者的分布

正如我们在第 2 章中说明的那样，如果从上往下看，σ 带有从“+3σ”到“-3σ”共 7 根线，线与线之间被分割成了 6 个区域。从理论上来讲，可以认为处于“-1σ”～“+1σ”之间的区域的投资者数量占总体投资者的 68%，处于“-2σ”～“+2σ”之间的区域占总体的 96%，而处于“-3σ”～“+3σ”之间的区域占总体的 100%的数据。

下面我们尝试一下从买卖双方的账面盈利角度对 σ 带进行思考。

例如，如果股价在“-3σ”的水准，那么说明持有账面盈余的买方的比例为零。如果股价在移动平均线水准，那么说明持有账面盈余的买方的比例为 50%，而股价在“+1σ”的水准则说明该比例为 84%，当股价在“+3σ”上时，该比例为 100%。

相反的，如果股价在“+3σ”水准，那么说明持有账面盈利的卖方的比例为零。如果股价在移动平均线水准，那么说明持有账面盈余的卖方的比例为 50%，而股价在“-1σ”的水准，则说明该比例为 84%，当股价在“-3σ”上时，该比例为 100%。

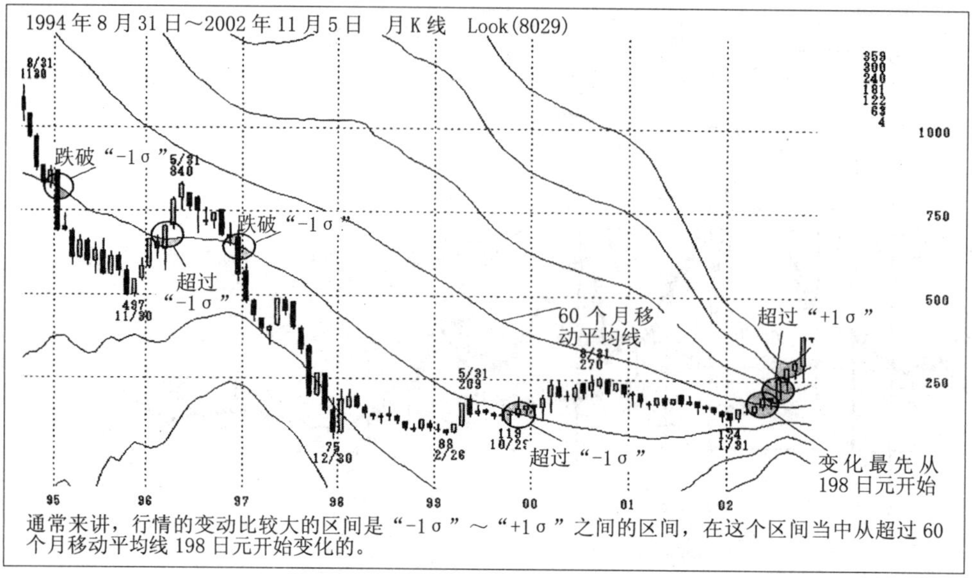

图4-23　通过60个月移动平均线与σ带观察主要技术节点

在实际操作中，行情一旦超过“+1σ”线或者跌破“-1σ”线就会引起广大投资者注意。换言之，行情参与者的大部分进出行情的临界点就是“+1σ”和“-1σ”(图4-23)。

如果股价超过“+1σ”，则说明买方占84%左右，也就是说已经有相当多的人持有账面盈利了。因此，买方会进一步巩固买入的势头，同时卖方的大部分持有账面亏损，并急于赎回。两者同时买入会导致行情进一步上涨。

相反的，当行情跌破“-1σ”说明卖方有84%左右持有账面盈利。因此，卖方会进一步巩固卖出的势头，同时由于买方的大部分都持有账面亏损而急于抛售。从结果上来看，两者的同时卖出会让行情进一步下跌。

这样的买入和卖出的变动会一直持续到跌破“+1σ”线或者超过“-1σ”线。到目前为止一直都在上涨的行情，由于股价跌破移动平均线之前跌破了“+1σ”，因此可以认为只要股价一直在“+1σ”以上，上涨的势头就会持续。与此相同的还有，如果是到目前为止不断下跌的行情，由于股价在超过移动平均线之前已经跌破了“-1σ”，那么，就可以认为只要股价没有跌破“-1σ”，下跌趋势就会持续。

也就是说，“+1σ”和“-1σ”的水准不但是趋势加速的点，同时也是趋势有可能发生反转的点。例如，股价在跌破了月 K 线的“-1σ”并持续推移的局面下重新超过“-1σ”线，说明 84%的空方优势崩塌，空方会急于赎回。因此，如果在行情从下跌趋势反转为上涨趋势的局面下，出现持有头寸方向短时间内转换的情况，不管怎么说，就可以考虑是不是要在超过“-1σ”的点上持有头寸了。当然，在上涨趋势下发生反转局面的思考方法也是一样的，股价跌破了“+1σ”线的位置就是准备介入卖空订单的点。

此外，在这里虽然我们使用的是 60 个月的移动平均线，但是如果是适当的采取较小的变量，就能够对接下来的短期行情进行分析和把握了。当然，变量越小，行情的噪音就会越大，其原因我们之前有详细叙述，在此不再赘述。

从月 K 线到周 K 线

那么，在月 K 线当中，根据股价超过“+1σ”、“-1σ”、移动平均线这 3 根线来确认基调发生变化之后，通过切换到更加详细的周 K 线和日 K 线就能够对接下来的短期进行分析、把握和布局了。如前所述的那样，由于在行情的变动当中存在初期、中期和后期的加速期，因此针对这种情况，要在接下来的分析和把握当中将变量变为短期变量进行分析。

我在进行个别股票品种、特别是现货股票的交易的情况下一般使用比较大的变量。像融资融券那样有日期限制和保证金问题的品种当中采用比现货股票更加小的变量，而在期货交易当中应该使用非常小的变量。此外，在行情的初期阶段当中采用比较大的变量，顺势操作之后要逐渐将缩小变量。

图 4-24 是 Look 的周 K 线走势图。为了能够看到比较大的趋势，首先应该使用 52 周移动平均线。在这个走势图当中的初期变化的点就是超过移动平均线的 174 日元的点。在第 1 章中我们说明的“格兰维尔法则”当中，阐述了如果股价跌破上涨当中的移动平均线之后再一次超过移动平均线的点就是买入的点。σ带和此法则类似的是在初期变化的点上。

之后可以看到股价超过“+1σ之后，进一步超过“+2σ”，然后呈加速上涨的态势。选择这个走势图是为了展示趋势比较强的股票品种的特征。在股价超过移动平均线和“+1σ”之后，如果趋势当中强度不够应该会反复冲高回落多次，但是我们可以看到在这里仅出现了两次像样的冲高回调。“在等待冲高回调的过程中没有回调”的格言就是这样的。

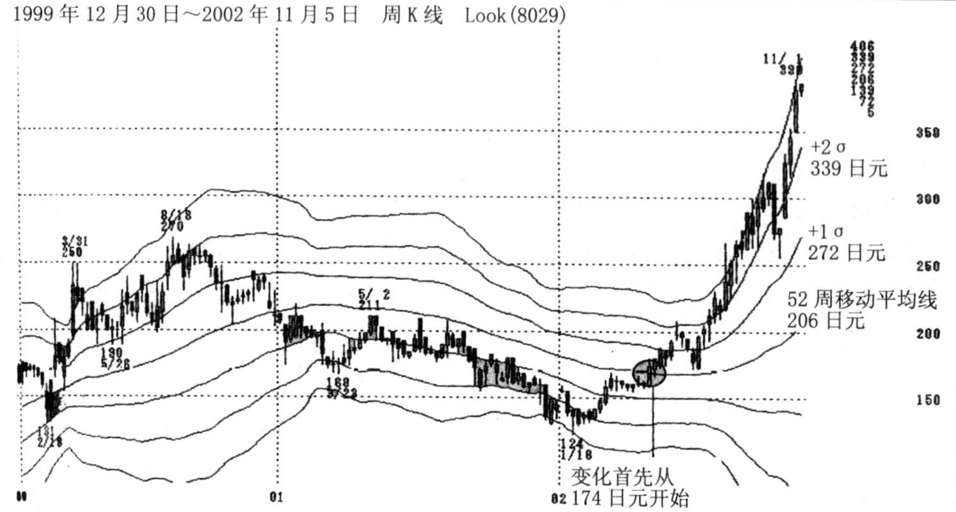

首先通过52周移动平均线可以观察到比较大的趋势。股价在突破“+1σ”之后又突破了“+2σ”，就可以明确其上涨的态势。

图4–24　以52周移动平均线为中心的σ带

在这个走势图中，接下来差不多要突破“+3σ”。这是因为在初期也就是52周之前的数据的变动比较小，而最近的数据的变动比较大导致的。从理论上来讲，在“-3σ”和“+3σ”之间应该能够放入100%的数据，但是行情数据并非正规分布的，因此实际上我们看到的是这样的。那么认为“有大量的空方的买入赎回正在入场”或者“行情相当强劲”也是可以的吧。

在投资者当中存在将布林带作为逆势交易的指标来使用的人，但是我认为在使用σ带时应该总是将其作为各平均线的基准的趋势跟随类指标来使用。因此，如果想在Look的这种上涨局面下进行短期的获利清盘操作，就应该在股价跌破“+3σ”水平之后或者是稍微再持有一段时间，在“+2σ”的水平上设置止损，挂入买单。

当然在这个案例当中，和现在的价格相比当时的股价过分接近“+3σ”的水平，并和“+2σ”离得稍微有点儿远。原本52周的所谓长周期的变量，是为了在转为上涨之前捕捉反转信号的变量，因此基本不太适合于当下现状的分析。

因此，可以尝试将变量从 52 周变为其一半的 26 周。请看图 4-25。

行情的初期变化从 52 周的 174 日元变为 158 日元，冲高回落到了大致接近到“+1σ”的水准。就像这样倾向于回调到“+1σ”，也就是说，可以进行变量的调整使行情参与者的投资意愿表现出在“+1σ”线以上，使得行情更容易让人理解。

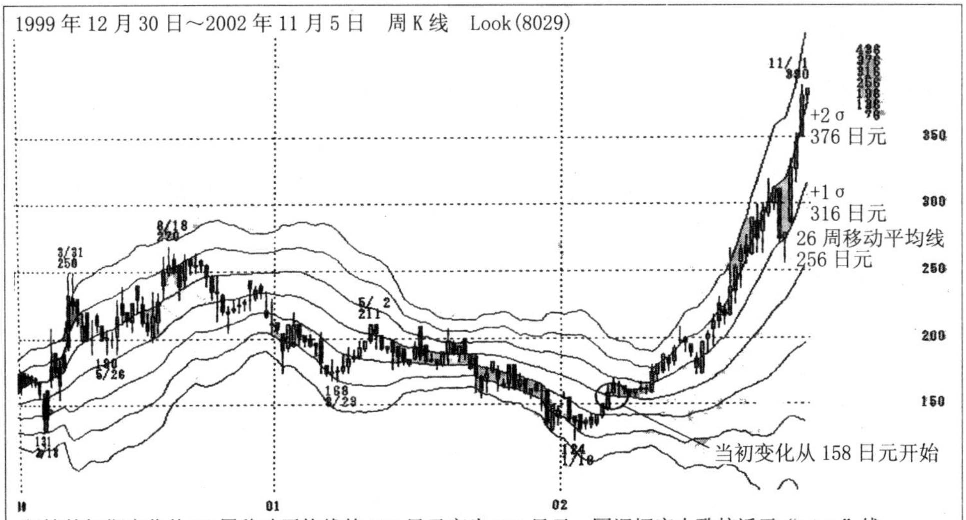

行情的初期变化从 52 周移动平均线的 174 日元变为 158 日元，回调幅度大致接近于“+1σ”线。

图 4-25　以 26 周移动平均线为中心的 σ 带

在这里，接下来的行情超过了“+2σ”的水准。虽然以 26 周作为变量进行观察依然可以看出这是一波非常强劲的行情。此外，需要事先对背景进行说明，在这里我们虽然没有列举融资交易余额对比①的相关内容，但是在这只股票品种当中，融资交易余额比率居高不下，从现状上来看，买方处在了一个山穷水尽、弹尽粮绝的境地。

对于接下来的股价请关注其“+2σ”的水平。在 52 周移动平均线当中

① 融资交易的买入订单和卖出订单的状态。买入余额÷卖出余额被称为“融资交易余额比率”，如果这个值在 1 以上，则说明买入的压力非常强。

“+2σ”是 339 日元，但是在 26 周移动平均线当中这个值为 376 日元，是容易介入止损限价盘的水平。并且，在这个走势图当中比较难看懂的是这个 376 日元的值，与需要牢牢把握的威尔德的定义的最低价的数值大体相同。

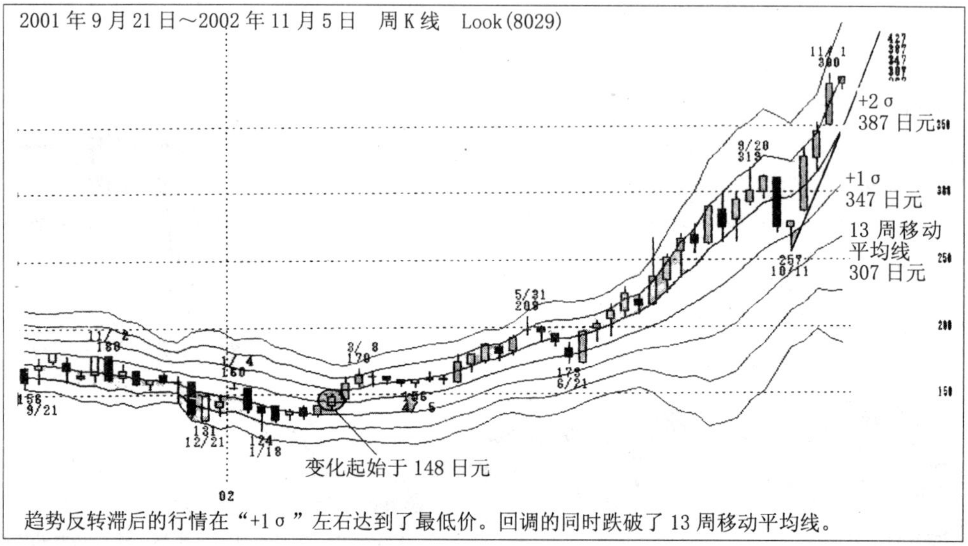

图 4-26　以 13 周移动平均线为中心的 σ 带

图 4-26 当中将变量变为 26 周的一半的 13 周。行情的初期变化，在变量为 52 周的时候为 174 日元，在变量为 26 周的时候为 158 日元，而在 13 周的时候则下降为 148 日元。行情的推移大致在“+1σ”附近到达了最低点，回调则下跌至了 13 周的移动平均线的位置。并且，接下来的“+2σ”为 387 日元，而“+1σ”则为 347 日元。

最后，我们将变量调整为 9 周(图 4-27)。这时的初期变化为 142 日元，之后，行情的低价在从“+1σ”到 9 周移动平均线的区间内变动，股价回调到了跌破“-1σ”线的位置。因此，接下来的“+2σ”为 400 日元，而“+1σ”为 361 日元。

由于这只股票表现出的情况是上涨在不断加速，因此行情中如果没有异常变化，我认为短期内有可能会一直这样加速下去。也就是说，牢牢把握最低价的位置作为确定获得收益的点是非常重要的。也就是说，将止损单设在什么水准是胜负的分水岭。

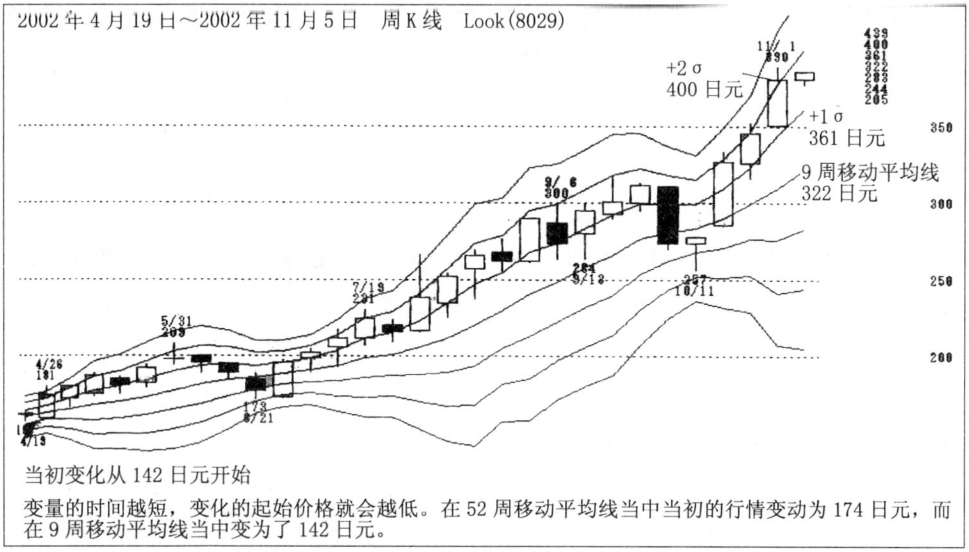

图 4-27　以 79 周移动平均线为中心的 σ 带

如上所述，当所选取的变量变短，行情的初期变化就会变早。在 52 周移动平均线当中为 174 日元，但是在 26 周移动平均线当中变为了 158 日元，在 13 周移动平均线当中变为了 148 日元，在 9 周移动平均线当中变为了 142 日元。也就是说，变量越短，越容易更早地观察到行情的变化。

相反的，如果使用 13 周和 9 周的短期移动平均线，行情与移动平均线相互缠绕，那么要弄清在股价回调到低价水平等方面会变得比较困难。和接下来的移动平均线的水平相比，在 52 周移动平均线当中为 206 日元，26 周移动平均线当中为 256 日元，而在 13 周移动平均线当中为 307 日元，在 9 周移动平均线当中为 322 日元。如果将变量进一步缩短为 5 周和 3 周，就变得与现在的股价相近了。

针对行情参与者的分布影像比较大的“+1σ”水平来看，52 周移动平均线为 272 日元，26 周移动平均线为 316 日元，13 周移动平均线为 347 日元，9 周移动平均线为 361 日元。并且，在行情加速并在此进行获利卖出的情况下，“+2σ”也变得很重要，由于变量变得较小因此该水准在不断攀升。

正是因为移动平均线有这个特点，这就意味着在行情的初期阶段与加速之后的时间段中，变换应该使用的移动平均线会更好一些。这是因为如果一直都使用相同的变量，就会造成买入(卖空)和获利回吐的时机过早，或者是过迟。

从周 K 线到日 K 线

到目前为止我们看了从月 K 线到周 K 线，这次，我们通过日 K 线走势图来对相同的 Look 这只股票的行情进行观测和分析。在这里我们分别选取 200 个交易日、75 个交易日、25 个交易日、9 个交易日为各自的变量。这并非是哪个变量好哪个变量不好的问题，和时刻变化的行情状况相比，在选取最为有效的变量的同时对行情进行判断是最为重要的。

从月 K 线到周 K 线再到日 K 线进行 K 线的转换的过程中，行情的变动就会逐渐出现不同程度的噪音，其中日 K 线当中的噪音(骗线)是最多的，以至于行情的变动搅乱了人们的视线。这种混乱是非常令人恼火的问题，在实际股市当中，投资者不能仅仅通过技术来对这种噪音进行回避。为了能够回避噪音，有必要对行情趋势的强弱进行判断。

图 4-28 就是将变量选择为 200 个交易日的情况下的日 K 线。虽然能够在移动平均线和“+1σ”线上牢牢把握住回调，但可以看得出来行情大致会不断推移最终超过“+2σ”。并且，股价在接下来会和“+2σ”线发生背离，并向“+3σ”发生偏差。低价支撑线已经非常明确了，因此投资者比较重视这条线。

如果以 75 个交易日的移动平均线(图 4-29)来进行观察，那么回调会在移动平均线的附近，大致会沿着“+1σ”水准向低价推移。接下来的股价超过了“+2σ”，把最低价 364 日元和 200 日移动平均线的“+2σ”相比，这些案例可能更加具有现实意义。

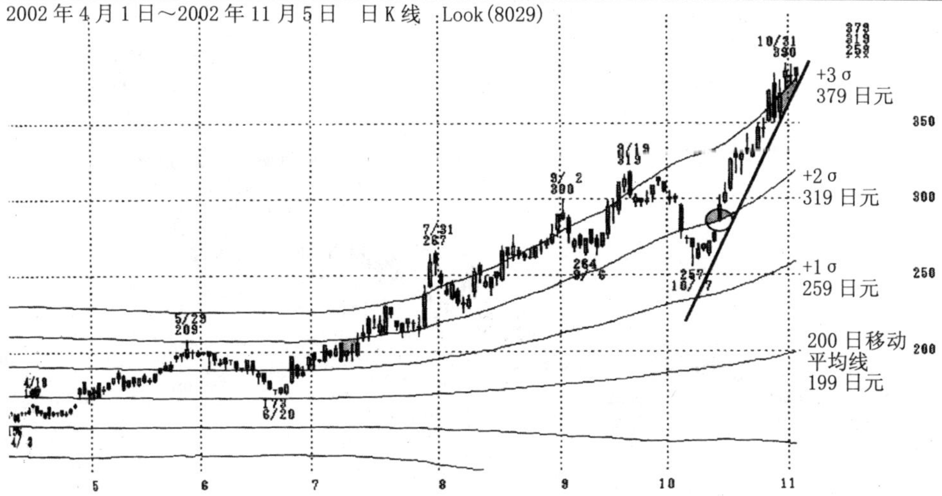

虽然在 200 个交易日移动平均线和“+1 σ”上能够紧紧抓住比较大的回调，但是大致会持续推移直到超过“+2 σ”。

图 4-28　以 200 日移动平均线为中心的 σ 带

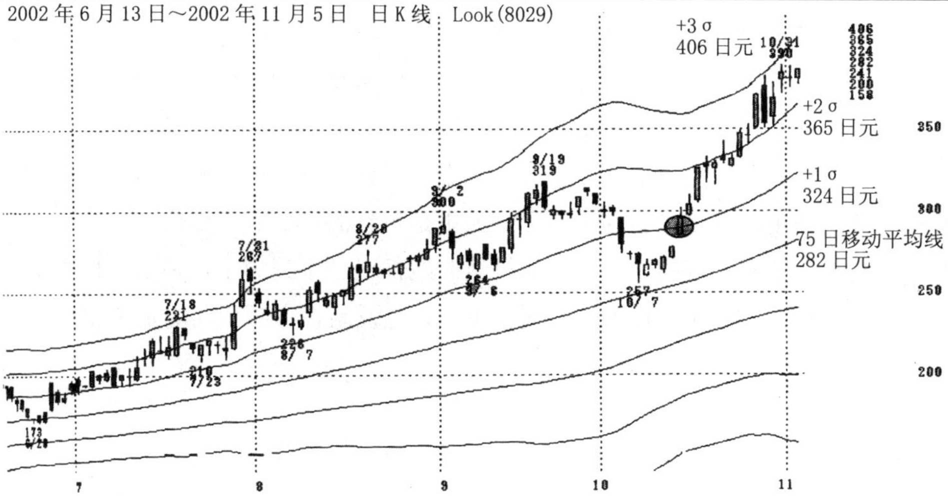

回调在 75 个交易日移动平均线附近，大致沿着“+1 σ”线推移并没有超过其价格。

图 4-29　以 75 日移动平均线为中心的 σ 带

2002年4月1日～2002年11月5日 日K线 Look(8029)

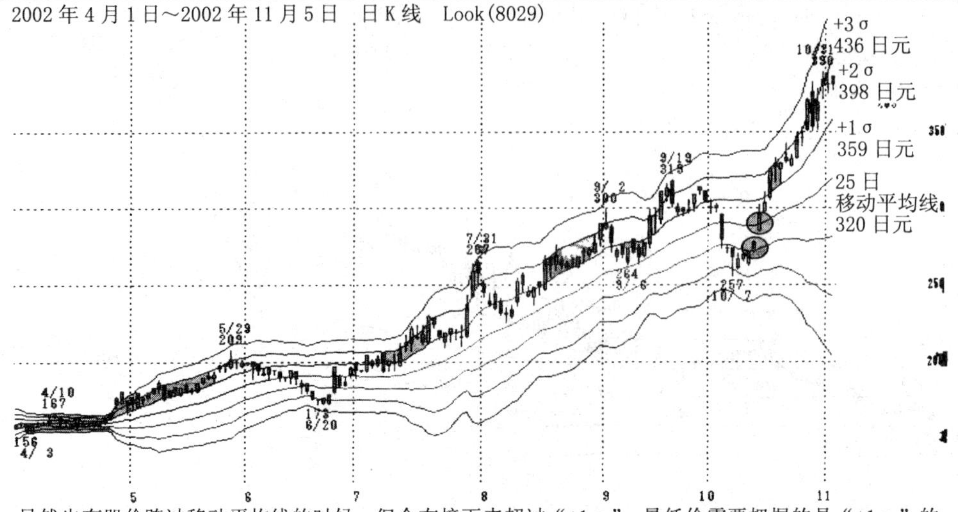

虽然也有股价跨过移动平均线的时候，但会在接下来超过“+1σ”。最低价需要把握的是“+1σ”的359日元。

图4-30 以25日移动平均线为中心的σ带

在25日线(图4-30)当中，虽然可以看到其特征是股价回调到了在移动平均线的水准上，但是也有跨越移动平均线的时候。股价在接下来超过了“+1σ”，作为低价需要牢牢把握的是“+1σ”的359日元。

最后请看9个交易日的移动平均线(图4-31)。到目前为止，即便缩小变量，如果行情的趋势比较强，股价就会像这个走势图所显示的那样在“+1σ”水准上推移。我们所要把握的最低价是“+1σ”线上的381日元。

我们粗略地看了一下上面4种日K线走势图，可以看出，根据自己持有何种投资方式所使用的变量也会有所不同。如果是日结的投资者，则应该使用5分钟移动平均线与实时行情的走势图。如果连K线都已经不使用了，那么，即便在那种情况下，根据日K线的技术点，通常也应该是反映在实时变动的走势图当中。

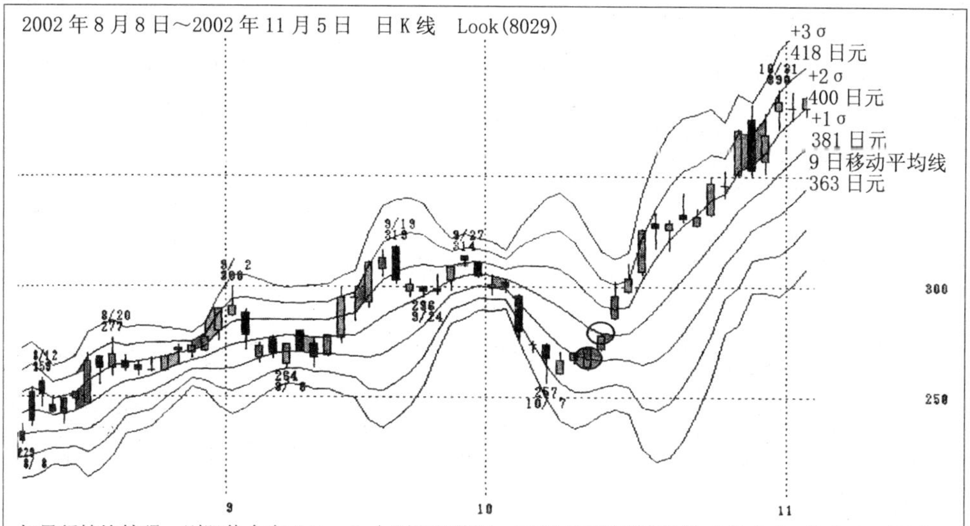

如果行情比较强，则股价会在“+1 σ ”上面不断推移。而接下来需要把握的点是“+1 σ ”的 381 日元。

图 4–31　以 9 日移动平均线为中心的 σ 带

各日 K 线走势图中显示的 0 标记就是显示重要变化的技术点。单纯地贯彻超过各技术点就买入，而跌破各技术点就卖出的技术交易也是一种做法。例如，只要不跌破“+1 σ ”，买入就会不断持续，而只要没有超过“-1 σ ”，卖空就会持续的方法也要考虑。

并且，在移动平均线上，要将短期移动平均线和长期移动平均线结合起来使用，同时在这里也应该尝试着将短期 σ 带与长期 σ 带结合起来使用。在此之前，请尝试根据自己的主攻指标并适合自身实际情况的指标来思考。

5. 每个人都在看的“一目均衡表”

随着个人电脑和互联网的普及，即便是个人投资者也能够很方便地获得各种各样的技术指标的走势图，交易环境已经变得非常完善了。其中比较引人关注的是我们下面将要进行解说的一目均衡表。

一目均衡表绝非什么比较新的技术指标。只是大部分个人投资者却并不知道存在一目均衡表这个技术指标，机构投资者和证券公司的交易员从很久以前就已经在使用这个指标了。如果使用电脑，即便在家里也能进行交易，那么，广大个人投资者就会知道并了解到这个技术指标是多么重要了。

一目均衡表是与电脑/互联网一同普及的

我在10年以上的时间里，每天都要通过一目均衡表来观察日经平均指数等主要指标和个别股票品种的日K线、周K线、月K线。进一步来讲，在观察和分析从外汇和NY道琼斯、纳斯达克指数到其他所有金融产品时都要通过一目均衡表进行分析。

在制作出一目均衡表的时候，貌似需要在专用的走势图用纸上用手绘的方式把走势图画出来。当然，在当时不太可能通过手绘的方式将所有股票品种的一目均衡表画出来。

我通过“Excel”和“Lotus1、2、3”等开始计算日经平均期货等金融产品的时候，计算机的处理能力还非常迟缓，一次的计算需要花费5～10分钟。由于完成计算的时候行情已经发生了变动，因此在实践当中是无法拿来使用的。

在证券公司的研究、投资信息部门的工作人员的集会当中，有一部分证券公司发表的非正式的报告当中使用了一目均衡表，但另外一些公司的报告当中却没有使用的情况比较多，一目均衡表在当时并没有普及。这是15年前的事情了。

从大约10年前开始，首先证券公司的交易员和基金经理之间开始广泛使用这个指标，从大约5年前开始扩散到了一部分个人投资者，然后从大约2年前开始普及到了使用网上交易的个人投资者，大概就是这么一个普及的过程。期间，我也通过编写《走势图谱周K线的观察方法、使用方法基础篇》(投资雷达刊)、《走势图谱周K线的观察方法、使用方法应用篇》(同上)等一系列书籍致力于一目均衡表的普及。

顺势而为当中使用比较方便的技术指标

一目均衡表的特征用一句话来说，就是契合趋势跟随类投资风格的技术指标。也就是说，在判断应该在哪里进入市场，应该在哪里进行止损当中非常便利。

现在，虽然在市场当中能够运作比较大规模资金的是证券公司的交易员和投资顾问公司的基金经理，但是重要的是，他们也是工薪阶层，通常会被他们所在组织的业绩目标所局限也是事实。他们能够获得收益是理所当然的事情，却不允许有亏损。如果出现了亏损，那在外资类企业当中就会被解聘。在日本的金融机构当中，有亏损业绩的人早晚都会被转职到其他部门。因此，为了保护自己的交易和做法不管怎样都是有必要的，因此一目均衡表受到了广泛的关注。

同时，一目均衡表受到了管理资金运作人员上司的重视。之前每个资金运作人员如果出现损失的，具体来说是无法搞清楚的，但是在自己桌子上的电脑通过一目均衡表进行观察，就能够对每个资金运作人员的头寸情况一目了然了。因此，一目均衡表彻底普及渗透到了每个资金运作人员的交易管理当中了。

通常来讲，对于经常要接受上司确认的资金运作人员，如果持有可能导致损失扩大的头寸就会被上司叱责，因此这些人将自己的注意力转向了尽可能安全的趋势跟随类的交易当中。持续确保接下来的收益，并在受到上司叱责之前将出现损失的头寸进行止损清仓。只要根据一目均衡表的几个标准进行交易，在向上司申辩理由的时候就会有说服力，就能够延续自己作为工薪阶层的职位。

总而言之，原本一目均衡表中定义的交易的思考方法逐渐和现代的交易员和基金经理在交易风格上达成了一致。结果，最近非常多的投资者都开始对一目均衡表感兴趣了。由于大型投资者中的大部分人会根据一目均衡表进行交易，因此也就是说一目均衡表成为了担当“大家观察的信号机”作用的指标。

在这里，我们再加上一目均衡表的原本的思考方式，并根据最近的行情的动向对一目均衡表进行阐述和说明。但是，接下来的内容绝对没有将一目均衡表的本质和功能全部传达出来，敬请了解。在本书当中，我们已经说明了很多次了，投资和行情的本质，并非教科书和参考书之类所能够解释的。不要依赖于其他人的解释，每个人在阅读“原著”[①]的基础上，通过自己的经验对这个指标进行把握才能够了解其本质。因此，在这里的解说充其量就是个入门指导，请自始至终不要忘记这点。

---

① “一目均衡表”的原著在东京都中央区日本桥茂场町的“千代田书店”(81-03-3666-5355)能够买到。

使用一目均衡表的原因

虽然在投资者当中存在对一目均衡表的理论依据存在疑问的人，但是针对理论依据我并不想回答什么。我知道了解当时开发这个技术指标情况的人目前还是健在的，但是一目山人让学生们做了什么，为什么变成了这样的形态，我也不是很清楚。即便我之前听人们说起过关于该指标的原作著作的过程，但是现在就连这些道听途说的内容的真伪都已经无从考证了。

在股市当中，即便某人开发了非常卓越的方法，如果被其他人知道了就会被广泛复制，然后任意地被使用。因此，一般来讲投资技术理论是不会公开的。一目均衡表也不例外。

对于我们投资者来说，即便通过使用方便的投资工具提高哪怕一点儿投资表现也是非常重要的。在炒股当中，我们只要知道使用这个工具能够让我们的投资活动变得更方便就可以了。我想没有必要深究投资工具的具体的理论依据和开发过程吧。

在不赚钱的行情当中获得收益的思路

一目山人曾经说过“行情不管是有没有发生变动，如果发生了变动，不管是向上还是向下，则都是非常简单的”，同时，还认为“即便如此，如果实际操作中只用传统的操作方法，那基本是赚不到钱的”。关于这个问题的原因，他论述到“根据行情分析的复杂化和希望的观测，投资者对行情变动的判断中出现了巨大的失误是导致投资者亏损的主要原因”。

并且，他还提到“在报纸、杂志以及人们的意见当中，经常都会看到或听到‘上涨行情下冲高回落买入’、‘下跌行情下止跌反弹后卖出’等抽象的说法，实际上应该在什么位置‘冲高回落买入’、在什么位置‘止跌反弹卖出’并没有明确讲出来”。也就是说，可以这样讲，开发一目均衡表这个指标的原点就始于原本的行情很难明确而且无法赚到钱的行情的认识和把握过程中。

行情是一个“活的东西”，而且是个“自由自在不断变幻”的东西。在经济学当中，所谓“重回归分析”的“前提条件”，也就是条件不发生变化的情况下进行各种各样的议论。但是，在股市当中，即便只是在 1 天的时间里，条件也不会是一成不变的。

发生亏损的投资者共同的思路就是，自己进行买入时的判断未来会永远持续，不管行情下跌得多惨，这个思路总是一成不变。但是在现实当中，前提条件是时刻发生变化的，如果反映了这个变化，就形成了股价。

作为我们广大投资者，虽然希望总是使用固定的方程式，并希望获得在这里“买入”，在那里“卖出”的确切的答案，但是因为股市是活的“生物”，因此，倒不如认为我们所要求的答案是无法给出来得更简单。

我们应该这样考虑，不管使用什么样的技术指标，都是一样的，都有顺利的时候和不顺利的时候。我们的目的是切实增加自己的运作资产，在股票交易当中，没有百发百中的情况，也不会每次都能够紧紧把握之后回过头来能看懂的大行情。止损是理所当然的，在不断买入之后如果有亏损就止损，总的来看如果能够增加自己的运作资金，我认为就非常不错了。基本的原则就是“减少损失，扩大受益”，如果运气好，也会存在只获得受益而不发生亏损的情况。

为什么要说这样暧昧呢，如果非常想读一下一目均衡表的原著，就会发现很多非常暧昧、漠然的地方，因为你根本就读不懂。规规矩矩一丝不苟的人是不能够认可这种暧昧和漠然的，因为那是没有认真思考的。在我的经验当中，在研究技术分析时，在比较重要的地方我总是挑剔细节并尽可能地进行比较详细和严密的论述后才得出结论，但是投资表现却下降了。

在“时间”的概念中捕捉行情的重要性

一目均衡表卓越的地方在于它是基于“时间”的概念来把握行情。一目山人指出：“参与一波行情的每一个人都把重点放到价格上，时刻关注股价的上涨或者下跌，却容易忽略掉时间这个要素。”同时他还认为，“价格如何变动呢？如果价格不发生变动，你是不知道价格将会如何变动的，而时间一天一天推移却是必然发生的”。并说明了如果不对时间进行分析就无法理解行情的波动。从这里开始就产生了“跨度”的概念。

在行情的变动中，我们应该思考的不仅仅是“从哪里到哪里”价格的变动，而是要基于“天数与价格变动幅度”的函数进行思考。通常来讲，个别股票品种从 1000 日元上涨到 1500 日元会花大概半年到 1 年的时间。总体上来看，在 1 周时间内上涨的价格幅度只有10日元左右。但是当时行情的情绪比较强烈，在几周时间内上涨了相同的价格幅度1000日元到1500日元的股票品种也是存在的。基于“天数与价格变动幅度”两个因素来对行情走势的强弱进行判断是不可或缺的。

江恩将趋势线的倾斜幅度规定为1:1、1:2、1:8等，其实就是对“天数和价格变动幅度”的重视，除此之外，别无其他。

为了能够对“天数与价格变动幅度”进行思考，如前所述，我们也有必要时刻谨记使用的走势图的问题。也就是说，书或者电脑中记录的走势图所选取的刻度会容易给投资者以错觉和误导的问题。

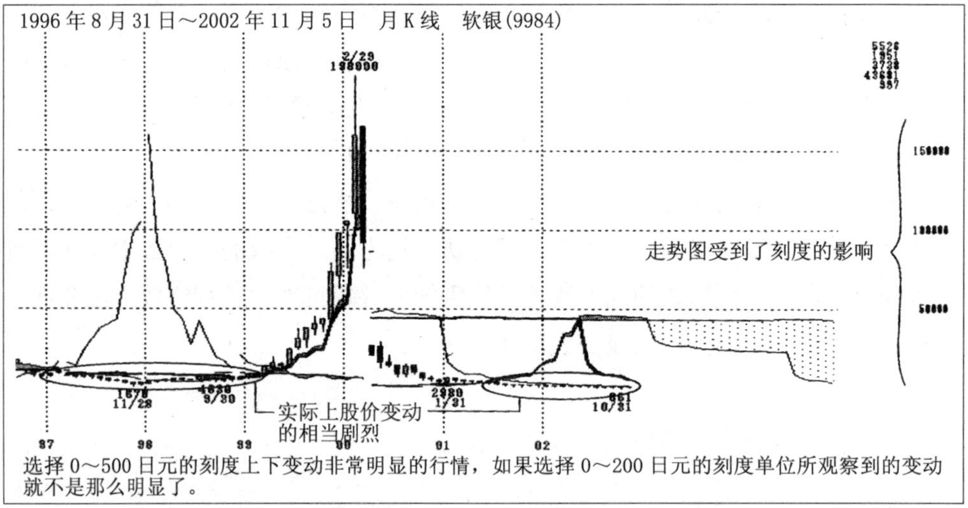

图4-32　通过一目均衡表观察到的软银的大行情

如图4-32所示的软银(9984)，在1000～2000日元之间进行变动的行情，一下子跳涨到了接近20万日元的位置，之后又再度回到了1000～2000日元程度的变动，会让人陷入一种在大行情的前后基本没有发生股价变动的错觉当中。如果将纵轴的价格幅度的刻度设定为几千日元为单位，实际上就会看到明显的变动了。

横轴的天数也是相同的道理，通常来说，我们机械地用周K线来显示1～2年的数据，而用日K线来显示几个月以来的数据，然而如果将更加过去的变动表示出来，则会给人以一种完全不同的印象的情况不在少数。

这个问题同样也发生在了一目均衡表当中。通过日 K 线观察到的明明是行情在好转(买入行情)，然而，如果显示到之前的某一个价格来看，就会发现这只股票一直在被卖出的情况时有发生。如果通过不同刻度对该价格进行反复观察，则会发现这个价格在周 K 线的“基准线”和“快行跨度下限线”的水平上。并且，在周 K 线看来行情正在好转之后，在稍微上涨之后的阶段上被卖出的情况也十分常见。这种情况在月 K 线的“基准线”的水平上观察的结果有可能是反弹卖出的行情。

只看日 K 线的一目均衡表的人，绝对不会发现上述的这种事例，只观察日 K 线与周 K 线的一目均衡表的人，也绝对不会发现月 K 线的分歧点。

诸如此类，如果不能变换走势图的刻度进行思考，就不会理解改变“价格变动幅度”刻度的感觉，也不会明白改变“天数”刻度所带来的对判断的影响。就像“井底之蛙，目光短浅”的谚语所讲那样，如果只能像近视眼那样对行情进行观察，就失去了对行情整体性的把握。这对于投资者来说是致命的。

最近，进行“T+0 交易”(Day　Trade)的投资者逐渐多了起来。一部分投资者使用 5 分钟 K 线这种非常细化的数据，然后在 5 分钟 K 线上套用一目均衡表来进行交易。也就是说，只看 5 分钟 K 线的投资者是不明白为什么股价会在那个地方下跌，或者上涨的。

在判断和把握行情中，不管是职业选手还是业余选手，大家都在同一个土俵(相扑比赛的竞技场地)中一决胜负。其中，自己所持有的武器或所使用的武器如果比不上其他投资者的先进，那么仅此就能够极大左右胜负的走势。“我还不知道有这种情况”的责任在于自己。

一目均衡表就是一个“信号机”

一目均衡表，是一个只要看一眼就能够判断目前的行情是需要买入还是需要卖出(行情的平衡状态)的走势图。和判断对错相比，这个瞬间暗示的是应该买入还是卖出的结果。因此，在行情的趋势发生变化的时候，一目均衡表就会对这个将要发生的趋势转换进行报警。也就是说，在红色信号(卖出)中出现了黄色信号(变化的信号)，并转变为绿色信号(买入)，接着又出现黄色信号(变化的信号)，然后又转变为红色信号(卖出)的过程。

我们所能做的，就是在看到“卖出”信号的时候，是进行“融资卖空”还是“不持有买入头寸”，或者在看到“买入”信号的时候，是进行“融资买入”还是“现货买入”，而不进行“融资卖空”的操作。

在这里，如果不能彻底贯彻执行这种策略，与其冒险把握行情，倒不如对危险进行回避。只有在自己没有进入一个危险的空间，或者说至少自己的头寸与行情的趋势契合的情况下，才能确保自己处在一个安全的状态。之后，必须一边观察一目均衡表、一边确认这轮趋势是小幅度波动就结束了呢，还是持续一个较长的时期呢？因此，在自己进入一个危险的空间时，不管在此之后的行情变化如何，尽快脱逃就可以了。

如果仅适用K线图，那么针对从哪个位置进入行情又从哪个位置出来的问题，通常会因为利欲熏心而无法立刻下决断。但是根据一目均衡表的各项指标进行交易，就能够摆脱犹豫的心态而果断交易了。总而言之，只要没有受到较大的伤害，就可以在当行情信号从买入转变为卖出之后又转变为买入的时候，再次买入就可以了。同时也可以在行情信号从卖出转变为买入之后再次转变为卖出时，再次卖出就可以了。如果能够这样去规避风险，那么接下来就可以还原一目均衡表本来的使用方法，思考如何去把握市场就可以了。

我们在开车的时候，在十字路口看到绿灯的时候只需默默前行就可以了，而当信号变为黄色的时候，就需要引起注意了，并根据情况及时踩刹车。比任何事情都重要的就是，当行情亮起红灯的时候，是不能继续操作的。只要停车就不会造成大的交通事故。

一目均衡表的构成要素和观察方法

一目均衡表中有能看到的部分和看不到的部分。

“转换线”“基准线”“快行跨度线(带)”“慢行跨度线”“每日K线(K线)”是眼睛能够看到的部分。眼睛看不到的部分，或者是不得不进行人工思考的部分，是“基本数值”“对等数值”“型谱(K线形态)”“均衡表计算值”“新值”“准备构成”等。

虽然为了能够熟练使用一目均衡表，就必须对上述这些综合指标进行综合地多角度地思考，但是在实际操盘当中，如果不是一目均衡表研究方面的专家，要想完全把握所有的这些指标那是不太可能的。

因此，在实际操作当中，通过解读从直接感受上容易理解的指标，也就是“能够看到的”部分来判断行情的变动，进而熟练掌握一目均衡表的使用方法是非常有必要的。在本书中所论述的内容，全部为“眼睛能够看到的”部分。

在思考到目前为止说明的内容情况中，我养成了总是结合“卖方”和“买方”的力量关系来思考的癖好。由于以前在证券公司就职期间，我经常通过手绘的方式将每天的均衡表记录到走势图专用纸上面，因此即便我现在非常讨厌卖方与买方的力量关系对比等，也已经养成了这样的习惯。但是，由于最近在电脑上可以简单地就能将这种关系表现出来，因此有单纯只是观察而不做任何思考的倾向。为了对这个缺点进行补足，每天在持续观察一目均衡表的过程中，自己持续判断是卖出还是买入是非常重要的。

在进入下面的论述之前，我们要先看一下在走势图中描绘的各指标中存在着什么样的特征。

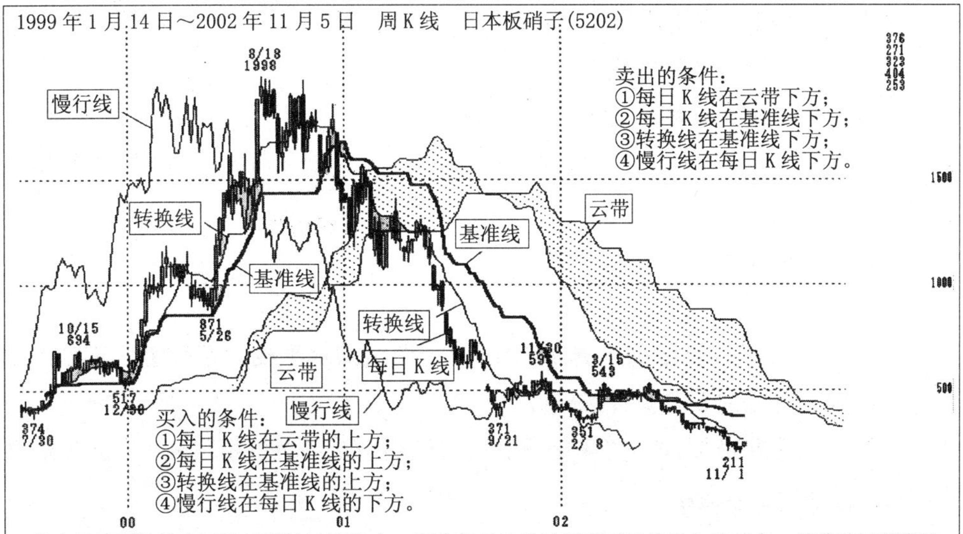

从上涨局面转换为下跌局面的过渡期中，①的每日 K 线显示出了开始进入云带中，并跌破了基准线的特征。

图 4-33　一目均衡表中的各指标的特征

如图 4-33 所示的日本板硝子(5202)，就清楚明了地显示了一目均衡表的特征。最近，进入下跌局面的股票品种和没有趋势的也就是一目山人所说的“不动弹”的股票品种变得非常多，像该案例当中的上涨行情与下跌行情的特征明确表现出来的股票品种已经变得非常稀罕了。

首快行情在上涨局面下：

①每日K线在云带上方；

②每日K线在基准线的上方持续推移(基准线水准成为了行情冲高回落的位置)；

③转换线在基准线的上方不断推移(在行情坚定不移地进一步上涨的局面下，每日K线在转换线的上方不断推移)；

④慢行线站在了每日K线的上方。

我们能够发现如上特征。也就是说，这就是买入的条件。

接下来，我们探讨的是行情由上涨局面转变为下跌局面的过渡期所表现出的一目均衡表指标的变化。

①每日K线开始进入云带中；

②每日K线跌破基准线；

③转换线开始跌至基准线下方；

④慢行线开始跌破每日K线。

以上为由上涨转变为下跌的过渡期局面下一目均衡表所表现出来的指标的变化特征。

而在下跌局面下：

①每日K线进入云带的下方；

②每日K线在基准线的下方不断推移(转换线的水平成为了行情的止跌反弹的目标，并一直回调到了基准线)；

③转换线在基准线的下方不断推移(在行情非常疲软的局面下，每日K线在转换线的下方持续推移)；

④慢行线在每日K线的下方。

我们能够观察到有上述特征。也就是说，以上是卖出的条件。

在这个走势图中虽然我们不太明白，在不久之后下跌局面终结，并向上涨局面转换的过渡期局面下，至少应该表现出如下特征。

①每日K线在转换线的上方推移；

②接下来每日 K 线开始在基准线的上方推移；

③转换线超过基准线；

④慢行线超过每日 K 线；

⑤每日 K 线进入云带中，并最终到达了云带的上方；

⑥慢行线也到达了云带的上方。

由上涨转变为下跌的过渡期至少表现出了上述特点。

但是，除此之外，有可能还会表现出：

①如果行情比较强，那么到云带的水平为止都不会有冲高回落；

②如果行情比较强，那么股价在推移过程中将不会跌破转换线，从跌破转换线的位置开始进入调整接下来目标的过程；

③到此时为止都没有跌破基准线的行情，如果开始跌破基准线，就预示着有可能要进入一个比较大的调整；

④股价冲高回落至快行跨度上限线水准后，如果没有超过基准线而又转为下跌，那么股价接下来容易跌破云带；

⑤当慢行线跌破每日 K 线和快行跨度线就会有较大量的卖单出现；

⑥在下跌局面下股价基本不会回调到基准线。等等，这些也是行情在各种各样的局面下能够通过指标观察出来的为数比较多的特征。

总而言之，一目均衡表就是只要看一眼就能够对现状是买入还是卖出进行判断的指标。我们从现在开始要进行详细的说明，但是如果我们可以通过牢牢把握上述在各种局面下的特征，而决定自己应该持有何种头寸，那么，至少在行情当中把握机会的时候不会碰到较为严重的亏损。

“转换线”和“基准线”的关系

接下来，我们针对各指标的变动稍微进行更加详细一点儿的思考。

此外，由于我们在这里作为样本使用的股票品种没有明显表现出行情趋势的情况比较多，因此成为骗线的事例也不在少数。也有可能从原本的一目均衡表的解释中产生偏差的情况请务必注意。

“基准线”和“移动平均线”不同

“基准线”就是包含该交易日的过去26个交易日(周、月)的最高价和最低价的中间价。因此，可以将其作为过去26个交易日的卖方与买方的平衡，如果股价在基准线以上，就会巩固股价向上的倾向，而当股价在基准线以下，就会强化股价下跌的趋势。

但是，原本来讲基准线是一个显示最高价和最低价都在升高，或者最低价和最高价不断下跌，以及二者没有发生变化的指标。也就是说，不管股价是在基准线的上方不断推移还是在基准线的下方不断推移，只要决定每时每刻的最高价和最低价的平衡的中间价不发生变化，基准线就不会发生变化。

因此，基准线的变化和移动平均线的变化相比有很多不同之处。如果股价和前一个交易日位置的移动平均线相比稍微出现了上涨或者下跌，那么，这个变化就会直接反映到当天的移动平均线上，而基准线则不会这样进行反映。

从这一点来说，基准线和移动平均线相比，可以说是更加接近“HL带”的指标。HL带是为了在行情突破上限或者下限时便进行止损的指标。在一目均衡表当中，虽然没有描述最高价的带与最低价的带，但是在把握最高价与最低价的变化的含义上，基准线和HL带具有相同的概念。

如果进一步尝试进行思考，那么，基准线的概念与道氏理论的趋势的定义中使用的最高价与最低价的思考方法类似，可以说是将道氏理论的概念作为期间变化进行把握的指标。

因此，如果股价仅仅在一个时间点上跨越基准线，那么其本身是没有意义的。习惯于移动平均线使用方法的投资者，一般依据某条指移动平均线在股价的上方还是在股价的下方对行情进行判断，这样的判断方法基本不适用于我们这里所说的类似于HL带的基准线。

虽说如此，但一直在基准线上方推移的股价，如果开始在基准线的下方推移，那么，仅是把握到这个瞬间，就能够明确到此时为止的卖方与买方的力量关系正在发生变化的局面。

基准线是“上涨之后的冲高回落”和“下跌之后的止跌反弹”的界限

一目均衡表当中的基准线是“上涨之后的冲高回落”和“下跌之后的止跌反弹”的界限。也就是说，上涨行情局面下可以把基准线当作冲高回落之后的包抄买入点，在下跌行情下可以把基准线当作反弹回调的卖出点。

当然，原本来讲，就像“买入行情是可以努力行情”所描述的那样，行情是在买盘一波接一波地压过卖盘之后实现上涨的，因此，股价在上涨到基准线后容易出现冲高回落，而与此相对的，就像“卖出行情就是崩盘的行情”所说的那样，在下跌行情下，买盘会一直被卖盘压制，并会在基准线附近持续下跌，因此，下跌到基准线位置后不出现反弹回调的情况也是非常普遍的。因此，在实际的操作过程当中，在卖出行情的局面下一般不会把转换线当作反弹回调的点。

行情的判断就是“转换线”和“基准线”的平衡

通过一目均衡表在把握行情变化的过程中，观察“转换线”在“基准线”的上方还是下方是非常重要的。其原因就是因为人们通常把“9 个交易日的卖方与买方的平衡”与“26 个交易日的卖方与买方的平衡”发生变化的点看成是转换点的缘故。

2002 年 7 月 13 日～2002 年 11 月 5 日　日 K 线　丰田合成(7282)

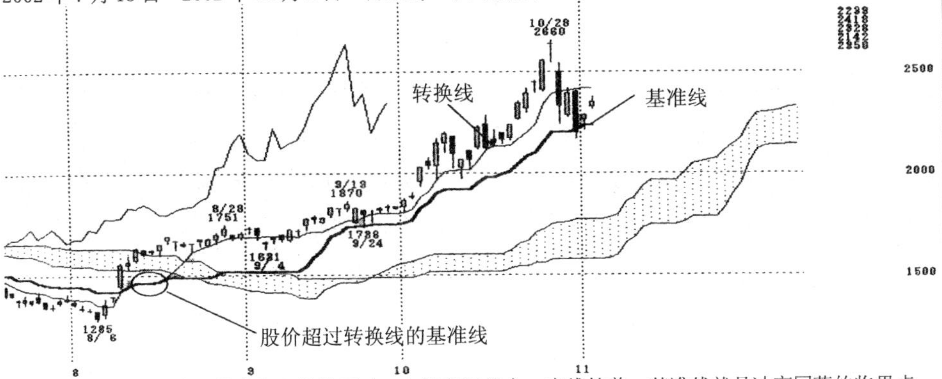

当局面变为“转换线＞基准线”的关系时，上涨基调就会一直维持着。基准线就是冲高回落的临界点。

图 4-34　上涨局面下的“转换线”与“基准线”

图 4-34 是丰田合成(7282)的日 K 线。2002 年 8 月中旬以后，基准线与转换线的关系变为转换线＞基准线，因此上涨的趋势会一直维持着。紧接着，基准线开始出现抬升的态势，基准线的水准变为了冲高回落的临界线。

我们之所以选择这只股票品种作为范本，是因为其显示了“基准线是冲高回落的临界线”，因此上涨局面下大致收盘价就会维持在基准线上。在更加强劲的行情下，转换线成为冲高回落的临界线的情况也非常多。在 σ 带中虽然不会显示到移动平均线位置的冲高回落，但是“+1σ”水平变为冲高回落的情况和移动平均线的情况是相同的。

原本来讲，如果行情出现强力的上涨，那么股价就不会跌破基准线而持续不断地上涨。至少到目前为止一直维持基准线的股价如果跌破了基准线，就是暗示行情将会进入调整的征兆。最终来讲，虽然可以通过转换线跌破基准线来判断股价是否会进入下跌趋势，但是如果注意到这一点，就有可能尽早地对头寸进行清仓从而避免或者减小损失。

观察一目均衡表，我们可以看到股价跨过转换线或者基本线不断推移，跨过这几条指标线就说明行情出现了明确的趋势的佐证。原本来讲，在行情当中除非有明确的方向与强烈的意愿，否则是不会跌破转换线的。自己买的股票品种没有跌破转换线并一直在上涨的形态是对投资者来讲是最为理想的形态。

本来行情的上涨趋势如果比较强，就不会有比较明显的冲高回落。因此，在基准线成为冲高回落基准的上涨行情中，本来就是不可以执行买入操作的。经常会把股价跌破转换线并调整到基准线附近的位置作为冲高回落后的水准，并在此处挂入买单的投资者虽然也是存在的，但是当股价上涨很大了，上涨的能量已经充分发散了之后，若再买入，基本已经没有什么意义了。

通过丰田合成的案例来说，按理说，在 1500 日元程度的位置就不得不买入了。也就是说，所谓的上涨后的冲高回落的含义，原本就是应该打到的本垒打没有打到，却仍然在击球位上等待本垒打的意思是相同的。当然，本垒打是不会那么轻易到来的。

简而言之，到目前为止一直维持在转换线的股价跌破了转换线原本就应该解释为上涨的能量已经消失了。维持在基准线上的股价也是这样的，跌破行情上涨后的支撑线的位置成为获利回吐的重要位置的情况比比皆是。

如何应对“骗线”

在前面所揭示的日本板硝子(图 4-33)的图中，从 2002 年春季到夏季为止，即便每日 K 线超过基准线以及转换线超过基准线，但是在此之后出现了每日 K 线和转换线同时跌破基准线的局面。

如何防备就像这样的一瞬间的超过或者跌破指标线的“骗线”，是经常令投资者烦恼的一件事情。如果认为是骗线的行情而进行规避最后发现真的是骗线还没什么问题，但是如果认为这不是骗线而马虎大意，最终将遭受沉重的打击。

虽说如此，但是否是骗线在此之后就会明白，因此，在当时的时候应该严格遵循指标进行思考。如果认为“基准线的变动是向下的”，就应该立刻清空手中的头寸，如果发现是骗线的，那再次持有头寸就可以了。

不明白的行情下一定不要出手

如图 4-35 斯巴鲁兴业(9632)所显示的那样，每日 K 线在跨越转换线和基准线的同时不断推移的股票品种也是存在的。不明确与每条线关系的行情就是不明白行情接下来趋势的状态。即便认真思考这样的股票品种，也有可能无法分析出恰当的结果。即便只有你一个人认为那个女孩儿是美女，而其他人都不这么认为，也没有人和你成为伙伴，是没有任何意义的。

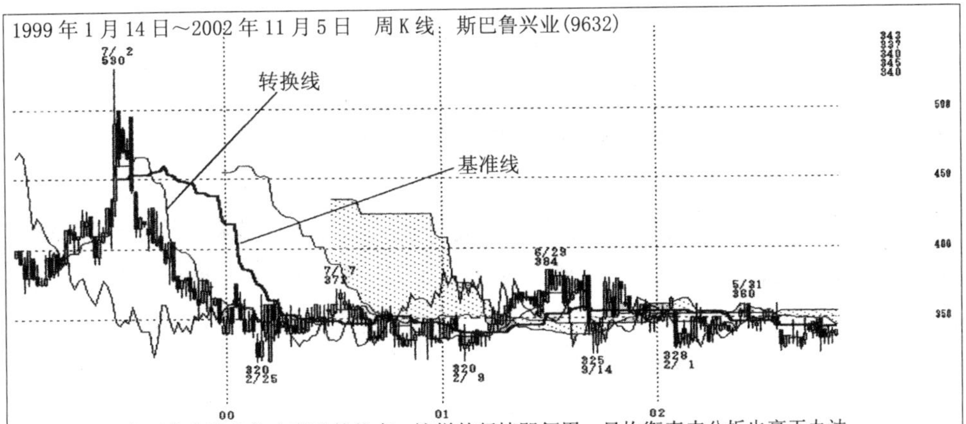

在 350 日元上下基本没有什么变动的状态。这样的行情即便用一目均衡表来分析也毫无办法。

图 4–35　基本不动的市场

一目山人认为“我们应该选择走势符合一目均衡表的股票品种”。如果不明白是不能出手的。

下跌行情的妙处 = 下跌行情中等待买入时机

如前所述，买入行情相对于“努力行情”来讲，由于卖出行情是“崩盘行情”，因此，如果能够在卖出中分析对行情，那就更加容易获得收益了。因此来讲，经过比较大的上涨行情之后，就是行情转变为卖出时的卖空的最佳时机。但是，由于下跌的速度非常迅速，因此，把握卖出时机非常困难也是不争的事实。

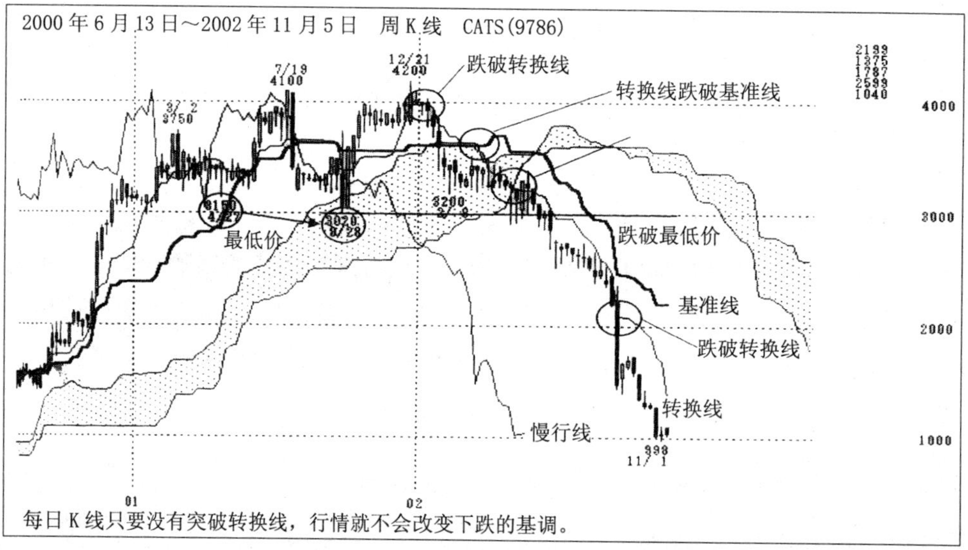

图 4-36　卖出的条件万事俱备的局面

如图 4-36 所示，这是 CATS(9786)的走势图。在 2001 年末股价到达 4200 日元的最高价之后，行情一下子就跌下来了。每日 K 线在进入 2002 年以后立刻跌破转换线，接着转换线又跌破了基准线。这就是行情最弱的崩盘状态。在此之后，股价只要没有超过转换线行情就不会出现趋势反转。

虽然行情的底部越浅就越不会突破转换线，但是到底是深是浅在当时的时点上我们是不得而知的，如果变深时再出手就太迟了。在上涨行情转变为下跌行情的时候，首先必须立刻对目前手中的买入头寸进行清盘，接下来通过卖空追求收益才是正确的做法。

但是一定不能考虑摊薄买入。由于行情在进入底部的过程中会显现出进入底部的形态，与其在达到最低价时买入，倒不如在至少下跌停止并出现反转的态势之后再买入会更加保险。

较大的上涨行情之后的下跌行情是最不能出手的

如图 4-37 所示的 NTT(9613)就是长期下跌趋势的典型案例。从短期来讲，即便买入也是可以的状况仅限于每日 K 线是否超过转换线的局面。如果每日 K 线掉头在此跌破转换线，就不得不将已经建立好的头寸再次清盘。通常从理论上来讲，在买入行情下买入，而在卖出行情下卖出是最保险的，最好不要在短线上进行逆趋交易的操作，否则容易陷入亏损的境地。短期来看，决定持有头寸方向的是每日 K 线与转换线的关系。

1999 年 12 月 30 日～2002 年 11 月 5 日　周 K 线　NTT(9613)

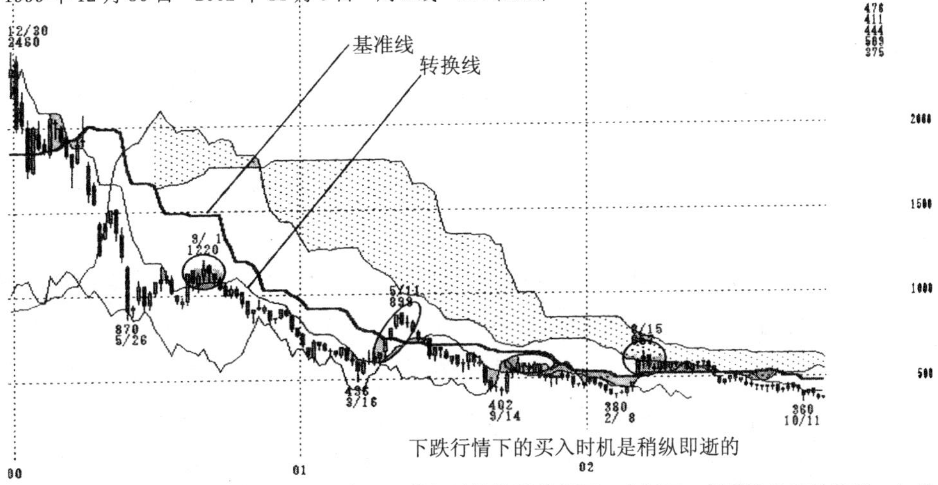

长期下跌行情下的买入时机，仅限于每日 K 线超过转换线的局面。当每日 K 线再次跌破转换线，如果不将已经建立好的头寸清仓就比较危险了。

图 4-37　长期下跌趋势的案例

正如NTT所示的那样，表现出较大上涨行情并上涨到一个非常高的价位上的股票品种，在此之后跌破基准线并进入下跌趋势的案例，在最近的股市中出现的相当多。在最高价的时候不能确保收益并错失了逃跑的良机，或者在较高的价位上买入被套牢，连止损都不能进行，导致众多的投资者持有了账面亏损。

特别是行情在急剧上涨之后的急剧下跌局面下，就算是在转换线上挂入止损单都来不及的情况并不少见。在卖空氛围比较浓的情况下，不在转换线水准上出现约定俗称的趋势反转的情况也比比皆是。就像这样，行情从最高位上下跌的速度是非常快的。并且，伴随着股价的不断下跌，在高价位上被套牢的头寸的损失在不断扩大，从而导致抛压增大，加剧了行情下跌的速度，在这方面大家一定要留意。不管在什么样的下跌行情下，下跌途中会有反弹回调存在，因此，请不要将下跌途中的反弹与真正的趋势反转搞混了。

一波较大的上涨行情之后的放量下跌的危险形态，今后也必然会时有发生，因此如果不注意到这一点，就有可能遭受灭顶之灾。反之，请不要忘记这样危险的形态，对于卖方来讲却也是最大的机会。

归根结底要遵循市场的基本原则

正如图4-38所示的内田洋行(8057)那样，虽然每日K线时不时地会在基准线的上方露头，但是也会存在在这个止跌反弹中止损出货，并导致再次下跌的股票品种。如果看周K线就非常明显了，并且这种情况其实就是不断拉低最高价的“震荡下行局面”。

即便在一目均衡表中也沿袭了型谱的问题①和准备构成②等，在以前分析行情时通常会用到的基本的思考方式。例如，在最高价和最低价不断被抬升的震荡上行的局面下，每日K线超过基准线的思考方式和最低价不断下降最高价也不断下行的震荡下行局面下，超过基准线的思考方式之间存在较大的差异。

---

① 所谓一目均衡表的型谱就是指以K线的形式显示行情的“形态(型)”和“代码(谱)”。三阳一阴之后是阳，三阴一阳之后是阴等。

② 三尊构成(头肩顶)等，行情在到达顶部和底部时出现的行情的形态(型)。

2002 年 2 月 22 日～2002 年 11 月 5 日　日 K 线　内田洋行(8057)

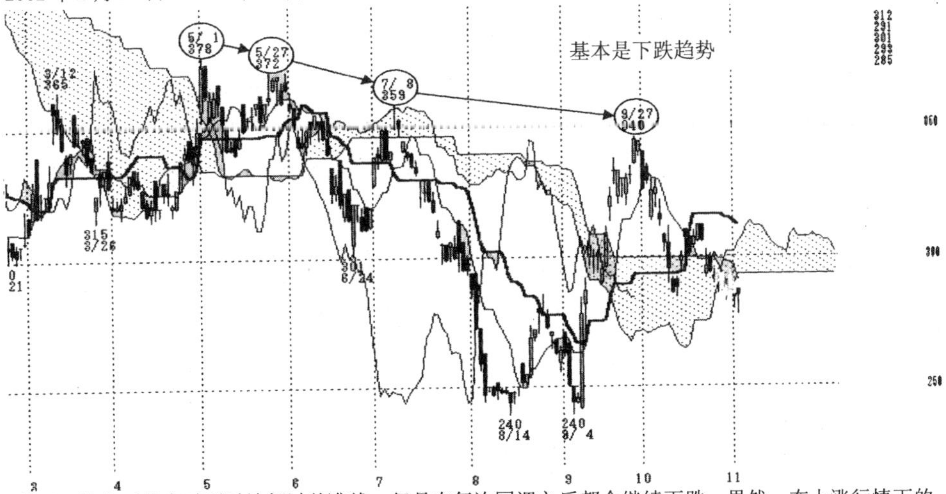

每日 K 线有可能会时不时地超过基准线，但是在每次回调之后都会继续下跌。果然，在上涨行情下的“冲高回落之后买入”，而在下跌行情下，“止跌回升之后卖出”是基本的操作方法。

图 4–38　行情的基本的再确认

同时，上涨行情下“冲高回落之后买入”，而在下跌行情下，“止跌回升之后卖出”的这种头寸取得方法是行情的基本，这是不会变的。

与此相反的头寸作为逆行情趋势的行为必然会蒙受重大的损失。为了能够进行正确的操作避免失误，只是单纯看个别的指标是远远不够的，必须紧紧地把握思考行情方式的基础。

以上我们对转换线和基准线的特征进行了描述，但是只是阅读这部分一目均衡表的说明是无法立刻理解其具体含义的。只有通过日复一日地在行情中不断地观察，并对交易进行判断，对于理解这种思考方式来说才是最重要的。因此，重视地接受这个结果，并灵活运用于下一个判断，来提升投资表现才能事半功倍。

“云带”的观察方法和思考方式

所谓一目均衡表，就是只看一眼就能判断该时点的卖方与买方的力量关系的走势图。只是，我们每天看一目均衡表的走势图所解读出的，与其说是卖方与买方的力量关系对比，倒不如说是每时每刻的“投资者参与行情意愿的强烈程度”。

这是因为今后的行情将会发生怎样的变化，最终来看都与当时的参与交易的人们想让行情上涨还是想下跌的投资意愿有关。也就是说，当行情的变动到达一目均衡表的各关键节点时，等于是行情在问所有参与这波行情的投资者："各位，接下来应该怎样变动呢？""是买入呢？还是卖出呢？"对投资意愿进行的确认。这也可以和"行情的事情需要问行情本身"的说法是一致的。

在理解和把握一波行情中"投资意愿的强烈程度"的过程中，仅凭前面所论述的转换线和基准线的变动是不够的，"云带"的变动也变得十分重要。也就是说，云带的水平是买入(每日K线从云带中摆脱出来)，还是在云带的水平卖出(每日K线下跌到云带下方)的问题。

通过"云带"确认"投资意愿"

即便是在短期操作中，每日K线超过转换线仍然必须是判断行情是短期上涨行情的主要依据。如果是稍微大一点儿的上涨行情，每日K线还应该必须超过基准线的水准。对于我们投资者来讲，如果每日K线没有跨越转换线和基准线，如果每日K线在其中一条线的上面和下面持续推移，那么也是我们所希望看到的判断依据，但是这种情况实际上是不存在的。

如果再仔细思考定义，由于基准线和转换线是一定期间的最高价与最低价的中间价，那么可以说只超过其中一根线并不能说明原来买卖双方的平衡就已经打破了。换一个通俗的说法，这其实就是骗线的局面。因此，这应该就是一目山人为什么会认为"基准线的方向非常重要"的原因了吧。而不明白这个原理的人只能结合与骗线有关的比较多的指标协同判断,才能分析出是否是骗线，这非常费时费力还不准确。

为了将反映骗线的内容补充完整，一目山人导入了"快行跨度"的概念。转换线与基准线的中间价，也就是通过导入将短期性的均衡平衡的背离中心进行一定期间延长的指标(快行跨度上限线)，并进一步导入了将较长期间的均衡平衡进行一定时间延长的指标(快行跨度下限线)，当实际的股价通过这些线的中间区域(云带)的时候，就能够判断交易双方的力量是否已经发生了变化。

具体来讲，如果中长期行情上涨，那么股价必然要超过云带的水平，而当行情中长期下跌，股价必然跌破云带的水平。这就和"投资者参与行情的意愿"说的是一个道理。那么，我们接下来就分析云带的几个特征。

不要考虑与“云带”无关的时刻

如果观察前面我们选取的 NTT 的股价数据(图 4-37)，就会发现短期当中每日 K 线正在跌破基准线和转换线。也就是说，在行情最为疲弱的状态下，如果股价只是超过了转换线但并没有超过基准线，那也不能说行情趋势的基调发生了变化。

接下来“云带”会下跌，可以理解为卖出压力的水平会下降。因此，我在这种情况下，只要每日 K 线不超过转换线就不会进行任何判断。

并且，这只股票在云带的水平和当下已经转入了下跌趋势中。

这就意味着如果股价止跌回升到这一个范围就卖出的投资者非常多(或者是在此之上希望买入的投资者是不存在的)，可以判断为人们不会在云带买入的投资者的投资意愿。这是通过每日 K 线跌破基准线后下跌就能够判断的。

因此，对于下跌趋势中的股票品种来说，当股价回调到云带的水准就会再次下跌是基本的思路。相反，当股价进入云带中时，可以认为行情参与者表现出了买入的投资意愿。

观察“投资意愿”的强烈程度

如图 4-39 的三洋信用(8565)所示，股价在一度上涨之后，跌破了基准线与云带开始下跌，并从此完全进入了下跌行情。

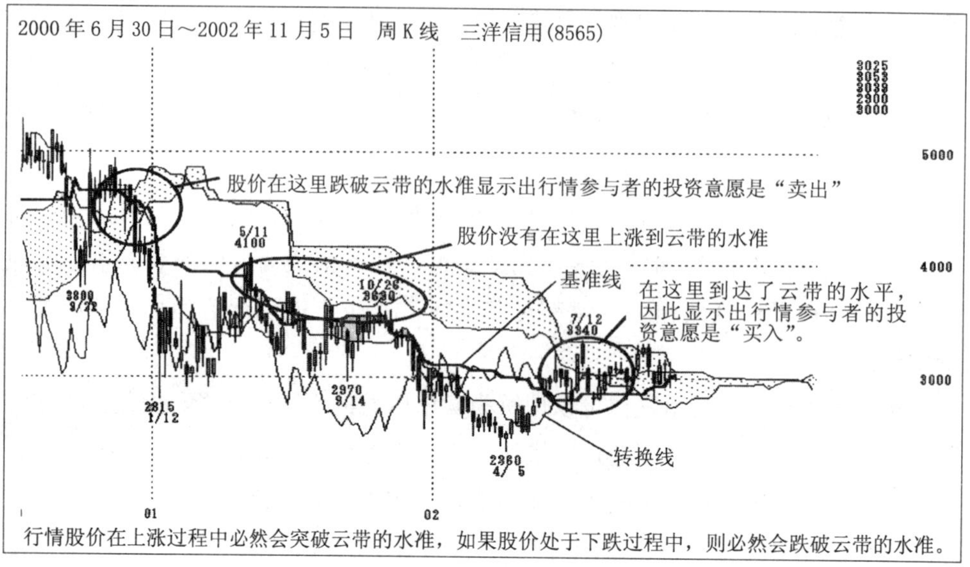

图 4-39　通过“云带”判断投资者的投资意愿

但是，在接下来股价超过了作为跌到目前为止的关键点的转换线，并最终超过了基准线，显示了行情开始出现反转的迹象。

如果要进场，在超过基准线的附近进场就可以了，但是股价在超过转换线、基准线这两个障碍之后，接下来剩下的首先就是要再次突破快行跨度下限线。在下跌之前由于在较高价位上存在大量套牢盘，股价回调到这个位置，想卖出手中被套牢的股票的投资者就会大大增加，从而导致在股价上涨到云带或者下限线水准的位置上被卖出。

虽然当初显示了这样的变动，但是如果股价明确进入云带，那基本就可以听到“原本希望股价止跌反弹之后卖出的股票现在还希望继续持有”的强力信号。这就是在下跌前的云带的水准“在这里不会停止下跌的吧”与没有什么投资意愿正相反的，开始出现了一些买入的投资意愿。

并且，虽然还有其他一些现象可以用来做参考，但通常来讲，出现这种形态的情况下，等待股价回调卖出的区域与被拿来做判断依据的云带的水准下希望能够买入的这种变动，是买入方的力量关系增加的表现，能够让我们感受到行情上涨的投资意愿。

收益是否能够提升，所依赖的是行情趋势的强弱。

不管在较高价位存在多少套牢，如果出现了一些让这些高位套牢也不想割肉的买入题材，那自然就会推升买入行情了。

也会存在像图 4-40 的阿尔卑斯电气(6770)那样，虽然云带非常厚，但也会出现一鼓作气的上涨行情。这种情况并非只是单纯的通常性的买入，在低价区间卖空的买方在股价上涨之后的不得不赎回平仓的可能性也是非常高的。

即便我们看到每日 K 线进入云带或者摆脱云带，而之前的云带非常厚，说明套牢的量非常大，接下来的走势就会受到这个因素的影响。即便就像这只股票这样每日 K 线超过云带，“慢行线”还在云带中的时候，仍然受到过去的套牢的影响的情况是比较多的，每日 K 线探出云带上方而慢行线仍然在云带的上限线的水平上，遭遇最后的抛盘的案例也是经常可以看到的。针对慢行线我们在后面还要论述。可以说，所谓每日 K 线的实体与慢行线的阴影两者如果不摆脱云带，则仍然不能算得上是让人安心的局面。

2000 年 6 月 30 日～2002 年 11 月 5 日　周 K 线　阿尔卑斯电气(6770)

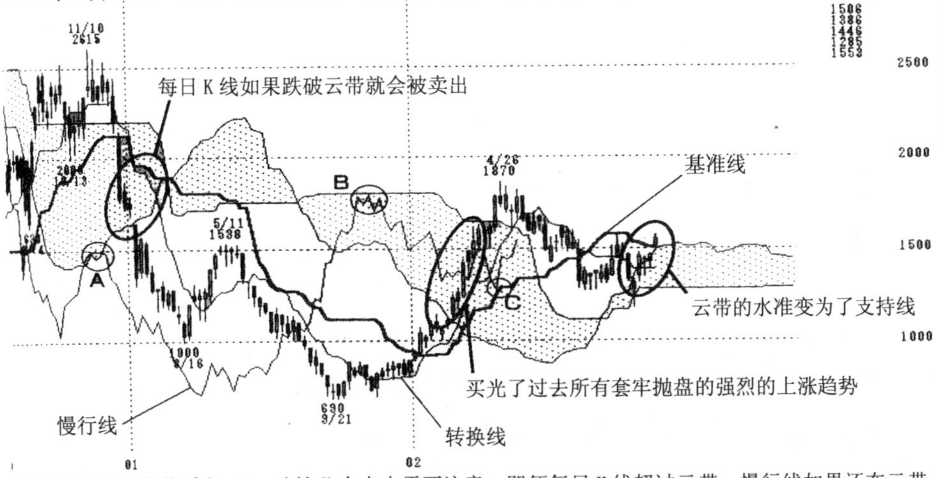

慢行线与云带的关系(A、B、C)这几个点也需要注意。即便每日 K 线超过云带，慢行线如果还在云带当中的时候仍然会受到过去套牢的影响。

图 4-40　“投资意愿”比较强的行情的示例

正如阿尔卑斯电气这个每日 K 线在转换线的上下趋势比较明确的推移的股票品种，虽然在事后再看非常清楚明了，然而，当初的变化的时点上如果没有把握趋势的话，就像是单纯地观看烟花一样，刚说完“这个走势很漂亮啊”之后，行情就已经在一瞬间结束了。

1999 年 12 月 30 日～2002 年 11 月 5 日　周 K 线　岛村(8227)

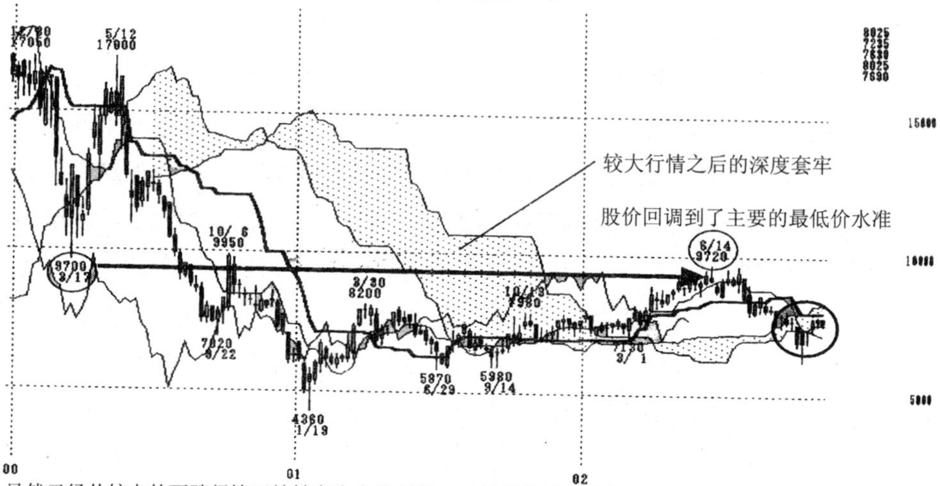

虽然已经从较大的下跌行情开始转变为上涨行情，但是行情的变动相当迟缓。必须要注意再一次跌破云带的水准。

图 4-41　较大行情之后的下跌局面下的套牢

像图 4-41 的岛村(8227)显示的那样，在走出一波极大的行情之后股价如果进入下跌趋势，上涨时买入股票的投资者与下跌过程中买入股票的投资者，以及降到最低价之后买入股票的投资者，就会在股价发生反弹时卖出手中的股票。

在走出一波较大行情之前在最高价区间上是一个基本没有最高价波动的“没有任何冲高回落的一鼓作气的上涨”，这个时候的上涨的动力可以说是非常强大的。但是，这种“没有任何冲高回落的一鼓作气的上涨”在到达最顶部并在此之后进入下跌通道，在最高价附近被套牢的股票的金额是相当巨大的，因此如果没有一个比较好的题材，那么上涨力也会受到削弱。在岛村这只股票上我们可以看到表现套牢总量的“云带是比较厚的”，说明套牢的总量是非常多的。

不久，基准线缓慢变为向上的趋势，在较低价位买入的投资者比较多，即便变动本身非常缓慢，但是行情仍然会反转为缓慢的上涨行情。当然，在上涨的过程中有等待股价回调之后把握机会卖出的投资者，但是即便如此将这部分卖出也一并吃下的就是这种缓慢上涨的姿态。

由于当每日 K 线在云带的上方出现时，就是在向我们表明“该股票的行情已经从卖出趋势转变为买入趋势了”，但是如果股价回调，希望卖出的投资者的心理则有可能会变为“由于已经开始上涨了，因此可以多持有一会儿以静观时变”。这样的摆脱云带的投资意愿会使投资者的心态发生改变。

和阿尔卑斯电气相比，岛村的股价变动比较迟缓，这可能是受到了过去套牢状况的影响。特别是在岛村股价下跌之后，止跌反弹到了主要的最低价(9700 日元)水准，该水准变为了下跌过程当中的一个最高价(9720 日元)，之后由于每日 K 线跌破了基准线，可以判断行情不能维持上涨，因此继续下跌。接下来每日 K 线跌破云带的水准的点是我们必须要注意的点。

另一方面，和阿尔卑斯电气相同的是每日 K 线跌破基准线，在接下来到达了云带的水准，从这个位置开始有买盘介入。这就是在云带的水准上买入的投资意愿的表达，是存在云带变为低价支撑带的可能性的形态。在行情调整的局面下，股价调整到该快行跨度上限线水平成为维持上涨行情最后的堡垒的情况比比皆是。

并且，如果比较岛村与阿尔卑斯电气，阿尔卑斯电气在从 2615 日元开始下跌的过程中，走出了连绵起伏的山峦状的形态；岛村在从 20500 日元(注：走势图中没有标明)开始的下跌过程中，却走出了像从富士山的山顶上急剧下降的崩盘状态。在走势图上，虽然可以看到云带的厚度也迅速变薄，可以说，这两者在等待股价止跌反弹后卖出的套牢部分的量上是有一定区别的。

下跌还是继续持有观望

如图 4-42 所示的 IZUMI(8273)那样，在基准线等关键指标水准上股价得到支撑，从而能够继续上涨的行情一旦开始跌破基准线，就显示出在该时点上卖空的力量正在不断加强的征兆。这种调整是在短时间内结束呢，还是转变为真正的下跌呢？为了明确该问题的答案，有必要对在云带的水准上的推移进行确认。

1999 年 7 月 30 日～2002 年 11 月 5 日　周 K 线　IZUMI(8273)

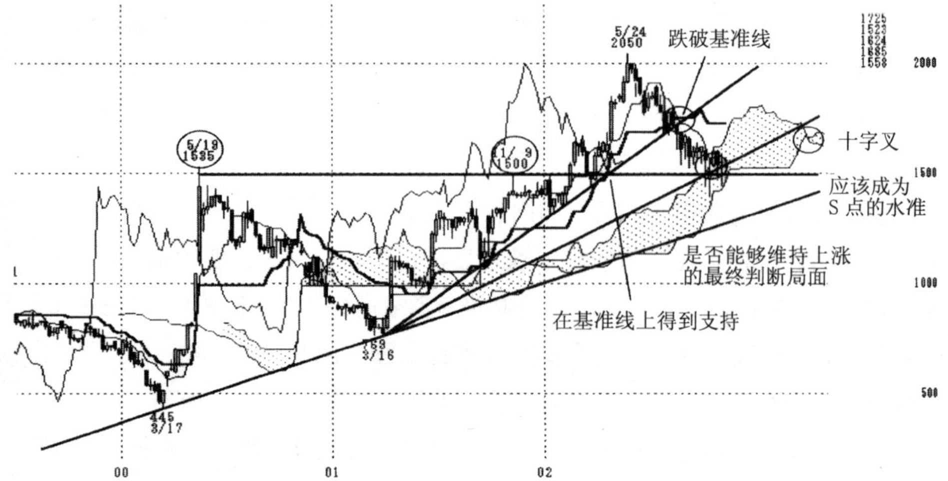

如果每日 K 线开始跌破基准线空方的力量就会占上风。在接下来的变动中，如果每日限跌破云带的水准，进入下跌趋势的可能性就非常高了。

图 4-42　跌破基准线的局面

到目前为止在基准线上形成了上涨之后突然下跌的行情，并在不能维持该基准线的时点上，必须要持有一种“不管怎么说有点儿奇怪”的感觉。最终，股价并没有在快行跨度上限线上止跌，而是继续下跌并且进入了云带当中的状况，必须要认识到“这可能已经临近完全崩盘了”。

虽然应该意识到将过去的最高价 1535 日元与 1500 日元两个点连接起来的线是 S 点(支撑点)，但是股价已经跌破了这个水准。并且，由于股价已经跌破了将 769 日元与 1000 日元的最低价连接起来的两次加速线，因此，必须注意这个点。也就是说，股价正在接近非常重要的转折点。假设之后即便存在股价的冲高回落，并下跌到基准线水平，如果不突破 2500 的最高价，则可以认为这次是要完全跌破云带了。

在此之前有一个两条快行跨度线交叉的位置，在这种局面下必须要引起我们的注意。也就是说，在这只股票中，在股价到达 2050 日元的最高价之后，在正好云带比较薄的位置出现了一个最高价之后进入下跌。正如这样的云带变薄的位置就是买方和卖方对过去行情的套牢的清盘位置，因此行情容易出现比较大的变动。

在一目均衡表中，随着时间的推移，快行跨度上限线和下限线发生交叉，并且云带变薄。如果行情上涨，在交叉之前必然会上涨；如果不上涨，会在交叉的位置崩盘的可能性也是存在的，这一点请务必谨记。正如 IZUMI 那样，在跌破基准线之后，在云带比较薄的位置开始下跌的情况也是存在的。

每日 K 线在跌破云带的时候，会放量下跌而且期间不会出现反弹。

如果每日 K 线跌破云带，那么下一次回调到云带的下限的时候就会成为最高价阻力线，从而成为止跌反弹后卖出的关键点。

上涨行情与下跌行情的差异

一目山人将上涨行情与下跌行情分开来思考。

如前所述，所谓的上涨行情，是与行情的上涨相伴随的，在此之下的买入当中虽然会时不时的被卖出反攻，但是买入会一步一步消化掉卖出的努力行情。与此相对的卖出行情就是将本来出现的买入击退，因此在高价上持有亏损的投资者出现抛盘而行情出现崩溃套牢的量急剧扩大的行情。

因此，在进入下跌行情之后的复苏局面下，行情超过云带持续上涨一般是需要一定时间的，但是上涨之后行情的崩盘并跌破云带却只是一瞬间的事情。

如果自己持有买入头寸，被干掉只是在一瞬间的事情，如果这个瞬间之前你还没有清盘出逃，在此之后随着时间(每天)的推移，这个伤口会慢慢变大。从这个意义上来讲，基准线就像是设置在战斗前线的堡垒，而云带就是最后的堡垒，如果云带也被攻破，我们就必须要意识到这次行情可能要转为下跌了。

更不用说融资交易等受到时间限制的交易中，在一定时间内复苏是非常困难的，因此撤退的越晚损失的兵力(资金)就会越多。即便在此时进行支援(分摊买入)，在已经分出胜负的，趋势明确之后，也会像被怒涛一般的卖空力量所践踏，从此再也站不起来了。也就是说，在变成这样之前必须要先挂入止损单。

云带的交叉是平衡的变化

快行跨度的上限线与下限线交叉的位置，是行情的平衡发生变化的第 26 个交易日或者是第 26 周。就像 IZUMI 的走势图所涉及的那样，上限线与下限线交叉的位置就是行情发生变化的位置的观点，被行情参与者普遍接受。

但是，也有只看到这个交叉就认为这是“发生变化的交易日”的人，这是错误的。认为“隐含着变化的可能的交易日”才是相对比较合理的。整体划一的思考方式往往容易招致较大的失败。

日本语当中的“变化”，意味着到目前为止的趋势发生了变化。也就是说，到目前为止一直在上涨的趋势转变为了下跌，到目前为止一直下跌接下来就要上涨的意思。

但是，在一目均衡表当中，“变化日”当中有三个意思。

即“变化日就是趋势发生反转”“变化日就是行情趋势加速”“变化日就是行情的延长”。也就是说，股价到达变化日有在此位置行情的趋势就会发生反转吗，还是在这里到目前为止的行情发生加速呢，还是这波行情会延长到下一个变化日呢？这三种解释。

在行情发生反转的意思中，当然也有说“变化日在任何时刻都会到来”的分析家，但是那是错误的。针对变化日的正确认识是非常有必要的。

与“云带”相关的感觉

在一目均衡表中，原本月 K 线基本是不考虑的，日 K 线是基本，如果要补充，周 K 线就足够了。

但是，我在利用一目均衡表这个工具的时候通常都会以月 K 线、周 K 线、日 K 线的顺序来对行情进行观察。也就是说，在长期的波动当中，牢牢把握股价位置与均衡状况，最终就像中期波动和短期波动那样将视线从宏观局面移动向微观的局面。

虽然有时哪一个最有效取决于当时的行情状况，但是在周 K 线、日 K 线的显示画面当中，即便每日 K 线突破云带，在月 K 线下通过基准线和云带的水平牢牢把握行情发生反转的信号，我们通常都会看到人们只考虑这样的影响在周 K 线和日 K 线中显示出来的示例。

即便只看日 K 线的人做了“超出云带行情发生了好转”的判断，但是实际的行情在此之后迟迟不发生反转也是因为这个原因吧。原本来讲，进行短期交易的人只要以日 K 线为中心进行思考就可以了。但是，现货股票是需要时间的一种交易。根据情况，需要半年、1 年甚至 1 年半、2 年的时间，因此必须要忍耐和有耐性。如果是这样，那么，在较大的趋势当中捕捉行情才是比较好的。

从这个意义上讲，如果月 K 线、周 K 线、日 K 线这三者结合在一起综合考虑，那么，不管是在思考现在的行情是在哪里发生过什么样的变动，在哪一个关键节点更有效方面都是有用的。

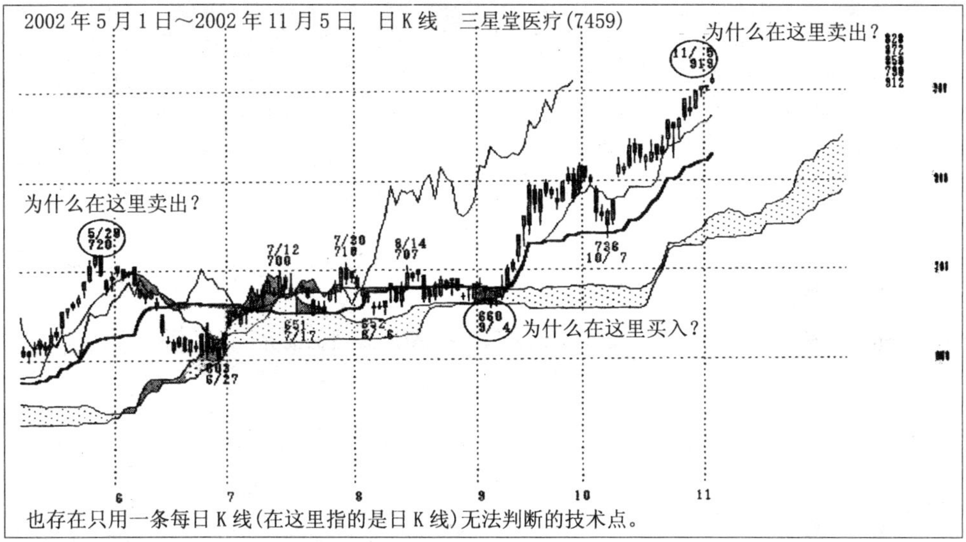

图 4–43　改变时间轴观察行情(日 K 线的情况)

如图 4-43 所示，该三星堂医疗(7459)的日 K 线描述了上涨的局面。在这里，我们可以明确云带的水准变成了支撑带的局面，以及股价超过基准线和转换线明确上涨的局面，但是在行情发生反转的主要的点上却无法做出说明。

例如，从 720 日元的最高价开始下跌，在 660 日元的水平开始向上发起进攻，之后再从 919 日元的最高价开始下跌(图 4-43 中没有列示)等应该如何思考呢？

2000 年 6 月 30 日～2002 年 11 月 5 日　周 K 线　三星堂医疗(7459)

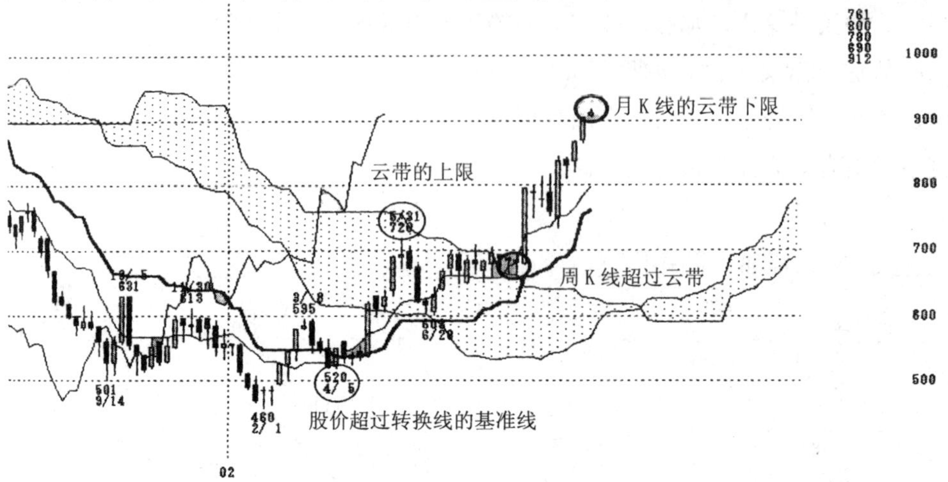

通过周 K 线走势图观察 720 日元的点，可以发现其到达了云带的上限。

图 4-44　改变时间轴观察行情(周 K 线的情况)

这种时刻，有必要改变时间轴对行情进行观察。

如图 4-44 所示，是周 K 线的走势图。

日 K 线走势图中在 720 日元的卖出，在周 K 线走势图中到达快行跨度上限线的位置上时，慢行线在该时刻仍然在云带的下方[请注意慢行线在走势图中显示在 26 日(周、月)之前]。此后，从 660 日元的最低价(日 K 线)开始脱离云带的局面下，从快行跨度上限线开始行情向上脱离的位置上，该时刻慢行线上涨到了云带的内部。

919 日元的最高价在周 K 线中无法被看到，因此这次请通过图 4-45 的月 K 线进行确认。如果是这样，919 日元的最高价附近(接下来的每日 K 线)，变为了正好到达快行跨度下限线。并且，月 K 线走势图当中超过转换线的点位，在周 K 线走势图中转换线超过了基准线，行情出现了向好局面(2002 年 4 月 5 日的 520 日元附近)。

1996 年 9 月 29 日～2002 年 11 月 5 日　月 K 线　三星堂医疗(7459)

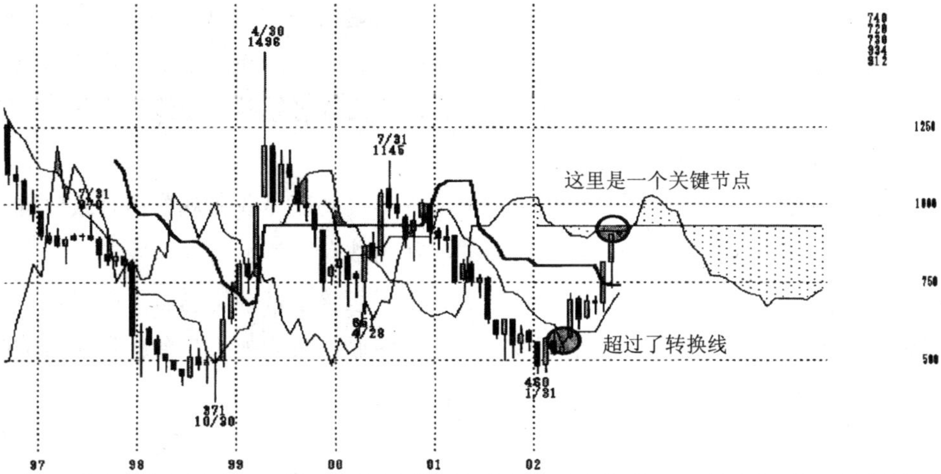

在周 K 线中比较难理解的 460 日元之后的上涨可以通过月 K 线进行确认，可以明确每日 K 下超过了转换线。

图 4–45　改变时间轴观察行情(月 K 线的情况)

像这样在实际当中基于各种时间轴的技术点，相互关系的行情过程中形成行情的情况比较多见。仅通过一个走势图是如何也看不懂的行情变动，通常必须结合日 K 线、周 K 线、月 K 线三者的走势图综合进行观察。

“最重要的慢行线”

“慢行线”就是将当天的收盘价记到将当天算在内的 26 天(周、月)之前，是一个相当简单的指标。虽然这是一条不需要任何计算的“运行线”，但是一目山人却在其著作中将其论述为“最为重要的慢行线”。

一般来讲，在一目均衡表中，我们可以通过如果是“慢行线＞每日 K 线”就买入，“慢行线＜每日 K 线”就卖出进行交易的判断。这和移动平均线的概念是相同的，到目前为止一直在每日 K 线上方推移的慢行线跌破每日 K 线的状况，和移动平均线就会变为向下，收盘价跌破移动平均线的状况类似。

与此相反，到目前为止在每日 K 线之下不断推移的慢行线超过每日 K 线的情况和移动平均线变为向上，收盘价超过移动平均线的状况类似。

行情中出现明确趋势的情况就是慢行线明确超过每日 K 线，或者跌破每日 K 线，或者并非上述二者，而是连续不断地跨越每日 K 线，在这个上面不要太过于神经质。在此之前，就应该有每日 K 线超过转换线或者跌破转换线的变化了。慢行线应该用于判断比较大的行情趋势。

从这里开始我要事先说明的是，下面的内容说到底是我在观察慢行线时的自己感知的内容，这和一般的一目均衡表的解释稍微有点儿不同。

我们所看到的每日 K 线，也就是日 K 线由于包含了持续交易时段的最高价和最低价，因此，分析其本身就是有效的方法。然而，我们如果只分析日 K 线的持续交易时段的走势图，就会变得不了解行情变动的本质。

但是，慢行线在收盘价系列当中，是当前交易日，或者当前交易周市场参与者所容忍的最终结果。也就是说，慢行线本身应该和趋势线、最高价和最低价的关系是相互适用的，牢牢把握这种关系是非常重要的。

卖出行情下的慢行线的形态

那么，让我们在实际行情当中确认慢行线的变动吧！一目山人将在行情当中提升收益的秘诀论述为“利用市场行情的崩溃”。因此，我们首先从下跌局面开始看。

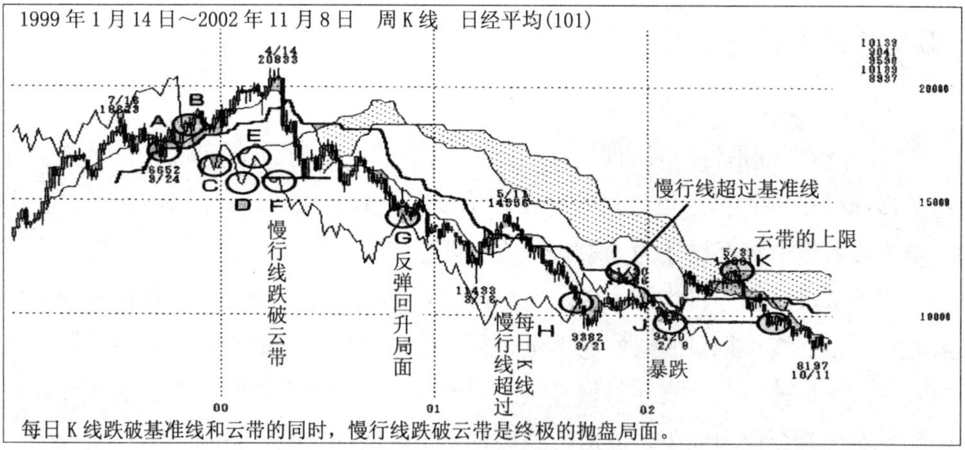

图 4–46　卖出行情下的慢行线的形态

如图 4-46 所示，在日经平均(101)中，到目前为止一直超越基准线的每日 K 线，跌破了基准线(A)，接下来从慢行线跌破了每日 K 线的时候(B)，行情进入了下跌趋势。

虽然这是经常出现的形态，但是当初并没有一鼓作气地下跌，慢行线在快行跨度上限线上停止了下跌(C)。如果慢行线在云带的上限停止下跌，那就可以判断这波行情中仍然存在买入的意愿。实际上，也有在这个位置发生反转又回到上涨趋势形态的。

但是，如果慢行线跌破上限线，那接下来下限线就成为了一个重要的关键节点(D)。如果慢行线跌破下限线，那抛盘就会出现，行情就会转入急剧下跌，但是往往也会看到股价反弹回上限线水准的形态，虽然这种形态并不多见。可以说这是对高价位的一种测试，在冲击上限线之后，最终跌破了下限线(F)，行情在此时伴随着巨大的抛盘的情况就会非常多见。

对于买方来讲，每日 K 线跌破基准线和云带的同时，慢行线跌破云带就是终极的下跌行情。从大局观上显示慢行线跌破云带可以看作是开始进入真正下跌趋势，如果不在此清仓出货，则下一次止跌回升机会是等不到的。

相反，对于卖方来讲，这样的局面是卖方抛盘的重要关键节点，因此从这个位置开始发动卖空攻势是最为有效的。如果这是经过较大上涨行情之后的顶部，则其带来的价值就无法估量了。

行情一旦进入下跌局面，在这个过程当中会存在反弹。即便是日经平均，慢行线到达每日 K 线的位置(G)变为比较大幅度的止跌回升后卖出的点位的情况比较多见。由于行情开始再一次陷入崩盘，因此这里是一个再度发起卖空攻势的位置。

最终，从最低价的确认开始，行情发生反转的迹象会越来越明显，在经过一般的准备构成之后，慢行线明显超过了每日 K 线的位置(H)等处，从最高价开始的卖出头寸表现出急于赎回的迹象。

不用说你也能明白，如果处于像上面这样的下跌形态当中的时候，持有买入头寸是没有任何意义的，只能成为导致损失不断扩大的原因。总而言之，如果慢行线降至每日 K 线以下的时候就停止买入，或者不持有买入头寸就是合理的投资行为。

从卖出变为买入的形态

即便是一目均衡表，如果只考虑我们所解释说明的指标仍然是不够的。和道氏理论具有相同的思考方式，通过其他途径对行情进入底部进行确认是非常有必要的。这就叫作“准备构成”。

行情从最终的顶部开始下跌，即使变为确认底部的变动，通常来讲由于在较高价位上存在套牢，要么每天不断进行调整，要么就必须等待能够对卖盘进行消化的买入题材。

针对慢行线，我们可以举出几个例子来。首先，慢行线超过每日 K 线就不用再说了，即便慢行线超过了每日 K 线，接下来还有基准线和快行跨度的云带站在前面迎接慢行线的冲击。

一般来讲，转换线超过基准线，慢行线超过每日 K 线，以及每日 K 线超过快行跨度的云带的形态被称为“三役好转”，是行情必然转为上涨的信号。但是，在实际操作过程中，一直到慢行线超过云带位置，一般来讲受到一定阻碍的情况比较多，但是上涨的势头仍然存在。

如前所述的阿尔卑斯电气(图 4-40)当中，在 A 位置慢行线在快行跨度下限线处受到冲击股价下跌。这虽然也是一个重要的点，上面示例中的重要节点是 B 点。该 B 点位的水准在股价到达了 1870 日元的最高价的局面下，转换线已经超过了基准线，慢行线也已经超过了每日 K 线，每日 K 线超过了云带的水准。但是，实际来讲，以收盘价为基础的慢行线在快行跨度上限线水准上受到了一定的阻力。

并且，C 的水准在慢行线到达基准线的位置上，这也是每日 K 线到达云带下限线的位置。在实际操作当中慢行线与其他各线的技术点的位置变成了行情的关键节点的情况比比皆是。

在阿尔卑斯电气当中，也许是受到了过去套牢的影响吧，即便是在接下来的一段时间内，慢行线仍然在比较厚的云带当中。我们必须牢牢记住该形态。

变为明确买入的形态

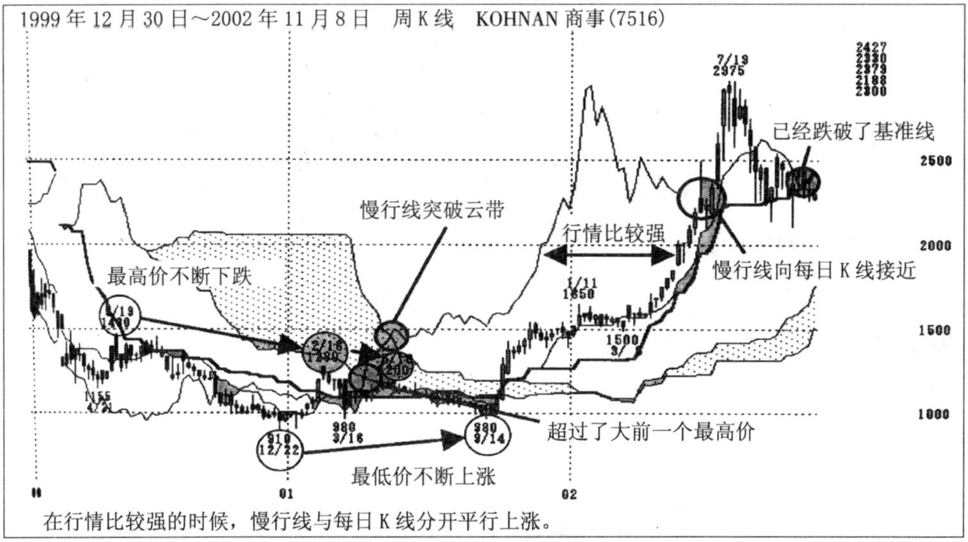

图 4-47　明确的变为买入的形态(周 K 线)

如图 4-47 所示的 KOHNAN 商事(7516)。从 2001 年春季到秋季，每日 K 线沿着快行跨度下限线下跌之后，980 日元的最低价没有跌破之前的最低价 910 日元，之后一鼓作气超过了云带的水平进入了上涨趋势。同时，慢行线也超过了云带进入了上涨行情。

行情比较强的情况下，慢行线会与每日 K 线分开平行上涨。随着慢行线接近每日 K 线，行情的强度有所减弱。如果行情能够维持上涨，慢行线就不会跌破每日 K 线，因此慢行线接近每日 K 线的局面需要特别引起我们的注意。

在这个走势图中，在接下来的一段时间内，每日 K 线跌破了上涨的基准线。在一目均衡表中，依据基准线的上涨买入并在上涨行情中获利是获得收益的铁律，但是像这种即便基准线上涨每日 K 线也不会到达基准线的情况，我们必须感觉到有些奇怪才行。

2002年4月1日～2002年11月5日　日K线　KOHNAN商事(7516)

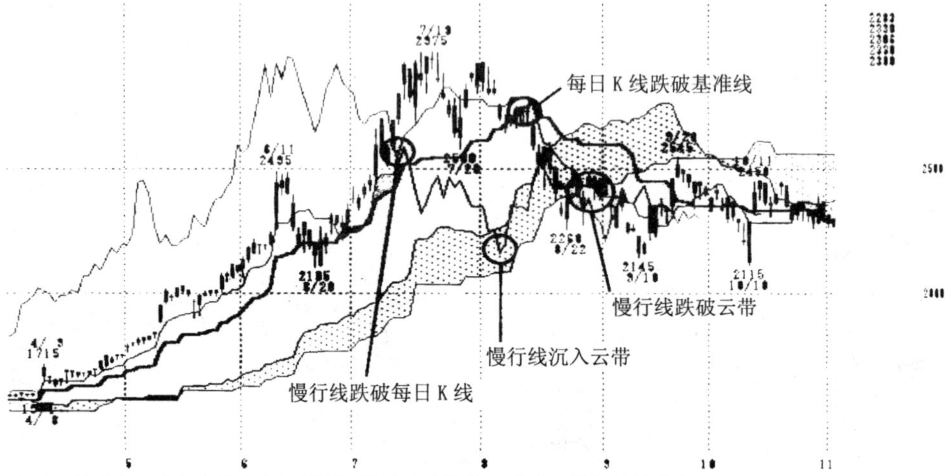

在日K线当中，我们应该牢牢把握慢行线跌破基准线、跌破云带的关键节点。

图4-48　明确的变为买入的形态(日K线)

下面我们尝试通过日K线(图4-48)来观察该股票。如果行情比较强，即便是在日K线中，慢行线也会远离每日K线不断推移。但是，如果慢行线跌破每日K线就会进入调整。即便在快行下限线水平上发生了一次反弹，但是从结果来看，跌破云带就会进入下跌行情。

在周K线中，即便作为慢行线是否跌破每日K线和基准线的水准，我们都应该牢牢把握的是在日K线中每日K线已经跌破了基准线，并最终跌破云带，在云带的下方的推移的局面。即便通过道氏理论思考，在日K线下最高价和最低价已然不断下跌，也显示了行情转为下跌趋势的征兆。

之后，在周K线下，如果每日K线明确的跌破基准线，并且跌破云带，在日K线下就应该跌破2115日元的最低价等。因此，如果行情再次转为上涨，就会从日K线开始出现好转的态势。在这个时候，周K线会变得如何呢？对两者进行观察和比较则显得非常重要。

2000 年 1 月 21 日～2002 年 11 月 25 日　周 K 线　NIPRO(8086)

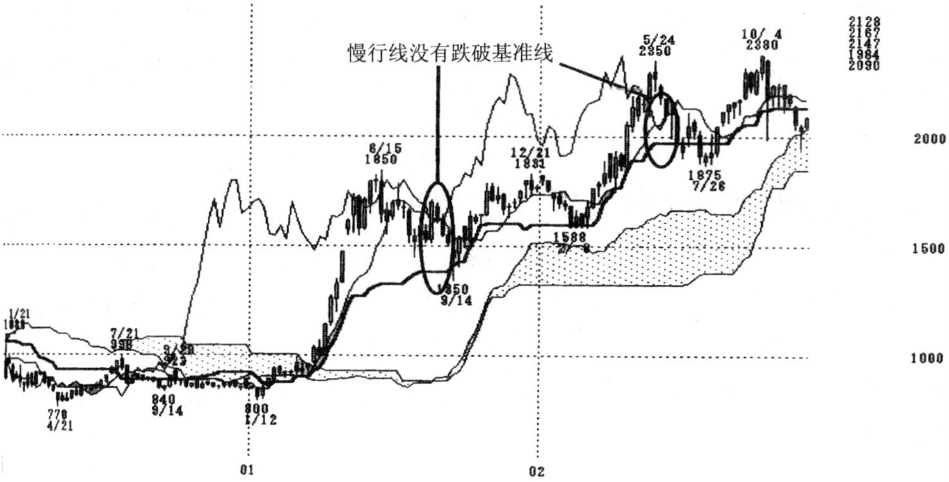

买入的力量变弱，慢行线接近每日 K 线的时候，没有跌破基准线是非常重要的。

图 4-49　在较强行情下的慢行线的观察方法

正如图 4-49 所示的 NIPRO(8086)那样，如果行情比较强，那么慢行线会摆脱 26 周上限线并上涨，慢行线与每日 K 线之间的距离会也变大。这显示了慢行线在接近每日 K 线的过程中，买方的力量有所削弱。慢行线接近每日 K 线的局面下，没有跌破基准线是非常重要的。在这个案例中，慢行线始终没有跌破基准线，同时向上挣脱了最高价形成的阻力线。

如果在当初突破云带的水准上买入，并已经在股价上涨之后获利清仓，那么在股价摆脱中段频繁波动之后再买入是没有问题的。但是，如果行情还在不断上涨，那么超过最高价之后买入，其本身就是伴随着风险的。这个走势图说明了不要再上涨的途中介入买盘，而应该在如期的冲高回落之后挂入买盘，这是非常重要的。

行情崩溃的时候

当希望挂入买盘并提升收益的时候，比买入更加困难的是在将头寸清仓的时机把握上，也就是应该在什么时候进行获利清盘以及止损清盘。

通常来讲，越是大的行情，在高价区间的股价波动就会越剧烈。

即便股价上涨的幅度较大，其下跌的过程也是一瞬间的事情，因此这样的下跌情况下，同样会蒙受损失。由于一瞬间的卖出伴随着较大幅度的股价变动，因此，在高价区间买入的投资者就会持有较大的账面亏损。

由于已经上涨的比较大了，如果是聪明的投资者，是不会购买在高价区间被套牢的股票品种的。即便自己买入，在高价区间希望卖出的人也有很多，因此，股价不会出现上涨。即便是“便宜之后就买吧”的结论本身也是思考错误的结果。

恐怕在那个时点上大部分的技术指标都转变为了卖出吧。唯一给出买入指标的就只有一无是处的超买超卖类指标了。这就是我们在前面讲解艾略特波动的时候已经说明的，行情在转为下跌的位置，有可能被错误地看成是上涨之后的回调的局面。

1992年6月29日～2002年11月25日　月K线　索尼(6758)※分割修正后

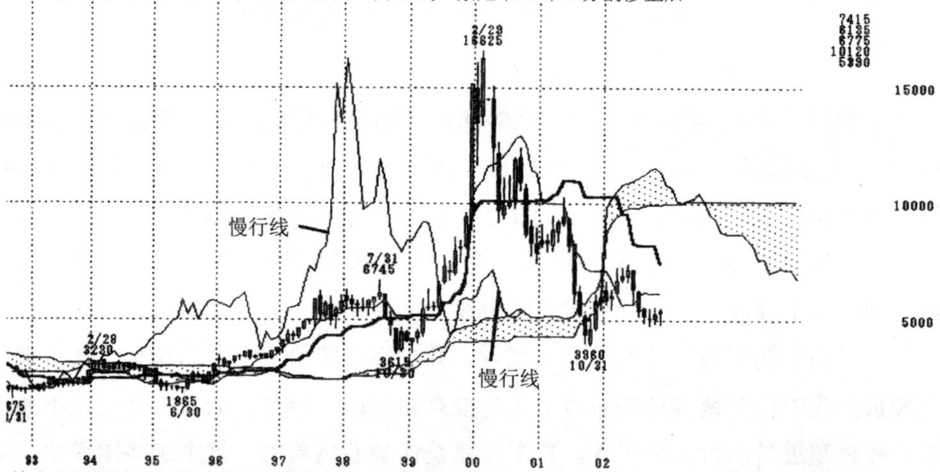

首先必须通过月K线确认股市整体的趋势从3230日元、6745日元、16625日元的最高价开始，在调整局面下股价几乎被腰斩了。

图4-50　行情崩溃时的形态

如果观察图4-50索尼(6758)的月K线，就会发现其股价从3230日元、6745日元、16625日元(分割修正后)的最高价开始，在调整的局面下股价被腰斩了。由于行情就是眼前的上下波动不断反反复复，因此首先有必要通过月K线对行情整体的趋势进行把握。

在之前讲解移动平均线的时候，我们已经对根据行情的状况逐渐减小变量的观察方法进行了说明，这里也是一样的。在整体上确认了大行情趋势之后，再将视线聚焦到周 K 线、日 K 线。不管怎么说，仅通过月 K 线思考所有的关于行情的东西是不可能的事情。

所谓的一目均衡表，并非是一个需要深入思考的东西，而是一个只看一眼就能够进行判断的指标。股价到达转换线后，接下来就是上涨之后的调整，股价到达基准线就是下跌的临界线。退一步讲，如果说快行跨度的云带就是买入的界限，那么从最高价开始跌破转换线的时候，就需要意识到“这里危险”，而跌破基准线的时候就必须要感觉到“非常危险了”。

在这个过程当中，如果股价回调到转换线水准再次转为上涨的可能性还是有的，但是如果回调到这里之后又开始下跌，就表示市场参与者表现出了“已经不能再买入了”的投资意愿。也就是说，在这里就变为了“回调后清仓卖出”的点。这时“威尔德的定义”就派上用场了。

在这个过程中，慢行线跌破了每日 K 线，最终每日 K 线跌破了云带。如果变成这样，那么股价会一直调整，直到向上进入不断下跌的云带为止。

我们应该根据这样的月 K 线所显示的整个行情的状况，然后将视线转移到周 K 线和日 K 线上，并判断在月 K 线上出现的关键节点在周 K 线和日 K 线上的具体位置。

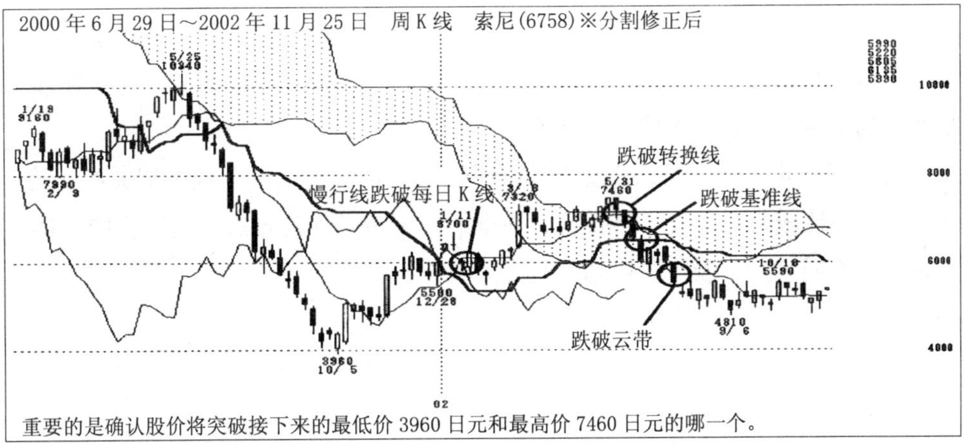

图 4–51　行情崩溃时的形态(周 K 线)

如图 4-51 所示。通过周 K 线可以看到与上面的说明完全一致的变动。到目前为止一直在转换线和基准线的上方不断推移的每日 K 线，在到达 7460 日元的最高价之后，又跌破了这些指标线。接下来再跌破云带的水准，并且进一步跌破了慢行线和每日 K 线。

如果行情进入下跌趋势，那么从短期来讲，转换线以及基准线就成为了止跌反弹的临界线。因此快行跨度的水准就成为了较大的下跌后回调的基准。卖出压力如果比较强就会在转换线上进行冲击，当卖出压力变弱之后就会冲击基准线。接下来为快行跨度下限线，最后是快行跨度上限线变为冲击的目标。

这样的特征，在从最低价 3960 日元上涨到 7460 日元的局面下反复出现。但是，在这个周 K 线的观察当中，仍然搞不清楚今后的技术点。这就如前所述的月 K 线走势图中，应该牢牢把握的是 3615 日元与 3960 日元的最低价的关系更接近的比较高。也就是说，针对这两个点的最低价，在低价区间进行把握的基础上，针对最近的 3960 日元的最低价与 7460 日元的最高价，必须要确认的是今后在哪里会有所突破。在周 K 线当中，接下来每日 K 线跌破了基准线，但是由于转换线仍然维持，导致仍然还有趋势反转的可能性。

从周 K 线的最高价 10340 日元开始一直下跌到最低价 3960 日元，并且返回了最高价 7460 日元，从此处开始下跌的形态在日 K 线的走势图当中显现地非常详细。如图 4-52 所示。虽然比较难懂，但是在周 K 线当中跌破转换线的状态，在日 K 线走势图当中只反映出大致跌破了基准线。因此，周 K 线的基准线在日 K 线当中变为云带的水准。

和月 K 线和周 K 线不同，在日 K 线当中，充满了接下来行情的变动噪音。但是，在这里我们需要事先进行确认的是，一目均衡表并非是每日 K 线与转换线和基准线的关系，而是转换线与基准线的关系。

由于有点儿重复，因此我就不进行说明了，请分别在月 K 线、周 K 线、日 K 线中，观察比较每日 K 线、转换线、基准线、云带是如何形成关键节点的。接下来是确认不同时刻下慢行线以怎样的方式发生变动。

2001 年 12 月 3 日～2003 年 2 月 25 日　日 K 线　索尼(6758)※分割修正后

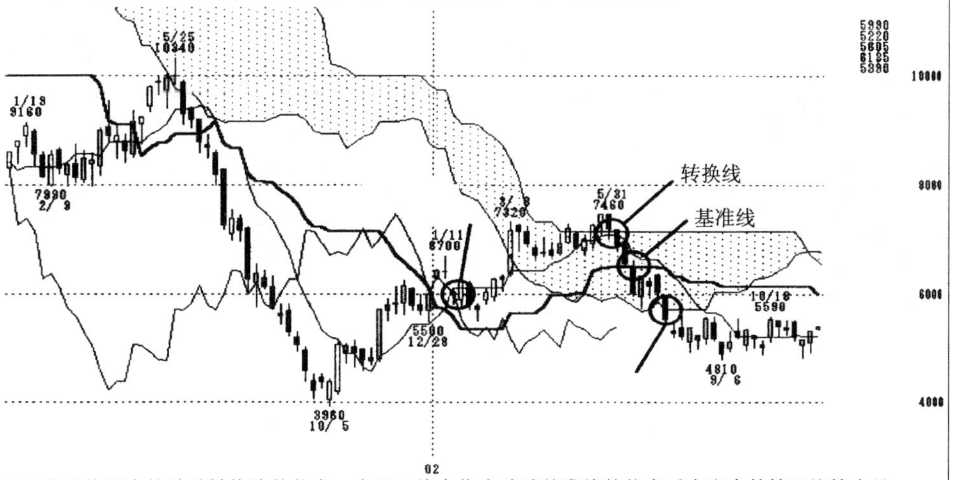

周 K 线走势图中的跌破转换线的状态，在日 K 线中作为跌破基准线的状态反应出来的情况比较多见。

图 4-52　行情发生崩溃时的形态(日 K 线)

总而言之，在下跌行情下慢行线跌破每日 K 线的位置和跌破基准线的位置是必须要引起我们每个人注意的关键位置。因此，如果采取行动晚了，账面亏损额度就会扩大，就通常人的感觉来讲，在止损方面已经无能为力了。如果发生危险，那么不管是获得收益还是陷入亏损，必须首先清空手中的头寸才是最重要的。当行情涨上来之后，再持有头寸就可以了。

如图 4-53 所示，正如 NOK(7240)这样卖出和买入都非常清晰的股票品种对于我们普通投资者而言是非常难得的。就像这只股票品种这样，如果存在比较强的趋势，不管是买入还是卖出都能够获得收益。如前所述，如果趋势比较强，那么慢行线方面也会出现相应的信号。

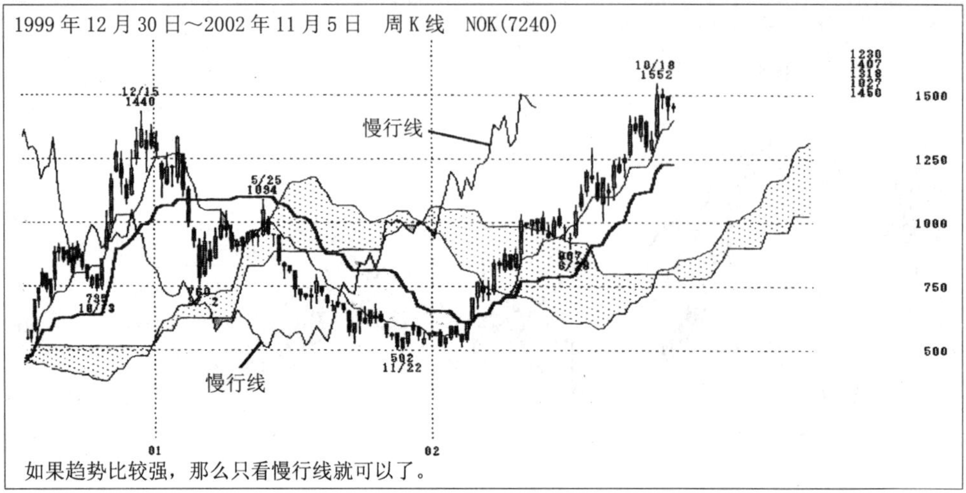

图 4–53　买入时与卖出时都比较清楚的形态

在这样的行情当中，如果行情发生好转，就立刻买入，如果趋势发生反转，立刻卖出清盘就可以了。特别是在高价区间出现了套牢的行情，如果崩盘的话，那么在高价区间买入的投资者就会抛盘，因此此时就变成了融资卖出的好时机。更不用说如果融资买入余额的量比较庞大，那么通常在接下来的半年时间里都会持续不断地抛盘，因此卖空就会有好的收益回报。在这时，慢行线跌破每日 K 线和云带的位置就变成了买入的位置，就如到目前为止我们所展示的案例那样。

通常来讲，卖出的速度比较快，会在一瞬间崩盘，因此在买入头寸清盘抛售资金出逃的情况下，在一瞬间对当前的趋势进行判断，并决定新规融资卖空，从而持有卖空头寸是非常重要的。当你还在思考，然后再采取卖出操作，就已经太迟了。如果要持有头寸，那么就要在行情出现崩溃，大家都在出清头寸的时候，通过止损限价盘挂出卖出订单。

应当牢记“如果行情出现崩溃再出手就太晚了”

虽然有点儿啰嗦，但在这里我们还是再来回顾一下软银的走势图(图 4-32)。

形成了极端险峻的高山形状的这只股票，在上涨之前有 2000 日元就可以买到的时候，而在上涨之后，一瞬间飙升至了 19.8 万日元。也就是说，如果你在上涨之前花 200 万日元买入了 1000 股，那么在上涨之后其账面价值就变为了 19800 万日元了。

然而非常可惜的是，只要看一下一目均衡表就能发现，在这只股票已经结束的行情当中，慢行线跌破了云带，一点儿都没有感受到上涨的气息。尽管如此，仍然有大部分个人投资者在 NTT 下跌的过程当中进行了融资买入操作，对该股票品种进行摊薄买入了。到底为什么要执迷于这只股票呢？我们全然不知。自始至终持有既然连基准线都没有超过，就更不用说冲击最高价的可能性了的想法的人可能就只有我一个人了吧。

从结果来看，从最后的顶部开始下跌的速度过快，在高价区间上不仅无法实现获利回吐，而且在 19.8 万日元的最高价上以及其下跌的局面当中，出现了想卖都卖不出去的情况也是不争的事实。超过基准线实现较大上涨的行情在跌破基准线的阶段当中如果说已经结束了，别说是新规买入了，就连已经持有的头寸也应该在跌破基准线的水准上清仓卖出。

所谓行情，就是即便得手了很多次，只要有一次失手就会损失所有资金的地方。这种血本无归的亏损竟然是在几年一度的难得的急剧上涨行情中发生的。不管是投机股还是优良股票品种都是一样的。

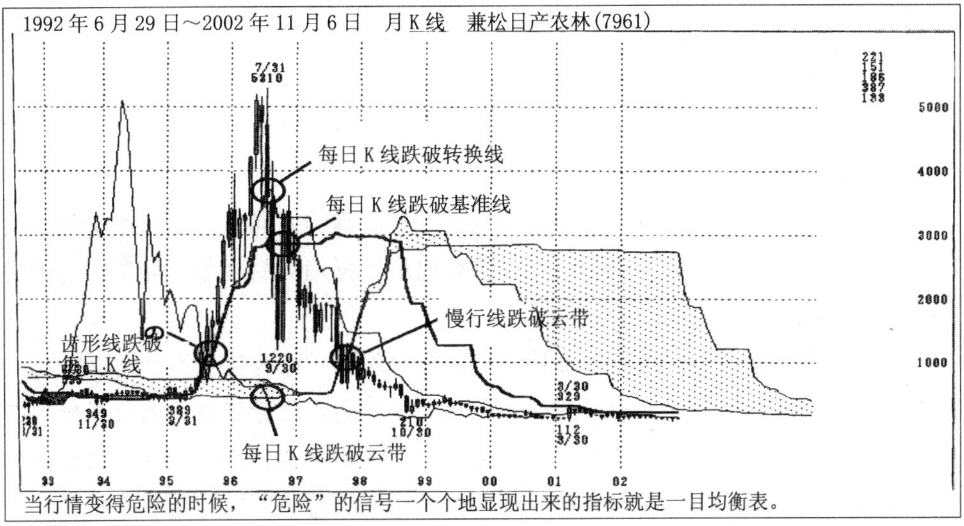

图 4–45　大暴涨、大暴跌的形态

在这里，我们看一下兼松日产农林(7961)的走势图(图 4-45)。技术分析就暗示了行情将会出现反复。学习历史的目的就是不要重蹈过去的覆辙。在行情当中，存在无数的“导致亏损的错误的形态”。

其实将个人投资者卷入其中，上演了暴涨、暴跌的兼松日产农林，已经向我们显示了软银的形态。今后，其他股票品种当中也会产生相同的形态吧。在股市当中，蒙受损失是没有办法的事情，但是相同的错误不要再犯比什么都重要。

虽然这对于观察走势图的投资者来说是能够明白的，但是对于不看走势图的投资者来说可能就不是那么明白了。其中，一目均衡表就成为了在行情行将崩溃的时候，告诉我们“已经不行了，已经濒临崩溃了”的宝贝一样的东西。在兼松日产农林的这波行情当中，每日K线跌破转换线、基准线的形态、慢行线跌破每日K线的形态、每日K线跌破云带的形态、慢行线跌破云带的形态等等显示行情崩盘的信号会一个接一个地出现在一目均衡表上。

只是，看一眼就明白和能够据此采取正确的行动是两码事。

往往来讲，当人们的结果和利益的得失联系在一起的时候，就无法采取正确的行动了，因此在股市当中，考验的是每个投资者的最终的决断力和行动力。我衷心的希望各位投资者在这样的崩溃的行情中不要蒙受重大的损失。

应该如何使用“慢行线”呢？

我们已经看了几个慢行线的形态，至少我已经每天开始思考“果然慢行线是给我们最多暗示的指标线啊”。

但是，有时我们也会看到局面长期胶着没有明确的方向感，没有明确和各指标线发生关联的情况。这也是行情当中没有出现较强趋势的现象，如果行情的趋势比较强，就会显示出明确的变动。

说句多余的话，我们现在附加探讨一下针对作为慢行线基准的“收盘价”。

以前似乎没有持续交易时段的概念，人们往往会养成通过每天的收盘价来考虑行情的癖好(习惯)。由于受此影响，每天的交易当中就会产生一些非常荒谬和怪诞的现象。例如，在报纸当中刊载“日经平均股指盘中一度超过了本年度的最高价”等，这个时候，新闻媒体应该意识到，刊登的不应该是连续交易时段当中的某一个价格超过了本年度以来的最高价，而应该是该交易日的收盘价超过了本年度以来的最高价。这就是报社将收盘价最高价与连续交易时段最高价混淆的结果。

一目均衡表仅是以收盘价为基准的，因此果然到现在为止还有仅以收盘价为基准的人。关于这一点我和出版一目均衡表原作的经济变动综研进行了确认，得到的答案是“报社在报道中使用连续交易时段这个概念探讨最高价也是没有问题的”。

按理说，慢行线说到底就是显示了收盘价的推移，因此在观察行情的最高价和最低价的时候，应该与所谓的持续交易时段有所区别。如果以接下来将要好转还是继续下跌的方式来对行情进行思考，那么看到各种各样的技术指标，就会发现其概念还是非常有趣的。

然而非常遗憾的是，我们投资者并不知道为什么行情会显示出这样的变动。在涉及到实际的头寸的过程当中，除了经常确认每时每刻卖方与买方的力量关系之外，没有其他的应对方法。

我也是以能够获得一个比较严谨的解释，并且观察行情将会如何变动为目的使用慢行线的。在选择股票品种的过程中，我们应该重视和选择慢行线的变动经常出现的股票品种，进行交易。不管什么样的技术指标都是这样的，关键是一定要熟练掌握和使用。

6. 技术分析与基本面分析的融合

我进行的交易都是依照技术指标的，这自然不用说。但是在选择一只具体的股票品种的时候，就要进行基本面分析了。为什么这么说呢？这是因为决定人们如何评价股价的最主要因素基本来说就是基本面。技术分析应该用于支援基本面分析，以确保资产的安全。

例如，我们假设目前有 A、B 两只股票的股价同为 200 日元。同时假设 B 股票品种的业绩明显比 A 股票要好，即便 A 股票在上涨，充其量也就到 250 日元，但是 B 股票却感觉有可能会上涨到 600 日元。我们应该买哪一只呢？我会不声不响地选择 B 股票。

虽然我们可以看到，即便是企业的总的营业额和利润有所增长，但是股价仍然下跌的如丰田那样的案例也是存在的。但是，即便如此，我们也要选择B股票而不是A，这是因为总的来看，业绩比较好的企业比业绩差的企业要更有希望，这是理所当然的。

当然，我们也不能保证B股票的股价就一定能够从200日元上涨到600日元。B股票也有可能下跌到100日元，相反的，也有可能上涨到1000日元，这些可能性也都是存在的。通过实际的卖出和买入来获得收益呢，还是蒙受损失呢？这就是要依靠技术指标分析的问题了。

但是，200日元还是600日元的不同，也就是有希望的股票品种和没有希望的不同，是无法通过技术指标分析来明确的，因此，在这个时候我们就不得不依靠基本面分析了。

基金经理时代的教训

我将针对个别股票品种的投资分为以下三个过程进行思考。

①整体的投资意愿的判断；

②股票品种组合的选择；

③通过技术分析判断交易时机。

正如之前所说的那样，从某种意义上讲，我受惠于在非常短的时间内在业务上体验了与行情有关的几乎所有的事情的好机会。这甚至只能用幸运来描述，无法寄希望于现在的企业仍会有如此好的业绩表现。

虽然是公司的业务，但是，我在经手的时候由于不知道该怎么做，完全是业余水平，因此，失败的事情时有发生。这是因为对行情本身什么都不了解。之后，随着各种各样关于行情的知识的学习，经验的积累，这些失败都成为了让我不断成长的食粮。

其中，我想列举一下到现在也对我非常有用的一些经验给各位。

①信息是非常延迟的；

②行情将会变成什么样，我们不知道；

③不能通过基本面分析进行风险管理；

④自己不操作的商品的行情变动也非常重要；

⑤预测行情是没有意义的；

⑥不能猜测行情，而是要顺势而为；

⑦行情不是拿来思考的；

⑧蒙受亏损的投资者的行动比较重要；

⑨别人是别人，自己是自己；

⑩不做自己不懂的事情。

①信息是非常延迟的。

①这一条是我在研究、信息部门工作的时候悟出的。由于信息到达我这里的时候已经延迟一段时间了，因此当我将这个已经延迟的信息传达给个人投资者的时候，行情受到信息的影响已经显现了出来，导致信息已经不能拿来作为参考了。从个人的角度来讲，所谓的行情，其实想一下你就会发现，那只是在初期阶段引诱投资者介入的诱饵罢了。

首先，被告知这是内部消息的投资者在最低价买入，买入之后通过一部分证券公司的销售代表向顾客推荐这只股票，最后当比较多的个人投资者和证券公司的交易员在帮助个人客户买入的时候，这些知道内部消息的人却通过逆向卖出清盘抽身的方法，就被称为内部交易。这完全是对信息的操作。最近，有一些极其逼真的内部题材流入到了网上，刺激个人投资者买入。

②行情将会变成什么样，我们不得而知。

②这一条的意思是说，行情不会按照常识发生变动。即便买入自己研究的业绩表现良好的股票品种，股价也会下跌，而且如果出现不好的题材，自己选择的股票也会出现暴跌。状况如果出现了变化，即便是在负面题材当中，行情也会出现上涨，趋势在一瞬间发生改变。从这个意义上讲，自己没深入分析就介入是十分危险的。这是我过去蒙受最大亏损的时候学到的教训。

③不能通过基本面分析进行风险管理。

产生了“在险价值”[①]的初期概念，开始针对保有有价证券的风险进行测定成为理解③所陈述之内容的契机。从现在开始考虑是理所当然的，但是现在所持

① VAR(Value At Risk)。以过去的行情变动作为基准，推定当股价的走势和预期不符时可能出现的最大损失额度的手法。

有的股票品种在到达技术点的时候，如果能够正确保我出现的损失的大小对于个人投资者来讲是非常重要的。我所说的“即便使用不能进行损失管理的技术指标也是没有意义的”，就是从这里出现的。

④自己不操作的商品的行情变动也非常重要。

④就是说，即便自己只操作现货股票，对套利交易、期货、期权、融资交易等自己不操作的商品的变动了解，也是非常重要的意思。也可以说是属于当下股市发生变动的根源之所在。

即便是自己不进行这些交易的商品，股市也必然会受到其影响这是现代股市的特点。因此，我们研究范围之外的行情的结构也要进行正确的认识，并将这些不交易的商品的行情变动信息活用于自己的交易中。

并且，如果没有针对伴随着为了消除相互持有局面的卖出[①]和时价会计[②]的导入的机构投资者的行动的理解，就会在不明原因的变动当中遭受亏损。同时也必须确认融券市场[③]的动向。这些问题即便对于一个投资股票有经验的人来说都是相当难懂的，但是在现代的股票市场当中，这些都是非常重要的。不管怎么说日本的投资者已经在金融衍生品领域落后于其他国家的投资者了。

⑤预测行情是没有意义的。

⑤的意思指的并不是不预测。通常来讲，如果自己进行预测并执着于预测的结果，就容易在观察行情趋势变动的时候看漏。虽然那些权威的老师在任何时候都对经济的景气程度和行情进行预测，但是由于都无法准确地猜中行情，因此即便我们对行情进行预测，也是没有任何意义的。

⑥不能猜测行情，而是要顺势而为。

⑥的意思和⑤是相通的。预测或者心存侥幸，虽然偶尔也会猜中行情的趋势，但是最为重要的还应该是顺势而为，并确实地能够在顺势而为当中通过赚取

---

① 系列公司和交易方银行之间通过所谓互相持有对方股票的“相互持有”方式谋求股东稳定的日本企业，在股票时价评价制度导入等背景下，将相互持有的股票卖出的行动。

② 企业持有股票的评估额度看作是会计期末时点的市场价格（当天交易日的股票收盘价）资产评估的方法，而不是将之前购入股票时的股票价格（会计账簿的价格）为基准。

③ 通过融资交易卖空股票之际，通过证券公司和证券金融公司作为中介机构而采购的股票，被称为“融券”。针对证券公司、证券金融公司、生命保险等的贷出人和借入人（投资者）之间的贷出股票进行操作的市场俗称为“融券市场”。

行情高低位的价差来从市场中获得收益才是通往成功的捷径。

⑦行情不是拿来思考的。

⑦作为我最近的倾向趋于明显的思考方法。事实上，我基本不对任何行情进行思考。在顺势而为当中持有与趋势相同的头寸并获得收益就可以了。只要我已经对手中的头寸进行了清盘，我就不会再执着于这只股票上涨时会涨到哪里，下跌时会跌到哪里了。

并且，即便我判断错了行情进行了止损，也就这样了。之后也不会闷闷不乐，耿耿于怀。只要还没有蒙受不可挽回的最大损失，就仍然是可以获利的思路才是自然和正确的思考方式。从结果上来看，如果进行资金运作，那么任何人持有的压力都会消失，胃的负担也都没有了。

⑧蒙受亏损的投资者的行动比较重要。

⑧是非常重要的思考方式。进行新规交易的投资者，到底会不会新规买入股票，这个如果不确实成交，那么我们是不知道的。所谓的确实已经出现交易的投资者，仅指在最高价买入并在之后的行情下跌当中，被干一票的投资者和在低价卖空，在之后的行情上涨局面下承担着账面亏损的投资者。

并且，在期货、期权等金融衍生品的交易当中，卖方与买方的亏损和收益的合计值是零(零和)，亏损的投资者由于受限于资金量的情况，又必然会做逆向交易的倾向。这就产生了裁定交易，行情因此发生了变动。在现在的股市当中，如果不这么考虑，那么是很难获得收益的。

⑨别人是别人，自己是自己。

如果其他人赚了，就会产生嫉妒心理。相反的，如果他人出现了亏损，这就是所谓的“别人的不幸对自己来讲都是甜蜜的”的优越感。⑨就是不要让我们有这样的嫉妒心或者优越感的训诫，同时也是要教导人们，人的心理就是一个这样的东西。

虽然在大部分的股票品种都在下跌的局面下，必然会有一小部分股票在上涨，但是如果希望在这些上涨的一小部分的股票品种上获得收益，也有可能会蒙受巨大的亏损，这样的情况很常见。这是因为，由于行情整体都在恶化，因此，通过用上涨股票品种的收益来填补亏损股票品种损失的投资者是存在的。

⑩不做自己不懂的事情。

⑩是说好听的话里面都有不为我们所觉察的危险，在这个世道中天上掉馅

饼，简简单单就能赚钱的事情是不存在的。只有银行存款的利息才能称得上是每时每刻都能确保的。

我决不在交易上投机取巧，心存侥幸。知道交易操作方法的人原本就有很多。基于上述经验思考我们就能够明白，我已经说过很多次了，通常不断地进行交易，结果可能并不会令人满意。因此，我们需要做的是摸索更加容易获得收益的局面。

当然，赢得收益还是获得亏损，如果不做一下是不会知道的，但是通常来讲，在进入一个容易获得收益的形态之前一定要留意。到出现一个这样的形态位置，我们可能要苦等多年，但是如果被我们等到了，那我们之前的苦等也就值得了。为了能够进行这样的判断，重要的是充分和熟练地运用日经平均和 TOPIX 等指数的原本的含义。

整体投资意愿的判断

我之所有将“判断股市整体的投资意愿”作为分析的一方面是有充分理由的。

我从之前就从事日经平均联动组合①等的开发和日经平均期货与现货股票的裁定交易系统②的构筑的工作。因为这个关系，我可以了解到机构投资者会以 50 亿日元、100 亿日元或者更高的批量交易日经平均联动组合。在实验阶段如果出现千股单位的裁定交易的订单，当时正因为如此，日经平均才几十日元，使用非常热销的股票，那其变动差不多有 100 日元的程度。

并且，在资金运作中，同时持有了获得收益的股票品种与出现亏损的股票品种，从而必然会出现如何处理出现亏损的股票的问题也是能够理解的。

① 就像日经平均股价指数的股价变动与联动那样的投资组合组成的投资信托(基金)。

② 为了执行“裁定交易”的程序。所谓裁定交易就是股价指数期货与现货股价指数的差值(Basis)从理论值背离之后，如果是比较便宜就买入，同时，如果是比较高就卖出。当差值回归到理论值的时候，如果运行反对交易，那么从理论上若没有风险就能够获得收益。

由于这些都是与指数相关的投资组合，若将来看跌，基于避险心理，从期货总体下跌开始期货与现货的差值①缩小，总的来看容易出现裁定消除卖出②，那就要牢牢把握行情的开始。这个时候，如果整体投资意愿不够强烈，卖出就会增多，买入就会减少，并会出现股价崩盘的倾向。

如果整体的行情变差，如前所述，原本上涨的股票品种为了弥补其他损失而变得容易被卖出。并且，如果蒙受损失的投资者比较多，就会开始出现新规买入正在发生变动的股票品种的资金和意愿都没有的倾向。

正如这样的整体的投资意愿比较差，整体就会陷入恶性循环，自己在买入之后就不会再有以更高的价格买入的投资者了。

我由于经常交易日经平均期货，因此会以日经平均股价为基准判断整体的投资意愿，但是按理说在这个过程中，我们应该使用的是 TOPIX。TOPIX 如果出现下跌，就表示出现下跌的股票品种占多数。在这种情况下，裁定交易当中将个别股票打包卖出，价格上涨的股票品种填补价格下跌的股票品种的损失为目的被卖

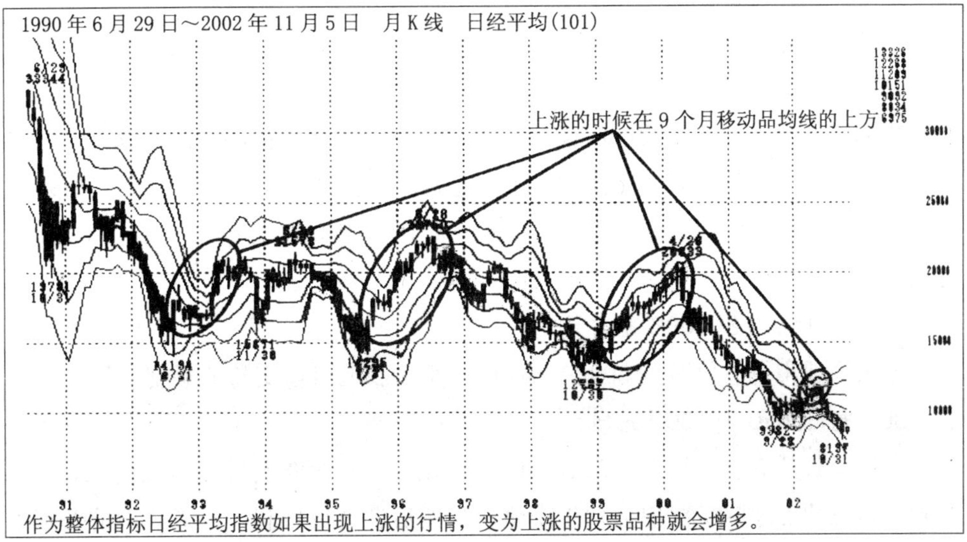

图 4–55　通过 σ 带确认日经平均的推移

---

① 所谓差值就是某些现货商品的价格与从其中派生出来的期货商品的价格的差。Basis= 期货价格 - 现货价格。

② 通过裁定交易，股价指数期货与现货股价指数的差(Basis)恢复到理论值的时候进行反向交易并确定收益的过程。

出。正如这样，在此其中即便考虑买入，股价并非会上涨。

简言之，如果行情出现恶化，那么100日元或者是200日元的投机性股票只能增长到300日元和500日元程度；如果行情比较好，那么这类炒作型股票品种当中也会出现上涨到1000日元、2000日元的股票品种。就是这样的不同。

因此我将“整体投资意愿比较高”定义为个别股票品种开始出现买入交易时，以及通过融资交易等比平时高的风险持有头寸。这个定义具体来讲，就是通过“日经平均的月K线在9个月移动平均线之上时”，在那样的局面下股市整体会出现上涨(图4-55)。

在整体上涨的时候，至少其他人会购买自己正在交易的股票，因此买入是更加安全的应对方法。在这样的时候，业绩上相对而言比较便宜的股票被循环买入，导致其他业绩不是很好的股票品种的股价也被顺带着拉高了。

“股票变为担保”的含义

整体投资意愿比较好的时候，仅限于“有风险的买入”与信用交易的结构也有关系。

我刚开始进入证券行业的时候就被灌输了“证券就是担保”的概念。也就是说，行情是由市场整体的当前价总额所决定的，并决定了整体的可担保的额度。

假设市场中提的时价总额为500兆日元，且委托保证金率为30%，那么我们可以建仓的额度就是：

500兆日元/0.3=1666兆日元

如果当前市场总价减到300兆日元时，那么我们可以交易的额度就是：

300兆日元/0.3=1000兆日元

市场总价从500兆日元缩减到300兆日元时，与300兆日元缩减到500兆日元时，自然而然地投资意愿会发生变化。当然后者会更有利于买入，而前者则不利于买入。

一般来讲，在信用交易当中，用下面的公式来计算委托保证金率。

委托保证金率=(保证金－账面减记额)/(融资余额)×100%

在这里“保证金”和“减记额度”项目是非常重要的，整体投资意愿如果恶化，那么通过有价证券代用的保证金的价格就会下跌，委托保证金率就会减少。

进一步来讲，通过信用买入的股票品种的减记额度如果扩大的话(保证金 - 减记价值)，部分大体上就比较严重了。当然，没有资金的投资者，就必须将手中持有的股票卖出，该卖出部分会让(保证金 - 减记额度)部分更加恶化。

也就是说，自己不要通过融资进行股票交易，如果整个行情出现恶化时，自己就非常容易陷入亏损。相反的，整体行情如果比较好，保证金的价值就会出现上涨，减记额度如果没有，融资买入的余地就会变大，通过该买入行情也会进一步上涨。

考虑流入市场中的资金量

如果这样思考，那么整体投资意愿的判断就相当重要了。我通过加入这个限制因素，让自己的交易始终处于安全位置。

也就是说，这是一个站在让自己的交易不投机取巧的立场上，通过行情的条件对应该怎么做才能通过买入盈利进行判断和把握的过程。反向思考，卖出有利的局面的原理也是相同的。

如果回顾泡沫破灭时期的股市，HOHSUI(1352)和宫越商事(6766)等出现了大暴涨的景象，但是这是由于市场中有大量的泡沫资本像热水一样大量涌入。泡沫破灭后，兼松日产农林(7961)等也出现了暴涨，这也是在日经平均回调局面下，资金流入市场所导致的。

如果观察这些股票品种在到达最终的顶部之后，即便在下跌途中有回调，也会在一段时间之后继续下跌。如果基于一目均衡表来观察前面所列举的图 4-54 “兼松日产农林”，在基准线的上方不断推移的过程当中对于买入是有力的，如果跌破基准线对于卖出是有利的。

过去有资金流入的股票品种和这个是相同的。由于在股票投资当中，过去类似形态出现的比较多，因此最终来讲，有必要通过使用技术指标来确认自己的头寸是否处于安全位置。

在遇到我前面已经多次提到的软银和兼松日产农林相同的形态时，会从过去的案例中吸取教训的我本人，是无论如何也无法明白为什么在这样的暴跌阶段当中仍然有众多的投资者还在介入呢？是不是还没有考虑到行情中还存在一些持有账面亏损的希望止跌反弹后卖出的投资者呢？

软银上涨也是日经平均回调的局面。因此，下跌是在之后日经平均的下跌局面当中。由于只是在高价区间被套牢的量比较大的股票品种，因此，我们是不是可以考虑并没有流入仅足够买入这些高位套牢部分的的资金呢？

另外，如果从买入股票入手并希望获得收益，那么，我们应该考虑的是在自己买入这只股票品种的同时，必须还要确认市场整体是不是有资金在流入。我基于这个标准，不管是在现货股票交易还是融资交易，都会改变自己资金的成立状况。

如果把繁琐都去掉，即便不看个别股票品种，在泡沫经济最高点时，如果市场整体的资金在持续流入，反应滞后的股票若被买入，当然会出现收益。但是从结果上来看，如果在自己买入之后，没有人在更高的价位上接盘，就绝对不会获得收益了，这就是股票投资。

裁定交易的动向驱动行情的推移

日经平均股价和 TOPIX 这两个指标，也是能够表现市场整体状态的类似于体温计的指标，不管这个指标是上涨还是下跌，对于一般的投资者来说可能基本感觉不到它所带来的影响。

我之前也认为日经平均就是一个单纯的指标。但是，正如我在外资金融机构所做的工作那样，我那时就已经在进行所谓的“日经平均现货买入 + 日经平均期货卖出”的裁定交易了，所以我到目前为止针对行情的思考方式发生了一定的改变。我认为现在已经进入指数运用的时代了。

即便针对个别股票品种适当地少量买入或者卖出，自己的交易也不会令整个日经平均指数发生变动。但是，在挂出裁定买入下单的瞬间，日经平均会立刻出现 50 日元程度的波动。当时由于稀缺股的影响力仍然非常大，导致日经平均股指发生了较大的波动。

当时我的交易员朋友也经常将机构投资者以数十亿日元单位交易日经平均的投资组合作为话题。虽然在手续费的竞争当中，手续费变得越来越便宜，但是也存在希望倒贴手续费这种不靠谱儿的机构投资者。也就是说，如果不能倒贴手续费就换成其他交易公司。

虽说如此，但是与其实际体验裁定交易，倒不如实际感受裁定交易的变动引起了行情的变动。可以这样考虑，只要能够把握裁定交易的变动就能够把握行情整体的变化。

需要顺便说一下的是，由于期货是事先决定了交易期限的，因此从市场整体来看，获得利益的投资者和蒙受亏损的投资者的盈亏合计为零。也就是说，只要出现了获得收益的投资者，就必然出现蒙受亏损的投资者，因此蒙受亏损的投资者必然会进行相反的操作，这就是期货交易的特点。

通过哪个指标对整体投资意愿进行判断呢?

由于现在我使用的是日经平均期货，因此对于我来说日经平均与其说是一个指标，倒不如说是一个股票品种。这个股票品种一般是每天变动 100 日元或者 200 日元，有时变动 1000 日元的指标。在个别股票品种当中，能把握住 100 日元的股价变动就已经非常不赖了，如果是日经平均期货，那么根据不同的情况或者前一个交易日的收盘价开始第二天的开盘价之间也会有 100 日元的股价变动。

日经平均与日经平均期货是表里一体的东西。与其将所有的资金都用来交易 225 股票品种，还不如交易 225 期货，因为交易 225 期货不花费太多时间而且还更加简单便捷。由于期货交易伴随着风险，从风险管理的角度来考虑就需要使用技术指标来对风险进行管理了。从结果上来看，日经平均也好像对根据技术指标发生的变动进行了强化。

日经平均是由代表日本股市的 225 只股票构成的，TOPIX 表示的是在东京证券交易所的第一板块上市的所有股票。虽然能够确切体现股市整体投资意愿的是 TOPIX 指数，但是如果从大家都在观察的角度来看，依赖日经平均的人会更多一些。如果有人问我“当天的日经平均是多少?”我会回答“现在是多少呢?”但如果被问到“今天 TOPIX 指数是多少呢?”不是非常关注指标的人是不知道的。当然，我两个方面都在看，如果说我重点彻底分析的是哪个指标，那就是日经平均了。如果是以操作个别指标为目的想看整体的投资意愿，虽然不会变得神经质，但用能够利用的指标来代替也是可以的。

通过“σ 带”判断整体投资意愿的情况

如前所述，“σ 带”就是在移动平均线上方和下方加减标准偏差后计算出来的指标。

只通过移动平均线是不能对整体的投资意愿进行判断的。当股价在移动平均线的上方推移时买入，跌破移动平均线就卖出。或者说，股价跌破移动平均线，是可以考虑卖空的情况(当然，个别的交易应该遵循个别的股票品种的技术指标)。

当然，即便在移动平均线的上方也会存在调整局面，在移动品均线的下方也会出现反弹。在判断行情是上涨还是下跌的过程中，如果只是单纯依靠移动平均线，那是不全面的。因此我们有必要分析 σ 带这个指标。

上涨局面下的“σ 带”

移动平均线是过去一定期间内的收盘价的平均值。如果收盘价在该线上，那卖出方与买入方的损益情况差不多是持平的。但是如果股价超过了移动平均线上涨，那损益的平衡就会发生变化。

图 4-56 是日经平均周 K 线走势图。

通过 σ 带思考行情，首先必须将移动平均线分为向上和向下两种情况。移动平均线的方向显示了行情的趋势，如果向上则说明行情在上涨，如果是向下则说明行情在下跌。

移动平均线与一目均衡表的基准线有所不同，股价在超过这条线或者跌破这条线的情况下，行情存在直接发生变化的可能性。这和统计学上的平均有所不同，这是因为由于行情会将平均线吸引到现在股价的位置，因此如果收盘价跨过了移动平均线，就会立刻带来行情的变化。

在上涨行情中，一直以来均在移动平均线以下的每日 K 线超过移动平均线，接下来如果再进一步超过“+1σ”水准，行情的上涨局势就会被强化。如前所述，收盘价如果超过“+1σ”，该期间当中买入的买入方的约 84%就会获得收益。也就是说，当股价在这条线以上的时候，就是行情的上涨趋势比较强的时候。但是，在移动平均线在不断下跌的时候，从该位置开始下跌的情况也是存在的。

1999 年 12 月 30 日～2002 年 11 月 5 日　周 K 线　日经平均(101)

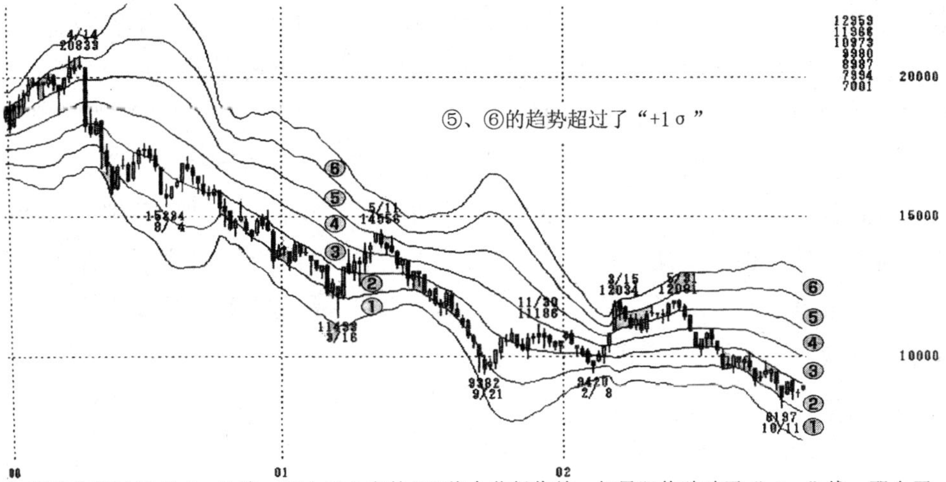

如果股价超过了“+1σ”线，那么买入方的 84%将会获得收益，如果股价跌破了“-1σ”线，那么买方的 84%将会出现亏损。

图 4–56　通过 σ 带观察日经平均

如果每日 K 线超过了“+2σ”，买方的买入赎回等意愿就变得非常强烈了。这种局面会在每日 K 线跌破“+2σ”水准位置一直持续，接下来会向“+1σ”方向下跌。如果行情真的比较强，则会在要么“+1σ”水准、要么在移动平均线的水准上，走出突然突然下跌之后的反弹态势。

但是，到目前为止一直都在上涨的行情，如果跌破移动平均线，卖出的压力就增加。如果局势变成这样了，就必须对买入头寸进行清仓。就个别股票品种而言，进攻的姿态强化的标志是每日 K 线突破“+1σ”线。此后，从进攻转为防守就是在跌破移动平均线的位置。

下跌局面下的“σ 带”

在 σ 带当中，如果每日 K 线一直下跌到“-1σ”，行情的趋势就会转变为下跌。如果收盘价跌破“-1σ”，该期间买入的买方的 84%就会持有亏损。也就是说，当股价在这条线以下的时候就是行情比较弱的时候。但是，在移动平均线不断上涨的时候，从该位置开始出现反弹变为上涨的情况也是存在的。

如果日经平均跌破移动平均线，并跌破“-1σ”水准，整体行情的下跌趋势就会出现强化，当然，持有日经平均期货的买入头寸的投资者就会出现抛盘。这就诱发了裁定合同解约卖出，并将行情引入到螺旋式下跌的通道。在变为这样的时机个别股票品种也应该下跌的相当猛烈。

一看这个走势图就应该能够明白，在下跌行情当中股价下跌到“-1σ”的速度是非常快的。只要每日K线超过“-1σ”并且同时没有进入③的范围，行情就不会掉头上涨。也就是说，“-1σ”变为了行情的转折点。在此之后，在经过这样的波动并且显示了最低价确认的变动之后，每日K线将会超过移动平均线并在接下来超过“+1σ”，就会在此进入上涨。

正如这样，在观察σ带的情况下，在确认行情将会在哪个范围内不断推移的同时，对于每日K线将会突破哪条线以及将会跌破哪条线进行确认是非常重要的。

在这里，虽然不断观察日经平均的变动，但是在背景方面有日经平均期货以及期权等。行情通过不断变动使这些金融衍生品交易的损益平衡发生变化。根据买入赎回裁定买入诱发的行情整体上涨，以及由抛盘导致的裁定合同解除卖出诱发的行情整体的下跌的变动，理所当然就会出现。这和TOPIX是相同的，行情整体就是根据TOPIX期货和现货股票的裁定发生变动的。

通过“一目均衡表”判断整体投资意愿的情况

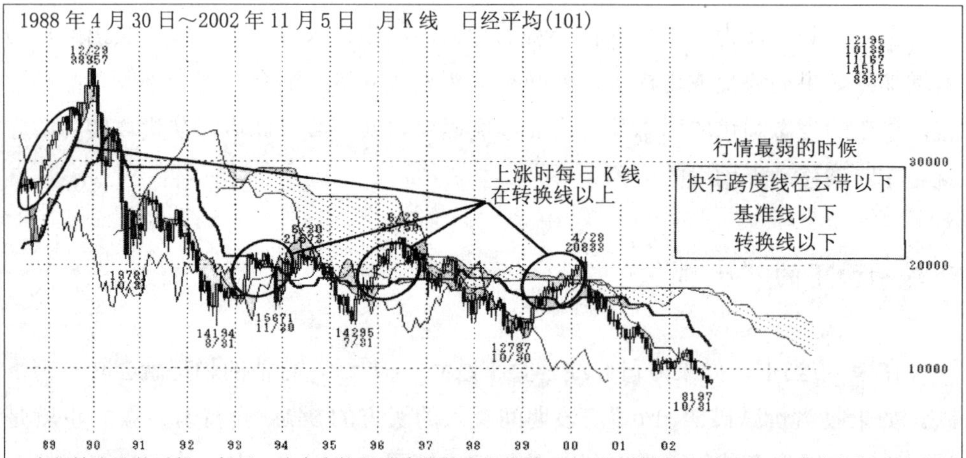

在行情上涨的时候，每日K线会在快行跨度带的上方推移，在下跌的时候，每日K线会在快行跨度带的下方推移。

图4-57　通过一目均衡表观察行情的强弱

关于“一目均衡表”，我们通过其他途径进行说明，如果对其进行观察，在此就能根据分布的不同显示行情的强弱(图 4-57)。

在一目均衡表当中，有每日 K 线、转换线、基准线、云带(快行跨度上限线与下限线之间的领域)等指标。

观察走势图就能够明白，说的夸张一点儿，行情在上涨的时候每日 K 线会在云带的上方推移，行情下跌的时候每日 K 线会在云带的下方推移。

进一步更细致地观察，行情上涨时每日 K 线会在基准线的上方推移，行情下跌的时候每日 K 线会在基准线的下方推移。

更加短期的来讲，行情上涨时每日 K 线会在转换线的上方推移；行情下跌的时候，每日 K 线会在转换线的下方推移。

如果将这些再进一步细致地观察，则可以将其分为：

①每日 K 线 > 转换线 >基准线 > 云带；

②转换线 > 每日 K 线 > 基准线 > 云带；

③基准线 > 每日 K 线 > 云带；

④快行跨度上限线 > 每日 K 线 > 快行跨度下限线；

⑤云带 > 每日 K 线 > 基准线；

⑥云带 > 基准线 > 每日 K 线 > 转换线；

⑦云带 > 基准线 > 转换线 > 每日 K 线等。

①是行情最为强劲的状况，紧接着是②→③→④，以此类推，买方会向卖方发生转换。进一步来讲④→⑤→⑥→⑦为行情进一步变弱的指标位置关系。特别是⑦的状态，是完全下跌的状态。因此差不多所有的股票品种都会出现下跌。

根据行情的强弱来明确投资意愿的强弱

大部分投资者会不顾行情的强弱感而将自己持有的资金全部投入股票交易当中，并持有 100%的仓位。如果不够，就通过使用融资交易，进行几倍于自己资金量的交易。当然，将上涨行情与下跌行情分开，买入与卖空分开还算可以，但是能够做到这一点的聪明的投资者少之又少。

正确的做法应该是，假设只进行买入的投资者，在①的状况下通过启用融资融券的资金大量买入，并在行情转换的②→③→④的过程中不断减少自己所投入的资金量，并应该在⑤、⑥、⑦的局面下就不出手了或者是即便出手也是以最低单位的股票数进行交易。

如果从数量上具体来说，那么能够买入现货 1 万股的人的正确做法应该是，在①的状况下通过使用融资融券买入共计 3 万股，在②的状况下买入 1 万股，而在⑦的行情下只买入 1000 股，这就是张弛有度。在⑦的阶段，如果出手买 3 万股，就会被立刻要求追加保证金，自己的所有资金都会消耗殆尽。

如果能够有效地利用资金，在行情①的位置通过积极地买入应对，在⑦的位置通过积极地融资融券卖空应对，则是非常行之有效的方法。重要的是，在行情发展到一半的时候就不要再买入或者卖出了，而是要把握下一次行情发生变化的点。

在这里，不可避免地会碰到你持有的资金量是多少，你运作资金的性格是冒险性的还是稳健性的等问题。如果是着眼于养老资金，那这些钱是承受不起亏损的。虽然你仍然年轻即便可以做很多冒险的事情，但到退休之前仍然必须得想着筹集养老资金的问题。既然已经退休了没有收入了，使用养老之后的资金进行融资融券交易就是非常荒谬的了。

也尝试考虑活用 ETF

最近，ETF[①]的交易所交易型基金也被开发出来，这并非是针对个别股票品种的交易，因此通过使用 ETF 的资金运作也是非常有效的。此时，使用整体投资意愿的判断标准，在买入也是可以的时候和没有持有股票的时候进行区别，因此成为最为有效的资产运作的方法。

至少，如果每日 K 线超过一目均衡表的基准线，日经平均期货的卖出方就会买入赎回，因此会有新规买入的订单进入股市，行情会在瞬间暴涨。从其结果来看，通过裁定买入行情整体会上涨。相反的，如果每日 K 线跌破一目均衡表的基准线，买入方就会抛盘，而有新规卖盘入场则会造成股市的下跌。

与之相对的，如果行情进入下跌，大家都会认为接下来股价会变得更加便宜

① Exchange Traded Funds 的缩写，在日本 ETF 被称为“股指联动型上市投资基金”。2001 年 7 月在东京证券交易所上市。ETF 和传统的投资基金有不同之处，其特点就像一般的股票那样能够在证券交易所营业的任何时间内买到。

从而没有人再新规介入买盘。在没有买盘介入的过程当中，必然会有不得不卖出的投资者以当前市场价卖出自己手中的股票，从而造成股价的进一步下跌。如果股价下跌，最高价套牢的部分也就是持有账面亏损的投资者就会增多，其中一部分受到股价下跌的影响也会对自己手中的股票进行割肉清仓。因此，行情会进一步下跌。

也就是说，如果整体投资意愿进入下跌行情，那么各方都会受到影响而卖出手中的股票，因此即便我们侥幸希望“只有自己持有的股票品种上涨”，无疑也会蒙受重大的损失。其中，当然也会有股价上涨的股票，但是这些上涨的股票也在面临着卖出的压力，因此上涨幅度会非常的小。

非常稀缺的股票会从 300 日元左右一直上涨到 2000 日元，甚至 5000 日元的情况也是存在的，但这样的时候市场整体由于是资金流入的状态，因此，资金流入和融资融券带来的成交会推动行情暴涨。在下跌行情当中，不管我们如何努力，充其量也就只能涨到 500 日元、800 日元就算不错了。

总而言之，看清市场整体到底是有资金流入还是有资金出逃是非常重要的，根据情况的不同来决定将自己的资金投入多少也是非常重要的。

针对金融衍生商品交易的思考方式

过去我在写关于融资融券方面的书的时候，曾经收到过读者“写关于稀缺股的内容太不实用，没有代表性”的抗议。总之，日本人对于在股市当中赚钱始终持有偏见的倾向。我工作的公司和养老基金即使想和股市划清界限也是没法分开的，因此就会出现“通过炒股赚钱不像话”的感觉。但是，通过现货赚钱还是可以的，使用金融衍生品赚钱就觉得太坑蒙拐骗的误解也是经常能够看到的。

只局限于现货股票类似于限制了自己的盈利武器

我认为，一般来讲我是倾向于通过技术分析进行交易的，当然我同时也是重视基本面的。在涉及到选择股票品种的时候也非常重视企业业绩表现。这站在进行投资获得收益的前提来讲，是非常理所当然的思考方式。

但是，如果说我对业绩不好的企业的股票就不会进行操作，是绝没有这种事情的。表现不好的股票和表现好的股票都是我考虑交易的对象。如果在投资股票的过程中加入了种种限制条件，那么在实战中所使用的武器就会受到限制，让自己处于不利的位置。

我已经说过很多次了，进行股票投资是为了让自己自身的资产有所增加，而并非是为了参与到该股票品种公司的运营当中去。从结果来看，我们所处的是资本市场，即便能够为日本国的发展做出贡献，并从其他人那里得到正当的行为的评价，如果是以参与企业经营为目的而参与炒股就有点儿冒傻气了。

投资的目的是让资产有所增加，为了能够达到这个目的，应该尝试一切值得尝试的手段。资金通常流向能够产生收益的地方，由于这也能对个别股票品种产生影响，不知道是不行的。

具体来说，如果有一个持有 1000 万日元的希望通过股票投资增加收益的投资者，也不必非得将收益手段局限于现货股票交易，我想说的是，这位投资者应该尝试所有的诸如融资融券、日经 225 期货交易、期权交易、外汇交易，甚至黄金期货等商品期货的手段来为增加自己的收益服务。

由于日本投资者都比较讨厌融资交易和期权交易，因此认为“这些金融衍生产品和我没有关系”的人是比较多的。但是在欧美投资者看来，只要有存在行情能够赚钱，什么产品都是在投资范围之内的。

我们经常听到的一个词是“对冲基金”，这就是以欧美投资者作为对象，使用全世界的所有金融商品(包括股票、外汇、商品期货、债券等的所有的金融商品)来追求投资表现的一种信托基金。因此，我们经常会听到政府的高层官员通常会购买对冲基金。这与政治家和官员不能进入股市的的日本是正好相反的。

现货股票与杠杆商品的思考方式有所不同

如果有 1000 万日元的投资资金，那么按照 1 股 1000 日元的股票计算，就能够购买 1 万股。因此，我们必须考虑的是这个单价是 1000 日元的股票接下来会变成 1200 日元还是 900 日元。

但是在实际操作过程中，与其关注股价的变动，倒不如在什么时候买多少股更加重要。假设即便每股 1000 日元的股票最终跌到了 100 日元，但只买了 1000

股，最终整体资产也才缩水到了 90 万日元。但是，如果投入 1000 万日元买入 1 万股，那么整体资产就会减少到 900 万日元，变为 100 万日元。

如果通过融资融券交易买入 3 万股，那么，仅仅是当股价从 1000 日元下跌到 900 日元，最终资产就已经亏损了 300 万日元，占了整体资产的 30%，同时还会出现要求追加保证金的问题，否则手中的股票就会被强制赎回。

总而言之，和股价的变动同时的是从现在开始我们应该重视将自己的资产当中使用多少比例进行交易，也就是持仓比率的问题作为我们经常思考的一个问题。也就是说，技术分析与资金管理这两个方面必须同时进行思考。

融资融券交易的特征是“增加杠杆倍率”和“可以卖空”

在这里，在思考资金管理的同时我们想说明一下重要的杠杆问题。

现货股票当中，1000 日元的股票与 50 日元的破发股票的风险管理的方法是不同的，在这里我们假设初期的投资资金为 1000 万日元，我们对现货股票与带有杠杆的金融商品的进行比较。

如图 4-58 所示。在现货股票当中，股价为 1000 日元的股票品种最多能够买入 1 万股。约定金额①为 1000 万日元，这和投资资金 1000 万日元的含义是相同的，也就是 1 倍。这就叫作“杠杆 =1”。如果这只股票发生 100 日元的股价变动，那么持股账户会出现 100 万日元的账面损益。由于是现货交易，因此不会发生追加保证金的事情，当在这个企业发生破产的情况下，最大损失变为了 1000 万日元，也就是投资者的所有资金。总而言之，这是非常普通的交易。

以此类推，如果我们能够动用更多资金投入交易，那么就有可能获得更多的收益，从而开始进行“融资融券交易”。在这里，我们将融资融券的资金规模设定为 1000 万日元的 3 倍，也就是说我们最终能够使用 3000 万日元用来进行股票交易。那么如果购买股价为 1000 日元的股票，我们就能够买入 3 万股，也就是“杠杆 =3”。进一步来讲，融资融券交易的标准各个公司都是有所不同的，在这里请按照统一的标准进行思考。

---

① 从投资者开始的交易订单通过证券公司进行执行，通过市场达成交易的金额。融资融券交易当中，可以利用投资额以上的约定金额进行交易。

	现货交易	融资融券交易	225 期货(100 万日元)	225 期权	黄金期货(6 万日元)
价格	1000 日元	1000 日元	1 万日元	200 日元	1000 日元
单位	1 万股	3 万股	10 张	50 张	166 张
合同金额	1000 万日元	3000 万日元	1 亿日元	1000 万日元	16600 万日元
必要资金	1000 万日元	1000 万日元	1000 万日元	1000 万日元	1000 万日元
资金杠杆	1 倍	3 倍	10 倍	1 倍	16.6 倍
追加保证金	无	低于 866 日元时追加	通过跨度方式计算	无	低于 970 日元时追加
100 日元的股价变动	100 万日元	300 万日元	100 万日元	500 万日元	1660 万日元

图 4–58　投资资金与杠杆的关系(每种商品的价格分别有 1 个示例)

在这种情况下，如果 1000 日元单价的股票发生 100 日元的股价变动，就会发生 300 万日元的评价损益。1000 万日元的现金成为了担保，因此大致如果股价跌破 866 日元就会被要求追加保证金。资金充裕的人还好说，但是当资金不充裕的时候，就不得不在这里进行止损将头寸进行出清了。

这就是融资融券交易。杠杆，顾名思义，就是能够通过少量资金进行比这些资金大数倍金额的交易的行为，另外一点，它还有在现货股票当中没有的特征。那就是我们到现在为止再三提到的“卖空”。按理说在现货交易当中，当股价下跌的时候，获得收益是不可能的事情，但是如果使用基于融资融券的卖空操作，就能使在股价下跌局面下获得收益成为了可能。

通过 10 倍杠杆讲解“日经平均期货”

虽然大多数投资者只是说今天日经平均是多少、是高还是低，但是其背景是一种被称为日经平均期货(日经 225 期货)的金融商品。这就是期货、期权交易对行情产生的影响是无法估量的。

在这里为了能够让计算变得简单，我们假设日经平均股价为 1 万日元，而在进行日经平均期货当中的必要资金假设为 1 个单位(100 万日元)。所谓的 1 个单位就是指倍率为 1000 倍，这和现货 1000 股的交易是相当的。在这里，如果投资资金是 1000 万日元，就可以交易日经平均期货 10 个单位，那么约定金额就变成了 1 亿日元。也就是说是 10 倍的杠杆。

这个保证金是以一种被称作 CME 跨度[①]的复杂方法进行计算的，这和如果出现一定比例的损失，就必须要被追加保证金的融资融券交易相同。

在这里，如果日经平均股指发生 100 日元的价格变动，那么 10 个单位就会出现 100 万日元的账面损益。在日经平均期货当中，出现 100 日元变动是仅在数分钟内就会发生的事情。由于一天当中会发生 300～1000 日元程度的股价变动，因此一天时间内，上述账户就会发生 300～1000 万日元的损益变动。也就是说，在一个交易日以内，有可能获得 1000 万日元的收益，也有可能蒙受 1000 万日元的亏损。当然，这并非是可以将自己的所有资金都拿来进行交易的商品品种。

容易变成废纸一张的“期权”合约

日经平均期权(日经 225 期权)就是在买盘入场的情况下，将 5 日元到 3000 日元的众多的商品细分化的一种金融商品。例如如果选择 200 日元的商品，用 1000 万日元的资金就可以买入 50 个单位(1 个单位 =1000 倍)。由于杠杆是 1 倍，所以，如果出现 100 日元的价格变动，就会出现 500 日元的账面损益。

这和交易股票的现货交易是不同的，在将交易买卖股票的权利作为交易对象的期权交易的时候，最终来讲你持有的合约变为一张废纸(0 日元)的情况非常多见。

价格变动非常激烈也是期权交易的特征。就像前一交易日的 8 日元在第二个交易日开盘的时候上涨到 705 日元那样，有时会出现站在现货股票交易的角度不敢相信的价格变动。

因此，如果投入 1000 万日元，那么，在 1 天内赚到数亿日元的收益的事情也是有可能的。但是在一瞬间血本无归的情况也不少见。

期权交易当中，在看涨[②]的买入和看跌[③]的卖出当中，最大损失额和投资额是相等的，因此不会存在超过保证金的情况发生。

---

① 芝加哥商品交易所(CME)导入的，将商品和市场风险相抵的保证金计算方法。跨度(SPAN)是“Standard Portofolio Analysis of Risk”的缩写。

② 所谓看涨是指在期权交易中，能够在未来一定时间或者日期当中以特定的价格买入股票或者商品的权利。

③ 所谓看跌是指在期权交易中，能够在未来一定时间或者日期当中以特定的价格卖出股票或者商品的权利。

但是，看涨的卖入和看跌的买出当中，损失额度会有扩大到任何金额的可能性存在，因此，如果超过一定的损失额度，那就有追加保证金的必要了。

“黄金期货”使通过1000万日元进行16600万日元的交易成为可能

“黄金期货”是商品交易的典型代表。这种商品不管是卖出还是买入都是可以加入杠杆的。交易保证金在不同时期有所不同，在这里我们假设黄金的价格为1000日元，而保证金每1个单位(1000倍)为6万日元。例如，如果有1000万日元，那最大可以建仓的总量为166个单位。虽然只有区区1000万日元的运作资产，但是却可以进行16600万日元的约定金额的交易，也就是说“杠杆=16.6倍”。

追加保证金是在出现保证金额度额度一半以上的亏损的阶段，在这种情况下合约价格出现6万日元÷2÷1000倍=30日元的价格变动，就必须要追加保证金了。买入的情况下，从1000日元下跌30日元并跌破970日元，就会被要求追加500万日元的追加资金。当合约价格下跌到940日元，当初的1000万日元已经损失殆尽了。

只看杠杆来比较融资融券交易和日经平均期货，虽然都是获得收益，且可能都是非常巨大的收益，但是如果蒙受损失，那同样也是相当巨大的，这就是这种商品交易的显著特征。这绝非是能够投入自己所有的资金进行交易的商品种类。

只要是博弈就需要承担一定的风险

从我个人角度来讲，我会思考在人生当中的什么阶段必须要进行博弈。开始自己的创业也是一种博弈，伴随着风险。如果成功就能够获得巨大的回报，为了获得最后的胜利我们往往要付出巨大的努力和艰辛。

投资的世界也是一样的，如果是刚入门的持有很多资金的投资者，那么以安全稳健的运作为导向介入股市还是可以的。但是如果没有资金的人为了赚钱，还没在某处分出胜负并获得收益的话，那么稳健的运作终究是不可能实现的。

我如果这样写，立刻就会有认为“我也是这么一种情况”的投资者站出来，由于需要选择胜负的时机，暗箱操作的危险是相当大的。

图4-58就显示了所谓最大建仓规模的示例。只看这个数字就能描述出赚钱

时的妄想，和不考虑损失的投资者是多么的愚蠢透顶。在行情开始之前，与其要思考赚钱时的事情，倒不如先考虑如果出现了亏损该怎么办。所以我们应该事先进行“资金分配”和“建仓股数(合约数)”的设定。这就是理财的基本。

将高风险的商品控制在整体资金的 10%以内

我绝不认为“黄金期货”等高风险的商品是不好的。

如前所述，如果资金量都用来建仓的话，那么对于我来说，事前我就已经能够预测到有可能会出现重大损失的事情了。假设手头资金为 1000 万日元，按照常规充其量这些资金也就是购买 10 个单位(保证金 60 万日元)的程度而已，如果是这样，即便商品价格出现了向和建仓相反的方向的 100 日元的变动，最终也就是损失 100 万日元，占整体资金的 10%就完事了。

在现实当中，10%的损失当然会让我们扼腕疼惜，但是如果当初我们进行适当的少量建仓(5 个单位左右)，在获得收益之后再适当增加建仓的比例才是聪明的办法。

实际上，如果像欧美一些比较正规的投资者，假若自己有 1000 万日元的资金，绝对不会有人刚一上来就进行 166 个单位的建仓。应该每次买入约 3～6 个单位，然后不断重复并最终获得收益。因此，从某种程度上来讲获得收益之后再增加买入数量是明智之举。

大多数投资者之所以出现较大的损失，是因为针对自己持有的有限的资金而持有了过多的风险导致的。并且，和现货交易有相同的感觉，也是进行这些金融衍生品交易失败的原因之一。

证券公司和商品公司的盈利模式是通过对交易收取手续费而赚取收益的。有钱人进行交易的次数越多，他们的业绩就会越高。经纪人的收益与投资者的收益是两个没有牵连的东西。在这个世界上，所有的盈利都是紧密联系在一起的，支付手续费是理所当然的，但是站在每个投资者的立场上来看，就是因为钱多就随便进行大量多次交易的行为明显是错误的。其中，如果单纯为了营业员的面子就进行大批量交易的人也是存在的，但是这和“增加自己的自有资产”的目的是完全没有任何关系的愚蠢的行为。

大多数讲投资的书都倾向于这样，即便在本书当中，理财的话题已经谈到最后了，但对于从现在开始想真正参与到股市当中的人来讲，这是比什么都重要的事情。

每个人所持有的资金的属性、投资人的年龄和收入等都是不同的。在证券公司挂出订单之前，首先必须准备一张纸和一支笔，自己在计算器中对思考了很多遍的风险进行尝试性的模拟。

“运动战”与“游击战”相结合

在股票交易当中有“运动战”和“游击战”两种战法。夸张点儿说，基于企业业绩状况和整个宏观经济基本面进行思考，然后进行趋势跟随类的交易的方法是“运动战”，而通过交易金融衍生品等高风险商品致力于一次就能够获得巨大收益的方法是“游击战”。

我在写这本书和在演讲会上发表讲话的内容不管怎么说，均倾向于我们这里所提到的“运动战”。也就是说，我总是推荐的是趋势跟随类的交易。这是为了进行更加安全的交易，至少能够最大限度地降低亏损，从而最终获得收益的角度来考虑的。

虽说如此，本书和演讲会当中我不断提到的“不能做”的事情，我自己在实际当中做的也很少。这个时候如果你非得说我“你说得和你做得并不一致”的话，就会令我为难了。

我已经说过很多次了，为了能够获得收益我们是不考虑手段的。大家怎么看我怎么想我是你们自己的事情，我本人进行的是不受到任何限制的自由的投资，并希望最终能够有所斩获，今后我也是这个想法。但是，我们一定不能任性地进行自己不了解的或者没有把握的投资。从背景来讲，请不要忘记进行谨慎的风险控制是能够对资产管理起到一定作用的。

并且，在着手进行“游击战”的过程当中，必须充分了解“运动战”，这自然是不必说的。如果不是这样的话，只是执迷于“游击战”，恐怕就会遭受比较大的损失了。

当然，像前一阶段那样的经济景气恶化，企业业绩恶化的局面如果只通过“运动战”，是根本找不到可以作为投资对象的股票品种的。尽管如此，我们也购买了业绩不是很好的股票，这是事实。这样的事情，根据“运动战”的合理的标准是无法进行说明的。

通过基本面分析选择股票品种

下面我们针对股票品种的选择进行说明。现在我想让大家明确的是，“股票品种的选择”和“立刻对这只股票品种下单进行交易”是两个不同的概念。

所谓“选择股票”就是对“买入也是可以的股票”和“卖出也是可以的股票”进行选择的意思。在这里，之所以要将可投资股票品种的数量进行筛选，是因为仅在东证一部上市交易的股票品种就有 1400 种以上，通常来讲我们是不可能对其中的每一只股票进行把握的。

通常来讲，分析员都会基于股票所在的行情分不同的部门来对股市进行把握。我之前对自己喜欢的企业共计 120 家进行了研究。无关行业，说到底都是自己感兴趣的企业。但是，仅这 120 家企业如果全数追踪，就已经达到我工作量的极限了。即便是作为职业也不要太过于勉强，对于个人投资者水平而言，对当前上市的所有股票进行全数追踪是绝对不可能的事情。

事先决定“买入也是可以的股票品种”与“卖出也是可以的股票品种”

在数千家的股票品种当中，我们无法预测哪一只股票将会出现较大的涨幅。如果出现变动，虽然看起来比较不错然后进场了，但是由于已经从最低价涨起来了，或者是已经错过了出手的实际的情况那也是比比皆是的。

并且，就现在这样大多数股票均处于低价区间之中，如果这些股票一起开始上涨，到底买哪只更好呢？在选择的过程中，这些股票说不定已经涨起来了吧。

也就是说，为了能够把握好卖出和买入的时机从而获得收益，就必须在这只股票还没有发生变动之前就要对其行情的动向进行监控了。

在投资信托当中，有积极管理型①与指数运作型②两种投资类型。最近积极管理型的投资表现并不是很好，而指数运作型投资信托基金有所增加，这也可能从另一个角度证实了在总是关注变动的股票品种的动向的过程当中是存在极限的。

---

① 以实现比 TOPIX 等标杆（比较对象）更加优异的投资表现为目的的资金运作方法。通常来讲和标杆相比高风险、高回报是其特点。

② 以实现和 TOPIX 等标杆（比较对象）同样的投资表现为目的的资金运作方法。风险与回报和标杆基本相同，也被称为“消极运作型”。

如前所述，我之所以交易日经平均期货等的指数是因为个别股票投资非常难。和此相比，将日经平均整体作为 1 只股票倾注自己的全力进行分析要来的更加愉快，然后通过加入杠杆率来考虑提升投资表现。

当行情在下跌的时候看走势图的人就会减少，为了能够理解行情的趋势，并抓住其中闪现的机会，必须认真观察走势图，除此之外，别无他法。不看走势图，就是在放走机会，当你醒悟的时候，结果股价已经窜的很高了，即使买入也没有意义了，而且还要承担相当高的风险。

选择股票品种的基准是 PER

如前所述，即便现在 200 日元的股票品种出现上涨充其量也就是上涨到 250 日元，还是有可能上涨到 600 日元甚至更高，要看透这个问题就需要研究企业业绩。其中“PER(市盈率)”①是最为重要的指标。

当然，投机热钱的介入和新材料的出现，这只股票有可能会在一个时间段内飙涨，这些事情本身来讲是不可预测的，而且也是事先不得而知的。并且，在泡沫经济最高潮期由于不存在 500 日元以下的股票品种，因此，如果整体的股价出现变动，那么个别股票品种的股价也会受到影响，但是，我们只要结合当时的投资意愿进行思考就可以了。

我认为，即便是由于各种原因而时刻发生变动的股价，也是其所代表的企业的业绩的基本反映。因此，可以成为选择“买入也是可以的股票”和“卖出也是可以的股票”的标准，就是这个企业的业绩。

以企业业绩为基准的股票品种的筛选，就像“走势图”和“日经公司信息”那样，只能通过业绩推移报告来进行分析，除此之外，别无他法。最近，在 CD-ROM 数据和网络数据当中进行“筛选”，能够达到筛选条件的股票会根据指标被挑选出来，因此非常简单。对“经常利润增益多少百分比以上”“每股净收益多少以上”“是否有配股”“PER 多少倍以下”等具体的条件进行设定，其筛选的结果就会立刻显示在电脑的屏幕上。进一步来讲，和当期(扣税前)利润相比我更加重视的是经常收益，那是为了能够知道被“特别损益”影响之前的损益。

---

① Price Earnings Ratio 的缩写。PER= 股价÷每股净收益(EPS)。

企业业绩通过走势图进行确认

原本来讲，我从来不适应电脑来进行显示，而是通过《走势图》这本杂志当中登载的走势图来进行选股。由于我每周都在重复这个工作并且已经做了 20 年以上，因此，对这本杂志的走势图的形状、融资交易的状况、流言等等，形成了各种各样的信息会在一瞬间记入大脑，然后进行判断的习惯。

如果在浏览这本书的每一页内容然后通读所有的股票品种的走势图，那么整体的变动与每个走势图各自的状况就会自然而然地残留在我的脑海中。在这样综合的变动当中，通过对个别股票品种进行确认的流程，和股票选择相比是更加有效的工作。这和“买入也是可以的股票品种”以及“卖出也是可以的股票品种”的含义是相同的。

如前所述，我比较重视股票的“PER”，我之所以将某一只股票品种判断为“可以买入的股票”，是因为这只股票是属于“业绩持续良好、而 PER 却相对比较便宜的股票群”。相反的，“业绩仍然在持续恶化而 PER 却居高不下的股票群”就是我所说的那种“卖出也是可以的股票品种”。

虽说如此，但是股票品种的选择是每位投资者根据自己的判断进行的。对于投资者而言，“50 日元破发股票群当中财务内容相对比较好的股票群”，均被称为“抢手股票群”。当然也有将不满足条件的股票品种从整体当中取出的方法。不管怎么说，由于是自己进行选择，因此“自己比较钟爱的股票群”也是可以的。

从业绩上考虑股价

说到底本书是技术分析的书，因此在选择上述股票群的基础上了解基本面分析的指标也是非常有必要的。在此我们再增加一些说明。

以前，在思考股价水平的标准时通常使用的是“股价收益率”(PER)，这是一个描述当前股价是“每股净收益(EPS)”[①]的多少倍的单纯的指标。

---

① Earnings Per Share 的缩写。用税后纯利润除以已发行的股票总数后的值。

最近在机构投资者之间开始使用"净资产收益率(ROE)"①等指标了，但是，由于ROE当中不含股价的数值，因此，并不针对股价有多便宜或者多高进行判断。

同时也存在"股价净值比(PBR)"②的指标，但是如果照搬以土地价格的计算标准等会计标准的话，则有点儿说不通。即便将"PBR已经跌破1倍了因此股价相对比较便宜"的描述作为销售术语使用，但在思考行情时也是基本不能使用的。

比较便宜、比较贵的判断当中能够用到的只有"PER"

如果对这个事情进行思考，那么作为用于选择股票的指标PER是最为合适的。股价是由于行情的变动而形成的，严格意义上来讲是不是应该必须有其他的思考方法呢？从结果上来看，我们投资者入手最快的，应该还是从客观上能够判断股票是比较便宜还是比较贵，在这个PER之外就没有其他的了。

虽说如此，但是股票并非只是因为业绩表现良好就一定会买入，业绩表现比较差就一定会被卖出，还有一些仅基于PER等业绩指标无法判断的事情。从比较便宜、比较贵的股价向均衡点订正水准的过程当中，通常来讲需要花费很多的时间，其间也有一些迂回曲折。

并且，在企业决算数字发表之前，通常基于预想的股票会发生变动也是事实。既然决算数字已经出来了，如果已经在某种程度上股价已经上涨了，那么接下来就会有人在目前价位上获利清盘，因此必须将企业业绩的判断与交易分开来进行考虑。原本来讲，和这样的行情变动有关的明确方程式是不可能存在的。从结果上来看，这是考验投资者综合力量的问题。

---

① Return On Equity的缩写。税后纯利润除以股东资产后得出的值。显示了投资者投入该企业的资金(股东资产)的资产增值的效率。

② Price Book value Ratio的缩写。股票当前价除以每股净收益后得出的值。显示了市场评价的企业的价格(时价总额)是会计上的解散总值(股东资本)的多少倍。

现在比较便宜的股票是“PER=20 倍”的股票

由于股价反映的是当时市场参与者的人气，有人气的股票的股价会升得很高，而没有人气的股票却无人问津，导致股价下跌。伴随着过去的股价的变动的套牢不管有没有，其变动的方式还是会发生改变。

在泡沫绝顶鼎盛期当中，即便存在 PER100 倍的股票品种也不会感到不可思议，但是现在即便 PER 只有 30 倍也会觉得高了，因此，PER 这个指标不能一概而论。但是，不管何种标准，由于不能进行股票品种的选择，因此为了能够简单地得出结论必须考虑建立一个标准。

我在炒股的时候，在 1 年之前一般都会随意地限定“PER 为 40 倍水平的股票就是比较高的价格了”。但是现在，我从股票价格出发来考虑是否还有余地买入这只股票。当然，在现时点儿，东证一部所有股票品种的平均 PER 为 20 倍程度，我们是可以以这个水准为基准的。

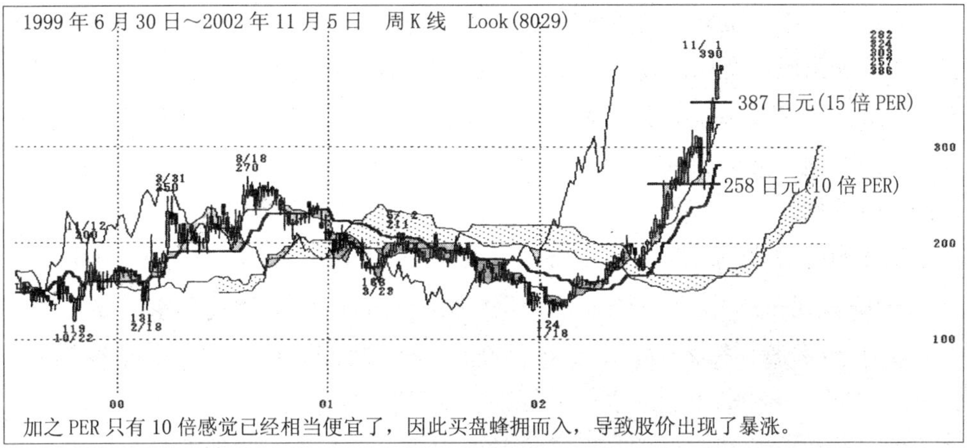

图 4-59　从被低估的感觉到已经有所上涨的形态

如图 4-59 的 Look(8029)所示，这只股票的股价从最低价 124 日元上涨了不少。虽然 2001 年 12 月当期出现损益表为赤字导致遭到投资者的抛盘，但是在 2002 年 12 月期(预测)当中，合并后的每股当期纯利润(EPS)变为了 25.8 日元。

站在买入立场来考虑的情况下，如果事先就决定股价会上涨到净收益的多少倍的标准，那么我大致就比较容易写这个内容了。在 Look 的案例当中，如果 EPS 是 25.8 日元，PER 为 10 倍是必然要买入的，那么，即便股价上涨到 25.8 日元×10 倍 =258 日元，也是非常便宜的。也就是说，该股价会一直上涨到 PER15 倍，也就是 25.8 日元×15 倍 =387 日元，并会持续上涨到 PER20 倍的 25.8 日元×20 倍 =516 日元。如果在现在的市场当中平均 PER 为 20 倍，那是因为整体投资意愿好转，会有人感到这只股票相对比较便宜，仅此就会介入买盘。

到企业发布业绩报告为止，该公司的股票实际上已经有所上涨，因此即便发布的业绩报告比较漂亮，股价也不会有太大的波动。相反，如果业绩报告不是很靓丽，那股价就会急剧下跌。这只能通过技术指标进行判断，除此之外，别无他法。必须站在收益水准的角度来认真透彻地思考这只股票品种今后是否要买入(或者卖出)。

与过去的股价变动之间的比较

在股市当中，虽然我们要重视收益的绝对数，但是也要对变化有所关注。也就是说，如果股价变动比较大，那么 EPS 就会出现 20 日元→40 日元→60 日元等发生比较大的变化情况。如果思考 PER 为 20 倍，那么能够买入的股价应该出现 20 日元×20 倍 =400 日元→40 日元×20 倍 =800 日元→60 日元×20 倍 =1200 日元的股价变化。

图 4-60 西松屋连锁(7545)的 EPS 的变化为 57 日元→60 日元→84 日元→90 日元→97 日元→167 日元→198 日元(分割修正后)，明显比较高了。如果按照 PER 为 20 倍考虑，那么 140 日元→1200 日元→1680 日元→1800 日元→1940 日元→3340 日元→3960 日元，买入的标准就变得非常高了。

但是获得收益和股价的变动其实是两码事。实际上，该股票品种在到达了 5220 日元的最高价之后，又跌回了 1225 日元。不管企业的业绩多么好，根据每时每刻的交易情况管理风险是非常重要的，如果只是从决算数字上进行决断就非常危险了。同样是买入，股价(每日 K 线)超过移动平均线等现象出现，如果不根据技术指标进行交易，就会难于判断接下来的形势。

在这里也是这样的，在发生较大的波动之前就买入，然后根据现状进行获利清盘的姿态，与从现在开始才买入是有天壤之别的。前者将会成为“富爸爸”，后者将会成为“穷爸爸”。

虽然在业绩上涨的同时股价也在上涨，但是当到达 5220 日元的最高价之后突然下跌。仅根据决算的数字进行交易是非常危险的。

图 4-60　PER 与行情的变动

收益与股价的不匹配

作为业绩与股价不匹配的示例，我们需要再次回顾丰田汽车(7203)的走势图(图 4-61)。

而且，该公司还表示在 2003 年 3 月财年的合并 EPS 增长到 231 日元的业绩预测报告。2002 年 11 月 5 日的收盘价为 3070 日元，PER 差不多是 13 倍。按常理来讲，该公司的股价应该再上涨一些的，然而，股价在 2002 年 4 月到达最高价 5800 日元之后，就出现了持续的阴跌。

简而言之，PER=1 倍的意思就是指购买了该年度的企业利润，而 PER 为 13 倍则表示快行买入了公司以今年纯利润为基准的接下来 13 年的利润。从丰田汽车的情况来看，在到达 5800 日元的最高价的阶段当中，有可能已经算入了相当多的快行利润了。

1992年7月31日～2002年11月5日　月K线　丰田(7203)

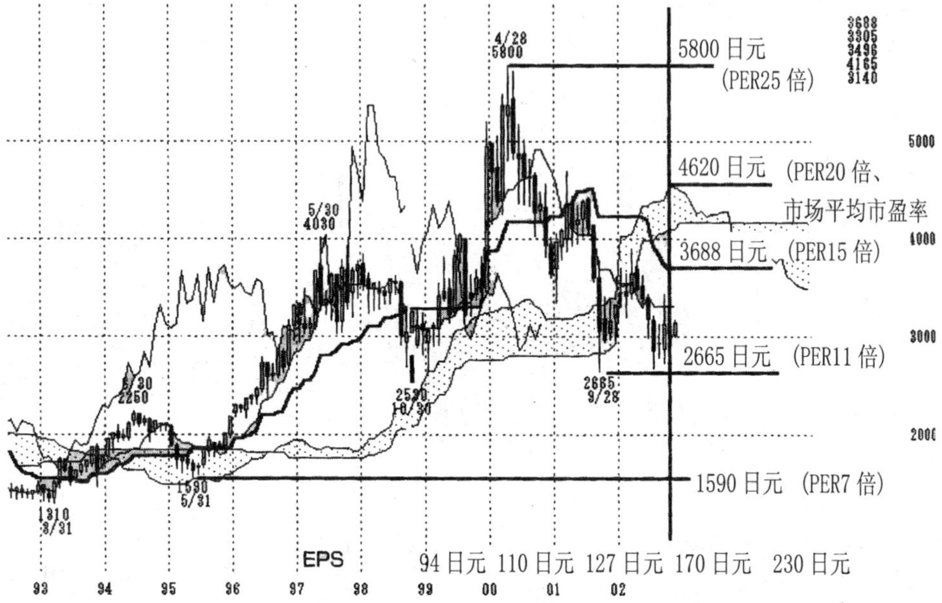

按理说，业绩表现良好PER也比较便宜，因此股价应该会有所上涨吧？然而股价却在到达5800日元的高价之后不断下跌。

图4-61　和业绩上涨相反的股价不断下跌的丰田汽车

从这个走势图的近期走势来看，最高价比较沉重，不断刷新低价，出现了胶着的行情。从常识来讲，这只股票接下来是上涨还是下跌呢，我们投资者所把握的应该是在胶着行情结束之后行情的明确趋势。

如果胶着行情结束之后下跌，那么就是从5800日元开始持续的下跌。但是，如果是上涨，那么有可能会在3920日元—4440日元—4710日元—5800日元的高价上形成关键节点的同时，股价会上涨到PER的多少倍，也是能够估算出来的，思考方法非常简单。即便上涨到5800日元的最高价，PER也才25倍，因此是属于大概率事件。

投资者容易陷入到“由于业绩良好股价必然上涨”这一看似正确的言论陷阱当中。虽然在股价上涨的过程当中顺势操作是没有问题的，但是在股价下跌的时候认为“是时候上涨了”而介入买盘，则容易在继续下跌当中被套牢。这样的行为有时会带来不可挽回的损失。

“业绩因素多大程度上影响股价”的确认是非常重要的

我已经说过很多次了，现在业绩非常好与接下来业绩好是两码事，但是行情通常会事先预测接下来再接下来的业绩，从而根据预测的结果发生变动。即便现在业绩还不错，如果预期不好，那么在此之前就会出现卖出的投资意愿，从而引起股价下跌。反过来也是这样的，并且不管业绩多不好，如果接下来的预期是好的，那么仍然会在比较便宜的价位上基于买入的投资意愿而上涨。因此，在已经发布了业绩的时候，检查业绩数值自身是当然需要做的工作，股价会基于这个数值做什么程度的变动是我们需要确认的，我们必须在推算业绩将会在多大程度上影响行情的基础上进行思考。

从这个意义上讲，在哪里进入股市是一个非常重要的问题。这就是，即便分析业绩等基本面因素也是无法判断的。按理说在业绩上如果股票投资赚了的话，那么拥有庞大数量分析员的机构投资者必然赚钱，但是现实当中并非如此。在这个事情上，可以说我个人也有很多值得说的故事。

事先收集业绩良好的股票品种

所谓事先选择业绩良好的股票品种，就是在整体投资意愿不好的时候即便行情走熊，那么经过一段时间的调整之后，当整体投资意向好转时，我们所持有的股票也能够自然地恢复到走熊之前的水准，从而给自己的投资加了一个保险。

我们已经拿股票选择和美女投票[①]进行了类比。在企业发布业绩的时候，大家都认为这是“美女”而蜂拥而入，当然股价就会暴涨。但是在其中还有一些股票品种，大家刚开始并不认为这是美女，因此也就没有做过多的关注，但是过后发现“原来这是个美女”的股票也是存在的。也就是说，重要的是在平时的操作过程当中寻找美女“优良股票信息”。并且，瞄准这些股票品种在技术上的变动开始的点位是最简单的炒股方法。

---

① 根据经济学家约翰•梅纳德•凯恩斯的理论能够获得美女投票第一位的，并非自己喜欢的那个美女，应该把票投给大家都选择的女性。股票也是如此，我们所要购买的，并非自己喜欢的股票品种，而是其他大多数投资者都会购买的股票品种，在这样的股票上我们容易获得收益。

当然，就像富士通(6702)那样，即便当初的业绩数值比较好，但是股价发生了喜爱跌，并在接下来发表了业绩下调修正。如果变成这样就不能整顿了，之后为了挽救最高价的已经陷入亏损的仓位①而进行摊平买入变成了主流，而抛盘导致了股价大幅度下跌。

不管业绩怎样，通过技术指标这一过滤器观察股价，就会理解其趋势。也就是说，在确认整体投资意愿的基础上选择交易股票群(Universe)，之后根据技术指标进行趋势跟随类交易才是最要紧的。这时，必须挂入止损单。这个我就不用再强调了吧？

应该什么时候交易自己选择的股票呢？

我认为选择股票和进行交易是不同层面的事情。

当在股票交流会上听到讲师在讲解个别股票品种的时候，就会立刻购买它的人也是存在的，但是他买入的并非这只股票，而是进行讲座的讲师这个人。这样的人恐怕会听到证券公司的营业人员说“这只股票挺不错的”，所以才会购买，听到他们说“并且持有也是挺好”就持有，但是当股价下跌时就会抱怨了。

行情的变动和交流会的讲师以及证券公司的营业人员的言论之间没有关系吧。也就是说，由于选择的时点和之后的变动当中没有连续性的情况比较多，因此如果选择这只股票时的条件会在未来永远持续就不对了。虽然被说成“那个时候你不是说买入吗？”“那个时候是买入，但是现在是卖出”的情况是非常司空见惯、理所当然的事情。

即便在发表的企业业绩报告当中，说到底那是企业方面在特定日期发表的东西，到目前为止这种良好的业绩能否一直持续下去，是我们任何人都不敢保证和预料的事情。在股市当中，并非都是发表的数字，没有发表的现实也在交织着，并且还会有未来的因素掺杂其中。从这个意义上讲，从别人那里听到的东西作为自己选择的依据，以及选择了之后就立刻进行交易的行为，都是我们需要质疑的。

① 和现在的股价相比在最高价上买入(或者在最低价卖空)，因此持有账面亏损的投资者比较多，从而出现大量套牢的股票品种。

通过技术分析对交易的时机进行判断

那么，已经选择交易的股票品种应该如何决定呢？能够进行判断的只有技术分析了。是买入还是卖出呢？把握行情的变动，并最终决定挂出订单的实际的阶段当中能够成为我们基准的，我认为只有技术指标了。

只通过基本面分析，我们是无法理解为什么“业绩表现这么好(其实有可能正在恶化)股价还在不断下跌”以及“业绩已经比较差了(其实可能非常好)股价还在上涨”的局面。相反的，“业绩那么好还下跌因此买入”或者“业绩那么差还上涨所以卖空”等逆行情趋势的交易就会招致亏损。

如果能够追根究底，不管是垃圾股还是投机股，那么只要能够持续根据技术指标进行交易，就不会令自己的资产大幅度缩水，而且会稳定地获得收益。

交易时机通过基本面分析是绝对分析不出来的。虽然有“过去的套牢比较大”、“已经有好的题材介入”等判断，但是基本面分析还是无能为力的。

最后“要遵守自己的规则”

原本以基本面为中心思考行情的我之所以导入技术分析，是因为就像这样在使用技术指标以外不能进行客观的判断是比较可惜的。

因此，在思考基本面分析并选择了股票群之后，必须根据技术指标进行交易就显得非常重要了。进一步来讲，在持有头寸之后，根据技术指标进行思考相反的交易时机是非常重要的。

这件事情对我这个风格来讲，就是指“判断整体投资意愿，站在主力方，发现业绩的改变，发现 PER 比较低价的股票品种，并只把握根据技术指标分析得出比较好的时机上买入”。

当然，这是买入的情况。相反地，当行情从上涨趋势转为下跌趋势的时，选择价格比较高的股票群，并通过技术分析确定行情开始恶化的时机卖空就可以了。

从结果上来看，重要的是，遵循自己的规则。只有切实遵守这个规则的人才能够积累并增加收益。从这个意义上来讲，在股市当中最难也是最重要的，不是基本面分析(股票选择)，也不是技术分析(交易时机的确定)，而是“遵循自己的规则进行交易”。

7. 总结

如果技术分析能够应对所有的行情，那么这就是世界上最好的东西了，但是若能实现，则行情也就不会成立了。在现实当中，我们应该认识到，连行情的基础都不了解，不看走势图，也不看技术指标就进行交易的投资者具有压倒性多数。哪里的谁在那个位置阻止了行情的下跌，股价从那里开始上涨了吗？我们是不得而知的。

即便如此，只要看一眼走势图，基于本书中说明的各种各样指标的技术关键点，就会发挥一种说不上来的作用。

也就是说，我们所看到的股市，虽然搭眼一看其变动毫无规律和看似随机，但是它总是会根据技术指标进行反复涨跌的，这就是股市。

技术分析是为了对自己的资产进行“管理”的道具

作为不得不和这种棘手的股市每天对峙的我们这些投资者，在面对时刻变化的行情时，如果不能随机应变地管理好自己的资产，那么在行情当中赚取收益是非常困难的事情。因此，对于能够随机应变的资产管理最低限度的要求就是技术分析这个道具。

当然，基于技术指标的定义，为了能够尽早察觉行情的变化，是需要时间的。到目前为止，投资和通常不得不采取迟缓的应对，有时会蒙受损失，有时也有可能不得不满足于小恩小惠。即便如此，和不持有技术分析这一武器就冲入股市的参与者相比，毫无疑问是更加安心的。

从这个意义上讲，所谓技术分析，并非只是用于“分析”，而可以说是以更加安全地“管理”自己资产的道具。总而言之，是为了能够将自己比较重要的资产头寸置于安全位置的手段。这个事情，在这本书中我已经反复强调了很多次了。

但是，到底有多少投资者从运作资产管理的立场来思考炒股呢？如果这个数量非常少，难道不是说明了不管经过多少时间，因为没有任何依据的交易，而损失了自己资产的投资者前仆后继吗?

千万不能进行逆势操作

行情当中存在局面，根据局面进行交易是非常有必要的。并非任何时候都能用相同的姿态来应对行情。

既然已经明确知道自己的头寸与行情的方向不一致，那么在这个时候一定不要犹豫，立刻对错误的头寸进行清盘。出现损失有时候也是没办法的事情，即便出现这种损失，为了能够明确资金量(购买股票占用的整体运作资金的比率)与损失幅度也应该使用技术指标分析。

原本来讲，行情当中所谓的趋势就是比较大的资金流向。沿着这个趋势持有头寸，收益就会自然而然地出现在账户上了。

为了能够增加收益，决不能用传统的限价盘操作。也就是说，我们必须考虑用“止损限价盘”来进行操作。从这个意义上讲，传统型的限价盘就没有必要了。

从结果上来看，我们这些投资者所能做的，就只有从行情的定义和技术点来认识现状，并根据这个现状管理头寸。也就是说，使用止损限价盘和技术指标入场，持有头寸，必须加入止损盘以便能够抑制损失，并在此基础上增加收益。

懂得炒股的人不管哪个指标怎么使用都是可以的。但是，如果不是这样的人，也不要被超买超卖类指标迷惑，总是意识到自己要按照趋势跟随类的指标进行交易是非常重要的。

如果能够正确使用本书当中说明的移动平均线、布林带(σ 带)、一目均衡表等趋势跟随类指标，则是不可能出现巨额亏损的。

原本，投资方法应该是自己思考的事情。即便在这个世界上存在产生收益的方法，谁又会教给你呢？因此，我也不打算将我自己做好的投资方法全部向大家公开。

但是，针对投资行动的原理，和这本书的描述是一致的，没有任何隐瞒。如果想再一次确认我写这本书的基准的话，那么请看走势图。请行情参与者在这个前提下尝试思考吧。

最后，我再一次将行情当中最为重要的事情用语言来描述一下。

为了能够在行情中获得收益，请不要逆势操作。